Inhalt

Der Laie hat für gewöhnlich, sofern er ein Liebhaber von Gedichten ist, einen lebhaften Widerwillen gegen das, was man das Zerpflücken von Gedichten nennt, ein Heranführen kalter Logik, Herausreißen von Wörtern und Bildern aus diesen zarten blütenhaften Gebilden. Demgegenüber muß gesagt werden, daß nicht einmal Blumen verwelken, wenn man in sie hineinsticht. Gedichte sind, wenn sie überhaupt lebensfähig sind, ganz besonders lebensfähig und können die eingreifendsten Operationen überstehen.

Brecht: Über Lyrik, S. 123

Einleitung

I.

So alt wie die Lyrik-Theorie ist das Unbehagen an ihr. Kaum daß sie sich im 18. Jahrhundert unter dem Namen einer Lehre von der ›lyrischen Dichtkunst‹ konstituiert, sieht sie sich auch schon heftiger, zum Teil grundsätzlicher Kritik gegenüber.[1] Bereits Sulzer gibt zu bedenken, ob sich die lyrische Dichtung wirklich auf einen Begriff bringen lasse,[2] und er formuliert damit als erster einen auch heute noch üblichen, im Namen der Individualität der Texte vorgebrachten Einwand gegen eine allgemeine Definition der Lyrik. Das Unbehagen an der Lyrik-Theorie ist jedoch von Anfang an auch ein Zeichen für die Unzulänglichkeit der gerade aktuellen Theorie. Die Zweifel, die in der zweiten Hälfte des 18. Jahrhunderts an der Möglichkeit einer umfassenden systematischen Bestimmung der Lyrik laut werden, richten sich gegen die rationalistische Poetik, zumal die Gottscheds, und sie sind wesentlich darin begründet, daß deren Begriff von Lyrik als Darstellung oder Nachahmung von Empfindungen der neu aufkommenden expressiven Gefühlslyrik nicht gerecht zu werden vermag.

Ein grundsätzliches Unbehagen an der Lyrik-Theorie ist auch ein Moment der neuen Lyrik-Diskussion im deutschsprachigen Raum. Es hat sich in erster Linie an der Poetik Emil Staigers [3] und in zweiter Linie noch an der

1 Zur Geschichte der Lyrik-Theorie als Teil der Gattungstheorie vgl. Irene Behrens: Die Lehre von der Einteilung der Dichtkunst; ferner Klaus R. Scherpe: Gattungspoetik im 18. Jahrhundert. (In den Anmerkungen werden alle Literaturangaben abgekürzt; ausführliche Angaben finden sich im Literaturverzeichnis.)

2 Vgl. Klaus R. Scherpe: Analogon actionis und lyrisches System, S. 34.

3 Vgl. Emil Staiger: Grundbegriffe der Poetik, insbes. S. 11–60.

Dichtungslogik Käte Hamburgers[4] gebildet, deren mittlerweile ausgiebig erörterte[5] Begrenztheiten und Unzulänglichkeiten in der Lyrik-Forschung eine starke Theorie-Verdrossenheit, ja Theorie-Feindlichkeit bewirkt haben.[6] Am schärfsten hat René Wellek dem neuen Unbehagen Ausdruck verliehen, als er im Zusammenhang seiner Kritik an Emil Staiger und Käte Hamburger kurzerhand ein Ende der Lyrik-Theorie forderte: »Man sollte den Versuch gänzlich aufgeben, die allgemeine Natur der Lyrik oder des Lyrischen bestimmen zu wollen. Es können doch nur die krassesten Verallgemeinerungen dabei herauskommen«.[7] Stattdessen hat er den Lyrik-Forschern empfohlen, »sich einer Untersuchung der Mannigfaltigkeit der Dichtung sowie der Geschichte und damit einer Beschreibung der Gattungen zuzuwenden, die in ihren konkreten Überlieferungen und Konventionen erfaßt werden können«.[8]

Eine Lyrik-Forschung ohne Lyrik-Begriff, wie sie Wellek wohl vorschwebte, ist grundsätzlich gesehen zwar höchst problematisch, schon weil keine wissenschaftliche Beschäftigung mit Literatur ohne Not auf eine systematisch abgesicherte Bestimmung ihres jeweiligen Gegenstands verzichten kann.[9] Umso verständlicher ist der Vorschlag Welleks jedoch als Ausdruck eines Unbehagens an der offensichtlichen Fixierung der neueren Lyrik-Theorien auf Wesensdeutungen des Lyrischen. Sind solche essentialistischen Versuche bereits ihres notgedrungen spekulativen Charakters wegen methodisch anfechtbar, so hat die Beschränkung auf sie überdies dazu geführt, daß in den neueren Lyrik-Theorien zwei grundlegende Sach-Probleme nicht befriedigend gelöst worden sind.

Das erste Problem liegt in einer Definition der Lyrik als Gattung, die gleichermaßen den überkommenen Sprachgebrauch wie die Vielfalt des vorliegenden, jeweils als lyrisch bezeichneten Materials berücksichtigen und aus der Enge aller Wesensbestimmungen des Lyrischen herausführen könnte. Emil Staiger hat das Gattungsproblem zunächst aus seiner Poetik ausge-

4 Vgl. Käte Hamburger: Die Logik der Dichtung, insbes. S. 206–258.

5 Vgl. dazu exemplarisch Elke Austermühl: Poetische Sprache und lyrisches Verstehen, S. 13 ff.; außerdem generell Klaus W. Hempfer: Gattungstheorie, S. 69–74 und 170–175. Wie einflußreich, aller Kritik zum Trotz, zumindest die Theorie Staigers auch über den deutschen Sprachraum hinaus noch immer ist, zeigt der Essay von Thomas McFarland: Poetry and the Poem, insbes. S. 105 ff.

6 Als Ausnahmen von dieser Regel sind vor allem zu nennen Wolfgang Lockemann: Lyrik, Epik, Dramatik oder die totgesagte Trinität; Bernhard Asmuth: Aspekte der Lyrik; Herbert Kraft: Strukturen der Lyrik; sowie Karlheinz Stierle: Die Identität des Gedichts – Hölderlin als Paradigma. Trotz aller seiner Vorbehalte gegen eine Theorie der Lyrik ist hier schließlich auch anzuführen Walther Killy: Elemente der Lyrik.

7 René Wellek: Gattungstheorie, das Lyrische und »Erlebnis«. In: Ders.: Grenzziehungen, S. 106–124, hier S. 124.

8 Ebd.

9 Vgl. dazu auch Klaus W. Hempfer: Gattungstheorie, S. 30 ff.

klammert und sich darauf beschränkt, das »Wesen des Lyrischen«[10] zu erhellen, das, wie er erklärt hat, nicht das sei, »was nach äußeren Merkmalen Lyrik heißt«.[11] Ganz ausklammern konnte er das Gattungsproblem allerdings auch nicht, und damit beginnen die Schwierigkeiten. Zwar weist Staiger nachdrücklich darauf hin, daß die Begriffe ›lyrisch‹, ›episch‹, ›dramatisch‹ im Sinn seiner Poetik nur »einfache Qualitäten«[12] bezeichnen, die grundsätzlich jeweils in allen Gattungen vorkommen könnten; doch räumt er andrerseits ein, daß sehr wohl ein tieferer »Zusammenhang« zwischen dem ›Lyrischen‹ als Wesensqualität und der ›Lyrik‹ als Gattung aller kurzen Gedichte bestehe.[13] Damit drängt sich aber die Frage auf, wie denn dieser Zusammenhang beschaffen sei – umso mehr, als sich nach Staiger das Wesen des ›Lyrischen‹ am reinsten in einer Form der ›Lyrik‹, nämlich im Lied, realisiere.[14] Gleichwohl hat Staiger daran festgehalten, die Begriffe ›Lyrik‹ und ›lyrisch‹ prinzipiell unabhängig voneinander zu definieren – mit dem Ergebnis, daß es für ihn zweierlei Lyrik gibt: ›Lyrik‹, die ›lyrisch‹, und solche, die es nicht ist.[15] Gerade diese Unterscheidung aber macht deutlich, daß nicht nur Staigers Begriff des ›Lyrischen‹, sondern auch sein Begriff der ›Lyrik‹ dem üblichen Verständnis des lyrischen Gedichts als Gattung nicht zu entsprechen vermag.

Nicht weniger unbefriedigend ist Käte Hamburgers Theorie des lyrischen Gedichts. Anders als Staiger beschäftigt sie sich zwar vorrangig mit der »Lyrik als Gattung«,[16] doch versucht sie, wiederum anders als Staiger, die Gattung durch ein Wesensmerkmal zu bestimmen. Deshalb unterscheidet sie die Gattung auch von der »*Form*, in der sich die Lyrik (als Inbegriff aller lyrischen Gedichte) darstellt«.[17] Welches Verhältnis zwischen Form und Gattung besteht, bleibt dann ähnlich unklar wie der Zusammenhang zwischen dem Lyrischen und der Lyrik bei Staiger: einerseits charakterisiert Käte Hamburger »Sprachgebung, Vers, Reim«, also Elemente der Form, als »Symptome des lyrischen Gedichts«, fügt aber hinzu, daß erst das Vorhandensein eines »lyrischen Aussagesubjekts« Lyrik konstituiere;[18]; andrerseits bemerkt sie jedoch im Hinblick etwa auf die fiktionale Ballade, daß die »Gedichtform (...) das episch fiktionale Phänomen« neutralisiere.[19]

Von allen Differenzen im einzelnen abgesehen, scheint den Theorien Emil Staigers und Käte Hamburgers vor allem der eine methodische Mangel ge-

10 Emil Staiger: Grundbegriffe der Poetik, S. 7.
11 Ebd., S. 8.
12 Ebd., S. 167.
13 Ebd., S. 9.
14 Vgl. ebd., S. 170f.
15 Vgl. Emil Staiger: Lyrik und lyrisch. In: Reinhold Grimm (Hg.): Zur Lyrik-Diskussion, S. 75–82, insbes. S. 75.
16 Käte Hamburger: Die Logik der Dichtung, S. 211.
17 Ebd., S. 213.
18 Ebd., S. 211.
19 Ebd., S. 268.

meinsam zu sein, daß in ihnen das Verhältnis zwischen Gattungsdefinition und Wesensbestimmung nicht hinreichend geklärt ist. Auch deswegen werden sie beide ihrem Gegenstand nicht ganz gerecht: offenbar wird der Begriff der Lyrik als Gattung gleichermaßen verengt, wenn man ihn wie Staiger durch Kürze oder wie Käte Hamburger durch eine ›lyrische Aussagestruktur‹ definiert.

Das andere grundlegende Problem, an dem die neueren Lyrik-Theorien gescheitert sind, ist die angemessene Berücksichtigung der zeitgenössischen Lyrik. Dieses Problem stellt sich am schärfsten bei Emil Staiger, der unumwunden erklärt hat, daß »›rein‹ lyrisch oder am ehesten noch ›rein‹ lyrisch« im Sinn seiner Definition allein »romantische Lieder« seien.[20] Das muß die Frage provozieren, ob und in welchem Sinn denn die nach-romantische und besonders die moderne Lyrik lyrisch sei. Es ist darum nicht verwunderlich, daß es spätestens seit Erscheinen von Hugo Friedrichs Untersuchung zur »Struktur der modernen Lyrik« eines der größten Probleme der Lyrik-Forschung ist, »die Frage nach dem Wesen des Lyrischen mit der Betrachtung der modernen Lyrik zu verknüpfen«.[21] Das Problem scheint bis heute nicht recht gelöst zu sein – kann es auch kaum, wenn man bedenkt, wie unvermittelt die traditionellen Lyrik-Theorien und die Lyrik-Geschichtsschreibung nebeneinander existieren: die Lyrik-Theorien haben offensichtlich zu wenig aus der Lyrik-Geschichte gelernt, und darum kann die Lyrik-Geschichtsschreibung, zumal die der Moderne, auch kaum von der Lyrik-Theorie profitieren.

Daß die neueren Lyrik-Theorien gerade an der Bestimmung der Lyrik als Gattung und an der Berücksichtigung der modernen Lyrik gescheitert sind, hat seinen tieferen Grund. Nicht nur ihre wichtigsten Beispiele, auch ihre wichtigsten Kategorien, wie der Begriff der ›Stimmung‹ bei Staiger und der Begriff des ›Erlebnisses‹ bei Käte Hamburger, stammen aus dem 18. und 19. Jahrhundert, und es ist die Verwendung eben solcher psychologischer und philosophischer Kategorien, mit denen, erstmals bei Herder, die Abspaltung einer Theorie des Lyrischen von der Theorie der Lyrik als Teil der Gattungspoetik beginnt. Die Entwicklung einer solchen Theorie des Lyrischen hatte zunächst ein progressives Moment, insofern sie vor allem dazu diente, die seit dem späten 18. Jahrhundert entstehende Stimmungs- und Erlebnislyrik, die aus dem inhaltlich engen Lyrik-Begriff der rationalistischen Poetiken herausfiel, als lyrisch zu erweisen. Spätestens in unserem Jahrhundert hat sich jedoch die Sachlage grundlegend geändert: die einstmals weitgefaßten psychologischen und philosophischen Wesensbestimmungen haben sich als zu eng gezeigt; schlossen sie einst die zeitgenössische Lyrik auf, so schließlich sie jetzt die moderne Lyrik aus.

20 Emil Staiger: Grundbegriffe der Poetik, S. 171.

21 Reinhold Grimm: Vorwort. In: Ders. (Hg.): Zur Lyrik-Diskussion, S. VII–X, hier S. VIII.

2.

Die vorliegende Arbeit knüpft an die neuere, vor allem an die neuere deutschsprachige Lyrik-Theorie an.[22] Ihr Ziel ist es, durch eine Neudefinition grundlegender Begriffe einen Ausweg aus den Aporien der Lyrik-Forschung zu finden. Denn die Schwierigkeiten, in denen die Lyrik-Forschung und zumal die Lyrik-Theorie steckt, sind nicht zuletzt terminologischer Art: sie ergeben sich zwar nicht ausschließlich, aber doch zu einem großen Teil aus ungenügenden Begriffsbestimmungen. Insofern scheint die Hoffnung nicht unberechtigt, daß sich zumindest einige dieser Schwierigkeiten auch durch eine Neuformulierung der fraglichen Begriffe beheben lassen. Solche Begriffsbestimmungen mögen in der Literaturwissenschaft vielleicht noch immer ungewöhnlich anmuten und als ein heimlicher Szientismus beargwöhnt werden; doch scheinen sie in diesem Fall nicht nur grundsätzlich möglich, sondern auch sachlich geboten zu sein. Grundsätzlich *möglich* insofern, als ein lyrisches Gedicht, entgegen der Ansicht mancher Theorie-Gegner unter den Lyrik-Theoretikern, keineswegs ein schlechthin inkommensurables Gebilde ist,[23] vielmehr mit allen anderen lyrischen Gedichten Merkmale teilt, die allgemein bestimmbar sind und einen Gattungszusammenhang bilden. Darüber hinaus scheint wenigstens eine Neubestimmung fundamentaler Begriffe der Lyrik-Forschung auch *geboten* zu sein, insofern diese Ausdrücke im Rahmen der traditionellen Theorien Bedeutungen erhalten haben, die so eingeschränkt sind, daß sie der Fülle und der Verschiedenartigkeit des empirischen Materials offensichtlich nicht mehr gerecht zu werden vermögen.

Es sind im näheren vor allem zwei generelle methodische Voraussetzungen, auf denen die folgenden Definitionen basieren. Vorausgesetzt wird erstens, daß eine Neudefinition bereits eingeführter Begriffe – und zwar gerade eingeführter Gattungsbegriffe als »Phänomene sprachlicher Kommunikation«[24] – sich am überkommenen Sprachgebrauch orientieren sollte, wenn sie nicht den Vorwurf der Beliebigkeit auf sich ziehen will. Deshalb versu-

22 Es sei nur am Rande erwähnt, daß es aus naheliegenden Gründen vor allem die deutschsprachige Lyrik-Theorie ist, an die hier angeknüpft wird – zum einen, weil die Lyrik-Theorie von jeher in Deutschland am intensivsten betrieben worden ist, und zum andern, weil angesichts der je nach Sprachraum unterschiedlichen Terminologien begriffliche Regelungen, wie sie ein Ziel der vorliegenden Arbeit sind, auf internationaler Ebene wenigstens zur Zeit kaum realisierbar sein dürften. Vgl. dazu etwa den noch immer aktuellen Aufsatz von Ewald Standop: Die Bezeichnung der poetischen Gattungen im Englischen und Deutschen. Außerdem Gerda Gemmill: Die deutsche und englische literaturwissenschaftliche Terminologie. Schließlich Carlos García Gual: Poetologische Termini in den europäischen Literaturwissenschaften. In: Theo Bungarten (Hg.): Wissenschaftssprache, S. 404–421.

23 Vgl. dazu etwa Erich Kahler: Was ist ein Gedicht?, S. 541. Kritik an dieser Position übt auch Karl Otto Conrady: Von Schwierigkeiten, über Gedichte zu reden, S. 26. Vgl. auch Jürgen Landwehr: »Schlechtes Allgemeines« und der Aufstand der Lyrik, insbes. S. 235 f.

24 Klaus W. Hempfer: Gattungstheorie, S. 128.

chen die Definitionen, die im folgenden vorgeschlagen werden, im Anschluß an die übliche Wortverwendung, wie sie sich am deutlichsten in literaturwissenschaftlichen Beiträgen konturiert, grundlegende Begriffe der Lyrik-Forschung neu zu bestimmen und, der Sachlage entsprechend, auf eine angemessene Weise zu erweitern. Sie haben also einerseits, als Explikationen im Sinn Carnaps,[25] ein *lexikalisches* Moment, soweit sie nämlich jeweils Feststellungen über den bisherigen Wortgebrauch implizieren, andrerseits aber auch ein *stipulatives* Moment, insofern sie jeweils begründete Vorschläge für den künftigen Sprachgebrauch machen.

Vorausgesetzt wird zweitens, daß solche Definitionen kein Selbstzweck, sondern literaturwissenschaftliche Instrumente für die genauere Erfassung und Beschreibung einer möglichst großen Zahl herkömmlicherweise als verwandt angesehener poetischer Texte sein sollten. Sie sind deshalb zweckmäßigerweise als *einfache* Definitionen mit einer möglichst geringen Menge selbst erläuterungsbedürftiger Ausdrücke anzulegen; weiter als möglichst *präzise*, das heißt: einerseits trennscharfe, andrerseits operationalisierte Definitionen, die sich ausschließlich solcher Merkmale als Kriterien bedienen, die sich eindeutig an Texten identifizieren lassen; und schließlich als *Minimaldefinitionen*,[26] die, im Interesse einer möglichst großen Reichweite, lediglich sehr weit gefaßte Mindestbedingungen enthalten, also, logisch gesprochen, jeweils bloß notwendige Bedingungen, die zusammengenommen auch hinreichend sind.

Solche Definitionen gründen sich auf Reduktionen oder Abstraktionen, die in historisch-interpretierenden Untersuchungen problematisch sein mögen, die in gattungstheoretischen Arbeiten aber nicht zu umgehen sind, will man die Vielfalt einschlägiger Textkonkretisierungen auf einen Nenner bringen, der es gestattet, sie in einem systematischen Zusammenhang zu sehen und sinnvoll aufeinander zu beziehen. Mit dem Versuch, operationalisierte Definitionen zu formulieren, ist im übrigen nicht der Anspruch verknüpft, einen Algorithmus für die Klassifikation von lyrischen Gedichten bereitzustellen. Wenn die Bedingungen für die Anwendung der Definitionen auch weitgehend geregelt sind, so können sie doch gleichwohl, vor allem bei der Einordnung von Mischtexten, nicht ohne Urteilsvermögen gehandhabt werden.

Für Begriffsbestimmungen wie die folgenden besteht grundsätzlich kein Zustimmungszwang. Sie können immer nur den Charakter von Vorschlägen haben, über deren Wert vor allem aufgrund ihrer sachlichen Angemessenheit und ihrer wissenschaftlichen Zweckmäßigkeit zu befinden ist. Sie sind des-

25 Zu dem Begriff vgl. Rudolf Carnap: Der logische Aufbau der Welt, S. IX u. ö. Carnaps Konzeption diskutieren etwa Gottfried Gabriel: Definitionen und Interessen, S. 55 ff., und Harald Fricke: Die Sprache der Literaturwissenschaft, S. 256 ff. Dort jeweils auch weitere Literaturangaben.

26 Zu dem Begriff vgl. Jurij Tynjanov: Das Problem der Verssprache, S. 56 ff.

halb nach Möglichkeit ausführlich zu begründen und zu entfalten, in ihren Konsequenzen zu diskutieren und in Auseinandersetzung mit vergleichbaren Modellen zu profilieren. Als Vorschläge zu terminologischen Regelungen können solche Definitionen in gewisser Weise als Normierungen gelten, doch sind sie deswegen noch nicht normativ im engeren Sinn. Denn sie setzen weder Produktions- noch Rezeptionsnormen, schon gar keine Urteilsnormen, sondern allenfalls Kommunikationsnormen: sie versuchen, die Bedeutung bestimmter Begriffe für eine wissenschaftliche Verwendung festzulegen und damit das Reden über die bezeichneten Gegenstände auf eine elementare Weise präziser und ökonomischer zu machen.[27] Darüber hinaus mögen die Definitionen, die im folgenden vorgeschlagen werden, den Effekt haben, den solche Versuche nicht im schlechtesten Fall haben: daß sie die Aufmerksamkeit schärfen für solche Begriffe, die noch nicht hinreichend präzisiert sind - auch hier nicht.

Das erste Ziel dieser Arbeit ist eine Definition des lyrischen Gedichts als einer Gattung (und wenn im folgenden, ohne weitere Bestimmung, von ›Lyrik‹ die Rede ist, dann ist das immer in diesem Sinn zu verstehen). Der Begriff der ›Gattung‹ dient hier zunächst als unspezifischer Oberbegriff für alle möglichen literarischen Gruppenbildungen. Im näheren unterscheide ich dann zwischen ›systematischer‹ und ›historischer Gattung‹; der Begriff der ›systematischen Gattung‹ entspricht dabei allerdings nicht dem – gleichfalls systematischen – Begriff der ›Schreibweise‹, wie ihn Klaus W. Hempfer definiert hat,[28] sondern dem Begriff der ›Textsorte‹ im Sinn Harald Frickes als »rein systematischem literaturwissenschaftlichem *Ordnungsbegriff*« und ist somit systematisch zwischen der ›Schreibweise‹ und der ›historischen Gattung‹ oder dem ›Genre‹ im Sinn Frickes als einer »historisch begrenzten literarischen *Institution*«[29] anzusiedeln.

Als systematische Gattung ist das lyrische Gedicht eine spezielle Literaturgruppe, in die sich konkrete Texte »aufgrund bestimmter, im wesentlichen sehr allgemeiner Eigenschaften«[30] einordnen lassen. Das sind allerdings in diesem Fall keine bloß formalen Merkmale (wie sie Hempfer etwa für die Definition von ›Sammelbegriffen‹ ansetzt), auch nicht allein strukturelle Merkmale (wie sie Hempfer für die Definition historischer ›Gattungen‹ verwenden will). Das lyrische Gedicht wird hier vielmehr durch die Kombination eines formalen und eines strukturellen Merkmals bestimmt, also als Realisierung einer Struktur in einer Form. So verstanden gehört es nicht

27 Die Probleme eines normierten Wortgebrauchs sind literaturwissenschaftlich besonders gründlich in der Parodie-Theorie erörtert worden. Vgl. dazu Theodor Verweyen und Gunther Witting: Die Parodie in der neueren deutschen Literatur, S. 102 ff.

28 Vgl. Klaus W. Hempfer: Gattungstheorie, S. 27.

29 Vgl. Harald Fricke: Norm und Abweichung, S. 132.

30 Klaus W. Hempfer: Gattungstheorie, S. 28.

nur, von der Sache her, in eine Reihe mit dem epischen und dem dramatischen Gedicht; es gehört auch zu demselben Gattungstyp wie beispielsweise die analytische Erzählung und somit zu einem anderen als etwa das nur formal definierte Sonett oder die bloß strukturell bestimmte Satire. Das lyrische Gedicht ist schließlich eine vergleichsweise große oder umfangreiche Gattung, eine größere Textgruppe jedenfalls als etwa die Elegie, eine kleinere hingegen als etwa das Gedicht.

Der Begriff der – systematischen – Gattung, wie er hier verwendet wird, stellt eine wissenschaftliche Konstruktion dar, doch keine absolute Konstruktion, sondern eine, die »Objektadäquatheit«[31] für sich beansprucht. Gleichwohl ist eine solche Konstruktion von allen Wesensbestimmungen zu unterscheiden (wie sie gerade in der Lyrik-Theorie weitverbreitet sind), insofern die Definitionsmerkmale, derer sie sich bedient, nicht unbedingt wesentliche Eigenschaften der erfaßten Texte bezeichnen.

Gegen eine notwendig mit weitgefaßten Kriterien arbeitende Begriffsbestimmung wie die des lyrischen Gedichts könnte leicht der Einwand erhoben werden, sie sei so allgemein gehalten, daß sie für die historische Forschung ohne einen greifbaren Nutzen bleiben müsse. Um diesem Einwand zu begegnen, soll die Definition des lyrischen Gedichts neben einer gattungstheoretischen vor allem einer gattungshistorischen Bewährungsprobe ausgesetzt werden und ihre Nützlichkeit an einem schwierigen Problem der Gattungsgeschichte erweisen, für das es noch keine zufriedenstellende Lösung gibt. Ein solches Problem stellt die Bestimmung und Beschreibung der ›Moderne‹ als einer Epoche in der Geschichte der deutschen Lyrik dar. Im Hinblick auf die skizzierten Aporien der Lyrik-Forschung liegt es nahe, die Fruchtbarkeit einer systematischen Begriffsbestimmung des lyrischen Gedichts gerade anhand der modernen (deutschen) Lyrik zu prüfen. Im Rahmen dieser Arbeit kommt der modernen Lyrik jedoch nur der Status eines Fallbeispiels zu, das allerdings wegen seiner Komplexität in besonderer Weise Aufschluß über die Nützlichkeit der Definition verspricht, ohne daß es den einzig möglichen Gegenstand für deren Erprobung abgäbe.

In dieser Arbeit geht es also insgesamt nicht nur um die Erstellung einer möglichst umfassenden Gattungsdefinition des lyrischen Gedichts, sondern auch um die vor allem empirische Anwendung der Definition und damit letztlich um ein »Zentralproblem«[32] der Gattungstheorie: die Vermittlung von systematischer und historischer Forschung. Eine solche Vermittlung verlangt eine Gattungsdefinition, die es möglich macht, zwischen relativ oder absolut konstanten Gattungsmerkmalen und deren verschiedenen wandelbaren historischen Realisierungen zu unterscheiden.[33] Die Definition des lyrischen Gedichts ist hier deshalb – ähnlich etwa dem von Klaus W.

31 Ebd., S. 135.
32 Ebd., S. 141.
33 Vgl. ebd.

Hempfer entwickelten Modell von ›Struktur‹ und ›Transformation‹[34] (allerdings unter Verzicht auf nähere Analogien zur Generativen Grammatik) – als eine dynamisierbare systematische Begriffsbestimmung angelegt.

Die Arbeit besteht im ganzen aus zwei Teilen, wobei die zwei großen Schritte, in denen sie ihr Ziel zu erreichen versucht, ein Fortschreiten von der Definition zu ihrer empirischen Anwendung bedeuten. Der erste Teil ist einer Definition des Gedichts und des lyrischen Gedichts, der zweite deren sowohl gattungstheoretischer wie gattungshistorischer Erprobung gewidmet. Diese historische Erprobung der Definition besteht jedoch nicht in dem Versuch, weitere Beispiele für eine solche Verwendung der definierten Begriffe zu finden, die sich in einer bloßen Klassifikation erschöpfen würde. Der Anwendungsteil soll vielmehr exemplarisch Aufschluß über die Fruchtbarkeit der Gattungsbestimmung geben: es soll geprüft werden, wieweit sie in der Lage ist, noch historische Phänomene in ihrer Besonderheit zu erschließen und zu beschreiben.

Die Konzeption dieser Arbeit birgt allerdings auch ein Problem in sich. Der Versuch, Lyrik-Theorie und Lyrik-Geschichtsschreibung miteinander zu vermitteln, verlangt es, Begriffe unterschiedlichsten Typs zu bestimmen: die Definitionen des Gedichts und des lyrischen Gedichts sind Bestimmungen systematischer oder a-historischer Begriffe, die Definition des modernen lyrischen Gedichts in der deutschen Literatur ist die Bestimmung eines historischen Begriffs. Diese unterschiedlichen Definitionen zu entfalten, bedarf es jeweils unterschiedlicher Darstellungsweisen, aus denen sich auch die besonderen Proportionen dieser Arbeit erklären. Eine systematische Darstellung muß versuchen, in die Tiefe zu gehen, eine historische geht eher in die Breite. Das Ziel einer systematischen Darstellung ist es, möglichst elementare und weitreichende Sätze zu formulieren; das Ziel einer historischen Darstellung dagegen, möglichst viel Material verschiedenster Art zu berücksichtigen. Eine systematische Darstellung strebt Generalisierungen, eine historische Differenzierungen an.

Einer Arbeit, die bemüht ist, das eine mit dem andern zu verbinden, fehlt notwendig die Geschlossenheit sowohl einer rein systematischen wie einer rein historischen Untersuchung. Sie mag deshalb Gefahr laufen, sowohl dem theoretisch wie dem empirisch interessierten Leser in seinen Neigungen nicht ganz entgegenkommen zu können. Diese Gefahr läßt sich wohl nicht völlig ausschalten; um sie wenigstens gering zu halten, sind die einzelnen Abschnitte dieser Arbeit so angelegt, daß sie zwar funktional auf die anderen bezogen sind, in dieser Funktion aber nicht ganz aufgehen: die theoretischen Abschnitte sind kein bloßes Vorspiel des historischen, und der historische ist keine bloße Applikation der Theorie. Die Definitionen des Gedichts und des

34 Vgl. ebd., S. 139ff. Für ›geschichtsfähige‹ Gattungsbegriffe plädiert auch Hartmut Laufhütte: Die deutsche Kunstballade (1983), S. 341.

lyrischen Gedichts lassen sich nicht in der Beschreibung der modernen deutschen Lyrik ausschöpfen, und die Beschreibung der modernen deutschen Lyrik beschränkt sich nicht auf eine Konkretisierung der Definition des lyrischen Gedichts. Insofern ist hier also mit einem »Theorieüberhang über die Praxis«[35] und mit einem ›Praxisüberhang über die Theorie‹ zu rechnen; beides scheint bei einer Arbeit wie der vorliegenden unvermeidlich – schon deshalb, weil eine Theorie nicht in der Geschichte und die Geschichte nicht in einer Theorie aufgehen muß.

35 Dietrich Weber: Theorie der analytischen Erzählung, S. 11.

Erster Teil
Definition des lyrischen Gedichts

Eine neue Theorie ist (oft) der alte Gegenstand
von einer neuen Seite abgezeichnet.

Lichtenberg: Schriften und Briefe,
Band 1, S. 757 (J 732)

1. Abschnitt: Das Gedicht

1. Kapitel: Definition

1.

Was ein Gedicht sei, scheint wenigstens zu Beginn des 18. Jahrhunderts allgemein noch einigermaßen klar gewesen zu sein. Zwar hatte sich das Wort schon damals mit einer Vielzahl von Bedeutungen aufgefüllt: als Bezeichnung etwa für schriftlich Verfaßtes, aber auch für Gedachtes und sogar Erfundenes unterschiedlichster Art; doch wurde es als poetologischer Ausdruck durchweg einsinnig für eine Dichtung in Versen und Reimen verwendet.[1] Seit der Mitte des 18. Jahrhunderts werden jedoch die bis dahin selbstverständlich geltenden Bedingungen für seinen exakten Gebrauch mehr und mehr mißachtet. Der Begriff wird nicht nur weiterhin metaphorisch für andere als literarische Kunstwerke benutzt (in diesem Sinn nennt zum Beispiel Goethe einmal ein Bild ein »sichtliches Gedicht«[2]); man spricht nun auch, durchaus terminologisch, von ›prosaischen Gedichten‹, von ›Gedichten in Prosa‹ oder kurz von ›Prosagedichten‹, also von ›Gedichten‹ ohne Verse.[3] Im 20. Jahrhundert werden dann überdies auch noch solche Texte Gedichte genannt, die in freien Versen geschrieben sind, also keine Reime und zumindest keine Verse im herkömmlichen Sinn mehr enthalten. In der experimentellen Literatur dieses Jahrhunderts sind dann schließlich eine Reihe von neuen Ausdrücken wie ›Collagen-Gedicht‹, ›Computer-Gedicht‹, ›serielles Gedicht‹, ›Schockgedicht‹, ›Klang-Gedicht‹, ›Plakat-Gedicht‹,

1 Vgl. dazu den Artikel »Gedicht«. In: Jacob und Wilhelm Grimm: Deutsches Wörterbuch, 4. Bd., 1. Abt., 1. Hälfte, Sp. 2013–2019.

2 Ebd., Sp. 2019.

3 Zum ›Prosagedicht‹ vgl. vor allem Ulrich Fülleborn: Das deutsche Prosagedicht; Wilhelm Füger: Das englische Prosagedicht; und Suzanne Bernard: Le poème en prose.

›figuratives Gedicht‹, ›kinetisches Gedicht‹ oder auch ›Anti-Gedicht‹ aufgekommen,[4] denen allein das eine gemeinsam ist, daß sie Texte bezeichnen, die mit herkömmlichen Gedichten nichts oder nur kaum etwas verbindet. Von dieser teils ernst, teils ironisch gemeinten Ausweitung des Begriffs ist es bloß noch ein kleiner Schritt zu seiner gewissermaßen universellen Verwendung durch August Stramm, der in einem Brief von der Front schreibt: »alles ist Gedicht umher«.[5]

Angesichts einer solchen kaum noch kontrollierbaren Vieldeutigkeit scheint eine Präzisierung des Begriffs wenigstens in der Literaturwissenschaft dringend geboten zu sein – umso mehr, als er nach wie vor einer ihrer wichtigsten Termini ist. Erstaunlicherweise hat sie jedoch bislang wenig getan, um Ordnung in das Durcheinander zu bringen. Kaum ein zünftiges Wörterbuch oder Lexikon, das ihn für definitionswürdig oder definitionsfähig hielte[6] – aber auch kaum eines, das ihn nicht irgendwann einmal benutzen müßte. Wenn der Begriff allerdings eingesetzt wird, dann wird er meist so verwendet, wie es auch der jeweilige Autor getan hat – einerlei, ob seine Rede dabei einen terminologischen oder metaphorischen, einen polemischen oder programmatischen Sinn hatte.[7]

Die wenigen literaturwissenschaftlichen Versuche, den Begriff des Gedichts neu zu definieren,[8] können jedoch auch nicht ganz überzeugen, wie sich an dem wohl anspruchsvollsten Beispiel zeigen läßt. Ausgehend von poetologischen Äußerungen moderner Autoren hat Peter Horst Neumann vorgeschlagen, zwischen den Begriffen ›Text‹ und ›Gedicht‹ zu differenzieren und ›Gedicht‹ nicht mehr als einen »poetologischen Terminus technicus«, sondern als einen »Terminus poetologico-anthropologicus« zu gebrauchen, der durch das »Überwiegen eines subjektbezogenen Sprachgebrauchs« zu bestimmen sei.[9] Für diesen Vorschlag spricht, daß er sich auf den Sprachgebrauch vor allem zeitgenössischer Autoren stützen kann und insofern keineswegs beliebig ist. Gleichwohl vermag er nicht unbedingt, die durch Mehrdeutigkeit verwirrende Verwendung des Begriffs ›Gedicht‹ zu klären und zu vereinfachen. Denn es ist, auf der Grundlage dieses Vorschlags, nicht nur schwer, noch grundsätzlich zwischen ›Gedicht‹ und ›Lyrik‹ zu unter-

4 Alle Bezeichnungen nach Manfred Pütz: Formen des modernen Gedichts.

5 August Stramm: Das Werk, S. 440 (Brief vom 6. 10. 1914).

6 Eine der wenigen Ausnahmen ist der Artikel von Bernhard Asmuth: Gedichte, der allerdings ›Lyrik‹ meint, wenn er ›Gedicht‹ sagt. Ähnlich auch Erich Kahler: Was ist ein Gedicht?

7 Vgl. dazu etwa Ulrich Fülleborn: Helmut Heißenbüttel. In: Klaus Weissenberger (Hg.): Die deutsche Lyrik 1945–1975, S. 287–300, insbes. S. 293 und 296, der Heißenbüttels gerade nicht terminologischen Gebrauch des Begriffs ›Gedicht‹ einfach übernimmt, ob es sich nun um Gedichte handelt (wie bei dem »Gedicht über die Übung zu sterben«) oder um Prosatexte (wie bei den jeweils »Gedicht« genannten Texten aus »Siebensachen«).

8 Nicht weiter berücksichtigt wird hier Peter Wapnewskis Versuch einer normativen Definition des Gedichts. Vgl. dazu ders.: Gedichte sind genaue Form.

9 Peter Horst Neumann: »Text« und »Gedicht«, S. 10.

scheiden; es ist auch schwierig, die Definitionen zu operationalisieren und in konkreten Fällen zwischen ›Gedichten‹ und ›Texten‹ eindeutig zu differenzieren. Neumann verwendet nämlich beide Begriffe idealtypisch, so daß alle konkrete Literatur nur »Annäherungen« an das »Ideal« darstellt.[10] ›Gedichte‹ im Sinn seiner Begriffsbestimmung können daher auch ›Text‹-Qualitäten haben und ›Texte‹ auch ›Gedicht‹-Qualitäten.[11] Mit diesen Schwierigkeiten der Anwendung der Definitionen mag es denn auch zusammenhängen, daß sie sich offensichtlich nicht durchgesetzt haben.

Außerdem ist sowohl gegen Neumanns Begriffsbestimmung des ›Textes‹ wie gegen seine Begriffsbestimmung des ›Gedichts‹ einzuwenden, daß sie zu restriktiv sind: beide Begriffe haben als technische Termini, als die sie üblicherweise zumindest in der Literaturwissenschaft verwendet werden, einen erheblich größeren Bedeutungsumfang denn als ›poetologisch-anthropologische‹.[12] Von einer sachlich angemessenen – explikatorischen – Definition des Gedichts ist aber, abgesehen vom Verzicht auf alle definitorisch problematischen Wertungen,[13] zu verlangen, daß sie eine Präzisierung des geltenden Sprachgebrauchs darstellt, die gleichwohl noch immer so weit gefaßt ist, daß sie eine möglichst große Menge üblicherweise als Gedichte bezeichneter Texte erfaßt. In diesem Sinn schlage ich vor, das Gedicht als *Versrede* oder genauer noch: als *Rede in Versen* zu definieren.

2.

Unter einer *Rede* ist jede sprachliche Äußerung zu verstehen, die eine sinnhaltige, endliche Folge sprachlicher Zeichen darstellt. In dieser Definition sind, im Sinn einer Minimaldefinition, nur die Merkmale aufgeführt, die eine Rede in jedem Fall, und das heißt zugleich: im einfachsten Fall, haben muß:
– Sprachlichkeit, das heißt: sie muß wesentlich, wenn auch nicht ausschließlich aus sprachlichen Zeichen bestehen;
– Sinnhaltigkeit, das heißt: die Zeichen müssen als sprachliche zumindest entweder für sich oder zusammen eine semantische Funktion haben;
– Sukzessivität, das heißt: die Zeichen müssen in Folge angeordnet sein;
– schließlich Endlichkeit, das heißt, die Zeichenfolge muß einen markierten Anfang und ein markiertes Ende haben.

In die Definition nicht aufgenommen sind all die Merkmale, die eine Rede haben *kann*, aber nicht haben *muß*. Rede im Sinn der Definition muß nicht,

10 Vgl. ebd., S. 10.
11 Vgl. ebd., S. 11.
12 Vgl. ebd., S. 1/2 und 7/8.
13 Vgl. dazu Gottfried Gabriel: Definitionen und Interessen; die speziellen Probleme einer Definition des Gedichts aus der Sicht analytischer Philosophie erörtert: Charles L. Stevenson: On »What Is A Poem?«.

wie das Wort vielleicht suggerieren mag, mündliche Rede sein; es gibt vielmehr auch Rede, die nur schriftlich überliefert wird. Grundsätzlich gilt sogar, daß eine Rede, weil sie ein sprachliches Gebilde ist, immer schriftlich *fixierbar* ist. Wenn eine Rede schriftlich fixiert wird, ist sie im übrigen als Text zu bezeichnen.[14]

Das Merkmal der Sprachlichkeit verlangt nicht, daß in einer Rede die Normen standardsprachlicher Verständigung eingehalten werden müssen. Es macht im Gegenteil die Eigenart poetischer Rede aus, daß in ihr Abweichungen von allen Normen der Standardsprache möglich sind[15] – mit Ausnahme allein der angeführten Bedingungen jeglicher sprachlicher Äußerung.

Das Merkmal der Sinnhaltigkeit impliziert weder semantische Transparenz noch textematische Kohärenz der Rede: eine sprachliche Äußerung kann vielmehr auch unverständliche Wörter und Wortfolgen enthalten, in sich widersprüchlich oder unzusammenhängend sein, ja sogar gegen konventionelle Sinnvorstellungen verstoßen.

Das Merkmal der Sukzessivität schließt weder die Vollständigkeit noch die lückenlose Identifizierbarkeit der Zeichenfolge ein: eine Rede kann auch fragmentarisch überliefert oder nur teilweise zu entziffern sein, ohne daß sie deswegen schon aufhörte, Rede zu sein.

Das Merkmal der Endlichkeit schließlich verlangt nicht, daß Anfang und Ende der Zeichenfolge ausdrücklich gekennzeichnet sein müssen – etwa durch einen Titel am Anfang oder durch ein »Ende« am Schluß. Im einfachsten Fall genügt es, wenn eine Rede von anderer Rede akustisch durch eine Pause oder graphisch durch ein Pausensignal[16] abgesetzt wird.

3.

Als *Versrede* soll hier jede Rede bezeichnet werden, die durch ihre besondere Art der Segmentierung rhythmisch von normalsprachlicher Rede abweicht. Das Prinzip dieser Segmentierung ist die Setzung von Pausen, die durch den Satzrhythmus der Prosa, und das heißt vor allem: durch die syntaktische Segmentierung des Satzes nicht gefordert werden. Das Segment, das durch zwei solche, aufeinander folgende Pausen geschaffen wird, ist der Vers.

In diesem Sinn ist der Vers zunächst als eine rhythmische Einheit aufzufas-

14 Zum Textbegriff generell vgl. Bernhard Sowinski: Textlinguistik. Zur Schriftlichkeit des Textes vgl. insbes. Konrad Ehlich: Zum Textbegriff. In: Annely Rothkegel und Barbara Sandig (Hg.): Text – Testsorten – Semantik, S. 9–25.

15 Vgl. Harald Fricke: Norm und Abweichung, insbes. S. 16–62.

16 Zum Begriff der Pause vgl. generell Harald Weinrich: Phonologie der Sprechpause. In: Ders.: Sprache in Texten, S. 256–265. Außerdem I. Fónagy: Die Redepausen in der Dichtung; sowie Raimund Drommel: Die Sprechpause als Grenzsignal im Text.

sen, und als solche stellt er ein grundsätzlich anderes Redesegment dar als die syntaktische Einheit des Satzes. Zwar können Vers- und Satzgliederung, eben weil sie grundsätzlich verschieden sind, zusammenfallen, etwa beim sogenannten Zeilenstil. Doch erweist sich die prinzipielle Eigenständigkeit der Versgliederung gerade in den Fällen, wo sie, wie etwa beim Enjambement, mit der Satzgliederung nicht übereinstimmt.

In der Literaturwissenschaft, und zumal in der Metrik, ist es allerdings üblich, den Vers nicht als eine rhythmische, sondern als eine metrische Einheit zu definieren,[17] wobei sich Unterschiede vor allem danach ergeben, welche Regelmäßigkeiten jeweils für metrumbildend gehalten werden. Am weitesten gefaßt hat den Begriff wohl John Lotz, der Metrum als »numerical regulation« begreift: »Verse is defined as a language text viewed in all its linguistic functions and characterized by meter, which is the numerical regulation of certain properties of the linguistic form alone.«[18] Als »numerical regulation« läßt Lotz im näheren sowohl »number« wie auch »number and position«[19] gelten. Mit dem Merkmal der metrischen Regulierung fällt es ihm dann nicht schwer, den Vers von der Prosa abzuheben: »A non-metrical text is called prose.«[20] Solche Versuche, das Gedicht auf der Basis der Metrik als ›gebundene‹ von der Prosa als ›ungebundener‹ Rede abzugrenzen, sind schon darum zum Scheitern verurteilt, weil nicht jede Versrede gebunden und nicht jede Prosarede ungebunden ist. Einige Beispiele mögen das verdeutlichen.

Nietzsche beendet das Kapitel »Das trunkne Lied« im »vierten und letzten Teil« von »Also sprach Zarathustra« mit einem »Rundgesang«, »des Name ist ›Noch einmal‹, des Sinn ist ›in alle Ewigkeit!‹«

O Mensch! Gib acht!
Was spricht die tiefe Mitternacht?
»Ich schlief, ich schlief -,
Aus tiefem Traum bin ich erwacht: –
Die Welt ist tief,
Und tiefer als der Tag gedacht.
Tief ist ihr Weh –,
Lust – tiefer noch als Herzeleid:
Weh spricht: Vergeh!
Doch alle Lust will Ewigkeit –,
– will tiefe, tiefe Ewigkeit!«[21]

17 Vgl. etwa Christian Wagenknecht: Deutsche Metrik, S. 138, der den Vers als »metrische Einheit von mittlerer Größe (zwischen Versfuß und Strophe)« definiert.

18 John Lotz: Elements of Versification. In: W.K. Wimsatt (Hg.): Versification, S. 1–21, hier S. 2.

19 Ebd., S. 16.

20 Ebd., S. 5.

21 Friedrich Nietzsche: Werke, Bd. 3, S. 558.

Es ist offensichtlich, daß dieses Lied auch nach herkömmlichen Vorstellungen ein Gedicht ist und daß die vorangegangenen Abschnitte Prosa sind; fast ebenso offensichtlich ist jedoch, daß der Unterschied zwischen diesem Gedicht und dem übrigen Text des Kapitels nicht einfach der zwischen ›gebundener‹ und ›ungebundener‹ Rede ist. Zwar besteht der »Rundgesang« in der Tat aus elf, zwei- bis fünfhebigen jambischen, also fußmetrisch regulierten Versen, die überdies allesamt gereimt sind. Intrikaterweise finden sich aber neun dieser elf Zeilen schon vorher wörtlich in den Prosapassagen, und zwar durch Kursivdruck hervorgehoben, als jeweils letzter Satz der Abschnitte 3 bis 11. So schließt zum Beispiel der dritte Abschnitt mit den Worten:

> – hörst du's nicht, wie sie heimlich, schrecklich, herzlich zu *dir* redet, die alte tiefe tiefe Mitternacht?
> *O Mensch, gib acht!*[22]

Nun könnte man versuchen, das Problem in der Weise zu lösen, daß man den Prosatext als einen nur partiell, das Gedicht aber als einen global gebundenen Text bezeichnete. Damit wäre zwar in diesem Fall tatsächlich der Unterschied getroffen, aber eben nur in diesem Fall. Denn es gibt sehr wohl auch – kürzere – Prosatexte, die insgesamt metrisch geregelt sind, wie zum Beispiel Jean Pauls Polymeter »Der Fremde«, dem der Autor, wie um alle Zweifel an der Gebundenheit des Textes zu beseitigen, seine eigene, allerdings nicht ganz korrekte Notation vorangestellt hat:

> *Der Fremde*
> v---vvvv-vv-, -v-v-v-,
> ---v-vv-, -v-v-v-v-v-v-vv-,
> ---v-vv, -v-v-v-v-.
> Gemein und dunkel wird oft die Seele verhüllt, die so rein und offen ist; so deckt graue Rinde das Eis, das zerschlagen innen licht und hell und blau wie Äther erscheint. Bleib' euch stets die Hülle fremd, bleib' es euch nur der Verhüllte nicht.[23]

Gegen eine metrische Definition des Verses sprechen aber nicht nur partiell oder total gebundene Prosatexte, sondern mehr noch gänzlich ungebundene Gedichte. Seit es freie Verse gibt, gibt es auch Gedichte wie die »Cantos«. Ezra Pounds, die »Hollywood Elegien« Brechts oder die »Xenien« Montales, die nicht mehr metrisch reguliert sind – zumindest nicht mehr als jeder beliebige Prosatext auch.

Angesichts solcher Interferenzen erscheint es nur sinnvoll, auf eine metrische Definition des Verses zu verzichten. Ein Vers *kann* metrisch reguliert

22 Ebd., S. 553.
23 Jean Paul: Sämtliche Werke, 1. Abt., Bd. 10, S. 96.

sein, er *muß* es jedoch nicht sein. Im einfachsten Fall ist er nicht reguliert, und diesen Fall stellt der freie Vers dar, der somit, im Gegensatz zur Schulmeinung der Metriker, unter typologischem Aspekt nicht als die Grenz-, sondern als die Grundform des Verses angesehen werden kann.[24] Im Vergleich mit ihm sind alle metrisch regulierten Formen komplexer.

Ebensowenig wie das Vorkommen von Versfüßen begründet im übrigen das Vorkommen von Reimen einen prinzipiellen Unterschied zwischen Vers- und Prosarede – zum einen nicht, weil es lange vor den Freien Rhythmen und den freien Versen schon Gedichte ohne Reimbindung gegeben hat, wie etwa die klassischen griechischen und lateinischen Oden; und zum andern nicht, weil es sehr wohl auch Prosarede mit Reimen gibt. Dabei ist weniger an Prosatexte zu denken, die vereinzelte Reime aufweisen, meist Reimformeln, die jeder Autor eines – sei es poetischen, sei es wissenschaftlichen – Textes nach Lust und Laune verwenden kann, ohne deswegen schon ein Gedicht zu schreiben, als vielmehr an Prosatexte, die *durchgängig* gereimt sind. Zu dieser Textsorte gehören die Makamen Friedrich Rückerts, deren erste, »Hariris Vorwort« betitelt, so beginnt:

> Gott! Dir danken wir, wie für jede Habe, – also auch für die Redegabe; – wie für des Hauses Ausgang und Eingang, – so für des Geistes Ausklang und Einklang, – und wie für des Kleides An- und Ablegung, – so für des Sinnes Ein- und Auslegung.[25]

Die Makamen sind, ihrer durchgängigen Reimbindung zum Trotz, nicht bloß im Sinn der hier vorgeschlagenen Definition des Gedichts Prosa; sie sind auch als Prosa *gemeint*, und zwar, wie Rückert in *seinem* Vorwort erläutert,[26] als »gereimte Prosa«.

Daß der Unterschied zwischen Vers- und Prosarede letztlich allein ein Unterschied der Rhythmisierung und nicht schon der Metrisierung ist, zeigt schließlich mit aller Deutlichkeit ein Text wie Uwe Johnsons »Ein Brief aus New York«. Dieser Text, der zuletzt überarbeitet als Eintragung unter dem Datum des 1. August 1968 in Band 4 der »Jahrestage« veröffentlicht worden ist, wurde bei seiner ersten Publikation in »Kursbuch 10« von Hans Magnus Enzensberger, wenigstens partienweise, in eine Gedichtform gebracht, und zwar einfach dadurch, daß Enzensberger, mit den Worten Johnsons, »die Interpunktion wegnahm und neue Absätze einrichtete«.[27] Heißt es etwa in der Prosafassung der »Jahrestage«: »Gelb, zum Beispiel. Gelb ist hier an-

24 Vgl. dazu etwa John Lotz: Elements of Versification, S. 1, der vom »free verse« als »outward boundary of verse« spricht. Zu dem Problem vgl. auch Lothar Ern: Freivers und Metrik, S. 9–58.

25 Friedrich Rückert: Werke, Bd. 5, S. 23.

26 Ebd., S. 19.

27 Zit. nach Ulrich Fülleborn (Hg.): Deutsche Prosagedichte des 20. Jahrhunderts, S. 312.

derswo. Ich meine die ganze Farbenfamilie«,[28] so steht in der »Kursbuch«-Fassung:

> Gelb, zum Beispiel
> Gelb ist hier anderswo
> ich meine die ganze Farbenfamilie.[29]

Der Text ist in der einen wie in der anderen Fassung ungebunden. Zum Verstext wird er, in dem einen Fall, allein durch die Setzung nicht nur syntaktisch motivierter Pausen: durch eine besondere Art der Segmentierung oder Rhythmisierung also, die jedoch keine Metrisierung bedeutet.

4.

Die fußmetrische Regulierung und die Reimbindung können einen prinzipiellen Unterschied zwischen Vers- und Prosarede nicht begründen, weil sie nicht konstitutive, sondern bloß typische Merkmale des Verses sind: sie sind häufig, aber nicht notwendig in Versen zu finden. Mögen sie deshalb auch als Elemente einer Minimaldefinition des Gedichts ungeeignet sein, so können sie doch gleichwohl zur Unterscheidung von *Versarten* dienen.

Die Versgliederung beruht in jedem Fall auf der Setzung rhythmisch motivierter Pausen, aber nicht in jedem Fall erschöpft sie sich auch in ihr. Die Setzung solcher Pausen kann vielmehr durch die Plazierung phonetisch wenigstens partiell identischer Wörter am Versanfang oder am Versende akzentuiert werden, und der Vers, der durch zwei solche – sei es akzentuierte, sei es nicht akzentuierte – Pausen geschaffen wird, kann wiederum in sich metrisch reguliert sein. Die Plazierung phonetisch wenigstens partiell identischer Wörter am Versanfang oder am Versende und die metrische Regulierung des Verses sind als zwei grundlegende Möglichkeiten rhythmischer Überstrukturierung der Versgliederung anzusehen, die allerdings beide noch in sich differenziert werden können.

Bei der Akzentuierung der Verspausen durch phonetisch wenigstens partiell identische Wörter läßt sich etwa zwischen verschiedenen Arten phonetischer Identität, wie Assonanz und Reim, Anfangs- oder Endreim, unterscheiden oder auch zwischen verschiedenen Arten der Abfolge solcher Wörter, wie sie etwa Paar- oder Kreuzreim darstellen. Bei der metrischen Regulierung lassen sich wiederum, nach traditioneller Auffassung, zumindest drei verschiedene Vers-Maße voneinander trennen: das Maß der Silbenzahl, das Maß der Silbendauer und das Maß der Silbenschwere, durch die jeweils

28 Uwe Johnson: Jahrestage 4, S. 1690.

29 Uwe Johnson: Ein Brief aus New York. In: Ulrich Fülleborn (Hg.): Deutsche Prosagedichte des 20. Jahrhunderts, S. 193–196, hier S. 193.

syllabische, quantitierende und akzentuierende Verse geschaffen werden. Insgesamt sind vier verschiedene Arten von Versen zu unterscheiden:

- Verse, die weder gereimt noch metrisch reguliert sind;
- Verse, die gereimt, aber nicht metrisch reguliert sind;
- Verse, die metrisch reguliert, aber nicht gereimt sind;
- und Verse, die sowohl gereimt wie metrisch reguliert sind.

Verse der ersten Art sind freie Verse, Verse der zweiten Art etwa Madrigalverse, Verse der dritten Art etwa klassische Odenverse oder Freie Rhythmen, Verse der vierten Art etwa Alexandriner.

Wie angedeutet, lassen sich mit Ausnahme des ersten Typs alle anderen noch in sich differenzieren, je nach der Art der Reimbindung oder der metrischen Regulierung, die jeweils vorliegt. Diese Differenzierungen, die in das Gebiet der Metrik fallen,[30] sind hier jedoch nicht auszuführen. Die Skizze mag genügen, um den großen Geltungsbereich der Minimaldefinition der Versgliederung als rhythmischer Segmentierung der Rede anzudeuten: im Unterschied zu einer metrischen Definition des Verses ist sie in der Lage, alle uns bekannten Arten der Versgliederung von der Antike bis zur Gegenwart zu erfassen.

5.

Wenn eine Versrede schriftlich fixiert, also zum Text wird, weicht sie in der Regel auch graphisch von einer Prosarede durch eine »Anomalie des Satzspiegels« ab.[31] Als Versschreibweise ist allerdings nur eine solche von normaler Prosa abweichende graphische Präsentation anzusehen, die Verspausen markiert, in diesem Sinn also den Charakter einer Partitur hat.

Reinhard Lettau hat die graphische Eigentümlichkeit von Verstexten in seinem satirischen Gedicht »In memoriam Peter S.« salopp so definiert (und zugleich demonstriert):

> Bei Gedichten werden, wie im vorliegenden
> Fall, die Zeilen nicht vollgeschrieben.[32]

Das ist jedoch kaum mehr als eine witzige Faustregel. Daß die Zeilen eines Gedichts am rechten Rand nicht vollgeschrieben werden, ist eine vergleichsweise junge Konvention, die sich erst in der Neuzeit durchgesetzt hat:[33] noch in der Antike wurden auch Gedichte in der scriptura continua fixiert. Die linksbündige ist selbst in der Neuzeit nicht die einzig mögliche, wenngleich die gängige Versschreibweise; grundsätzlich können Verstexte auch

30 Vgl. etwa Christian Wagenknecht: Deutsche Metrik, S. 26 ff.
31 Harald Fricke: Norm und Abweichung, S. 19.
32 Reinhard Lettau: Immer kürzer werdende Geschichten & Gedichte & Porträts, S. 224.
33 Vgl. Leif Ludwig Albertsen: Neuere deutsche Metrik, S. 117 ff.

rechtsbündig gesetzt sein, wie etwa Gerhard Rühms »Fabian« zeigt, oder um eine unsichtbare Mittelachse angeordnet sein wie der »Phantasus« von Arno Holz, ja sogar jeder graphischen Achse entbehren wie Stéphane Mallarmés »Un coup de dés«. Gedichte können schließlich sogar zu graphischen Figuren angeordnet werden: etwa nach dem Muster eines Eis wie bei Simias von Rhodos oder nach dem Muster eines Altars wie bei Dosiadas von Kreta oder auch, wie in der Barocklyrik, nach dem Muster eines Füllhorns, eines Baums, eines Rads oder eines Labyrinths.[34]

Die witzige Formel Lettaus ist allerdings noch in einer anderen Hinsicht zu relativieren: Ob eine Zeile, die nicht vollgeschrieben ist, tatsächlich ein Vers oder bloß ein sehr kurzer, aber in sich abgeschlossener Prosasatz ist, verrät meist erst der Kontext. Ein Text, der, die Überschrift abgerechnet, nur eine Zeile lang (oder noch kürzer) ist, läßt sich somit nicht eindeutig klassifizieren. Er kann als Gedicht gemeint sein, wie Ernst Jandls

> BESSEMERBIRNEN
> als mehr kanonen;[35]

er kann aber auch ein kurzer Aphorismus sein wie Lichtenbergs Sudelbuch-Aufzeichnung C 245:

> Zeit urbar machen.[36]

Als Gedicht ist ein kurzer Text nur dann *eindeutig* zu klassifizieren, wenn er mindestens zwei Zeilen aufweist, wie zum Beispiel Ungarettis »Mattina«:

> M'illumino
> d'immenso.[37]

Weil die Versgliederung also erst durch ihre wenigstens einmalige Wiederholung zweifelsfrei zu erkennen ist, ist als Gedicht zweckmäßigerweise auch nur eine Rede (oder ein Text) *in Versen* zu bezeichnen. Wenn ich im folgenden von einer *Vers*rede (oder einem Verstext) spreche, dann ist das immer in diesem Sinn zu verstehen.

6.

Die Begriffsbestimmung des Gedichts als Versrede ist als eine Definition zu verstehen, die grundsätzlich eine klare Unterscheidung von Vers- und Prosarede ermöglichen soll. Schon das Rede-Kriterium gestattet es, eine Reihe

34 Vgl. Ulrich Ernst: Lesen als Rezeptionsakt. Einen Überblick über die Geschichte der Visuellen Poesie geben Jeremy Adler und Ulrich Ernst: Text als Figur.

35 Ernst Jandl: Laut und Luise, S. 128.

36 Zit. nach Georg Christoph Lichtenberg: Schriften und Briefe, Bd. 1.

37 Guiseppe Ungaretti: Vita d'un uomo, S. 65.

von Gebilden der Visuellen Poesie auszuschließen, die sich jeweils ›Gedicht‹ oder ähnlich nennen oder immer wieder so bezeichnet werden, aber nicht einmal Rede im definierten Sinn sind. Nicht als Rede und somit auch nicht als Gedichte zu bezeichnen sind zunächst einmal all die Werke, die, von der Überschrift abgesehen, keine sprachlichen Zeichen enthalten. Das ist zum Beispiel der Fall bei Christian Morgensterns »Fisches Nachtgesang«, der ausschließlich aus graphischen Zeichen besteht, die den in der Metrik verwendeten Notationen für Hebungen und Senkungen ähnlich sind:[38]

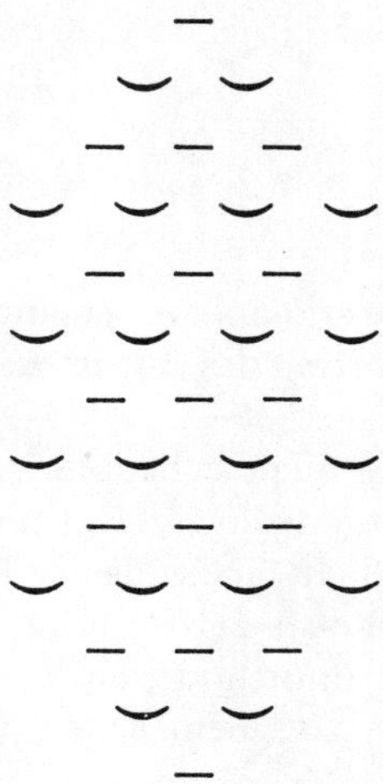

Nicht als Texte zu bezeichnen sind weiter bloße Ansammlungen von sprachlichen Zeichen, die weder für sich noch zusammen einen sprachlichen Sinn haben, also ohne eine semantische Funktion sind. Dies ist zum Beispiel bei dem folgenden »Buchstabengedicht« Franz Hohlers der Fall:[39]

Vom Ursprung der Poesie

" * % & ( ) _ = / ^ ç
2 3 4 5 6 7 8 9 é ` à

Q W E R T Z U I O P § !
ü è

A S D F G H J K L + :
ö ä

Y X C V B N M ? 1/ '
, . _

38 Christian Morgenstern: Alle Galgenlieder, S. 31.
39 Zit. nach Rudolf Otto Wiemer (Hg.): Bundesdeutsch, S. 26.

Das ist sicher ein besonderes ›Buchstabengedicht‹, denn es enthält, unter anderem, alle Buchstaben unseres Alphabets. Und doch ist es keine Rede im explizierten Sinn, sondern nur ein Bild: das Bild der Tastatur einer Schreibmaschine.

Nicht viel anders steht es mit dem folgenden ›Lippengedicht‹ Ernst Jandls, das drei Phoneme auf acht Zeilen verteilt:

m
w
m
w
m
w
o
m[40].

Auch eine solche Abfolge bloßer Laute ohne erkennbare semantische Funktion, deren Witz sich erst im (mimischen) Vortrag des Autors zeigt, ist keine Rede im explizierten Sinn.

Mit diesen Ausgrenzungen soll allerdings nicht behauptet sein, es gebe überhaupt gar keine Buchstaben- oder Lautgedichte: E. E. Cummings beispielsweise hat in seinem ›Grasshopper‹-Gedicht eine zunächst bedeutungslose Gruppe von Buchstaben, die »r-p-o-p-h-e-s-s-a-g-r« lautet, in einen bedeutungsvollen, orthographisch allerdings unorthodoxen Text integriert und durch dreifache Umgruppierung selbst zu einem bedeutungshaltigen Wort gemacht:

```
                    r-p-o-p-h-e-s-s-a-g-r
                who
a)s w(e loo)k
upnowgath
                PPEGORHRASS
                                eringint(o-
aThe): l
         eA
                !p:
S                                           a
                    (r                      .
rIvInG                   .gRrEaPsPhOs)
                                            to
rea(be)rran(com)gi(e)ngly
,grasshopper;[41]
```

40 Ernst Jandl: Laut und Luise, S. 81.

41 E. E. Cummings: Poems – Gedichte, Nr. 30. Vgl. dazu auch Max Nänny: Iconic Dimensions in Poetry, S. 133ff.

Daß andrerseits auch ein Ensemble von Phonemen durchaus Rede und ein Gedicht ergeben kann, zeigt das folgende Beispiel von Friedrich Achleitner:

a
so
so
a

m
hm
hm
hm

a
ha
so
so.[42]

Auf den ersten Blick scheint auch das eine Reihe von bloßen Lauten zu sein. Bei näherem Hinsehen und Hinhören erweist sich jedoch, daß sie, eben doch anders als Jandls ›Lippengedicht‹, sinnhaltige Rede ergibt. Denn jeder der Laute wird umgangssprachlich expressiv gebraucht und hat daher eine bestimmte semantische, wenn auch nicht unbedingt lexikalische Bedeutung: etwa als Ausdruck der Verwunderung, der Überraschung, der Skepsis oder einer zurückhaltenden Zustimmung. Wie fein nuanciert die Bedeutungen sind, zeigt neben der Umkehrung von »a/ so« zu »so/a«, vor allem das dritte Phonem-Paar: »m/hm«. Nur wenn eine Reihe von Lauten in solcher Weise eine semantische Funktion hat, ist sie als Rede anzuerkennen.

Nicht als Rede und damit auch nicht als Gedicht zu bezeichnen sind schließlich alle Ensembles von Wörtern und Buchstaben, die nicht in Folge angeordnet, sondern frei über eine Fläche verteilt sind – wie beispielsweise das »Gesetzte Bildgedicht« von Kurt Schwitters:[43]

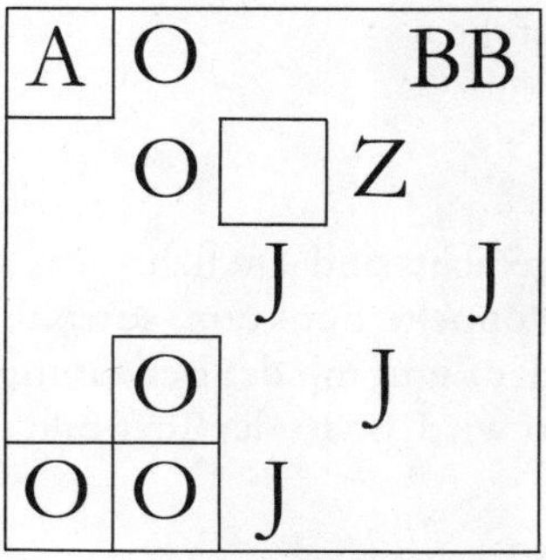

42 Zit. nach Eugen Gomringer (Hg.): Konkrete Poesie, S. 13.
43 Kurt Schwitters: Das literarische Werk, Bd. 1, S. 200.

Dieses »Bildgedicht« enthält zwar sprachliche Zeichen, doch lediglich als isolierte Buchstaben, die, in ihrer bloßen Materialität präsentiert, weder für sich noch insgesamt einen sprachlich vermittelten Sinn ergeben – mit Ausnahme allenfalls des ersten Paars, das aus den Lettern »A« und »O« besteht. Indem die Zeichen außerdem mehr oder weniger frei über die genau begrenzte, quadratische Fläche verteilt sind, lassen sich Anfang und Ende nicht mehr eindeutig bestimmen. Es werden vielmehr verschiedene Leserichtungen angeboten, mit dem Ziel, das übliche lineare Lesen von links nach rechts und von oben nach unten zu behindern.

7.

Nicht nur das Kriterium der Rede, auch das der Versgliederung erlaubt einige notwendige Abgrenzungen. Sie betreffen vor allem das sogenannte ›Figurengedicht‹ und das sogenannte ›Prosagedicht‹ und damit zwei ebenso weitläufige wie dicht besiedelte literarische Provinzen. – Nicht alle Texte, die als Figurengedichte bezeichnet werden, sind tatsächlich Gedichte im explizierten Sinn. Zwar weichen sie alle äußerlich von normal gesetzten Prosatexten ab, doch werden sie dadurch nicht automatisch schon zu Gedichten. Denn die Abweichung, die figurative Texte konstituiert, ist zunächst bloß typographischer Art: das sprachliche Material wird so angeordnet, daß sich eine sinnbildliche Figur oder, semiotisch gesprochen, ein Ikon ergibt. Um Figuren*gedichte* im Sinn der Definition handelt es sich allein dann, wenn die durch den figürlichen Zusammenhang motivierte graphische Segmentierung der Rede zugleich eine rhythmische ist, also eine Versgliederung. Das ist zum Beispiel der Fall in einem Text wie Morgensterns »Die Trichter«:

Zwei Trichter wandeln durch die Nacht.
Durch ihres Rumpfs verengten Schacht
fließt weißes Mondlicht
still und heiter
auf ihren
Waldweg
u. s.
w.[44]

Bei einem solchen echten Figurengedicht sind Gedichtform und figurale Form identisch. Die Schrift hat die doppelte Funktion, sowohl Partitur wie Figur zu sein, wobei die Bedeutung der Figur mit der Bedeutung der Wörter zusammenhängt, ja durch sie evoziert wird. So ist der Text Bild und Gedicht in einem.

44 Christian Morgenstern: Alle Galgenlieder, S. 29.

Nicht um Figurengedichte, sondern allenfalls um Visuelle Poesie handelt es sich dagegen bei all den Texten, bei denen die figurale Form nicht auch Gedichtform ist. Das ist zum Beispiel bei Reinhard Döhls bekanntem »Apfel« der Fall:[45]

Die von normal gesetzter Prosa abweichende Segmentierung des Textes folgt hier keinem rhythmischen, sondern ausschließlich einem graphischen Prinzip: einige Reihen von Wörtern (die, mit einer Ausnahme, alle »Apfel« lauten) werden so zusammengestellt, daß sie ein Bild ergeben: das Bild eines Apfels, mit Wurm. Die Begrenzung der einzelnen Zeichen ergibt sich dabei, anders als bei Morgenstern, allein aus der figuralen Form, die unabhängig von Buchstaben- oder Wortgrenzen und erst recht von möglichen Versgrenzen realisiert wird. So entsteht kein Bildgedicht, sondern ein Wortbild, das gesehen werden muß, weil es nicht mehr gesprochen werden kann. Die Schrift hat die Funktion einer Partitur weitgehend verloren, sie ist nur noch Bild.

Etwas anders liegt der Fall bei Peter Handkes vieldiskutierter »Aufstellung des 1. F.C. Nürnberg vom 27. 1. 1968«:[46]

WABRA

LEUPOLD POPP

LUDWIG MÜLLER WENAUER BLANKENBURG

STAREK STREHL BRUNGS HEINZ MÜLLER VOLKERT

Spielbeginn:
15 Uhr

45 Zit. nach Eugen Gomringer (Hg.): Konkrete Poesie, S. 38. Zu diesem Text vgl. auch Jeremy Adler und Ulrich Ernst: Text als Figur, S. 280ff., die allerdings nicht streng zwischen ›Figurengedicht‹ und ›Visueller Poesie‹ unterscheiden (vgl. insbes. S. 9).

46 Peter Handke: Die Innenwelt der Außenwelt der Innenwelt, S. 59. Zur literaturtheoretischen Diskussion um die Klassifikation des Textes vgl. vor allem: Harald Fricke: Norm und Abweichung, S. 109; Gottfried Gabriel: Über Bedeutung in der Literatur, S. 18; und Michael Zeller: Gedichte haben Zeit, S. 270ff.

Anders als bei dem »Apfel«-Bild Döhls handelt es sich hier zweifellos um einen Text – und um einen Text, der wie ein Mittelachsen-Gedicht durch seine graphische Präsentation von normal gesetzter Prosa abzuweichen scheint. Gleichwohl ist dieser Text kein Gedicht, denn die abweichende Segmentierung signalisiert keine Versgliederung. Sie stellt vielmehr bloß die in den 60er Jahren noch übliche graphische Präsentation einer bestimmten Art der Mannschaftsaufstellung nach dem alten »WM«-System dar, und als solche ist sie keine poetische, sondern lediglich eine fachsprachliche Abweichung von normalsprachlicher Prosa. Es handelt sich bei diesem ›objet trouvé‹ also gleichfalls um Visuelle Poesie, nicht aber um ein Figuren*gedicht*.

8.

Das Merkmal der Versgliederung erlaubt schließlich auch eine Abgrenzung des Gedichts gegen das sogenannte ›Prosagedicht‹. Diese Abgrenzung ist theoretisch von größter Bedeutung, denn das ›Prosagedicht‹ macht, glaubt man seinen Theoretikern, jeden Versuch einer trennscharfen Definition des Gedichts hinfällig, weil es sich bei ihm angeblich »sowohl um Prosa wie um ein Gedicht«[47] handelt.

Schon deshalb hat sich die Literaturwissenschaft mit dieser (angeblichen) ›Gattung‹ schwer getan, schwer aber auch, weil sich bei ihr die Autoren kaum auf eine einheitliche Bezeichnung haben einigen können. Jean Paul zum Beispiel hat das, was seine Interpreten ›Prosagedichte‹ nennen, mal als »Polymeter« und mal als »Streckverse« bezeichnet, gelegentlich auch einmal als »Prosaische Sinngedichte, welche von Anthologen in Verse und Anthologien gebracht werden können«. Im »Siebenkäs« und im »Titan« hat er sie sogar, um die Verwirrung komplett zu machen, als Prosa-Übersetzungen fremdsprachiger Gedichte ausgegeben.[48] Es sei dahingestellt, ob die wechselnden Benennungen und Beschreibungen der vermeintlichen ›Prosagedichte‹ auf eine wirkliche Unsicherheit des Autors im Hinblick auf ihre Gattungszugehörigkeit schließen lassen oder ob er sie nur dazu benutzt, um ein Verwirrspiel mit dem Leser zu treiben. So oder so ist die Ratlosigkeit behebbar. Die hier vorgeschlagene Definition des Gedichts als Versrede erlaubt eine ebenso einfache wie eindeutige Klassifikation des ›Gedichts in Prosa‹, und zwar schon allein aufgrund des einzig allgemeinen Kriteriums für solche Texte, das Ulrich Fülleborn genannt hat: »das Fehlen des Ver-

47 So Ulrich Fülleborn: Einleitung. In: Ders. (Hg.): Deutsche Prosagedichte des 20. Jahrhunderts, S. 15–43, hier S. 17.

48 Vgl. dazu im näheren Peter Horst Neumann: Streckvers und poetische Enklave, insbes. S. 26.

ses«.[49] Wenn das ›Prosagedicht‹ tatsächlich in Prosa geschrieben ist, kann es kein Gedicht im definierten Sinn sein; wenn es aber ein Gedicht, also in Versen geschrieben ist, kann es keine Prosa sein. Texte wie Baudelaires »Petits Poèmes en Prose«, Turgenjews »Senilia«, Wildes »Poems in Prose« oder Rilkes »Gedichte in Prosa« sind somit allesamt nicht als Gedichte zu bezeichnen: sie sind eindeutig Prosa.

Daß solche Texte gleichwohl Gedichte genannt werden, scheint auf eine Begriffsverwechslung zurückzugehen, die allerdings ihre historischen Ursachen hat. Wenn Ulrich Fülleborn das Gedicht definiert »als begrenztes und komplexes sprachlich-ästhetisches Gebilde, das sich aus einer besonderen Sprachverwendung ergibt«[50] – einer »eben ästhetischen Sprachverwendung«, wie er tautologisch erläutert[51] –, dann hat er damit weniger Gedichte als poetische Texte überhaupt charakterisiert. Denn alle Merkmale des Gedichts, die er anführt: Begrenztheit, Komplexität und ästhetische Sprachverwendung, gelten auch für große Romane der Weltliteratur wie den »Ulysses« oder den »Mann ohne Eigenschaften«, die man daher mit demselben Recht wie etwa Brechts »Psalmen« ›Prosagedichte‹ nennen könnte. Tatsächlich hat es eine solche großzügige Verwendung des Ausdrucks auch im 18. Jahrhundert gegeben. Fielding hat beispielsweise im Vorwort zur ersten Auflage seinen »Joseph Andrews« als »comic epic poem in prose«[52] bezeichnet, und Gellert hat etwa »die Clarissa und den Grandison« unter »die guten prosaischen Gedichte«[53] gerechnet. Nun kann man weder Fielding noch Gellert unterstellen, sie hätten den Unterschied zwischen Vers und Prosa nicht gekannt. Daß sie dennoch Romane ›Prosagedichte‹ genannt haben, dürfte sich vielmehr aus der poetologischen Diskussion im 18. Jahrhundert erklären, aus dem Versuch mancher Autoren nämlich, der Prosa – und zumal dem Prosaroman – die Achtung zu gewinnen, die bis dahin nur dem Gedicht als Inbegriff der Dichtung zugekommen war. Wenn also in dieser Zeit Romane, über deren Gattungszugehörigkeit kein Zweifel bestehen kann, als Gedichte bezeichnet werden, dann soll das lediglich heißen, daß sie so poetisch *wie Gedichte* seien. Indem sie den Begriff Gedicht für sich reklamieren, machen sie somit Anspruch darauf, als *Dichtung* akzeptiert zu werden.

Ein solcher – historisch längst überholter – Sprachgebrauch scheint noch bei Fülleborn fortzuwirken, wenn er das Gedicht »als ein begrenztes und komplexes sprachlich-ästhetisches Gebilde« definiert – so als gäbe es nicht auch begrenzte und komplexe ästhetische Sprachgebilde, die keine Gedichte

49 Ulrich Fülleborn: Einleitung, S. 18; vgl. auch Ulrich Fülleborn: Das deutsche Prosagedicht, S. 10.

50 Ebd., S. 20.

51 Ebd., S. 21.

52 Vgl. Wilhelm Füger: Das englische Prosagedicht, S. 153.

53 Zit. nach Artikel »Gedicht«. In: Jacob und Wilhelm Grimm: Deutsches Wörterbuch, Sp. 2018.

sind. Sowenig dagegen sprechen kann, die sogenannten Prosagedichte als poetische Texte gelten zu lassen, soviel spricht dagegen, sie Gedichte zu nennen. Aus sachlichen wie aus terminologischen Gründen ist es vielmehr zweckmäßiger, als Gedichte nur Texte in Versen zu bezeichnen.

Wenn nun auch das ›Prosagedicht‹ keine Mischgattung ist, so schließt das doch nicht aus, daß es, auch nach der hier vorgeschlagenen Definition des Gedichts, tatsächlich Mischtexte gibt – Texte also, die sowohl Vers- wie Prosapassagen enthalten. Ulrich Fülleborn hat in seine Anthologie »Deutsche Prosagedichte des 20. Jahrhunderts«[54] selbst einige solcher Texte aufgenommen, etwa Peter Rühmkorfs »Anti-Ikarus« oder Hans Magnus Enzensbergers »Vorschlag zur Strafrechtsreform«. Historisch frühe Beispiele wären etwa die fünfte der Novalisschen »Hymnen an die Nacht« oder Wielands »Die Grazien«, ein »Gedicht in sechs Büchern«, wie es im Untertitel heißt, das ständig zwischen Vers und Prosa wechselt – wie schon der erste Abschnitt zeigt:

> Die Menschen, womit *Deukalion* und *Pyrrha* das alte *Gräcien* bevölkerten, waren anfänglich ein sehr rohes Völkchen; so, wie man es von Leuten erwarten mag, die aus Steinen Menschen geworden waren.
>
> Sie irren, mit Fellen bedeckt, in dunkeln Eichenhainen,
> Der Mann mit der Keule bewehrt, das Weib mit ihren Kleinen
> Nach Affenweise behangen; und sank die Sonne, so blieb
> Ein jedes liegen, wohin der Zufall es trieb.[55]

Man wird Wieland kaum folgen und »Die Grazien« einfach ein Gedicht nennen; sie sind vielmehr ein Mischtext, halb Gedicht, halb Prosa. Das Kriterium der Versgliederung, als das eine Defnitionsmerkmal des Gedichts, bewährt sich jedoch auch an ihnen, insofern es in jedem Fall eine klare Unterscheidung von Vers und Prosa erlaubt.

54 Vgl. Ulrich Fülleborn (Hg.): Deutsche Prosagedichte des 20. Jahrhunderts, S. 145 und 271f.

55 Christoph Martin Wieland: Sämtliche Werke, Band 10, S. 10.

2. Kapitel:
Deskription: Das Gedicht als poetische Rede

1.

Die hier vorgeschlagene Definition des Gedichts versucht eine möglichst klare und eindeutige Antwort auf die Frage zu geben, woran ein Gedicht als Text äußerlich zu erkennen sei und worin es sich von anderer, sei es poetischer, sei es nicht-poetischer Rede unterscheide. Auf eine Reihe weiterer Fragen, die sich bei der Beschäftigung mit Gedichten stellen können, kann sie dagegen keine Antwort geben. Das gilt etwa für die literaturphilosophische Frage, was das Wesen des Gedichts ausmache, oder auch für die literaturkritische Frage, ob ein Gedicht notwendig ein künstlerisch wertvoller Text sei. Daß die hier vorgeschlagene Definition auf solche Fragen nicht zu antworten vermag, liegt daran, daß sie als eine technische Definition nur solche Merkmale enthält, die an der Textoberfläche wiederzufinden sind. Ein Gedicht im explizierten Sinn kann daher sowohl ein künstlerisch hochwertiger wie ein künstlerisch völlig mißlungener Text sein. Gleichwohl impliziert die Definition eine Aussage über den – allerdings nicht normativ, sondern deskriptiv verstandenen – ästhetischen Charakter des Gedichts: in ihrem Sinn ist ein Gedicht immer schon poetisch, insofern es in jedem Fall eine ästhetische Funktion erfüllt.[1]

Poetisch ist es allerdings nicht unbedingt durch seine Sprache. Eine gedicht*spezifische* Verwendung von Sprache läßt sich jedenfalls kaum nachweisen: offensichtlich gibt es keine »Gedichtsprache«[2] mit eigenen Regeln, die

1 Zum Begriff der ästhetischen Funktion vgl. Jan Mukařovský: Die poetische Benennung und die ästhetische Funktion der Sprache. In: Ders.: Kapitel aus der Poetik, S. 44–54.

2 Vgl. dazu Siegfried J. Schmidt: Alltagssprache und Gedichtsprache.

für alle Versrede und nur für Versrede gelten würden. Die Sprachverwendung in einem Gedicht *muß* weder orthographisch noch lexikalisch noch phonetisch noch morphologisch noch lexikalisch noch syntaktisch, ja nicht einmal semantisch von der Sprachverwendung in Prosatexten abweichen, was sich etwa an einem modernen Dokumentargedicht wie Erich Frieds »Tiermarkt/Ankauf« zeigt, das den Wortlaut einer Zeitungsanzeige wörtlich übernimmt.[3] Zwar *kann* vor allem die Semantik einer Versrede in vielerlei Hinsicht poetisch abweichend sein, zum Beispiel durch eine Figur semantischer Äquivalenz[4] wie den Vergleich[5] oder durch eine Figur semantischer Opposition wie das Paradoxon[6] oder eine Figur der Substitution wie die Metapher und die Metonymie.[7] Doch liegt es auf der Hand, daß die Gedichtrede, wenn sie in dieser Weise abweichend ist, immer nur teil an den »unerschöpflich-vielfältigen Möglichkeiten«[8] allgemein-poetischer, im näheren semantischer Abweichungen hat, die in Vers- wie in Prosarede gleichermaßen denkbar sind.

Deshalb ist auch nicht einmal die »niederfrequente Wortkombination«[9] als »Freiheit zu sonst unüblichen oder seltenen (...) Wortverwendungen und Komposita«[10] eine semantische »Differenzqualität«[11] des Gedichts. Solche »niederfrequenten Wortkombinationen« finden sich keineswegs in *allen* Gedichten – und sie finden sich nicht *nur* in Gedichten, was etwa der an »niederfrequenten« Komposita reiche Assoziationsstil der Romane Jean Pauls beweist.

Spezifisch poetisch ist nicht notwendig die Sprache, sondern die Form des Gedichts: die Versgliederung macht als eine von der Prosa abweichende Segmentierung in jedem Fall auf die äußere Form der Rede aufmerksam. Insofern hat die Versrede immer schon eine ästhetische Funktion. Die Versgliederung ist allerdings keine bloße Äußerlichkeit: sie verändert vielmehr, wenigstens tendenziell, den Charakter der Rede insgesamt – und zwar sowohl rhythmisch wie semantisch. Es gehört zur Eigenart des Gedichts als

3 Vgl. dazu Michael Zeller: Gedichte haben Zeit, S. 275 ff.

4 Zu den Begriffen der semantischen Äquivalenz, der semantischen Opposition und der Substitution vgl. Heinrich F. Plett: Textwissenschaft und Textanalyse, S. 251–282.

5 Vgl. dazu etwa Hans-Henrik Krummacher: Das »als ob« in der Lyrik.

6 Vgl. dazu etwa Cleanth Brooks: The Language of Paradox, und: Wordsworth and the Paradox of the Imagination. In: Ders.: The Well Wrought Urn, S. 1–16 und 101–123. Ferner Zdenko Škreb: Zur Theorie der Antithese als Stilfigur.

7 Vgl. dazu vor allem Roman Jakobson: Randbemerkungen zur Prosa des Dichters Pasternak. In: Ders.: Poetik, S. 192–211.

8 Harald Fricke: Norm und Abweichung, S. 40.

9 Siegfried J. Schmidt: Alltagssprache und Gedichtsprache, S. 297.

10 Ebd., S. 292.

11 Ebd., S. 289 u. ö.

Versrede, daß grundsätzlich auch seine Form ein Bedeutungsfaktor ist.[12] Als Bedeutungsfaktor bringt sie sich vor allem auf zweierlei Weise zur Geltung: durch ihren Einfluß auf die Semantik der Wörter und durch ihre eigene Semantik.

2.

Der Einfluß der Gedichtform auf die Semantik der Wörter läßt sich am besten am Beispiel des Verses zeigen. Als Redesegment besteht er immer zumindest aus einem, meist aber aus mehreren sprachlichen Zeichen, die untereinander und mit den Zeichen der anderen Verse des Gedichts in einem Sinnzusammenhang stehen, der wiederum meist durch grammatische oder syntaktische Verknüpfungen zustandekommt und logisch motiviert ist. Diesen grammatisch oder syntaktisch hergestellten Sinnzusammenhang zwischen den Wörtern kann die Versgliederung überformen – im einfachsten Fall schon dadurch, daß sie durch die Pause am Ende eines Verses einzelne Wörter oder Gruppen von Wörtern vorübergehend isoliert und damit als eigene Einheit markiert.

Eine solche Überformung wird durch jede Versgliederung geschaffen. Sie ist also selbst dann gegeben, wenn Vers- und Satzgliederung wie beim Zeilenstil identisch sind. Allerdings ist sie in diesem Fall am wenigsten deutlich. Ein Vers wie

> La tempête a béni mes éveils maritimes.[13]

aus Rimbauds »Le Bateau Ivre«, der mit einem vollständigen, Subjekt, Prädikat und (doppeltes) Objekt umfassenden Satz identisch ist, stellt sich allerdings erst dann als eine eigene semantische Einheit dar, wenn man der Pause am Versende ein eigenes Gewicht beimißt – und das heißt hier: ein größeres Gewicht als der Pause, die ein Punkt am Satzende normalerweise signalisiert. Allein unter dieser – freilich zwingenden – Voraussetzung erweist sich die Versgliederung auch in einem solchen Fall zugleich als eine semantische Akzentuierung, die den Satz durch eine längere Pause vom übrigen Text trennt, als es in der Prosa üblich ist.

Schon deutlicher als semantische Einheit zu erkennen ist der Vers, wenn

12 Daß die Formen im Gedicht eine Bedeutung haben, versuchen auch Hartwig Schultz: Aspekte der Form-Inhalt-Dialektik in der Lyrik, und Herbert Kraft: Strukturen der Lyrik, insbes. S. 327ff., zu zeigen, ohne allerdings zu konkreten Aussagen zu gelangen. Etwas anders verhält es sich mit der aufwendigen Studie von Hartwig Schultz: Form als Inhalt, die allerdings in der Methode nicht unproblematisch ist. Nicht die spezielle Semantik der Form, wohl aber den Einfluß der Form auf die Semantik der Wörter untersucht schließlich Jurij Tynjanov: Das Problem der Verssprache, S. 73–137.

13 Arthur Rimbaud: Sämtliche Dichtungen, S. 132.

ein Satz auf mehrere Zeilen verteilt, die Einheit des Satzes also durch Verseinschnitte zerteilt wird. Dies ist zum Beispiel der Fall in Rilkes Versen:

NEIN, ich vergesse dich nicht,
    was ich auch werde,
liebliches, zeitiges Licht,
    Erstling der Erde.[14]

Jeder dieser vier Verse bildet eine eigene semantische Einheit, die, in sich sinnvoll, aus dem Satzzusammenhang gelöst und etwa als Zitat in einen anderen Redezusammenhang eingefügt werden kann. Jede von ihnen ist zwar zugleich ein Syntagma, doch sind insgesamt die syntaktischen Beziehungen zwischen den Versen durch die rhythmisch bedingten und hier außerdem noch durch den Reim akzentuierten Pausen an den Versenden gelockert – soweit jedenfalls, daß der Vers sich erkennbar als eine semantische Einheit *neben* der des Satzes etablieren kann.

Am deutlichsten zeigt sich der Vers als semantische Einheit schließlich da, wo die Versgliederung sich von der Satzgliederung völlig emanzipiert und *gegen* sie realisiert – also zum Beispiel in Versen wie

plato told

him: he couldn't
believe it (jesus

told him; he
wouldn't believe
it) lao[15]

von E. E. Cummings, in denen die Satzgrenzen in die Verse und die Versgrenzen in die Syntagmen fallen.

Durch ihre Unabhängigkeit von der Satzgliederung kann die Versgliederung in solchen Fällen, mit den Worten Jurij Lotmans, eine gewisse »semantische Autonomie«[16] erlangen – sofern es ihr nämlich gelingt, zwischen Wörtern, die weder grammatisch noch syntaktisch miteinander verbunden sind, Sinnbezüge herzustellen. Solche weder grammatisch noch syntaktisch gestifteten semantischen Bezüge sind meist konnotativer Art, und sie sind besonders auffällig als Beziehungen der Ähnlichkeit und der Entgegensetzung zwischen Wörtern, die an den exponierten Stellen des Verses plaziert sind.[17]

Solche semantischen Bezüge eröffnet zum Beispiel Cummings dem Leser, wenn er in dem Vers:

believe it (jesus

14 Rainer Maria Rilke: Sämtliche Werke, Bd. 3, S. 153.
15 E.E. Cummings: Poems – Gedichte, Nr. 11.
16 Jurij Lotman: Die Struktur des künstlerischen Textes, S. 285.
17 Vgl. dazu auch Jurij Tynjanov: Das Problem der Verssprache, S. 85 ff.

die Wörter »believe« und »jesus« an den Anfang und das Ende setzt, so daß von ihnen, wie von zwei semantischen Zentren des Verses, aufeinander beziehbare konnotative Bedeutungen ausstrahlen, ohne daß die Wörter syntaktisch miteinander verbunden wären.

Die Plazierung bestimmter Wörter an exponierten Stellen ist allerdings nicht das einzige Mittel, im Vers semantische Beziehungen zu stiften, die nicht grammatisch oder syntaktisch vermittelt sind. Zu demselben Zweck lassen sich auch einige rhetorische Figuren benutzen – so zum Beispiel die *redditio* als eine Form der Wortwiederholung, die immer zugleich einen Eindruck semantischer Geschlossenheit bewirkt wie in Goethes Vers:

> Nacht! und so wär' es denn Nacht![18]

oder der Reim, der verschiedene Wörter auch semantisch aufeinander zu beziehen erlaubt, wie der Anfangsreim in Rilkes Versen:

> liebliches, zeitiges Licht,
> Erstling der Erde.

Poetische Bezüge zwischen verschiedenen sprachlichen Zeichen herzustellen, ist allerdings nur die eine semantische Funktion der Versgliederung. Die andere, ihr gerade entgegengesetzte, ist es, das einzelne sprachliche Zeichen aus seinen grammatischen und syntaktischen Zusammenhängen zu lösen, um ihm ein Maximum an Aufmerksamkeit zu sichern. Die zeilenweise Isolierung einzelner Wörter, etwa in Versen wie:

> Sólo tú,
> Síempre lejos
> En secreto,
> Calmas
> Lo azul demasiado azul.[19]

von Jorge Guillén dient immer auch dazu, die syntaktischen Bezüge zugunsten der semantischen Akzentuierung des einzelnen Worts zu durchkreuzen: durch die Versgliederung isoliert, soll das Wort (»Calmas«) seine ganze Sinnfülle entfalten.

Im Extremfall kann dieses Verfahren sogar soweit gehen, daß die Versgliederung durch die Zerteilung einzelner Wörter in Silben und Buchstaben kleinste semantische Einheiten unterhalb der Wortebene schafft. Ein solcher Extremfall ist E. E. Cummings' Gedicht »oDE«, dessen Schlußverse

> o
>
> ld[20]

aus dem Wort »old« durch Zerlegung einen Laut der Klage über das Altsein machen.

18 Goethe: Werke, Bd. 1, S. 254.
19 Jorge Guillén: Berufung zum Sein, S. 80.
20 E. E. Cummings: Poems – Gedichte, Nr. 5.

Die Schaffung eigener semantischer Einheiten durch die Versgliederung hat, trotz der unterschiedlichen Verfahren im einzelnen, im Ganzen immer dieselbe Funktion. Sie läßt die Wörter im Gedicht Bedeutungen entfalten, die sie normalerweise in ihren grammatischen und syntaktischen Zusammenhängen allein nicht entfalten oder nicht entfalten können. Durch die Form des Gedichts wird die semantische Potenz der einzelnen sprachlichen Zeichen aktualisiert und die Bedeutung der Rede insgesamt vermehrt.

3.

Im Gedicht verändert die Form nicht nur die Semantik der Wörter, sie hat auch ihre eigene Semantik. Die Bedeutungen, die sie evoziert, haben den Status von Konnotationen, wobei ich unter Konnotationen die Gesamtheit der Vorstellungen verstehe, die ein Signifikant allgemein hervorruft. Indem ich auch die poetische Form als Signifikant betrachte, fasse ich den Begriff weiter als die Linguistik, die bislang nur Signifikatkonnotationen, also die Konnotationen zu bestimmten Denotaten, untersucht hat,[21] wenn auch nicht so weit wie die Semiotik, die die Ausweitung des Begriffs auf alle »kulturellen Einheiten« proklamiert hat.[22]

Daß die Form im Gedicht ein Bedeutungsfaktor neben dem Wort ist, läßt sich generell, aus der Sicht des Lesers, vor allem an drei Phänomenen erkennen. Es ist erstens an der unterschiedlichen Wirkung zu erkennen, die ein und dasselbe Werk bei identischem oder doch zumindest nicht wesentlich differierendem Wortlaut ausübt, wie es insbesondere bei Übersetzungen der Fall ist. So macht es zum Beispiel nicht nur rhythmisch einen spürbaren Unterschied, ob man den »König Ödipus« des Sophokles, dem Original gemäß, in jambischen Trimetern oder, der deutschen Sprache gemäßer, in fünfhebigen jambischen oder trochäischen Versen übersetzt. Der erste Vers des Stücks wird in der Übertragung Solgers:

> O Kinder, ihr des alten Kadmos neu Geschlecht[23]

schwerer und getragener als in der Übersetzung Schadewaldts:

> Kinder! Kadmos', des alten, neu Geschlecht![24]

21 Vgl. dazu vor allem Gerda Rössler: Konnotationen, insbes. S. 18–104.

22 Vgl. dazu Umberto Eco: Einführung in die Semiotik, S. 108–113, insbes. S. 108.

23 Sophokles: Die Tragödien, S. 135.

24 Griechisches Theater, S. 161.

Die unterschiedliche Wirkung der beiden, fast wortgleichen Übertragungen beruht vor allem auf der unterschiedlichen Semantik der Versformen, die den Sprecher jeweils anders erscheinen lassen: majestätischer bei Solger, energischer bei Schadewaldt.

Daß es eine Semantik der Form gibt, ist zum zweiten an dem Wechsel zwischen Vers und Prosa innerhalb eines Werks zu erkennen – wie es zum Beispiel im »Hamlet« der Fall ist. So wirken, in der ersten Szene des fünften Akts, die Äußerungen der Totengräber, die das Grab Ophelias ausheben, auch deshalb anders auf den Zuschauer als die Worte des Königs über die Tote, weil sie in Prosa gehalten sind, während der König in Blankversen spricht: das Volk redet nicht nur respektloser (und witziger), es redet auch in weniger feierlichen Formen.

Daß es eine spezielle Semantik der Form gibt, ist schließlich drittens an dem Wechsel zwischen verschiedenen Versformen innerhalb eines Werks zu erkennen – wie es zum Beispiel in Goethes »Faust« der Fall ist, zumal im zweiten Teil. Die Verwendung von Versformen in diesem Stück wechselt etwa nach der Person – so spricht zum Beispiel Helena vor ihrer ersten Begegnung mit Faust zunächst in jambischen Trimetern, Faust hingegen, bei ihrer ersten Begegnung, zunächst in Blankversen und Lynkeus gar in gereimten vierhebigen Trochäen (9135 ff.). Die Verwendung von Versformen wechselt weiter nach dem Ort der Handlung – so wird zum Beispiel im letzten Akt des zweiten Teils am Kaiserhof und *nur* am Kaiserhof in Alexandrinern gesprochen (10849 ff.); und sie wechselt schließlich auch je nach der (Lebens-)Situation der einzelnen Figur – so spricht Faust, um nur einige markante Stellen herauszugreifen, zu Beginn des ersten Teils noch in Knittelversen (354 ff.), bei der Erdgeistbeschwörung schon in Freien Rhythmen (460 ff.), nach seinem Heilschlaf bei den Elfen in Terzinen (4679 ff.) und nach seiner Trennung von Helena in jambischen Trimetern (10039 ff.). Jede dieser Formen vermittelt schon für sich eine andere Bedeutung: Fausts Reden in Knittelversen etwa wirken, unabhängig von ihrem Wortlaut, durch die Versform bereits heftiger und weniger erhaben als seine Worte in jambischen Trimetern. Allein an den verschiedenen Versformen, in denen Faust spricht, ist bereits ein gut Teil der Entwicklung abzulesen, die er im Lauf des Stücks durchmacht.

4.

Die Form des Gedichts ist zwar immer an Wörter gebunden und durch Wörter auszufüllen, doch erhält sie ihren Sinn nicht unbedingt auch vom Sinn der Wörter her. Daß die Semantik der Form im Gedicht grundsätzlich unabhängig ist von der Semantik der Wörter, ist immer da offensichtlich, wo der Sinn der Wörter und der Sinn der Form differieren. Das gilt etwa für alle Gedichte, in denen sich eine meist komisch wirkende Diskrepanz zwischen

Gegenstand und Form findet. Auf dieser Diskrepanz beruht zum einen die unfreiwillige Komik eines Gedichts wie des – auch metaphorisch verunglückten – Vierzeilers:

> Poesie ist Leben,
> Prosa ist der Tod,
> Engelein umschweben
> unser täglich Brod.[25]

von Friederike Kempner, der von gewichtigen Gegenständen in fröhlich hüpfenden Trochäen spricht. Auf der Diskrepanz von Gegenstand und Form beruht zum andern die – beabsichtigte – Komik einer Parodie, wie sie Johann Heinrich Voß mit seinem Gedicht »An einen Meerschaumkopf« geschrieben hat, einer horazischen Ode auf eine Pfeife.[26]

Daß eine solche Diskrepanz meist komisch wirkt, und zwar komisch zu Lasten des Gegenstands, hat schon Lichtenberg in der Einleitung zu seiner »Ausführlichen Erklärung der Hogarthischen Kupferstiche« bemerkt und zum Anlaß einer frommen Warnung genommen:

> Es läßt sich in Knittel-Versen sehr viel Gutes sagen; es lassen sich der Untugend und der Tugend damit Hiebe erteilen, die bis auf das Blut gehen, eben weil es Knittel-Verse sind. Aber *beten* muß man nicht wollen – in Knittelversen. Das wäre Spott über das Gebet, und also etwas sehr Unsinniges.[27]

Die Differenz zwischen der Semantik der Wörter und der Semantik der Form muß jedoch nicht komisch wirken. Sie kann genausogut ein Mittel sein, die Semantik der Form zu akzentuieren und sie auf ernste Weise mit der Semantik der Wörter zu kontrastieren, und zwar so, daß das Gedicht dadurch eine weitere semantische Dimension erhält. Bei Friedrich Georg Jüngers politischem Gedicht »Der Mohn« zum Beispiel besteht zwischen Gegenstand und Form eine auffällige Diskrepanz: Jüngers Text, der den Nationalsozialismus in deutlichen Worten als »das Niedere«[28] bezeichnet, ist in Hexametern nach dem Vorbild Klopstocks geschrieben. Die Wahl dieser klassischen Form ist jedoch nicht einfach als ein der politischen Einstellung des Autors entsprechender formaler Konservativismus abzutun – wenn auch Jüngers Gedicht, verglichen mit Brechts ebenfalls anti-faschistischen »Deutschen Satiren« in freien Versen, seltsam anachronistisch anmutet. Die Verwendung einer ›hohen‹ Form ist vielmehr als ein poetisches Mittel entschiedener Distanzierung vom ›Niederen‹ des Gegenstands ernst zu nehmen, das

25 Ralph-Rainer Wuthenow (Hg.): Gedichte 1830–1900, S. 280.

26 Vgl. dazu Theodor Verweyen und Gunther Witting (Hg.): Deutsche Lyrik-Parodien aus drei Jahrhunderten, S. 22f. und 287ff.

27 Georg Christoph Lichtenberg: Schriften und Briefe, Bd. 3, S. 661.

28 Friedrich Georg Jünger: Gedichte, S. 33–35, hier S. 33.

die humanistische Tradition, der sich der Autor verbunden fühlt, als verbal nicht explizierte Gegenposition ins Spiel bringt.

5.

Wenn die Konnotationen einer Form auch grundsätzlich unabhängig von ihrer konkreten sprachlichen Füllung sind, so können sie doch gleichwohl durch die konventionelle Verwendung der Form und somit durch deren Geschichte (mit-)bestimmt sein. Die Bedeutungen spezieller Formen sind deshalb auch am besten unter Berücksichtigung solcher Konventionen zu beschreiben, als empirisch ermittelte, zumindest typische Konnotationen.

Wie deutlich erkennbar die Semantik einer *Versform* sein kann, zeigt der Alexandriner. In seiner relativen Länge und seinem symmetrischen Bau tendiert er zum Gewichtigen und Gedanklichen, weshalb er nicht nur, etwa bei deutschen Barockdichtern wie Angelus Silesius, ein klassischer Epigrammvers, sondern, zumindest bei den Franzosen, auch ein klassischer Tragödienvers ist. Wie sehr er sich, mit Goethe zu sprechen, für »die edlen Stellen und wichtigsten Momente«[29] eines Dramas eignet, beweisen die beiden Zeilen, mit denen Voltaires Mohammed-Stück »Le Fanatisme« effektvoll endet:

> Je dois régir en dieu l'univers prévenu;
> Mon empire est détruit si l'homme est reconnu.[30]

Aus Anlaß eben dieses Voltaireschen »Mahomet« hat Schiller, in einem Brief vom 15. Oktober 1799 an Goethe, die spezielle Semantik des Alexandriners erläutert und aus dessen »Eigenschaft«, »sich in zwei gleiche Hälften zu trennen«, erklärt:

> Alles stellt sich dadurch unter die Regel des Gegensatzes, und wie die Geige des Musikanten die Bewegungen der Tänzer leitet, so auch die zweischenklichte Natur des Alexandriners die Bewegungen des Gemüts und die Gedanken. Der Verstand wird ununterbrochen aufgefodert und jedes Gefühl, jeder Gedanke in diese Form wie in das Bette des Prokrustes gezwängt.[31]

Ein solches genau beschreibbares »Ethos«[32] besitzen aber nicht nur gebundene Formen. Daß auch der freie Vers noch seine eigene Semantik hat, mögen die Bemerkungen Brechts über die »unregelmäßigen Rhythmen« vor allem seiner »Svendborger Gedichte« zeigen. Den Vorteil freier Verse gegen-

29 Goethe: Schriften zu Literatur und Theater, S. 635.

30 Voltaire: Oeuvres completes, Bd. 4, S. 162.

31 Schiller/Goethe: Briefwechsel, Bd. 2, S. 272/273.

32 Wolfgang Kayser: Kleine deutsche Versschule, S. 22. Auf den folgenden Seiten versucht Kayser, das »Ethos« einiger Versarten zu analysieren.

über »glatten Rhythmen« sah er darin, daß sie der »Sprechweise des Alltags« näher seien, »nüchternen Ausdruck« zuließen und »das Gedankliche« förderten: »Bei unregelmäßigen Rhythmen« bekommen nach seiner Ansicht »die Gedanken eher die ihnen entsprechenden eigenen emotionellen Formen«.[33]

Wie die Versart so ist auch der *Reim* eine Form, die immer schon selbst etwas bedeuten kann. Keineswegs nur ein »Echo des Sinnes«,[34] wie die bekannte Formel August Wilhelm Schlegels lautet, besitzt er vielmehr nach Peter Rühmkorf eine »eigene Semantik«[35] als eine »Einheit-in-der-Zweiheit«,[36] und zwar allein aufgrund der Tatsache, daß er zwei verschiedene Wörter durch ihren wenigstens partiellen Gleichklang verbindet. Von ihm geht die Suggestion aus, daß die Wörter, die er korreliert, nicht nur in einer phonetischen, sondern auch in einer semantischen Beziehung zueinander stehen. Deshalb ist die spezielle Semantik des Reims dann am stärksten zu spüren, wenn die Reimwörter Lexeme sind, die noch nicht oder noch nicht oft miteinander zusammengebracht worden sind, weil ihre Wortbedeutungen diskrepant erscheinen. In solchen Fällen stellt sich beim Leser ein Reimzwang eigener Art ein: der Zwang nämlich, nach einer tieferen Verbindung des oberflächlich Verbindungslosen und gewöhnlich Unverbundenen zu suchen – eben nach einer »Einheit-in-der-Zweiheit«.

Was diese »Einheit-in-der-Zweiheit« im näheren bedeutet, ob sie (wie Karl Kraus meinte)[37] einen harmonischen oder (wie Peter Rühmkorf dagegen hält)[38] einen dissonanten Charakter hat, ob sie letztlich (wie Oskar Loerke glaubte)[39] einen religiösen oder (wie Karl Kraus behauptete)[40] einen erotischen oder (wie Peter Rühmkorf betont)[41] einen tiefenpsychologischen Sinn hat, ist jedoch nicht so eindeutig ein für alle Mal festzulegen, wie es diese Autoren als Poetologen getan haben. Denn offenbar kann der Reim in verschiedenen Zusammenhängen, etwa in einem Gebet, in einem Liebeslied oder in einer Satire, alle diese verschiedenen Bedeutungen annehmen, weil sie nicht *die* Bedeutung des Reims als einer Form, sondern die seiner je besonderen historischen, nach Autor, Gattung und Epoche wechselnden Verwendung darstellen.

Neben dem Versmaß und dem Reim ist ferner die *Versgruppe* und speziell die Strophe ein eigener Bedeutungsfaktor. Welche feinen Unterschiede hier

33 Bertolt Brecht: Über Lyrik, S. 88.

34 August Wilhelm von Schlegel: Sämmtliche Werke, Bd. 2, S. 346.

35 Peter Rühmkorf: Der Reim und seine Wirkung, S. 392.

36 Ebd., S. 395.

37 Vgl. dazu Karl Kraus: Der Reim. In: Ders.: Die Sprache, S. 388–423, hier S. 423.

38 Vgl. dazu Peter Rühmkorf: Die soziale Stellung des Reims. In: Ders.: Strömungslehre 1, S. 129–135, hier S. 135.

39 Vgl. dazu Oskar Loerke: Vom Reimen. In: Ders.: Gedichte und Prosa, Bd. 1, S. 713–730, hier S. 723.

40 Vgl. Karl Kraus: Der Reim, S. 388.

41 Vgl. Peter Rühmkorf: Der Reim und seine Wirkung, S. 395.

bestehen, verdeutlicht exemplarisch eine Bemerkung Goethes über die »geheimnisvollen großen Wirkungen« poetischer Formen, die Eckermann überliefert hat:

> Wenn man den Inhalt meiner ›Römischen Elegien‹ in den Ton und die Versart von Byrons ›Don Juan‹ übertragen wollte, so müßte sich das Gesagte ganz verrucht ausnehmen.[42]

Worauf Goethe mit diesem Satz anspielt, ist der Unterschied zwischen dem Distichon seiner »Römischen Elegien« und der Stanze, die Byrons »Don Juan« beherrscht. Auf den ersten Blick erscheint dieser Unterschied nicht sonderlich groß, zumindest wenn man noch Goethes – selbst geheimnisvolles – Wort von den »geheimnisvollen großen Wirkungen« poetischer Formen im Ohr hat. Denn beide Formen sind, unbeschadet ihrer metrischen Verschiedenheit, traditionell für die Behandlung eines erotischen Themas geeignet: das Distichon, denkt man an die erotische Elegie der augusteischen Zeit, zumal an Tibull und Properz, an die Goethe anknüpft; die Stanze, denkt man an Schillers epigrammatische Definition: »Stanze, dich schuf die Liebe, die zärtlich schmachtende«,[43] oder an Ariosts – allerdings weniger *zärtlich* schmachtenden – »Orlando Furioso«. Überdies ist nicht nur das Distichon, sondern auch die Stanze als Elegienform verwendbar – schließlich hat Goethe selbst seine »Elegie« von 1823 in Stanzen geschrieben.

Warum gleichwohl der Inhalt seiner »Erotica Romana«,[44] in Stanzen gebracht, »verrucht« wirken könnte, mag ein Brief Schillers vom 26. Juni 1797 erklären, in dem er auf Goethes Plan eingeht, ein »neues episches Gedicht, ›Die Jagd‹, in Reimen und Strophen zu behandeln«.[45] Eckermann gegenüber erinnert sich Goethe 1827 daran, daß Schiller ihm damals von Hexametern abgeraten und stattdessen »achtzeilige Stanzen«[46] empfohlen habe. Schiller begründete seinen Rat wie folgt:

> Außerdem, daß selbst der Gedanke des Gedichts zur modernen Dichtkunst geeignet ist und also auch die beliebte Strophenform (d.i. die Stanze, D.L.) begünstigt, so schließt die neue metrische Form schon die Konkurrenz und Vergleichung aus, sie gibt dem Leser ebensowohl als dem Dichter eine ganz andere Stimmung, es ist ein Konzert auf einem ganz andern Instrument. Zugleich partizipiert es alsdann von gewissen Rechten des romantischen Gedichts, ohne daß es eigentlich eines wäre, es darf sich, wo nicht des Wunderbaren, doch des Seltsamen und Überraschenden mehr bedienen (...); die griechische Welt, an die

42 Eckermann: Gespräche mit Goethe, S. 77.
43 Schiller: Sämmtliche Werke, Bd. 1, S. 387.
44 Goethe: Werke, Bd. 1, S. 575.
45 Schiller/Goethe: Briefwechsel, Bd. 1, S. 354.
46 Eckermann: Gespräche mit Goethe, S. 185.

der Hexameter unausbleiblich erinnert, nimmt diesen Stoff daher weniger an, und die mittlere und neue Welt, also auch die moderne Poesie, kann ihn mit Recht reklamieren.[47]

Die Stanze, so könnte man Schillers Überlegungen zusammenfassen und übertragen, ist eine ›moderne‹, eine ›romantische‹, der Hexameter – und ähnlich wohl das Distichon – eine ›klassische‹, eine ›antike‹ Form. Beide besitzen ihre eigenen Konnotationen: die Stanze ist offen für das »Wunderbare«, für das »Seltsame« und »Überraschende« – und, wie man hinzufügen kann, sogar für die Satire, die etwa Byrons »Don Juan« über weite Strecken auch ist. Sie bietet darüber hinaus dem Dichter mancherlei Freiheiten (von denen Byron regen Gebrauch gemacht hat): Freiheiten nicht nur im Hinblick auf die Reimstellung, die Reimart; Freiheiten auch im Hinblick auf die Silbenzahl der Verse und die Plazierung der Zäsur.[48] Das Distichon ist dagegen ein strengeres Maß; gerade als Strophenform der Elegie ist es, sieht man von einigen metrischen Lizenzen ab, in seiner Gestalt durch eine lange Tradition mehr oder weniger festgelegt und wirkt schon dadurch dem Eindruck jeglicher ›moderner Libertinage‹ entgegen. In diesem Sinn läßt es »Verruchtheiten« erst gar nicht zu – im Gegensatz zur Stanze, bei der nach Eckermanns Meinung »die einzelnen Kühnheiten bei weitem verwegener« erscheinen würden, weil ihr die »Großheit und Würde« einer strengen klassischen Form fehlen.[49] Wenngleich sich beide Formen, das Distichon wie die Stanze, für die Behandlung eines erotischen Themas anbieten, so führen sie doch, wie das Beispiel zeigt, nichtsdestoweniger unterschiedliche, nach Goethes und Eckermanns – und sicher auch nach Schillers – Ansicht geradezu entgegengesetzte Konnotationen mit sich, die für die Wirkung des Werks jeweils von entscheidender Bedeutung sind.

Die Semantik einer *Gedichtform* schließlich läßt sich an keinem Beispiel besser demonstrieren als am Sonett. Zwar sind Sonette, wie schon Blankenburg feststellte, über »alle nur möglichen Materien«[50] geschrieben worden; auch sind neben dem klassischen italienischen und dem englischen eine Reihe weiterer Formtypen leicht zu unterscheiden[51] – dennoch hat die Sonettform insgesamt ihre speziellen Konnotationen bis heute kaum eingebüßt. Denn diese Konnotationen gründen sich nicht auf die eine oder andere historische Variante, sondern auf das, was ihrer aller Prinzip ist: die, mit August Wilhelm Schlegels Worten, »Concentration«,[52] die »ganz besondre

47 Schiller/Goethe: Briefwechsel, Bd. 1, S. 354/355.

48 Vgl. dazu auch Jakob Minor: Neuhochdeutsche Metrik, S. 466, der ausführlich von den Lizenzen der Stanze handelt.

49 Eckermann: Gespräche mit Goethe, S. 77.

50 Jörg-Ulrich Fechner (Hg.): Das deutsche Sonett, S. 325.

51 Vgl. dazu etwa Alfred Behrmann: Variationen einer Form: das Sonett.

52 Jörg-Ulrich Fechner (Hg.): Das deutsche Sonett, S. 344.

exorbitante Correctheit«[53] und die mehr oder weniger stark ausgeprägte »geometrische Constructions-Art«[54] des Sonetts, die Schlegel mit einem Beispiel aus der Architektur, einem »länglicht viereckigen Tempel«,[55] zu veranschaulichen versucht hat. Diese Konnotationen einer – je nachdem – strengen Künstlichkeit oder kunstvollen Strenge haben das Sonett zu einer eher intellektuellen Form gemacht, die schon durch ihre Gegliedertheit alle Sätze – um abermals mit August Wilhelm Schlegel zu sprechen – zumindest tendenziell »aus den Regionen der schwebenden Empfindung in das Gebiet des entschiedenen Gedankens«[56] zieht. Eben diese »Neigung des Sonetts zum Diskursiven«[57] charakterisiert denn auch seine Geschichte von dem »Canzoniere« Petrarcas bis zu Rilkes »Sonetten an Orpheus« – und darüber hinaus. Gerade an den Sonetten deutscher Lyriker des Exils und der Inneren Emigration läßt sich zeigen, daß die spezielle Semantik dieser Form ein wesentliches Moment ihrer Wirkung, ihres Gelingens und ihres Scheiterns ausmacht – nicht selten gegen die Intentionen der Autoren.[58]

6.

Die Semantik der Form und die Wirkung der Form auf die Semantik der Wörter sind zwei Momente der extrem hohen Semantisierbarkeit, die das Gedicht als Versrede auszeichnet. Alle seine Teile und Zeichen können grundsätzlich einen Sinn erhalten – also auch die Elemente, die normalerweise in Prosatexten keine semantische Funktion haben. Das gilt zum Beispiel für die Schreibweise einzelner Wörter – wie etwa die letzten Wörter von Rilkes Gedicht »Die Entführung« zeigen, die sinnigerweise als ein Wort, also ohne den üblichen Wortzwischenraum geschrieben sind: »Ichbinbeidir.«[59] Das gilt weiter für die Schrifttypen, wie die Schrift der Gedichte Georges zeigt, die, karolingischen Handschriften nachgeahmt, zugleich archaisch, streng und erlesen wirken soll – wie die Gedichte selbst.[60] Und das gilt schließlich für das ganze Druckbild eines Gedichts – wie Figurengedichte von der Antike bis zur Neuzeit zeigen.[61] Das beste Beispiel für die extrem

53 Ebd.

54 Ebd., S. 347.

55 Ebd., S. 351.

56 Ebd.

57 So Alfred Behrmann: Variationen einer Form: das Sonett, S. 3.

58 Vgl. dazu Alexander von Bormann: »Wer heut Sonette schreibt...«; sowie Theodore Ziolkowski: Form als Protest. Das Sonett in der Literatur des Exils und der Inneren Emigration. In: Reinhold Grimm und Jost Hermand (Hg.): Exil und Innere Emigration, S. 153–172.

59 Rainer Maria Rilke: Sämtliche Werke, Bd. 2, S. 633.

60 Vgl. dazu Claude David: Stefan George und der Jugendstil.

61 Vgl. dazu generell Christina Weiss: Seh-Texte; sowie David Seaman: Concrete Poetry in France, insbes. S. 45–90.

hohe Semantisierbarkeit aller Teile und Zeichen des Gedichts aber dürfte wohl das Zeichen abgeben, dem man sonst am wenigstens geneigt ist, eine semantische Funktion zuzusprechen: die Pause oder das Pausensignal am Versende. Tatsächlich hat die Pause jedoch in vielen Gedichten neben ihrer rhythmischen eine symbolische Bedeutung, indem sie etwas versinnbildlicht, was der Text direkt aussagt – etwa das Verborgensein in den Versen

> the moon is hiding
> in her hair[62]

von Cummings; oder die Verzögerung in den Versen

> (...) ich lebe
> langsam; (...)[63]

von Brecht; oder den Stillstand in den Versen

> (...) Steht denn die Zeit
> still?[64]

von Enzensberger.

7.

Die Konnotationen der Form machen im wesentlichen die poetische Semantik der Versrede und damit die semantische Eigenart des Gedichts aus. Zwar ist nach Boris Eichenbaum die »Herausbildung von Nebenbedeutungen, die die gewöhnlichen Wortassoziationen verletzen, ein wichtiges Merkmal der Vers-Semantik«,[65] doch auch nicht mehr. Grundlegend für die besondere poetische Semantik des Gedichts ist allein die Tatsache, daß – abermals mit Eichenbaum gesprochen – das Wort »gewissermaßen aus der gewöhnlichen Rede herausgenommen, von einer neuen Bedeutungs-Aura umgeben, nicht gegen den Hintergrund der Rede überhaupt, sondern gegen den Hintergrund der Versrede wahrgenommen wird«.[66] Diese »Bedeutungs-Aura« des Gedichts ist die Semantik seiner Form. Sie ist ein wesentliches Moment seiner Bedeutungsstruktur, das zur Bedeutung der Wörter hinzutritt und die Semantik des Textes verändert: durch sie wachsen ihm Bedeutungen zu, die

62 E.E. Cummings: Poems – Gedichte, Nr. 23.

63 Bertolt Brecht: Gesammelte Werke, Bd. 8, S. 271.

64 Hans Magnus Enzensberger: Die Gedichte, S. 83. Zur semantischen Funktion der Pause vgl. im übrigen I. Fónagy: Die Redepausen in der Dichtung, insbes. S. 202.

65 Boris Eichenbaum: Die Theorie der formalen Methode. In: Ders.: Aufsätze zur Theorie und Geschichte der Literatur, S. 7–52, hier S. 40.

66 Ebd., S. 39f.

ein Prosatext nicht hat. Das heißt nun nicht weniger, als daß ein und derselbe Satz nicht dieselbe Bedeutung hat, wenn er in Versen und wenn er in Prosa abgefaßt ist. Diese Behauptung sei abschließend beispielhaft in aller Kürze an einer der prominentesten deutschsprachigen Dichtungen illustriert, die es sowohl in einer Vers- wie in einer Prosafassung gibt: an Friedrich von Hardenbergs »Hymnen an die Nacht«, genauer gesagt: an dem letzten Halbsatz der zweiten Hymne. In der Prosafassung des »Athenäum« lautet er: sie (die »Thoren«, von denen Novalis zuvor gesprochen hat)

> ahnden nicht, daß aus alten Geschichten du himmelöffnend entgegentrittst und den Schlüssel trägst zu den Wohnungen der Seligen, unendlicher Geheimnisse schweigender Bote.[67]

Die handschriftliche Versfassung sieht dagegen so aus: sie

> Ahnden nicht
> Daß aus alten Geschichten
> Du himmelöffnend entgegentrittst
> Und den Schlüssel trägst
> Zu den Wohnungen der Seligen,
> Unendlicher Geheimnisse
> Schweigender Bote.[68]

Die beiden Halbsätze sind im Wortlaut und in der Wortfolge identisch, nicht jedoch semantisch: die Versfassung ist, als Versfassung, an Bedeutungen reicher (womit allerdings noch nicht gesagt ist, daß sie auch die angemessenere sei). Die rhythmische Segmentierung in Verse macht allein schon durch die Pausen, die sie zwischen den Versen setzt, den Text getragener, erst recht aber die freie Rhythmisierung in der Nachfolge Klopstocks, die, den Adoneus umspielend, Erhabenheit konnotiert. Außerdem werden durch die Versgliederung sinntragende Wörter in exponierten Positionen besonders betont – etwa das »Du« in der dritten zitierten Zeile, auf dem in der Versfassung eine stärkere Betonung liegt als in der Prosafassung. Schließlich schafft die Einteilung in Verse auch symbolische Bedeutungen – etwa die Verspause zwischen »Geheimnisse« und »Schweigender Bote«, die ein Symbol für das »Schweigen« des Schlafs ist, von dem die letzte Zeile metaphorisch spricht.

Ein solcher Bedeutungsüberschuß des Gedichts gegenüber der Prosa resultiert aus dem poetischen Charakter der Versrede, in der auch die Form eine semantische Funktion hat. Er ist grundsätzlich für alle Gedichte geltend zu machen – unabhängig davon, welcher Gattung sie im einzelnen angehören mögen. Die spezielle Semantik der Versform läßt sich deshalb auch

67 Novalis: Schriften, Bd. 1, S. 135.
68 Ebd., S. 134.

nicht, wie oft geschehen, als »Form-Inhalt-Dialektik«[69] oder als »Überstrukturiertheit«[70] allein der Lyrik zusprechen: sie kann vielmehr in jedem Gedicht zu finden sein, weshalb sie hier auch nicht nur an lyrischen Gedichten erläutert worden ist. In der Lyrik kann sie allerdings eine besondere Bedeutung erlangen, begünstigt durch die Struktur lyrischer Rede.

69 Hartwig Schultz: Aspekte der Form-Inhalt-Dialektik in der Lyrik, S. 134.
70 Jürgen Link: Das lyrische Gedicht, S. 43.

2. Abschnitt: Das lyrische Gedicht

1. Kapitel: Definition

1.

Daß es angesichts der Vielzahl und der Vielfalt lyrischer Gedichte schwierig sei, »ein Prinzip der Lyrik zu finden«,[1] ist ein Gemeinplatz der Lyrik-Theorie. Zwar hat es nicht an Versuchen gefehlt, ein solches Prinzip zu formulieren, doch hat sich bislang noch jedes über kurz oder lang als zu eingeschränkt erwiesen: der Mannigfaltigkeit lyrischer Dichtung konnte zumindest auf die Dauer keines gerecht werden. Die Schwierigkeit, in der Vielfalt der Lyrik – verstanden als Inbegriff aller lyrischen Gedichte – eine Einheit zu entdecken, dürfte auch ein wesentlicher Grund dafür gewesen sein, daß sich ein Bewußtsein von einer dritten »Hauptgattung«[2] neben der Epik und der Dramatik erst vergleichsweise spät (und nicht überall) gebildet hat und eine analoge Bezeichnung für sie noch später aufgekommen ist: der heute übliche Gattungsname ›Lyrik‹ ist in Deutschland zum Beispiel nicht vor dem ersten Drittel des 19. Jahrhunderts nachzuweisen.[3] Der Ausdruck ›lyrische Poesie‹ ist wohl, ähnlich wie die Begriffe ›lyrisches Gedicht‹ und ›lyrische Dichtung‹ (oder ›Dichtkunst‹), erheblich älter, bezeichnet aber bis ins 18. Jahrhundert

1 So Jürgen Söring: »Die Apriorität des Individuellen über das Ganze«. Von der Schwierigkeit, ein Prinzip der Lyrik zu finden. Zu diesem Topos vgl. auch Max Kommerell: Gedanken über Gedichte, S. 7, oder Karl Otto Conrady: Von Schwierigkeiten, über Gedichte zu reden.

2 Klaus R. Scherpe: Analogon actionis und lyrisches System, S. 41. Zum Verständnis der »Lyrik in der Mitte zwischen Epos und Drama« sowie zum Lyrik-Verständnis im 19. Jahrhundert generell vgl. Dorothea Ruprecht: Untersuchungen zum Lyrik-Verständnis in Kunsttheorie, Literarhistorie und Literaturkritik zwischen 1830 und 1860, insbes. S. 78ff.

3 Vgl. Ulrich Klein: Lyrik, S. 292.

hinein mehr ein lockeres Ensemble verschiedener, durchweg metrisch definierter Formen als eine Gattung.[4]

Den ersten Schritt zu einem Verständnis der ›lyrischen Dichtkunst‹ als einer Gattung dürfte der Versuch darstellen, sie unabhängig von bestimmten Versarten durch den ›Gesang‹ oder die ›Sangbarkeit‹ zu bestimmen. Noch Sulzer erklärt den »allgemeinen Charakter dieser Gattung« dadurch, »daß jedes lyrische Gedicht zum Singen bestimmt«[5] sei. Diese Auffassung, die zu einer Identifikation der Lyrik vor allem mit der Ode und dem Lied geführt hat, war jedoch schon zu Sulzers Zeit objektiv überholt. Bereits in französischen Poetiken des 17. Jahrhunderts ist gelegentlich zu lesen, daß die Lyrik ihren Namen zu Unrecht trage, weil längst nicht mehr alle Gedichte, die lyrisch genannt würden, auch gesungen werden könnten.[6] Dieser Tatsache wird in der Lyrik-Theorie allerdings nur allmählich Rechnung getragen, am spätesten wohl in Frankreich selbst, wo endgültig erst im 19. Jahrhundert die Gleichsetzung von Lyrik und Ode aufgegeben wird.[7]

Gleichwohl bahnt sich, in anderer Hinsicht, schon während des 17. Jahrhunderts ein Paradigmen-Wechsel in der Lyrik-Theorie an. Die klassizistische Poetik vor allem Frankreichs, die die Ode zur Poesie der erhabenen Empfindung erklärt, bereitet eine Erweiterung des Lyrik-Begriffs in den rationalistischen Poetiken vor, die die Lyrik durch ihren besonderen Inhalt als Darstellung von Gefühlen, Empfindungen oder Leidenschaften definieren – allerdings nach wie vor noch mit der Unterstellung, daß solche lyrischen Gedichte ›sangbar‹ seien. In diesem Sinn läßt dann etwa Gottsched als lyrische Poesie nicht nur, wie bis dahin die Regel, antikisierende Oden und Hymnen, sondern zum Beispiel auch die Minnelyrik des Mittelalters gelten, weil auch sie Empfindungen zum Gegenstand habe.[8] Diese Erweiterung des Begriffs setzt sich in den idealistischen Lyrik-Theorien fort, deutlich schon bei Herder, der ihn auf die sogenannte ›Naturpoesie‹ ausdehnt.[9]

Mit dieser Ausweitung des Begriffsumfangs geht eine neuerliche Akzentverschiebung einher. Hatte Gottsched noch die Lyrik als – distanzierte – *Darstellung* einer erhabenen Empfindung verstanden, so begreift Herder sie bereits als unmittelbaren *Ausdruck* eines leidenschaftlichen Gefühls. Aus dieser Auffassung entsteht im 19. Jahrhundert die Theorie von der Subjektivität der Lyrik, die ihre epochemachende systematische Entfaltung in den Ästhetiken Hegels und seines Schülers Friedrich Theodor Vischer erhält.

Nach der Angemessenheit der Subjektivitäts-Theorie ist zumindest während des 19. Jahrhunderts kaum gefragt worden. Sie galt selbstverständlich

4 Vgl. Irene Behrens: Die Lehre von der Einteilung der Dichtkunst, insbes. S. 15ff.

5 Johann Georg Sulzer: Allgemeine Theorie der schönen Künste, Bd. 3, S. 299.

6 Vgl. Irene Behrens: Die Lehre von der Einteilung der Dichtkunst, S. 183ff.

7 Vgl. ebd., S. 195ff.

8 Vgl. Irene Behrens: Die Lehre von der Einteilung der Dichtkunst, S. 182f.

9 Vgl. Heinz Peyer: Herders Theorie der Lyrik, S. 59ff.

als angemessen, weil sie vor allem die Erlebnis- und Stimmungslyrik reflektierte, die, von Goethe zu größtem Ansehen gebracht, die Lyrik des späten 18. und des 19. Jahrhunderts wesentlich ausgemacht hat. Die Konzentration auf diese noch junge, aber sehr hoch eingeschätzte Lyrik macht im übrigen die heimliche Normativität der Subjektivitäts-Theorie aus.

Grundsätzliche Zweifel an ihrer Angemessenheit sind nachdrücklich erst im 20. Jahrhundert geäußert worden – zunächst mit dem Hinweis auf die vor-klassische Lyrik von der Antike bis zur Reanissance, dann stärker mit dem Hinweis auf die nach-romantische und zumal die moderne Lyrik. Die Zweifel sind dadurch noch verstärkt worden, daß in der wichtigsten Neuformulierung der Subjektivitäts-Theorie, in Emil Staigers Theorie der lyrischen Stimmung, der ohnehin schon begrenzte Lyrik-Begriff dieser Schule noch weiter eingeschränkt worden ist.

Was Staiger als lyrisch oder genauer: als ›lyrische Lyrik‹ bezeichnet, ist historisch gesehen fast ausschließlich in der deutschen Lyrik zwischen Goethe und Mörike zu finden und systematisch gesehen im wesentlichen das, was Friedrich Theodor Vischer die »wahre lyrische Mitte« genannt hat.[10] Anders aber als Staiger hat Vischer neben dieser Art vor allem liederartiger Lyrik noch weitere Arten unterschieden, so die »Lyrik des Aufschwungs« und die »Lyrik der Betrachtung«,[11] für die ein stimmungshaftes Ineinander von Subjekt und Objekt nicht geltend zu machen ist.

Angesichts der mittlerweile kaum noch bestrittenen Begrenztheit der Subjektivitäts-Theorie hat sich in der Lyrik-Forschung die Erkenntnis durchgesetzt, daß eine »Revision, wenn nicht gar Destruktion«[12] dieses Ansatzes erforderlich sei. Zu seiner Ablösung bedarf es allerdings einer neuen Begriffsbestimmung der Lyrik, deren Kriterien der empirischen Vielfalt lyrischer Dichtung besser gerecht werden können. Die Lyrik-Theorie der letzten zwei Jahrzehnte hat eine solche Definition nicht vorgelegt. Sie hat wohl Konsequenzen aus der Kritik an der Subjektivitäts-Theorie gezogen, doch sind diese Konsequenzen durchweg fragwürdig – entweder in der Methode oder in der Sache oder in beidem.

Methodisch fragwürdig sind alle Versuche, den alten Begriff subjektiver Lyrik beizubehalten und lediglich um einen zweiten Begriff zu ergänzen, der alle nicht-subjektive Lyrik einschließt. In dieser Weise hat Karlheinz Stierle in seiner Diskurs-Theorie die Lyrik als »Anti-Diskurs«[13] durch die »identitätsetzende Subjektivität«[14] definiert – mit der berechtigten Einschränkung, daß diese »systematische Konstruktion (...) sicher nicht alle historischen

10 Friedrich Theodor Vischer: Ästhetik, Bd. 6, § 891, S. 232.
11 Ebd., § 889 und 894.
12 Jürgen Söring: »Die Apriorität des Individuellen über das Ganze«, S. 245.
13 Karlheinz Stierle: Die Identität des Gedichts – Hölderlin als Paradigma, S. 514.
14 Ebd., S. 521.

Erscheinungsformen von Lyrik erfassen kann«.[15] Deshalb bezeichnet er auch die subjektive oder emotive Lyrik[16] als »Lyrik im engeren Sinne«,[17] die er von »pragmatischer Lyrik«[18] abgrenzt. Die Problematik dieser Differenzierung liegt in der Verwendung des Begriffs Lyrik in zwei grundlegend verschiedenen Bedeutungen. Sie läßt unklar, was denn die »Lyrik im engeren Sinne« mit der ›Lyrik im weiteren Sinn‹ verbinden soll, wenn die eine wesentlich subjektiv – und die andere gerade *nicht* subjektiv ist.

In der Methode nicht weniger fragwürdig ist der wohl zuerst von Walther Killy unternommene Versuch, auf eine systematische Begriffsbestimmung oder auch nur auf eine »Phänomenologie der Lyrik«[19] ganz zu verzichten und stattdessen lediglich einige »überdauernde Elemente«[20] als »Grundmuster«[21] zu beschreiben, »welche die Lyrik immer wieder, ja immer noch gebraucht«.[22] In der lockeren Reihe von Merkmalen, die bei Killy, systematisch ungeordnet, »Natur«, »Addition, Variation, Summation«, »Zeit«, »Mythologie«, »Allegorie sowie Personifikation«, »Stimmung«, »Maske« und »Kürze«[23] umfaßt, bleibt jedoch nicht nur der Status der einzelnen Elemente logisch unbestimmt; es bleibt auch das fundamentale methodische Problem ungelöst, wie man Elemente der Lyrik bestimmen kann, wenn man eingestandenermaßen nicht generell explizieren kann, was Lyrik sei. Eine bloß reihende Beschreibung wie die Killys, die sich allein auf eine gewisse, nicht näher erläuterte Häufigkeit im Auftreten der einzelnen Elemente stützt, muß daher den Vorwurf der Beliebigkeit auf sich ziehen, weil sich ohne einen umfassenden systematischen Begriff von Lyrik kaum plausibel machen läßt, warum gewisse Elemente gerade zur Lyrik gehören sollen – und nicht etwa zur Epik, zur Dramatik oder auch nur zum Gedicht.

Die Aporie dieses Verfahrens wird im Vergleich vollends deutlich. Nach derselben Methode wie Killy hat Herbert Kraft »Strukturen der Lyrik« unterschieden, und zwar die »Verkürzung«, den »Vers«, die »lyrische Sprache«, das »lyrische Ich«, die »Schönheit des Gedichts« und seine »gesellschaftliche Bedeutung«.[24] Nur eine dieser »Strukturen« hat Killy unter die »Elemente der Lyrik« gerechnet: die Kürze. Die anderen hat er nicht einmal erwähnt – mit einer Ausnahme: das »lyrische Ich«, das Kraft für ein wesentliches Merkmal der Lyrik hält, hat Killy ausdrücklich als ganz unwesentlich aus seiner

15 Ebd., S. 514 (Anm. 18).
16 Ebd., S. 521.
17 Ebd., S. 522.
18 Ebd., S. 521.
19 Walther Killy: Elemente der Lyrik, S. 3.
20 Ebd., S. 1.
21 Ebd., S. 3.
22 Ebd.
23 Vgl. ebd., S. VII–IX.
24 Vgl. Herbert Kraft: Strukturen der Lyrik.

Darstellung ausgeschlossen.[25] Dieser Widerspruch ist auf der Grundlage des von Kraft und Killy praktizierten Verfahrens nicht einmal aufzulösen: ob das »lyrische Ich« ein spezifisches oder ein typisches oder gar kein allgemeines Merkmal der Lyrik ist, läßt sich weder im Rahmen der Theorie Krafts noch der Killys entscheiden, weil beide auf einen umfassenden systematischen Begriff von Lyrik verzichten, aus dem allein ein solches Merkmal abgeleitet werden könnte.

Angesichts der methodischen Probleme der neueren Lyrik-Theorien wird die radikale Konsequenz verständlich, die Harald Fricke gezogen hat. Unter Ausklammerung aller traditionellen Merkmale, insbesondere der Subjektivität und der Kürze, hat er die Lyrik systematisch neu definiert durch sprachliche Abweichungen »im umfassend verstandenen Bereich der *Grammatik* als Inbegriff der Normebenen von Phonetik, Phonemik, Graphemik, Morphologie und Syntax«.[26] Mit einer solchen exakten Definition lassen sich die methodischen Aporien umgehen, in die Stierle und Killy geraten sind. Allerdings beschwört sie in ihrer Radikalität, die den geltenden Sprachgebrauch zuwenig berücksichtigt, ein anderes, sachliches Problem herauf. Wenn man wie Fricke Lyrik durch einen Typ poetischer Abweichung definiert, gerät man nämlich in die mißliche Lage, zum Beispiel auch die Romane Arno Schmidts als lyrisch ansehen zu müssen, weil dessen ›Verschreibkunst‹ gleichfalls konsequent grammatisch normabweichend ist.[27]

Eine radikale Neudefinition wie die Frickes mag daher in der Sache nicht ganz überzeugen; gleichwohl dürfte eine Reduktion, wie er sie vorgenommen hat, grundsätzlich unumgänglich sein, weil allein sie eine Begriffserweiterung möglich macht. Um jedoch eine unspezifische Ausweitung des Begriffs zu vermeiden, soll im Rahmen dieser Definitionen zur Lyrik vom geltenden – akademischen – Sprachgebrauch ausgegangen und geprüft werden, ob der traditionelle Lyrik-Begriff die Möglichkeit einer sachlich angemessenen Erweiterung enthält.

2.

Die grundlegende, seit es stillschweigende, sei es ausdrückliche Voraussetzung der traditionellen Lyrik-Theorien ist die Auffassung, Lyrik sei wesentlich »Selbstaussprache«.[28] Damit kann zweierlei gemeint sein: einmal, daß Lyrik wesentlich persönliche Rede, das heißt: Rede des Dichters sei, und zum andern, daß sie subjektive oder genauer noch: expressive Rede sei, was

25 Vgl. Walther Killy: Elemente der Lyrik, S. 4.
26 Harald Fricke: Norm und Abweichung, S. 116.
27 Vgl. ebd., S. 130f.
28 Karlheinz Stierle: Die Identität des Gedichts, S. 521.

in der Regel zugleich bedeuten soll, daß sie expressive Rede des Dichters sei. In der Charakterisierung der Lyrik als »Selbstaussprache« sind also insgesamt drei Merkmale enthalten, von denen jedoch zwei als problematisch gelten müssen, und zwar ironischerweise gerade die beiden substantiellen.

Problematisch ist zunächst die Bestimmung lyrischer Dichtung durch Subjektivität, weil diese Kategorie auch in ihrer weitesten Bedeutung nicht in der Lage ist, den ganzen Bestand lyrischer Gedichte zu erfassen. Karlheinz Stierle hat im Rahmen seiner Diskurs-Theorie subjektiver Lyrik selbst eingeräumt, daß man üblicherweise auch solche Dichtung als lyrisch bezeichnet, die nicht »emotiv« sei, nämlich etwa »Gelegenheits- und Zwecklyrik der verschiedensten Art, von der höfischen Lyrik des Mittelalters über das Hochzeits- und Taufgedicht oder den Epitaph bis hin zum Lied, das die Aufgabe der Bildung von Gruppenidentität hat«.[29] Der Begriff lyrischer Subjektivität ist aber nicht nur systematisch, sondern auch historisch in seiner Reichweite begrenzt. Schon Ernst Voege hat darauf hingewiesen, daß von subjektiver Lyrik im strengen Sinn bis zur Renaissance keine Rede sein kann – zumindest bei so bedeutenden Lyrikern wie Horaz, Petrarca und Shakespeare nicht.[30] Jürgen Söring hat ferner zu bedenken gegeben, daß manchen Formen der modernen Lyrik und wiederum so bedeutenden wie der »poésie pure oder absolue« und der Konkreten Poesie, vor allem »das Eine gemeinsam« sei, »daß sie das Subjekt als scheinbar herkömmliche Voraussetzung der Lyrik wenigstens tendenziell ausschließen«.[31] Solche Einwände lassen nur den Schluß zu, daß die lyrische Subjektivität »keine ahistorische Konstante«[32] und darum als Merkmal für eine systematische Definition der Lyrik ungeeignet ist.

Problematisch ist aber nicht nur die Bestimmung der Lyrik durch Subjektivität, sondern auch die noch traditionsreichere durch Personalität. Schon Diomedes hat in seiner »Ars Grammatica« das »genus exegeticon«, das viele seiner Interpreten mit der lyrischen Gattung ineinsgesetzt haben,[33] im Unterschied zunächst zum »genus epicon« und dann auch zum »genus dramaticon«, als Dichtungsgenus definiert, »in quo poeta ipse loquitur sine ullius personae interlocutione«.[34] Kaum abgewandelt kehrt dieser Gedanke bei Hegel wieder, für den ebenfalls der »Dichter« »das poetische konkrete Subjekt«[35] ist, das in der Lyrik spreche. In dieser poetologischen Tradition bewegt sich noch Käte Hamburger, wenn sie die Lyrik als Wirklichkeitsaussa-

29 Ebd., S. 521/522.
30 Vgl. Ernst Voege: Mittelbarkeit und Unmittelbarkeit in der Lyrik.
31 Jürgen Söring: »Die Apriorität des Individuellen über das Ganze«, S. 245.
32 Bernhard Sorg: Abgesänge, S. 281.
33 Vgl. Irene Behrens: Die Lehre von der Einteilung der Dichtkunst, insbes. S. 25–30.
34 Henricus Keil (Hg.): Grammatici Latini, Bd. 1, S. 482.
35 Georg Friedrich Wilhelm Hegel: Vorlesungen über die Ästhetik, Bd. 3, S. 327.

ge eines lyrischen Ichs bestimmt, das als ein reales Ich mit dem Dichter-Ich mehr oder weniger identisch ist.[36]

Doch auch die schon großzügigere Kennzeichnung der Lyrik als Dichterrede kann der empirischen Vielfalt lyrischer Dichtung nicht gerecht werden. Denn nicht nur außerhalb der Lyrik-Theorie ist es durchaus üblich, Gedichte als lyrisch zu bezeichnen, in denen der Dichter nicht *allein* spricht, etwa »Wir-Lieder«, wie sie Karlheinz Stierle genannt hat,[37] ja sogar solche Gedichte, in denen der Dichter *gar nicht* spricht: so hat etwa Richard Alewyn von Brentanos »Der Spinnerin Lied« gesagt, »daß es reine lyrische Substanz ist ohne fremde Trübung«.[38] Personale oder persönliche Lyrik ist zwar nicht in derselben Weise wie subjektive Lyrik auf eine bestimmte Epoche der Lyrik-Geschichte beschränkt; doch schließt das Kriterium der persönlichen Rede so traditionsreiche Formen wie die Chor- und die Rollenlyrik aus – und schon das sollte Grund genug sein, es nicht zum Gattungsmerkmal zu erklären.

In einer umfassenden Definition der Lyrik ist also auf das Merkmal der Personalität ebenso zu verzichten wie auf das der Subjektivität, weil das eine wie das andere – und erst recht das eine *zusammen* mit dem anderen – eine wenigstens aus heutiger Sicht nicht zu rechtfertigende Einschränkung des Begriffsinhalts zur Folge hätte. Wenn man aber diese beiden Kriterien als zu eng gefaßt ausschließen muß, dann bleibt als Merkmal für eine allgemeine Definition der Lyrik nur der Umstand übrig, daß sie Rede ist.

Dieser Umstand läßt zumindest zwei grundsätzlich verschiedene Neudefinitionen der Lyrik möglich erscheinen. Möglich wäre zum einen, die Lyrik ohne jede weitere Einschränkung als poetische Rede in Versen zu bestimmen – mit dem Zusatz, daß es gerade ihre Eigenart sei, sich von allen Redezwängen befreien zu können, insbesondere von der Bindung an einen bestimmten Rede-Gegenstand oder eine bestimmte Rede-Weise. In diesem Sinn wäre die Lyrik dann als freie poetische Rede anzusehen – frei von allen Beschränkungen, denen Rede normalerweise unterworfen ist, frei aber auch von den Beschränkungen, denen wenigstens die anderen Hauptgattungen der Dichtung unterliegen.

Eine solche Charakterisierung mag im Hinblick auf die historische Entwicklung der Lyrik und zumal der modernen Lyrik in ihrer immer größeren Abwendung von der Tradition verlockend erscheinen, doch birgt sie eine Reihe von Problemen. Das Merkmal der Freiheit von allen Redezwängen taugt insgesamt kaum zu einer präzisen Gattungsdefinition, allenfalls zu

36 Vgl. Käte Hamburger: Die Logik der Dichtung, S. 243 ff.

37 Karlheinz Stierle: Die Identität des Gedichts, S. 522.

38 Richard Alewyn: Clemens Brentano: »Der Spinnerin Lied«. In: Ders.: Probleme und Gestalten, S. 198–202, hier S. 199.

einer Wesensbeschreibung der Lyrik und wirft im übrigen alle Schwierigkeiten auf, die solche Charakterisierungen mit sich bringen.

Die Bestimmung der Lyrik als freier poetischer Rede meint, daß lyrische Rede sich *prinzipiell* von allen Redezwängen befreien kann. Nun sind aber in konkreten Texten kaum einmal *alle* Beschränkungen poetischer Rede aufgegeben, sondern immer nur *einzelne* und mehr oder weniger viele. Damit stellt sich aber die Frage, wann ein konkreter Text als lyrischer anzusehen sei – umso mehr, als sich auch epische und dramatische Gedichte poetische Freiheiten nehmen können. Eine *Hierarchie* lyrischer Freiheiten wäre jedoch schwerlich anzusetzen, denn das würde bedeuten, daß es wesentlich nur bestimmte Freiheiten wären, die Lyrik charakterisieren – und nicht die Freiheit von allen Redebeschränkungen. Folglich müßte man immer von Fall zu Fall entscheiden, ob ein Text, der sich gewisse poetische Freiheiten nimmt, lyrisch sei – und zwar wohl je nach dem *Maß* der Freiheit, das er sich nähme. Wann ein solches ‹lyrisches Maß› erreicht wäre, ließe sich allerdings gleichfalls nicht generell festlegen, sondern unterläge stets einer Einschätzung. Solche Einschätzungen mögen im Umgang mit Literatur grundsätzlich kaum zu umgehen sein, sind aber in der Gattungstheorie problematisch, insofern sie trennscharfe und operationalisierbare Definitionen unmöglich machen und der Rede von Gattungen zumindest ihre Präzision nehmen.

Muß man sich angesichts solcher methodischen Probleme die Frage stellen, ob die Freiheit von allen Redebeschränkungen ein Gattungsmerkmal im strengen Sinn sein kann, so ist angesichts der großzügigen Weite des Kriteriums die Frage unausweichlich, ob die Freiheit der Rede tatsächlich ein Spezifikum der *Lyrik* und nicht eher ein wesentliches, wenn nicht gar *das* wesentliche Merkmal aller *Poesie* ist. Auf jeden Fall ist es bei der unspezifischen Allgemeinheit des Kriteriums kaum zu rechtfertigen, eine Charakterisierung der Lyrik als freier poetischer Rede in Versen als *Explikation* des Begriffs Lyrik auszugeben. Sie stellt eher eine radikale, sich vom geltenden Sprachgebrauch entfernende Neuformulierung des Begriffs dar.

Für eine systematische Bestimmung der lyrischen Rede scheint eine präzisere Definition als eine Wesensbestimmung wünschenswert und ein weniger weitläufiges Kriterium als das der Freiheit von allen Redebeschränkungen angemessener zu sein – zumal wenn man den überkommenen Sprachgebrauch berücksichtigt. Denn in der traditionellen Theorie der Lyrik als personaler oder als subjektiver Rede ist nicht unterstellt, daß Lyrik einfach Rede, und schon gar nicht, daß sie freie poetische Rede, sondern daß ihr ein bestimmter, eingeschränkter Redecharakter eigen sei. Diese Auffassung wird zwar in kaum einer der traditionellen Theorien *expliziert*, ist jedoch allen *impliziert*. Ob die Lyrik nun als persönliche oder als subjektive Rede verstanden wird – immer ist dabei vorausgesetzt, daß es sich um die *Rede eines Einzelnen* handelt. Dieses Merkmal scheint, durch seine Bindung an die Kriterien der Personalität und der Subjektivität, soweit eingeschränkt zu sein, daß es gleichfalls kaum die empirische Vielfalt lyrischen – oder genauer:

lyrisch genannten – Sprechens auch nur annähernd zu erfassen vermag. Es enthält aber, im Unterschied zu den beiden anderen Merkmalen traditioneller Bestimmungen der Lyrik, die Möglichkeit einer sinnvollen Erweiterung.

Die Rede eines Einzelnen stellt nur einen speziellen, wenngleich prominenten Fall der übergreifenden Struktur dar, die man als *Einzelrede* bezeichnen kann. Diese Rede-Struktur kennzeichnet nicht nur personale und subjektive Lyrik traditioneller Art; sie ist wohl auch das einzige Merkmal, das solche Lyrik mit anderer Lyrik verbindet, die, wie etwa die Gelegenheitslyrik, die Chorlyrik oder die Rollenlyrik, weder subjektiv noch personal ist, und das darüber hinaus sowohl klassischer wie moderner Lyrik gemeinsam ist. Deshalb scheint sie noch am ehesten als strukturelles Merkmal einer angemessen weitgefaßten systematischen Definition der Lyrik geeignet zu sein. Ich schlage daher vor, als lyrisch alle Gedichte zu bezeichnen, die *Einzelrede in Versen* sind.

Diese Definition zielt auf eine sachlich vertretbare Erweiterung des Lyrik-Begriffs im Anschluß an den herkömmlichen Wortgebrauch. Wie schon die Begriffsbestimmung des Gedichts ist sie nicht als eine Maximal-, sondern als eine Minimaldefinition anzusehen, die lediglich ein notwendiges formales Merkmal, nämlich das der Versgliederung, und ein notwendiges strukturelles Merkmal, nämlich das der Einzelrede, enthält, die beide zusammengenommen auch hinreichend sind. Als Minimalbedingungen sind diese beiden Kriterien vergleichsweise weit gefaßt: sie stellen so etwas wie den kleinsten gemeinsamen Nenner dar, auf den sich auch der allergrößte Teil herkömmlicherweise als lyrisch bezeichneter Gedichte bringen läßt.

Auf der Grundlage der hier vorgeschlagenen Definition ist die Lyrik als eine Gattung von Gedichten anzusehen, deren differentia specifica die Struktur der Einzelrede ist, weshalb auch im folgenden ihre Eigenart weniger vor dem schwer überschaubaren Hintergrund poetischer Rede generell als vor dem leichter ausleuchtbaren Hintergrund poetischer *Versrede* zu profilieren ist. Einzelrede im Sinn der Definition ist im näheren:

– monologische Rede im Unterschied vor allem zu dialogischer Rede;
– absolute Rede im Unterschied zu situationsgebundener Rede;
– und strukturell einfache Rede im Unterschied zu strukturell komplexer Rede.

Diese drei konstitutiven Merkmale lyrischer Rede können empirisch allerdings auf unterschiedliche Weise realisiert werden. In ihren empirischen Konkretisierungen können lyrischen Gedichten darüber hinaus weitere Eigenschaften zukommen, und zwar nicht nur individuelle, von Text zu Text wechselnde, sondern auch relativ häufige und in diesem Sinn typische Merkmale, die sich vor allem unter zwei Gesichtspunkten bündeln und beschreiben lassen: unter dem Gesichtpunkt der *ästhetischen Potenzen* und unter dem der *poetischen Lizenzen* der Lyrik. Insgesamt ist also zwischen den beiden invarianten Merkmalen der Versgliederung und der Einzelrede auf der einen Seite und deren historisch variablen Konkretisierungen in bestimmten *Vers-*

arten und *Rede-Weisen* auf der anderen Seite zu unterscheiden, wobei hier unter ›Rede-Weisen‹ vor allem Realisierungen von Schreibweisen oder Verfahren (im Sinn Hempfers) innerhalb lyrischer Rede zu verstehen sind.

3.

Lyrische Rede ist als Einzelrede grundsätzlich monologisch, monologisch aber nicht im engeren Sinn des Sprecher-, sondern im weiteren Sinn des Rede-Kriteriums. Sie stellt eine *einzelne*, in sich geschlossene Äußerung dar, die nicht die Äußerung eines einzelnen Sprechers sein muß, sondern ebensogut auch die gemeinsame Äußerung mehrerer Sprecher sein kann. Als Einzelrede unterscheidet sie sich grundlegend von aller Rede, die aus mehr als einer Äußerung besteht, insbesondere von dialogischer Rede.

Lyrische Rede ist allerdings auf besondere Weise monologisch. Äußerlich jeweils von anderer, sei es lyrischer, sei es nicht-lyrischer Rede abgesetzt, steht sie, zunächst, immer für sich. Sie stellt also zugleich eine *vereinzelte* Äußerung dar, die nicht als Replik oder Respons in einen umfassenden Redezusammenhang integriert ist. Das wiederum unterscheidet sie wesentlich vom dramatischen Monolog.

Nur wo dieser besondere Monologcharakter erfüllt ist, läßt sich sinnvollerweise von lyrischer Rede und entsprechend von lyrischen Gedichten sprechen. Lyrische Gedichte im Sinn der Definition sind daher zum Beispiel »Wanderers Nachtlied« als einzelne Äußerung eines einzelnen Sprechers oder »Gesang der Geister über den Wassern« als gemeinsame Äußerung mehrerer Sprecher, nicht hingegen der Monolog Fausts (»Habe nun, ach, Philosophie«) oder der Chor der Engel in der ersten Szene des »Faust«, die gleichfalls einzelne Äußerungen darstellen, aber beide in den größeren – dialogischen – Redezusammenhang einer Szene und eines Stücks eingebunden sind.

Lyrische Rede als monologische Rede kann allerdings in verschiedenen Rede-Weisen auch durch eine Tendenz zur Dialogisierung[39] gekennzeichnet sein. Eine solche Dialogisierung des Monologs liegt schon dann vor, wenn das lyrische Sprechen in ein Ansprechen übergeht – sei es, daß der Sprecher sich selber anredet, sei es, daß er sich an ein Gegenüber wendet. Dieses lyrische Ansprechen kann grundsätzlich von unterschiedlichster Art sein, je nachdem, ob es zum Beispiel Bitte, Rat, Aufforderung, Befehl oder Klage ist, und es kann an die unterschiedlichsten Gegenüber gerichtet sein, etwa an

39 Vgl. dazu grundsätzlich Manfred Pfister: Das Drama, S. 184ff. Speziell zur Lyrik Leo Spitzer: Über zeitliche Perspektive in der neueren französischen Lyrik (Anredelyrik und evokatives Präsens). In: Ders.: Stilstudien 2, S. 50–83; sowie Fritz Lockemann: Gedanken über das lyrische Du.

einen Menschen, einen Gott, ein Tier, ein Ding oder eine Idee. Solches Ansprechen findet sich beispielsweise in der Horazischen Ode »O navis« [»O navis, referent in mare te novi/fluctus! (...)«],[40] in Shakespeares »Sonnet 18« (»Shall I compare thee to a summer's day?«)[41] oder in Baudelaires »Les Litanies de Satan« (»O toi, le plus savant et le plus beau des Anges«).[42]

In der Einzelrede bleibt das Gegenüber stets ein angesprochenes, ohne sich in ein sprechendes zu verwandeln. Es antwortet also nicht, und insofern verliert die Einzelrede auch nicht ihren Monologcharakter. Der Sprecher kann sich jedoch in seiner Rede auf den Angesprochenen einstellen, indem er dessen vermeintliches Verhalten oder dessen vermeintliche Äußerung antizipiert oder sogar reflektiert. Sehr deutlich ist das in Elizabeth Barrett-Brownings Gedicht »If thou must love me«, in dem die Sprecherin gleich zu Beginn ihr Gegenüber auffordert, sie nur um der Liebe willen zu lieben:

If thou must love me, let it be for nought
Except for love's sake only. Do not say
»I love her for her smile – her look – her way
Of speaking gently, – for a trick of thought
That falls in well with mine, and certes brought
A sense of pleasant ease on such a day« – .[43]

In solchen Reden kommt das angesprochene Gegenüber nur scheinbar zu Wort; in Wirklichkeit unterstellt der Sprecher ihm nur bestimmte Äußerungen, die nichts anderes sind als der Ausdruck seiner eigenen Gedanken oder Gefühle: er dialogisiert seinen Monolog, ohne ihn zu einem echten Dialog werden zu lassen.

Die äußerste Möglichkeit der Dialogisierung des Monologs ist da realisiert, wo der Sprecher der Einzelrede sich in zwei Subjekte gleichsam aufspaltet und sie miteinander reden läßt – etwa als seinen Leib und seine Seele oder als seinen Kopf und sein Herz. So verfährt zum Beispiel Matthias Claudius in der vierten Strophe seines Gedichts »Die Sternseherin Lise«, in der er das Herz der Sternseherin »sprechen« läßt:

Dann saget, unterm Himmelszelt,
  Mein Herz mir in der Brust:
»Es gibt 'was Bessers in der Welt
  Als all ihr Schmerz und Lust.«[44]

Bei solchen imaginierten Zwiegesprächen handelt es sich offensichtlich nicht um echte, sondern bloß um innere Dialoge: um Selbstgespräche mit verteilten Rollen, in denen von einem zweiten Sprecher und von einer zweiten

40 Horaz: Sämtliche Werke, S. 30.
41 William Shakespeare: Complete Works, S. 1311.
42 Charles Baudelaire: Die Blumen des Bösen, S. 410.
43 Elizabeth Barrett-Browning: The Complete Works, Bd. 3, S. 233.
44 Matthias Claudius: Werke, S. 665.

Äußerung im strengen Sinn keine Rede sein kann. In der Substanz handelt es sich vielmehr auch hier um monologische Rede.

4.

Auf den besonderen Monologcharakter gründet sich die Eigenart lyrischer Kommunikation. Sie ist in jedem Fall monologische Kommunikation, Rede also ohne Gegenrede. Der normalen dialogischen Kommunikation ist sie dann genau entgegengesetzt, wenn sie an keinen Gesprächspartner gerichtet, auf keine konkrete Gesprächssituation bezogen und semantisch allein durch den einen Kontext des Sprechers bestimmt ist.[45] Eine solche kommunikative, insbesondere situative Absolutheit, die monologischer Rede offen steht, ist eine spezifische Möglichkeit lyrischen Sprechens. Sie ist sprachlich erkennbar an dem Fehlen von Personal- und Possessivpronomen der zweiten Person und anderer Indikatoren für die Existenz eines Gesprächspartners; am Fehlen von Demonstrativpronomen und Orts- und Zeitadverbien, die eine räumliche und zeitliche Deixis signalisieren; schließlich am Fehlen solcher lexikalischer Antithesen, die nach Mukařovský im Dialog »semantische Wenden«[46] anzeigen. In dieser Weise situativ oder kommunikativ absolut ist zum Beispiel das folgende Gedicht Ernst Meisters:

DER ERKENNENDE
ist der Gräber,
die Erkenntnis das

Grab. Der
Gipfel der Ohnmacht
ist unten.[47]

Ein solches Gedicht spricht eine Erkenntnis aus, ohne sich ausdrücklich an einen Adressaten zu wenden und ohne auf eine konkrete Kommunikationssituation Bezug zu nehmen, überdies in – scheinbar – einfacher Reihung der Sätze, also ohne eine semantische Wende, wie sie durch einen zweiten Gesprächspartner herbeigeführt werden kann.

Lyrische Rede muß allerdings nicht immer in dieser Weise absolut sein. Ihre kommunikative Absolutheit wird schon eingeschränkt, wenn sie explizit eine emotionale Einstellung oder Haltung des Sprechers zum Ausdruck bringt. Ein solcher Bezug auf den Sprecher ist in aller Regel an dem – signifikanten – Vorkommen von Personal- und Possessivpronomen der ersten Person (Singular) zu erkennen, die eine subjektive Perspektive signalisieren, wie zum Beispiel in Ungarettis »Mattina«:

45 Vgl. dazu Jan Mukařovský: Zwei Studien über den Dialog. In: Ders.: Kapitel aus der Poetik, S. 108–159, insbes. S. 114ff.

46 Ebd., S. 118.

47 Ernst Meister: Ausgewählte Gedichte, S. 125.

M'illumino
d'immenso.

Ein solches Gedicht ist im strengen Sinn nicht mehr kommunikativ absolut, weil es eine direkte Aussage über den Sprecher darstellt, auch wenn es auf keine konkrete (kommunikative) Situation Bezug nimmt.

Die Absolutheit lyrischer Rede kann aber nicht nur durch eine subjektive Perspektivierung eingeschränkt werden, sondern ebenso durch eine Dialogisierung. In dialogisierten monologischen Gedichten finden sich häufig Hinweise auf die Kommunikationssituation – sei es, daß dieser Bezug, wie in »Die Sternseherin Lise«, im Text ausdrücklich, wenngleich knapp hergestellt wird, sei es, daß er, wie etwa in Shakespeares »Sonnet 18« oder in Horazens »O navis«, vom Leser unschwer erschlossen werden kann. Ein solcher Situationsbezug kann in lyrischer Rede allerdings noch sehr viel stärker ausgeprägt sein, wie zum Beispiel Richard Brautigans Gelegenheitsgedicht »November 3« mit seiner präzisen Orts- und Zeitangabe zeigt:

I'm sitting in a cafe,
drinking a Coke.
A fly is sleeping
on a paper napkin.
I have to wake him up,
so I can wipe my glasses.
There's a pretty girl
I want to look at.[48]

Wo schließlich ein solcher Situationsbezug mit einer Dialogisierung des Monologs einhergeht, ist eine größtmögliche Konkretheit erreicht, die das andere Extrem lyrischer Kommunikation darstellt. In diesem Sinn konkret ist zum Beispiel William Carlos Williams' bekanntes Gedicht »This Is Just to Say«:

I have eaten
the plums
that were in
the icebox
and which
you were probably
saving
for breakfast
Forgive me
they were delicious
so sweet
and so cold.[49]

48 Milton Klonsky (Hg.): Shake the Kaleidoscope, S. 274.
49 William Carlos Williams: Die Worte, die Worte, die Worte, S. 92.

Diese Verse beziehen sich nicht nur auf eine bestimmte (alltägliche) Kommunikationssituation, sie sind auch an einen bestimmten Adressaten gerichtet, dessen mögliches Verhalten sie antizipieren und reflektieren. Eine solche Konkretheit stellt die größtmögliche Annäherung lyrischer Rede an dialogische – und sogar mündliche dialogische – Kommunikation dar.

Gleichwohl ist ein solches Gedicht immer noch von den Bedingungen lyrischer Kommunikation geprägt. Der oder die Angesprochene kommt in ihm nicht zu Wort, und insofern bleibt es eine einzelne Äußerung. Als vereinzelte Äußerung zeigt es sich darüber hinaus an die Situation, auf die es sich bezieht und aus der heraus es wohl entstanden ist, nicht wesentlich *gebunden*, und insofern behält es auch in seiner vergleichsweise großen Konkretheit noch ein Moment der speziellen Absolutheit jeglicher lyrischer Kommunikation.

5.

Als Einzelrede ist lyrische Rede schließlich strukturell einfach. Ihre strukturelle Einfachheit ist typologisch wohl am reinsten verwirklicht, wenn die lyrische Rede im strengen Sinn monologisch ist, und am wenigstens rein, wenn sie dialogisiert ist. Doch auch dialogisiert ist lyrische Rede noch weniger komplex als etwa dialogische Rede, einfach weil sie bloß aus einer einzelnen Äußerung besteht.

Die strukturelle Einfachheit lyrische Rede drückt sich aus der Sicht des Lesers vor allem darin aus, daß sie nicht mit anderer Rede zu verrechnen ist: sie *steht* nicht nur für sich, sie ist grundsätzlich auch für sich zu *verstehen*. Das unterscheidet sie fundamental von aller Rede, die mehrere, voneinander abgesetzte Äußerungen enthält, aber auch von einzelnen Äußerungen, etwa Monologen, innerhalb solcher komplexeren Redezusammenhänge.

6.

Daß lyrische Rede, systematisch gesehen, als Einzelrede struktuell einfach ist, heißt allerdings nicht, daß sie es in ihren historischen Realisierungen auch in jeder anderen Hinsicht sein müßte. Zwar gibt es viele, zum Teil sogar hochgeschätzte lyrische Gedichte, die den Eindruck großer Schlichtheit erwecken, etwa Weisheitssprüche wie:

> Wer recht will tun, immer und mit Lust,
> Der hege wahre Lieb' in Sinn und Brust.[50]

50 Goethe: Werke, Bd. 1, S. 311.

Doch schließt die Struktur der Einzelrede grundsätzlich die Ausbildung einer speziellen *ästhetischen Komplexität* nicht aus. Dadurch, daß lyrische Rede als absolute Rede in keine konkrete Kommunikationssituation eingebunden sein muß, also in ihr die praktischen Funktionen der Sprache schwächer ausgebildet sein können, kann vielmehr die ästhetische Funktion besonders zum Zuge kommen. Deren Akzentuierung läßt sich vielleicht als eine Art gattungsspezifischer Kompensation begreifen: die strukturelle Einfachheit lyrischer Rede wird nicht selten durch ästhetische Komplexität geradezu wettgemacht.

Der besondere Monologcharakter lyrischer Rede läßt allerdings nur die Ausbildung einer bestimmten ästhetischen Komplexität zu – einer Komplexität nämlich, die wesentlich in der Fülle und der Dichte der poetischen Beziehungen besteht, die in Einzelrede und durch Einzelrede gesetzt werden können. Dies sind entweder Beziehungen innerhalb der Rede oder Beziehungen zu anderer Rede. Poetische Beziehungen zwischen den Teilen der lyrischen Rede können in Einzelrede auf vielerlei Weise hergestellt werden. Das zumindest historisch gesehen wichtigste Mittel, poetische Beziehungen zu schaffen, sind auf der Ebene der Semantik die sprachlichen »Bilder«, worunter Wolfgang Lockemann in seiner Theorie der »Beziehungssetzung in der Lyrik«[51] alles gerechnet hat, »was für ein anderes steht«, also etwa »Veranschaulichung eines Inneren durch ein Äußeres, Vergleich, Metapher, Symbol und die sog. absolute Metapher, die Chiffre«.[52]

Durch solche im weitesten Sinn metaphorischen oder symbolischen Verfahren, die jeweils bestimmte lyrische Rede-Weisen konstituieren können, entsteht eine sprachliche Komplexität, die sich nicht selten in einer Mehrdeutigkeit ausdrückt. In diesem Sinn sprachlich komplex ist schon ein kurzes Gedicht wie Eugenio Montales neunte Xenie des ersten Zyklus:

> Ascoltare era il solo tuo modo di vedere.
> Il conto del telefono s'è ridotto a ben poco.[53]

Sprachlich komplex wird dieses Gedicht vor allem durch die ›bildliche‹ Bezeichnung des Zuhörens als einer Art des Sehens, durch die das Wort »ascoltare« innerhalb des Gedichts eine zweite Bedeutung erhält, die es normalerweise nicht hat.

Es sind jedoch nicht nur sprachliche Beziehungen, die in lyrischer Rede mit poetischen Mitteln gesetzt werden können. Lyrische Rede kann sich auch auf andere Rede beziehen und durch solche Verfahren literarischer Bezugnahme neben ihrer intratextuellen eine intertextuelle oder »literarische

51 Wolfgang Lockemann: Lyrik, Epik, Dramatik, S. 270.
52 Ebd., S. 271.
53 Eugenio Montale: Satura/Diario, S. 20.

Komplexität«[54] erlangen. Lyrischer Rede stehen grundsätzlich alle Arten intertextueller Verweise und Anknüpfungen zur Verfügung. Sie kann sich auf einen einzelnen Text oder eine – wie auch immer definierte – Gruppe von Texten beziehen, und sie kann sich dabei aller einschlägigen Mittel von der Anspielung über das Zitat bis hin zur Motivübernahme bedienen. Konstitutiv ist diese literarische Komplexität für Formen literarischer Adaption wie Travestie, Parodie, Kontrafaktur, Cento, Pastiche, Palinodie und Kontradictio,[55] die allesamt auch in lyrischer Rede vorkommen können. Durch ihre Intertextualität lassen sich nicht nur die lyrischen Gedichte einzelner Autoren von Horaz bis Pound, sondern auch ganze Stilrichtungen und Phasen der Literaturgeschichte beschreiben, wie etwa der europäische Petrarkismus und Anti-Petrarkismus[56] oder der »Xenienstreit« in der deutschen Literatur.[57]

Zur ästhetischen Komplexität trägt allerdings nicht nur die sprachliche und literarische, sondern auch die formale Komplexität lyrischer Gedichte bei. Die Versform kann grundsätzlich auf zweierlei Weise ein Faktor der ästhetischen Komplexität sein. Sie kann zum einen die sprachliche und literarische Komplexität der Rede auf ihre Art *erhöhen*, indem sie als ein spezifisch poetisches Mittel der Redesegmentierung selbst Beziehungen zwischen Wörtern und Sätzen der Rede oder als ein ebenso poetisches Mittel der Anspielung auf Formen Beziehungen zu anderer (Vers-)Rede herstellt. Zum anderen kann sie durch ihre eigene Semantik die bloß sprachliche oder literarische Komplexität lyrischer Rede *erweitern*. Im einen wie im anderen Fall erhält die ästhetische Komplexität der Lyrik durch sie ein gedichtspezifisches Moment.

Die ästhetische Komplexität eines lyrischen Gedichts läßt sich exemplarisch an einem lakonisch kurzen Gedicht wie Reiner Kunzes »Erasmus von Rotterdam« verdeutlichen:

> Er wußte, was brücken wissen: Sie verbinden
> über wasser, was unter wasser
> verbunden ist
>
> Doch das eine ufer war sumpf,
> das andere feuer.[58]

54 Theodor Verweyen: »Die Tragödie des Coriolanus« bei Brecht und Grass, S. 275.

55 Vgl. dazu Theodor Verweyen und Gunther Witting: Parodie, Palinodie, Kontradictio, Kontrafaktur – Elementare Adaptionsformen im Rahmen der Intertextualitätsdiskussion. In: Renate Lachmann (Hg.): Dialogizität, S. 202–236.

56 Vgl. Jörg-Ulrich Fechner: Der Antipetrarkismus.

57 Vgl. dazu die immer noch lesenswerte Studie von Eduard Boas: Schiller und Goethe im Xenienkampf.

58 Reiner Kunze: Auf eigene Hoffnung, S. 66.

Dieses Gedicht ist literarisch komplex, insofern es sich auf einen Ausspruch des Erasmus von Rotterdam bezieht, den es paraphrasierend und kommentierend in die eigene Rede integriert. Es ist sprachlich komplex schon durch die anthropomorphisierende Metaphorik der ersten Zeile und die bildhaft-anschauliche Antithese der letzten Zeilen. Und es ist formal komplex durch die sinnige Versgliederung, etwa durch die Plazierung des Worts »verbinden« am – trennenden – Versende oder durch die nicht weniger symbolisch konstruierte zweite Zeile. Die ästhetische Komplexität dieses Gedichts zeigt sich insgesamt in der Doppeldeutigkeit seiner Aussage, die sich sowohl auf das Leben des Erasmus von Rotterdam wie auf das des Reiner Kunze anwenden ließe; und sie zeigt sich nicht zuletzt darin, daß es das, wovon es *spricht*: das Trennen und Verbinden oder Getrenntsein und Verbundensein, zugleich durch die Versgliederung symbolisch *zeigt*.

Eine solche durch die Fülle und die Dichte poetischer Beziehungen hergestellte ästhetische Komplexität ist nicht nur lyrischen Gedichten eigen. ›Bilder‹, intertextuelle Verweise, eine bedeutungsvolle Form – all das kann es grundsätzlich in jedem Gedicht geben, sei es nun lyrisch oder nicht. Gleichwohl ist es für lyrische Gedichte typisch. Denn zwischen einer solchen ästhetischen Komplexität und der strukturellen Einfachheit der Lyrik besteht eine tiefere Beziehung, zumindest eine Affinität – nicht nur, weil die strukturelle Einfachheit lyrischer Rede in verschiedenen Rede-Weisen gerade *diese* Komplexität zuläßt (und manch andere nicht), sondern auch, weil eine solche ästhetische Komplexität in strukturell einfacher Rede am besten zur Wirkung kommt: eine komplexere Rede-Struktur würde zwangsläufig von ihr ablenken.

Die Fülle und die Dichte poetischer Beziehungen in lyrischen Gedichten ist strukturell begründet. Sie ist daher auch an sich noch kein Wertkriterium: ästhetische *Komplexität* muß nicht ästhetische *Qualität* verbürgen. Das läßt sich schon daran erkennen, daß auch ästhetisch komplexe Lyrik nicht künstlerisch bedeutend sein muß. Ein solcher Fall liegt etwa bei Arnfrid Astels witziger »Grabschrift auf einen Floh« vor:

> Hier liegt
> der springende Punkt.[59]

Auch dieses Epigramm ist ästhetisch komplex: komplex durch die Anspielung auf eine Textsorte (»Grabschrift«), die es imitiert, vielleicht auch parodiert; komplex weiter durch die doppelsinnig-wortspielerische Verwendung des Ausdrucks »springender Punkt«, die auf das Prädikat des Satzes ausstrahlt; komplex schließlich auch durch die symbolische Verspause nach »liegt« und den nicht weniger sinnigen Schluß-Punkt. Dennoch ist es kein

59 Arnfrid Astel: Kläranlage, S. 27.

sonderlich hochwertiges Stück – schon weil die Pointe, auf die es hinausläuft, ja aus der es eigentlich besteht, ohne Tiefe ist.

7.

Die Struktur der Einzelrede begünstigt nicht nur die Ausbildung einer speziellen ästhetischen Komplexität, sie schafft auch bestimmte Freiheiten, die man als die *poetischen Lizenzen* der Lyrik ansehen kann. Schon der Umstand, daß Lyrik bloß (Einzel-)Rede und nicht zum Beispiel Rede im Zusammenhang mit anderer Rede oder gar mit Handlung sein muß, befreit sie von manchen Bindungen, denen andere Gattungen unterworfen sind. So ist lyrische Rede, anders als etwa Rede in der Epik, nicht zur Vorgangsdarstellung und, anders als dramatische Rede, nicht zur Situationsveränderung verpflichtet – ja es gibt grundsätzlich keinen Rede-Gegenstand, der für sie verbindlich wäre. Darüber hinaus ist sie als poetische Einzelrede nicht den Normen üblicher, insbesondere dialogischer Kommunikation unterworfen, und aus dieser Freiheit erklären sich die drei – empirisch gesehen – wohl wichtigsten Lizenzen der Lyrik, die, ähnlich wie die ästhetischen Potenzen, in verschiedenen lyrischen Rede-Weisen realisiert werden können.

Mehr als andere Dichtung kann die Lyrik zunächst eine Lizenz zu dunkler Rede-Weise für sich beanspruchen. Der dunkle Gebrauch sprachlicher Zeichen ist historisch zwar nicht ausschließlich, aber doch vorzugsweise mit der Lyrik verknüpft: von Anfang an ist sie, zuerst als Rätseldichtung, auch dunkel,[60] und von Anfang an ist es gerade die Dunkelheit der Lyrik, die als Inbegriff poetischer Dunkelheit überhaupt gilt. Wenngleich lyrische Rede nicht dunkel sein *muß, kann* sie es doch immer wieder sein, was sich, außer an den Gedichten etwa eines Pindar, eines Angelus Silesius, eines Góngora oder eines Blake, vor allem an der modernen Lyrik zeigt: Dunkelheit gilt vielen geradezu als ihr spezifisches Merkmal.

Die Lizenz lyrischer Rede zur Dunkelheit zeigt sich wohl am deutlichsten bei einer Spielart des Dichtens in fremden Sprachen:[61] dem Dichten in einer erfundenen Sprache. Stefan George zum Beispiel hat, außer in Deutsch, Französisch und Englisch, auch Gedichte in zwei Sprachen geschrieben, die er eigens zu diesem Zweck geschaffen hat. Die eine von ihnen nannte er, ihrer Anlehnung vor allem an das Spanische wegen, »lingua romana«, und in sie hat er Gedichte wie »Paz«, »El imagen« und »Cognicion« übersetzt. Von

60 Vgl. Manfred Fuhrmann: Obscuritas (Das Problem der Dunkelheit in der rhetorischen und literarästhetischen Theorie der Antike). In: Wolfgang Iser (Hg.): Immanente Ästhetik – Ästhetische Reflexion, S. 47–72.

61 Vgl. dazu Leonard Forster: Dichten in fremden Sprachen. Ferner András Horn: Ästhetische Funktionen der Sprachmischung in der Literatur.

der anderen Sprache, der er keinen eigenen Namen gegeben hat, sind nur die beiden Verse überliefert, die sein Gedicht »Ursprünge« beschließen:

CO BESOSO PASOJE PTOROS
CO ES ON HAMA PASOJE BOAÑ:[62]

Es mag dahingestellt bleiben, ob Georges »lingua romana« wirklich eine »leicht verständliche literatursprache«[63] ist, wie er selbst meinte; die beiden Verse in seiner anderen Kunstsprache jedenfalls sind nicht einmal schwer verständlich, sondern gänzlich unverständlich: dunkler kann poetische Rede kaum sein.

Gedichte in erfundenen Sprachen stellen sicherlich ein Extrem dar – doch ein Extrem, das *so* wohl nur in der Lyrik möglich ist. Eine semantisch oder syntaktisch stark normabweichende Sprache gibt es selbstverständlich auch außerhalb lyrischer Gedichte. Eine nicht nur normabweichende, sondern ganz private Sprache, deren Worte und Sätze für andere – möglicherweise sogar für den Autor – grundsätzlich unaufhellbar dunkel sind, dürfte dagegen eine Eigenart der Lyrik sein.

Auf jeden Fall kann bei ihr von einer Verpflichtung zur Klarheit, wie gelegentlich behauptet wird,[64] keine Rede sein. Daß der Lyriker im Gegenteil gerade die Freiheit hat, sich auch ganz dunkel auszudrücken, läßt sich nicht zuletzt an der Achtung ablesen, die man dunkler Lyrik entgegenbringt – auch den dunklen Gedichten sonst nicht unverständlich schreibender Lyriker. Einige der bekanntesten Gedichte Goethes zum Beispiel, wie »Wanderers Sturmlied« oder »Der Bräutigam«, verdanken das hohe Ansehen, das sie zumindest unter Philologen genießen, zu einem beträchtlichen Teil der Einsicht in ihre Dunkelheit.[65]

Lyrische Rede kann aber für sich nicht nur eine Lizenz zu unverständlicher, sondern auch zu einer in sich teilweise oder ganz unzusammenhängenden Rede-Weise beanspruchen. Die konventionellen Formen syntaktischer, struktureller oder semantischer Satzverknüpfung müssen in ihr nicht beachtet werden – und werden es häufig auch nicht. Daß ein Satz nicht an den vorhergehenden anschließt und durch den folgenden auch nicht fortgeführt wird, ist jedenfalls in lyrischer Rede keine Seltenheit. Ein unvermittelter Anfang oder ein unvermittelter Schluß findet sich zwar auch außerhalb der Lyrik, etwa in Kurzgeschichten; ein unvermittelter Wechsel von einem Satz zum anderen als kompositorisches Prinzip eines Textes scheint dagegen ein Privileg der Lyrik zu sein. Das zeigt sich besonders an der modernen Monta-

62 Stefan George: Werke, Bd. 2, S. 75.
63 Zit. nach Leonard Forster: Dichten in fremden Sprachen, S. 87.
64 So etwa Julius Wiegand: Abriß der lyrischen Technik, S. 84f.
65 Vgl. Jochen Schmidt: Die Geschichte des Genie-Gedankens, Bd. 1, S. 199ff. Vgl. dazu auch Arthur Henkel: Goethe-Erfahrungen, S. 19: »Dunkle Gedichte sind die Lust des Philologen.«

gelyrik, die als Genre gerade durch die logische, oft auch syntaktische Unverbundenheit ihrer Teile definiert ist. Sätze ohne syntaktische und logische Verbindungen aneinanderzureihen,[66] ist eine elementare Möglichkeit lyrischen Sprechens, die allerdings nicht nur in der Moderne und nicht nur in der Montagelyrik zu beobachten ist: als ›beau désordre‹ oder als ›harte Fügung‹ sind solche textematischen Freiheiten auch ein Kennzeichen der ›enthusiastisch aufgeregten‹ Odendichtung in der Nachfolge Pindars,[67] überdies sogar in einfachen lyrischen Liedern mit stark musikalischem Charakter zu finden.[68]

Neben der Freiheit zu dunkler und der Freiheit zu logisch ungeordneter Rede-Weise kommt schließlich, historisch gesehen, noch einer anderen Freiheit lyrischen Sprechens große Bedeutung zu: der Freiheit zu kurzer oder genauer: verkürzter Rede-Weise. Verkürzte Rede ist nicht nur äußerlich kurze, sondern auch sprachlich knappe Rede, die ausspart, was normalerweise noch zu ergänzen, auszuführen, zu erläutern wäre. Kürze, so verstanden, heißt Abbreviatur, Andeutung, Ökonomie, Lakonismus und, je nachdem, Konzentration oder Reduktion. Sie ist in jedem Fall »deutbare Kürze«,[69] also wenn nicht schon ›tiefe Kürze‹, so doch ›sinnige Kürze‹, sei sie nun hintersinnig oder auch nur vordergründig unsinnig. Solche Kürze zeichnet einen großen Teil der uns bekannten Lyrik aus, insbesondere Formen wie das Haiku, die Xenie, das Sonett, das Lied oder den Limerick.

Die Freiheit zu dunklen, zu logisch ungeordneten und zu verkürzten Rede-Weisen ergibt sich aus der strukturellen Besonderheit lyrischen Sprechens: sie sind Freiheiten, die sich die Einzelrede nehmen kann, weil die Anforderungen an normale (dialogische) Rede für sie nicht gelten. Für sie besteht nicht einmal der wenigstens für nicht-poetische Kommunikation grundlegende Zwang zur Verständlichkeit im Ausdruck und zur Angemessenheit in der Sache. Lyrische Rede muß sich als Einzelrede, die monologisch und absolut ist, weder auf einen Adressaten und dessen Verstehensmöglichkeiten sprachlich einstellen noch an der Eigenart eines Gegenstandes orientieren: sie kann, innerhalb ihrer strukturellen Grenzen, nicht nur reden, *worüber* sie will, sonden auch, *wie* sie will – weshalb eine Systematisierung ihrer diversen Rede-Gegenstände und Rede-Weisen praktisch ausgeschlossen sein dürfte.

66 Vgl. etwa Wolfgang Lockemann: Lyrik, Epik, Dramatik, S. 308 ff.

67 Vgl. dazu Oskar Walzel: Lyrik ohne Zusammenhang. In: Ders.: Das Wortkunstwerk, S. 297–301; ferner: Leo Spitzer: ›Umkehrbare Lyrik‹. In: Ders.: Stilstudien 2, S. 42–49.

68 Vgl. dazu etwa Herbert Dieckmann: Die Theorie der Lyrik im 18. Jahrhundert in Frankreich, mit gelegentlicher Berücksichtigung der englischen Kritik. In: Wolfgang Iser (Hg.): Immanente Ästhetik – Ästhetische Reflexion, S. 73–112. Außerdem Robert Petsch: Aufbauformen des lyrischen Gedichts, sowie Emil Staiger: Grundbegriffe der Poetik, S. 28 ff.

69 Walter Killy: Elemente der Lyrik, S. 159.

8.

Die poetischen Lizenzen sind, ebenso wie die ästhetischen Potenzen, auf der Grundlage der hier vorgeschlagenen Definition nicht konstitutiv, sondern bloß typisch für lyrische Gedichte. Wenngleich sie für einen großen Teil der uns bekannten Lyrik geltend zu machen sind, so müssen sie doch in lyrischen Gedichten nicht ausgeschöpft, ja nicht einmal beansprucht werden: schließlich gibt es zum Beispiel auch Lyrik, die in ihrer Rede-Weise jeweils klar und eindeutig, logisch geordnet, wenn nicht sogar gedanklich streng, weit ausholend, ja geschwätzig ist.

Den gleichen Status wie die poetischen Lizenzen und die ästhetische Komplexität haben, im Sinn der hier vorgeschlagenen Definition, einige, gleichfalls empirisch häufige *Bindungen* lyrischen Sprechens: auch sie sind bestenfalls typische, keinesfalls aber konstitutive Merkmale der Lyrik. Es dürfte unmittelbar einleuchten, daß lyrische Rede als Einzelrede nicht notwendig an ein bestimmtes Tempus gebunden ist. Daß Lyrik immer »auf den Augenblick bezogen« sei und einen »gegenwärtigen Zustand« ausspreche,[70] folglich Rede im Präsens sei, wie dies etwa Walther Killy behauptet hat, ist aus der hier vorgeschlagenen Definition nicht zu schließen – und es dürfte auch empirisch schwer zu beweisen sein: schließlich gibt es von jeher lyrische Gedichte, die auch von Vergangenem oder Zukünftigem sprechen,[71] wie zum Beispiel zahlreiche Sonette des »Canzoniere«, die von der *toten* Laura handeln.[72]

Ebenso dürfte es unmittelbar einleuchten, daß lyrische Rede nicht in der ersten Person Singular sprechen, also durch die Ich-Form oder genauer: durch die Form des Ich-Sagens in all ihren pronominalen Varianten gekennzeichnet sein muß.[73] Es mag für viele, auch für viele prominente lyrische Gedichte gelten, daß sie in diesem einfachen Sinn[74] Reden eines ›lyrischen Ich‹ sind. Gleichwohl wäre es abwegig, wollte man, wie es zum Beispiel

70 Walther Killy: Lyrik, S. 334.

71 Vgl. Jutta Goheen: Erinnerung als Geste mhd. Lyrik: Zu einem ›lyrischen‹ Präteritum.

72 Vgl. Karl Maurer: Der Liebende im Präteritum.

73 Zu diesem Begriff des lyrischen Ich vgl. Kaspar H. Spinner: Die Struktur des lyrischen Ich, der das lyrische Ich als eine an der Textoberfläche sprachlich faßbare Tiefenstruktur im Sinn der generativen Transformationsgrammatik versteht. Zur Kritik an dieser Position vgl. vor allem Wolfgang G. Müller: Das lyrische Ich, insbes. S. 27ff. und 56ff.

74 Das ist nicht der einzige, wohl aber der präziseste Sinn, den der Begriff erhalten hat. Vgl. ferner Margarete Susman: Das Wesen der modernen deutschen Lyrik, S. 15ff., die den Begriff in die Literaturwissenschaft eingeführt hat. Auf sie beruft sich Karl Pestalozzi: Die Entstehung des lyrischen Ich. Einen kritischen Überblick über Verwendungsweisen des Begriffs – die Pestalozzis eingeschlossen – geben Anthony Stephens: Überlegungen zum lyrischen Ich. In: Theo Elm und Gerd Hemmerich (Hg.): Zur Geschichtlichkeit der Moderne, S. 53–68, und Wolfgang G. Müller: Das lyrische Ich, S. 11ff. Grundsätzliche Kritik an dem Begriff übt Walther Killy: Elemente der Lyrik, S. 4. Kritik an Killy wiederum übt Bernhard Sorg: Das lyrische Ich, insbes. S. 9ff.

Roman Jakobson nahelegt, daraus den Schluß ziehen, Lyrik sei generell Rede in Ich-Form.[75] Einzelrede setzt zwar, wie jede Rede, ein Subjekt voraus, das redet,[76] doch muß sich dieses Subjekt nicht unbedingt auch der Ich-Form bedienen. So ist etwa, ausgehend von der Chorlyrik, die ja auch Einzelrede im Sinn der Definition, wenngleich nicht Rede eines Einzelnen ist, schon zu bedenken, daß das Subjekt lyrischer Gedichte kein Individuum sein muß – und folglich ebensogut ›ich‹ wie ›wir‹ sagen kann. Weiterhin ist zu berücksichtigen, daß dialogisierte lyrische Rede notwendig Anrede an eine zweite Person, sei es im Singular oder im Plural, ist. Insofern ist hier Oskar Walzel zuzustimmen, der – lange vor Jakobson – darauf hingewiesen hat,[77] daß Lyrik nicht ausschließlich in der ersten Person Singular, sondern genauso in »zweiter und dritter Person spricht, überdies ebenso in der Mehrzahl wie in der Einzahl« und daß man daher mit dem gleichen Recht jeweils von einer Lyrik des »Ich, Du, Er, Wir, Ihr und Sie«[78] reden könne.

Die Unmöglichkeit, aus der strukturellen Definition notwendige sprachliche Merkmale lyrischer Rede und entsprechend lyrischer Gedichte abzuleiten, läßt es angeraten erscheinen, gerade im Rahmen einer systematischen Definition der Lyrik durch die lyrische Rede auf einen Ausdruck wie ›lyrische Sprache‹ zu verzichten – wenigstens sofern mit ihm die Unterstellung verbunden ist, es gebe so etwas wie eine spezifisch lyrische – und nur lyrische – Sprachverwendung.[79]

Auch die häufig zu findende Bindung an die Musik ist schließlich für lyrische Gedichte im explizierten Sinn nicht notwendig. Die noch immer weitverbreitete Auffassung, daß Lyrik ›sangbar‹ sein müsse, leitet sich vor allem von der ursprünglichen Bedeutung des Worts als eines ›Gesangs zur Leier‹ und der ursprünglichen Verwendung des Begriffs ›Lyriker‹ her, der in der Antike, seit Aristophanes von Byzanz und Aristarch, zunächst allein für die neun hellenistischen ›Lyriker‹ Alkman, Stesichoros, Alkaios, Sappho, Ibykos, Anakreon, Simonides, Pindar und Bakchylides gebraucht worden ist. Der alexandrinische ›lyrikos‹ ist, ebenso wie der frühere ›melikos‹ und der spätere ›poeta lyricus‹, ein Oden- und Liederdichter. Das erklärt, warum bis in die Neuzeit hinein zum Beispiel Horaz als ›Lyriker‹ bezeichnet worden ist, nicht aber Catull, der nach unseren Begriffen kaum weniger Lyriker war.

Die Ausweitung des Lyrik-Begriffs auf andere Formen als die Ode, die in Deutschland erst mit Gottsched richtig einsetzt, bedeutet nicht das Ende der

75 Roman Jakobson: Linguistik und Poetik. In: Ders.: Poetik, S. 83–121, hier S. 94.

76 Zu dem Problem vgl. etwa Käte Hamburger: Die Logik der Dichtung, S. 20, oder Jürgen Peper: Transzendentale Struktur und lyrisches Ich.

77 Oskar Walzel: Schicksale des lyrischen Ichs. In: Ders.: Das Wortkunstwerk, S. 260–277, hier S. 265.

78 Ebd., S. 265.

79 Vgl. etwa Gerhart Schmidt: Lyrische Sprache und normale Sprache. In: Erich Köhler (Hg.): Sprachen der Lyrik, S. 731–750.

Rede von der ›Sangbarkeit‹ der Lyrik. Das Lied gilt nun nur zwar nicht mehr als die einzige, doch als eine besondere, ja als die eigentliche Form der Lyrik. Noch Emil Staiger ist zu dem Schluß gekommen, daß die Lyrik sich am reinsten im Lied verwirkliche.[80] Darin unterscheidet er sich nicht von Friedrich Theodor Vischer, der, wie sein Lehrer Hegel, die »große Masse des *Liederartigen*« als die »reine lyrische Mitte«[81] bezeichnet hat.

Diese Einschätzung ist auf dem Boden der hier vorgeschlagenen Definition des lyrischen Gedichts nicht aufrechtzuerhalten. Es gibt kein strukturelles Merkmal lyrischer Rede, aus dem zu folgern wäre, daß Lyrik gesungen werden müßte – allerdings auch keines, das Gesang ausschlösse. Grundsätzlich lassen sich im Rahmen der strukturellen Definition nach dem Gesichtspunkt der Kommunikationsweise drei Typen lyrischer Gedichte unterscheiden: lyrische Gedichte, die angemessenerweise zu singen, solche, die angemessenerweise zu sprechen, und solche die angemessenerweise zu lesen sind. Nur wenn man prinzipiell von diesen drei Möglichkeiten der Vermittlung von Lyrik ausgeht, kann man ihrer tatsächlichen Vielfalt einigermaßen gerecht werden.

Eine Identifikation der Lyrik mit dem lyrischen Lied erweist sich jedenfalls schon vor der modernen Lyrik als unhaltbar, die sich von jeder ›Sangbarkeit‹ weit entfernt hat. Bezeichnenderweise hat sogar ein zumindest zeitweise traditionelle, auch traditionell liedhafte Formen bevorzugender Dichter wie Gottfried Benn betont, er halte das »moderne Gedicht nicht für vortragsfähig«: »Ein modernes Gedicht verlangt den Druck auf Papier und verlangt das Lesen, verlangt die schwarze Letter, es wird plastischer durch den Blick auf seine äußere Struktur, und es wird innerlicher, wenn sich einer schweigend darüberbeugt«.[82]

Aber nicht erst die moderne, sondern auch schon die antike Lyrik läßt eine Identifikation des lyrischen Gedichts mit dem lyrischen Lied als nicht angemessen erscheinen. Mag die Lyrik auch bei den Griechen anfänglich gesungene Lyrik gewesen sein – wie sie es offenbar noch in primitiven Kulturen ist (oder war)[83] –, so etablieren sich doch schon in hellenistischer Zeit (aus unserer, nicht unbedingt aus griechischer Sicht) lyrische Formen wie die Elegie und der Jambus, die nicht gesungen, sondern allenfalls zu Instrumentalbegleitung gesprochen oder moduliert wurden; und mit dem Epigramm entsteht ungefähr zur gleichen Zeit die erste Form schriftlicher Lyrik.[84]

Nur wenn man auf eine Identifikation des lyrischen Gedichts mit dem lyrischen Lied verzichtet, kann man weiterhin auch einigen Formen gerecht

80 Vgl. Emil Staiger: Grundbegriffe der Poetik, S. 170f.
81 Friedrich Theodor Vischer: Ästhetik, Bd. 6, § 891, S. 232.
82 Gottfried Benn: Essays, Reden, Vorträge, S. 529 und 529/530.
83 Vgl. Heinz Werner: Die Ursprünge der Lyrik, S. 132ff.
84 Vgl. dazu Gerhard Pfohl (Hg.): Das Epigramm.

werden, die keine Affinität zum Gesang haben, doch gleichwohl lyrisch im explizierten Sinn sind oder sein können. Das gilt nicht nur für eine neue Form wie das Gedicht in freien Versen, die in besonderer Weise Sprechverse sind; das gilt auch für so traditionsreiche Formen wie das – lyrische – Buchstabengedicht[85] und das – lyrische – Figurengedicht.[86] Selbst bei strengster metrischer Regulierung sind beide grundsätzlich nicht ›sangbar‹, vielmehr allein visuell, im Akt des Lesens und Betrachtens, adäquat zu erfassen.

Angesichts der verschiedenen, grundsätzlich möglichen Darbietungsweisen lyrischer Gedichte bleibt zu bedenken, ob sich die ›Sangbarkeit‹ tatsächlich auf die lyrische Rede-Struktur – und nicht eher auf die Gedichtform gründet. Offenbar erhält ein Gedicht vor allem durch die geregelte Wiederkehr von Versen, Versmaßen und Wörtern in Versgruppen einen Rhythmus, der es erst ›sangbar‹ macht. Nur so ist jedenfalls die Tatsache zu erklären, daß einige der bekanntesten, beliebtesten und eingängigsten Lieder wie etwa Brentanos »Lore Lay« gar keine lyrischen Gedichte im explizierten Sinn sind. Allem Anschein nach *muß* weder die Lyrik liedhaft noch das Lied lyrisch sein.

85 Vgl. vor allem Elisabeth Kuhs: Buchstabendichtung.

86 Vgl. Ulrich Ernst: Die Entwicklung der optischen Poesie in Antike, Mittelalter und Neuzeit; ders.: Europäische Figurengedichte in Pyramidenform; ders.: Zahl und Maß in den Figurengedichten der Antike und des Frühmittelalters.

2. Kapitel: Diskussion der Definition

1.

Die hier vorgeschlagene Definition des lyrischen Gedichts als systematischer Gattung mag, im Zusammenhang der neueren Lyrik-Theorie gesehen, sowohl aufgrund ihrer Definitionsmethode wie ihrer Definitionskriterien ungewöhnlich erscheinen. Im Unterschied zu den meisten anderen einschlägigen Begriffsbestimmungen stellt sie nicht die Frage, was ein lyrisches Gedicht seinem Wesen nach sei. Sie versucht lediglich die Merkmale festzuhalten, an denen ein lyrisches Gedicht äußerlich zu erkennen ist – und zwar in jedem Fall. Als eine operationalisierte Minimaldefinition weicht sie aber nicht nur in der Methode von den gängigen Bestimmungen ab; sie verzichtet auch auf fast alle Kriterien, die seit dem 19. Jahrhundert die Diskussion beherrscht haben, und bedient sich stattdessen mit der Einzelrede zumindest eines Merkmals, das in den neueren Lyrik-Theorien in dieser Weise nicht verwendet wird.

Das Rede-Kriterium ist zwar das älteste uns bekannte Kriterium der Poetiken für die Unterscheidung verschiedener Arten von Dichtung, das sich erstmals im 3. Buch der »Politeia« als Gesichtspunkt für die Zweiteilung der Poesie in Mimesis und Diegesis findet, und es liegt überdies auch der ersten *Drei*teilung der Dichtung im 3. Buch der »Ars Grammatica« des Diomedes zugrunde, die in der Sache der terminologisch nicht vor dem 17. Jahrhundert nachweisbaren Unterscheidung zwischen lyrischer, epischer und dramatischer Poesie vorgreift.[1] Seit dem späten 18. Jahrhundert hat das Rede-Kriterium jedoch in der Lyrik-Theorie, anders als etwa in der Dramen-

1 Vgl. Irene Behrens: Die Lehre von der Einteilung der Dichtkunst, S. 25 ff.

Theorie,[2] nach und nach fast völlig an Bedeutung verloren. Spätestens in den idealistischen Ästhetiken des 19. Jahrhunderts wird es von psychologischen, morphologischen oder (geschichts-)philosophischen Kriterien überlagert, wenn nicht ganz verdrängt. Vereinzelte Versuche, es auch für die Lyrik-Theorie wieder fruchtbar zu machen, wie etwa der Wilhelm Scherers,[3] sind ohne nachhaltige Wirkung geblieben.

Gleichwohl ist die Definition des lyrischen Gedichts mit Hilfe des Rede-Kriteriums grundsätzlich nicht ganz so ungewöhnlich, wie es vielleicht zuerst den Anschein haben mag. Denn die Auffassung, daß Lyrik wesentlich Rede sei, ist wohl die einzige opinio communis der gesamten Lyrik-Theorie von den Anfängen bis zur Gegenwart und als solche auch immer der Ausgangspunkt für die Abgrenzung der Lyrik von der Epik und der Dramatik gewesen. Schon Gottsched bestimmt lyrische Gedichte als sprachliche Darstellungen oder Nachahmungen ›leidenschaftlicher‹ Empfindungen im Unterschied zu allen ›Fabeln‹ als nur zum Teil sprachlichen Nachahmungen menschlicher Handlungen.[4] Spätere Lyrik-Theoretiker haben diese grundlegende Unterscheidung im Kern übernommen – von Hegel, der die Lyrik durch »das betrachtende, empfindende Gemüt« definiert, »das, statt zu Handlungen fortzugehen, bei sich als Innerlichkeit stehenbleibt und sich deshalb auch das Sich*aussprechen* des Subjekts zur einzigen Form und zum letzten Ziel nehmen kann«,[5] bis hin zu Wolfgang Lockemann, der die Eigenart der Lyrik in einer »besonderen Art des Sprechens« sieht,[6] durch die sie sich von den pragmatischen Gattungen der Epik und der Dramatik substantiell abhebe.

Die Definition des lyrischen Gedichts als *Einzel*rede in Versen ist allerdings nicht unbedingt durch eine ähnlich eindrucksvolle poetologische Tradition abzusichern. Zwar haben auch schon frühere Theoretiker wie eben Wilhelm Scherer versucht, Lyrik als monologische Rede zu beschreiben. Doch ist herkömmlicherweise die Besonderheit lyrischer Gedichte eher in Gefühlen als ihren Rede-Gegenständen oder in einer expressiven Rede-Weise, nicht aber in einer Rede-Struktur gesucht worden. In solchen Bestimmungen ist, wie zu zeigen war, das Merkmal der Einzelrede eingeschränkt als Rede eines Einzelnen wohl enthalten, doch immer nur implizit als eine stillschweigend unterstellte, weil als selbstverständlich geltende strukturelle Bedingung.

Wegen ihrer abweichenden Methode und ihres speziellen Kriteriums mag die hier entwickelte Definition der Lyrik, über die theoretische Begründung

2 Vgl. etwa Manfred Pfister: Das Drama, S. 19ff. Zum Rede-Kriterium in der Gattungstheorie grundsätzlich Klaus W. Hempfer: Gattungstheorie, S. 156ff.

3 Vgl. Wilhelm Scherer: Poetik, S. 160ff. und 198f.

4 Vgl. Klaus R. Scherpe: Gattungspoetik im 18. Jahrhundert, S. 26ff.

5 Georg Friedrich Wilhelm Hegel: Vorlesungen über die Ästhetik, Bd. 3, S. 322.

6 Wolfgang Lockemann: Lyrik, Epik, Dramatik, S. 273.

hinaus, einer pragmatischen Rechtfertigung bedürfen, die vor allem im Nachweis ihrer Zweckmäßigkeit bestehen muß. Zur Rechtfertigung der hier vorgeschlagenen Definition sind deshalb zunächst – jeweils in Verrechnung mit den möglichen Nachteilen – die terminologischen, methodischen und sachlichen Vorteile anzuführen, die sie im Vergleich mit den üblichen Wesensbestimmungen der Lyrik oder des Lyrischen zu bieten hat.

2.

Der erste Vorteil der strukturellen Definition des lyrischen Gedichts ist terminologischer Art; er liegt in einer Vereinheitlichung. In der neueren Lyrik-Theorie werden die beiden Begriffe ›Lyrik‹ und ›lyrisch‹ häufig unabhängig voneinander definiert, und zwar meist so, wie es Emil Staiger vorgeschlagen hat, der ›Lyrik‹ als Gattungs- und ›lyrisch‹ als Stilbegriff bestimmt hat. Diese Differenzierung hat den Nachteil, daß sie problematische Differenzen im Gebrauch der beiden Begriffe zur Folge hat: im Sinn Staigers muß ›Lyrik‹ keineswegs ›lyrisch‹ sein, und ›Lyrisches‹ gibt es für ihn »nicht *nur* in der Lyrik«.[7]

Diese terminologische Komplikation ist nicht zuletzt ein Indiz für einen sachlich äußerst eingeschränkten Begriff des ›Lyrischen‹ als einer Wesensqualität, der nicht annähernd das zu umfassen vermag, was man normalerweise unter Lyrik versteht. Emil Staiger hat ihn deshalb auch um einen rein formalen, aber in der Sache nicht weniger problematischen Begriff der Gattung ›Lyrik‹ ergänzen müssen. Die hier vorgeschlagene Definition ist demgegenüber so konzipiert, daß die Lyrik als Inbegriff aller lyrischen Gedichte in jedem Fall auch lyrisch zu nennen ist.

Das schließt allerdings nicht aus, daß lyrische Gedichte, abgesehen davon, daß sie eben lyrisch sind, außerdem zum Beispiel noch satirisch oder pathetisch oder realistisch sein können – je nachdem, welche Schreibweise oder welches Verfahren sich in ihnen zusätzlich realisiert; und das schließt auch nicht aus, daß es lyrische Texte geben kann, die keine Gedichte sind und somit auch nicht der ›Lyrik‹ als Gattung aller lyrischen Gedichte angehören. Von solchen lyrischen Texten in Prosa zu sprechen, ist allerdings nur sinnvoll, wenn man von der Existenz des ›Lyrischen‹ als einer Schreibweise im Sinn Hempfers ausgeht. Ob sich eine solche lyrische Schreibweise tatsächlich bestimmen läßt, ist jedoch immer wieder, unter anderem auch von Hempfer selbst, bezweifelt worden,[8] weil sich offenbar keine ›Tiefenstruktur‹ finden ließ, auf die wenigstens die meisten als einschlägig geltenden Texte zurückzuführen wären. Auf der Grundlage der hier vorgeschlagenen

7 Emil Staiger: Lyrik und lyrisch, S. 75.
8 Vgl. Klaus W. Hempfer: Gattungstheorie, S. 148 f.

Definition des lyrischen Gedichts bliebe jedoch zu bedenken, ob die Einzelrede nicht hypothetisch als eine solche die Schreibweise des Lyrischen konstituierende Tiefenstruktur angesehen werden könnte. In lyrischen Gedichten fände diese Schreibweise dann eine, und zwar sicherlich ihre auch historisch wichtigste Realisierung; doch könnte sie sich grundsätzlich ebenso in Prosatexten realisieren. Die Existenz einer ›Prosalyrik‹ (nicht des ›Prosagedichts‹) neben der ›Lyrik‹ als Inbegriff aller lyrischen Gedichte ist hier also nicht von vornherein auszuschließen.

3.

Der zweite Vorteil der strukturellen Definition des lyrischen Gedichts ist gleichfalls terminologischer Art; er besteht in einer Einschränkung. Im Sinn der hier vorgeschlagenen Definition ist der Begriff ›lyrisch‹ in der Literaturwissenschaft zunächst für *eine* Verwendung zu reservieren: als Bezeichnung für solche poetischen Texte, die zumindest durch die Struktur der Einzelrede gekennzeichnet sind. ›Lyrisch‹ in diesem Sinn ist also ein Attribut poetischer Rede – und nur poetischer Rede. Diese Verwendung des Begriffs bedeutet gegenüber dem geltenden Sprachgebrauch eine beträchtliche Einschränkung. Denn in der Literaturwissenschaft wird, ähnlich wie in der Umgangssprache, vieles ›lyrisch‹ genannt, was mit der Struktur der Einzelrede wenig oder nichts und mit poetischen Texten nur mittelbar oder gar nicht zu tun hat: man spricht zum Beispiel nicht nur von einem »lyrischen Vers«[9] und einer »lyrischen Sprache«,[10] sondern auch von »lyrischer Subjektivität«[11] und von »lyrischem Verstehen«.[12]

Eine solche großzügige Verwendung des Begriffs ›lyrisch‹ findet sich vor allem in den neueren Subjektivitäts-Theorien, besonders deutlich wiederum bei Emil Staiger. Was sein Begriff des ›Lyrischen‹ meint, scheint klar definiert zu sein als lyrische »Stimmung« oder »lyrisches Ineinander« von Subjekt und Objekt.[13] Doch ist dieses ›Lyrische‹ keineswegs allein eine Eigenschaft von Texten, und deshalb kann der Begriff ›lyrisch‹ bei Staiger auch vieles bezeichnen, was nur sehr entfernt, wenn überhaupt mit Dichtung zusammenhängt. Zwar spricht Staiger selbstverständlich von einem »lyrischen Ton« oder einem »lyrischen Stil«,[14] also von Textmerkmalen einer »lyrischen Dichtung«,[15] aber nicht weniger selbstverständlich auch von dem

9 So etwa Herbert Kraft: Strukturen der Lyrik, S. 325 u. ö.
10 So etwa Gerhart Schmidt: Lyrische Sprache und normale Sprache.
11 So etwa Hiltrud Gnüg: Entstehung und Krise lyrischer Subjektivität.
12 So Elke Austermühl: Poetische Sprache und lyrisches Verstehen.
13 Emil Staiger: Grundbegriffe der Poetik, S. 46 und 47.
14 Ebd., S. 13 u. ö..
15 Ebd., S. 17.

»lyrischen Dichter«, der wohl ein »lyrisch Gestimmter«[16] ist, und, noch abstrakter, von »lyrischem Dichten« und »lyrischer Eingebung«,[17] also von Momenten der Produktion lyrischer Texte. Für Staiger kann darüber hinaus erklärtermaßen selbst eine Landschaft ›lyrisch‹ sein,[18] wie er schließlich sogar davon ausgeht, daß es »lyrische Momente«,[19] ja ein »lyrisches Dasein«[20] gebe.

Eine derart großzügige Begriffsverwendung mag den Vorteil haben, ein poetisches Phänomen in einen größeren, anthropologischen Zusammenhang stellen zu können. Sie läuft jedoch Gefahr, den poetologischen Begriff so weit auszudehnen, daß er seine Substanz und mit ihr seine Präzision verliert. Die strukturelle Definition verfährt daher terminologisch zunächst restriktiver: ›lyrisch‹ ist für sie ausschließlich ein bestimmter Typ poetischer Rede. Alle anderen Verwendungsweisen des Begriffs sind folglich aus ihrer Sicht erst einmal als metaphorisch zu betrachten, auch wenn es um andere Künste geht: weder eine Zeichnung noch ein Tanz noch eine Melodie sind für sie im strengen Sinn lyrisch – von anderen ästhetischen Phänomenen ganz zu schweigen. Dieses Verfahren hat wenigstens den einen Vorteil, daß durch den eingeschränkten, genau geregelten Gebrauch der Begriff ›lyrisch‹ wieder einen eindeutigen, spezifisch literaturwissenschaftlichen Sinn erhält.

4.

Der dritte Vorteil, den die hier vorgeschlagene Definition des lyrischen Gedichts bietet, ist methodischer Art; er besteht in einer Erleichterung. Die Definition erleichtert als einfache, operationalisierte Definition die Bestimmung und Beschreibung eines lyrischen Gedichts und damit, auf eine elementare Weise, das Reden über Lyrik insgesamt. Dieser Vorteil beruht vor allem darauf, daß die beiden Merkmale, durch die sie das lyrische Gedicht bestimmt: die Versform und die Struktur der Einzelrede, Eigenschaften sind, die sich an Texten konkret nachweisen lassen. Um zu entscheiden, ob ein Text ein lyrisches Gedicht im explizierten Sinn ist oder nicht, genügt es, ihn im Hinblick auf seine Form und seine Rede-Struktur zu untersuchen. Weitere Informationen über ihn sind in aller Regel nicht vonnöten – und weitere, durchweg aufwendigere Operationen des Lesers ebenfalls nicht.

Diese leichte Anwendbarkeit der hier vorgeschlagenen Definition erklärt sich letztlich aus ihrem Verzicht auf jede Wesensbestimmung und jede Wertung, und das wiederum unterscheidet sie von philosophisch oder literatur-

16 Ebd., S. 57.
17 Ebd., S. 25.
18 Ebd., S. 8.
19 Ebd., S. 42.
20 Ebd., S. 53.

kritisch fundierten Theorien. Schon die Anwendung einer philosophischen Wesensbestimmung des ›Lyrischen‹ verlangt in der Regel einen erheblichen interpretatorischen Aufwand, wie sich an einem noch nicht einmal extremen Beispiel zeigen läßt.

Max Kommerell hat das Wesen des lyrischen Gedichts dadurch definiert, daß es »spontan«[21] und »mit dem Dasein der Seele verbunden«[22] sei, daß es aber »nie die Seele allein, sondern immer sie und ihr Schicksal« ›sage‹: »Und zuletzt das Schicksal, das sie selber ist: die Stimmung, auf die ihr Leben gestimmt ist, und die Stimmung des Daseins«.[23] Solche Wesensbestimmungen sind, unabhängig von ihrer sonstigen Klarheit oder Unklarheit, notgedrungen textfern. Ob man es bei einem beliebigen Text mit einem lyrischen Gedicht in ihrem Sinn zu tun hat, ist deshalb nicht nur im Zweifelsfall schwer zu entscheiden. Denn keines der Merkmale, die etwa Kommerell anführt, sind Texteigenschaften: ob ein Gedicht »spontan« und »mit der Seele verbunden« sei und ob es das Schicksal sage – das ist aus konkreten Textstellen bestenfalls zu erschließen. Der eigentlichen Bestimmung des lyrischen Gedichts muß daher immer eine (Text-)Interpretation vorangehen, was zur Folge hat, daß die Zuordnung des Textes zu einer Gattung grundsätzlich dem subjektiven Befund des Interpreten überantwortet wird.

Nicht viel einfacher und um nichts sicherer zu handhaben sind literaturkritisch ausgerichtete, normative Theorien der Lyrik. Deren Anwendung auf konkrete Texte verlangt in jedem Fall vorab Wertungen, wenn nicht sogar Wertungen *und* Deutungen. Das läßt sich gleichfalls an einem prominenten Beispiel zeigen. Hans Egon Holthusen hat das lyrische Gedicht dadurch bestimmt, daß in ihm »die Welt beschworen« werde »als das Eine, durch Stimmung und Rhythmus Geeinte, in Eins Versammelte«, das uns glauben mache, »den Urgrund des Seins sich unmittelbar aussingen zu hören«.[24] Ob ein Gedicht in diesem Sinn ›lyrisch‹ sei, ist wohl noch schwerer zu entscheiden als bei Kommerell; denn eine solche Entscheidung setzt viel voraus: nicht nur eine Ahnung davon, was der »Urgrund des Seins« sei und wie er es fertigbringe, zu singen und gar sich auszusingen, nicht nur eine Deutung zum Beispiel des Gedichtrhythmus, von der »Stimmung« ganz zu schweigen, sondern auch eine diffizile Wertung. Denn wie Holthusen von Lyrik zu sprechen, ist, wie er selbst eingeräumt hat, nur sinnvoll bei Gedichten, »die gelungen sind«, ja die – weitere heikle Einschränkung – »nicht nur gekonnt, sondern auch geglückt«[25] sind.

21 Max Kommerell: Vom Wesen des lyrischen Gedichts: In: Ders.: Gedanken über Gedichte, S. 9–56, hier S. 12.

22 Ebd., S. 15.

23 Ebd., S. 26.

24 Hans Egon Holthusen: Versuch über das Gedicht. In: Ders.: Ja und Nein, S. 16–55, hier S. 40.

25 Ebd., S. 41.

Die hier vorgeschlagene Definition des lyrischen Gedichts ist verglichen mit solchen Theorien der Lyrik einfach – nicht nur, weil sie *weniger* Definitionsmerkmale enthält, auch weil sie Merkmale *anderer Art* enthält, nämlich ausschließlich solche Merkmale, die sich an der Textoberfläche wiederfinden lassen. Deshalb mag sie auch den Nachteil haben, daß ihr der in der Literaturwissenschaft durchaus geschätzte philosophische ›Tiefsinn‹ solcher Theorien fehlt. Sie beansprucht ihnen gegenüber jedoch als operationalisierte Definition den Vorteil größerer Präzision und größerer Konkretheit, und eben dadurch eignet sie sich wohl eher als diese philosophisch oder literaturkritisch fundierten Bestimmungen zur eindeutigen Klassifikation und präzisen Charakterisierung von Texten.

5.

Der vierte Vorteil der hier vorgeschlagenen Definition des lyrischen Gedichts ist sachlicher Art; er liegt in einer Erweiterung. Obwohl die strukturelle Definition die Bedingungen für einen terminologischen Gebrauch der Begriffe ›lyrisch‹ und ›Lyrik‹ als Inbegriff aller ›lyrischen‹ Gedichte einschränkt, erweitert sie als Minimaldefinition deren Umfang: sie vermag nicht nur mehr, sondern zum Teil auch ganz andere Gedichte zu erfassen als alle traditionellen, an der Kategorie der Subjektivität orientierten Theorien. Das läßt sich gleichfalls in einer Gegenüberstellung am besten verdeutlichen.

Emil Staiger hat sich in seiner Bestimmung des ›Lyrischen‹ wesentlich auf Gedichte von Goethe, Brentano, Eichendorff und Mörike gestützt – und zwar auf Gedichte wie »Wanderers Nachtlied« die »Romanzen vom Rosenkranz«, »Nachts« und »Er ist's«. Als echte lyrische Dichtungen sind sie für ihn liedhaft-musikalisch, stimmungshaft, abstandslos und a-logisch – oder mit seinen eigenen Worten: »getragen von Wogen des Gefühls«, »unmittelbar«, »gegenwärtig«, »zwar seelenvoll, aber geistlos«.[26] Daß es Gedichte der deutschen Klassik und Romantik sind, die Staiger zum Beleg seiner Behauptungen anführt, ist kein Zufall, denn es ist fast ausschließlich die Lyrik dieser Zeit, die seinen Begriff des ›Lyrischen‹ erfüllt, kaum frühere und kaum spätere Dichtung.

Der Geltungsbereich der hier vorgeschlagenen Definition ist demgegenüber erheblich größer, weil die in den Subjektivitäts-Theorien vorgenommene Festlegung der Lyrik auf einen bestimmten Rede-Gegenstand und eine bestimmte Rede-Weise für sie nicht gilt. Lyrische Gedichte in ihrem Sinn können nicht nur den unterschiedlichsten Gegenständen gewidmet sein, sie können auch auf die unterschiedlichste Weise von ihnen sprechen. Es gibt grundsätzlich keinen Gegenstand, der nicht in einem lyrischen Gedicht be-

26 Emil Staiger: Grundbegriffe der Poetik, S. 53, 41, 46, 60.

handelt werden könnte, und kaum eine Rede-Weise, die ihm verschlossen wäre. Dementsprechend kennt die strukturelle Definition nicht nur Gefühlslyrik, sondern zum Beispiel auch Gedankenlyrik, nicht nur Stimmungslyrik, sondern zum Beispiel auch Gelegenheitslyrik, nicht nur Naturlyrik, sondern zum Beispiel auch politische Lyrik, nicht nur Liebeslyrik, sondern zum Beispiel auch Kriegslyrik, nicht nur sangbare, sondern zum Beispiel auch Lese-Lyrik, nicht nur spontane, sondern zum Beispiel auch rhetorische Lyrik, nicht nur ernste, sondern auch komische Lyrik.

Die hier vorgeschlagene Definition erfaßt aber nicht nur mehr Formen der Lyrik, sie läßt auch mehr Autoren als Lyriker gelten, und sie erfaßt Gedichte aus einem größeren Zeitraum der Literaturgeschichte als die traditionellen Subjektivitäts-Theorien. Als Lyriker in ihrem Sinn sind nicht nur Dichter wie Goethe, Brentano, Eichendorff und Mörike anzusehen, die, zumindest als Liederdichter, unser Bild von subjektiver Gefühlslyrik geprägt haben, sondern auch Autoren wie Horaz, Walther von der Vogelweide, Petrarca, Schiller oder Neruda, die wenigstens keine im neueren, durch Hegel bestimmten Sinn subjektive Lyrik geschrieben haben, ganz zu schweigen von jeweils – nach traditionellen Vorstellungen – noch schwerer einzuordnenden Dichtern wie Catull, François Villon, Góngora, Heine, Mallarmé, Edward Lear, Vladimir Majakovskij oder Brecht.

Eine solche grundlegende Erweiterung des Begriffsumfangs ist nur durch eine Minimaldefinition zu erreichen. Diese mag den Nachteil haben, daß sie sich vergleichsweise allgemeiner Kriterien formaler und struktureller Art bedienen muß, die für eine detaillierte Analyse einzelner Texte nicht unbedingt geeignet sind. Doch ist dieser Nachteil in Kauf zu nehmen, weil eine Minimaldefinition noch am ehesten der empirischen Fülle und Verschiedenartigkeit lyrischer – oder genauer: lyrisch genannter – Gedichte gerecht zu werden vermag und zugleich die Möglichkeit typologischer und historischer Differenzierung bietet. Bei der Bestimmung der Lyrik als Gattung scheint es jedenfalls zu ihr keine sinnvolle Alternative zu geben.

6.

Die hier vorgeschlagene Definition des lyrischen Gedichts als Einzelrede in Versen ist als eine theoretische Konstruktion anzusehen, die einem pragmatischen Zweck dient: sie soll ein wissenschaftlich abgesichertes Instrument für die Erfassung und Beschreibung einer möglichst großen Zahl üblicherweise als verwandt eingeschätzter poetischer Texte bereitstellen. Ihre – größere – Zweckmäßigkeit ist aber nicht nur in Auseinandersetzung mit methodisch ganz anders ausgerichteten Wesensbestimmungen, sondern auch im Vergleich mit ebenfalls eher ›äußerlich‹ verfahrenden Gattungsdefinitionen der Lyrik zu erweisen. In Auseinandersetzung mit dem wohl wichtigsten in dieser Hinsicht konkurrierenden Vorschlag läßt sich freilich zeigen, daß der strukturellen Definition vor allem aus zwei Gründen der Vorzug auch vor methodisch verwandten Begriffsbestimmungen zu geben ist.

Mit dem gleichfalls weitgefaßten allgemeinen Kriterium der Kürze hat Emil Staiger versucht, die Gattung Lyrik durch »Gedichte kleineren Umfangs«[27] oder »kurze Stücke in Versen«[28] zu definieren. Diese Bestimmung erfaßt zweifellos eine große Zahl üblicherweise als lyrisch bezeichneter Texte – eine größere jedenfalls als seine Wesensdeutung des Lyrischen: Staiger hat selbst beispielhaft »Lieder, Oden, Hymnen, Sonette, Epigramme«[29] angeführt. Doch sind gegen seinen Vorschlag vor allem zwei grundsätzliche Bedenken geltend zu machen.

Gegen Kürze als Definitionsmerkmal des lyrischen Gedichts spricht zum einen die auffällige Unschärfe des Begriffs, die schon Harald Fricke veranlaßt hat, ihn ein »wenig brauchbares Entscheidungskriterium«[30] zu nennen. Tatsächlich wäre erst einmal zu fragen, was ›Kürze‹ und, davon unterschieden, ›Länge‹ genau bedeuten soll. Meint ›Kürze‹ die Zahl der Wörter oder die der Verse? Bis zu welcher Grenze läßt sich von Kürze sprechen, und wo beginnt die ›Länge‹? Schillers vierundzwanzigzeiliges Gedicht »Das Mädchen aus der Fremde« werden die meisten wohl noch als kurz bezeichnen, wenngleich es deutlich länger ist als etwa seine Xenien. Was aber ist mit einem Gedicht wie Enzensbergers »Schaum«, das es auf 229 Zeilen bringt, also fast zehnmal so lang ist – um von noch längeren Gedichten ganz zu schweigen?

Gegen Kürze als Definitionsmerkmal des lyrischen Gedichts spricht jedoch mehr als nur die begriffliche Unschärfe, die sich so oder so vielleicht beheben ließe. Die Kürze ist vielmehr ein Kriterium, das in seiner Äußerlichkeit kaum dem herkömmlichen Verständnis von Lyrik gerecht zu werden vermag. Sie wird zwar in vielen Theorien als ein Kennzeichen sowohl der Lyrik wie des Lyrischen genannt, doch nicht unbedingt als substantiell angesehen: sie ist zumindest ursprünglich, bei Hegel und bei Vischer, auf die sich alle einschlägigen Theorien zurückführen lassen, aus der Kategorie der Subjektivität *abgeleitet*.[31]

Wie wenig sich die Kürze als Definitionsmerkmal der Gattung Lyrik eignet, läßt sich im übrigen schon daran erkennen, daß man etwa ein kurzes dramatisches Gedicht noch nicht deshalb lyrisch nennt, weil es kurz ist. Umgekehrt hat es sich, nicht erst in jüngster Zeit und nicht nur im deutschen Sprachraum, eingebürgert, auch solche Gedichte lyrisch zu nennen, die vergleichsweise umfangreich sind, wie etwa manche Episteln des Horaz, viele Oden Klopstocks oder zahlreiche Cantos Ezra Pounds. Diese Verhältnisse lassen nur den Schluß zu, daß sich die übliche Kennzeichnung eines Ge-

27 Ebd., S. 164.
28 Emil Staiger: Lyrik und lyrisch, S. 75.
29 Emil Staiger: Grundbegriffe der Poetik, S. 164.
30 Harald Fricke: Norm und Abweichung, S. 117.
31 Vgl. etwa Friedrich Theodor Vischer: Ästhetik, Bd. 6, § 887.

dichts als lyrisch nicht wesentlich auf das Merkmal der (äußeren) Kürze gründet, und entsprechend einschneidend wären dann wohl auch, bei aller großzügigen Weite des Kriteriums, die Ausschlüsse, die es verlangen würde.

Gegenüber einer Bestimmung der Lyrik durch das Merkmal der Kürze hat die hier vorgeschlagene Definition also nicht nur den Vorteil größerer Präzision, sondern auch den größerer Angemessenheit: das Kriterium der Einzelrede ist als grundlegende Rede-Struktur lyrischer Gedichte, im Unterschied zu dem Kennzeichen der Kürze, aus den traditionellen Lyrik-Theorien als die implizierte allgemeinste Eigenschaft lyrischer Rede herzuleiten, und insofern ist die Definition der Lyrik als Einzelrede in Versen auch dem überkommenen Sprachgebrauch zumindest *näher*. Bei dem pragmatischen Zweck, den die hier vorgeschlagene Definition erfüllt, ist es jedoch keineswegs ausgeschlossen, daß sie sich, wie bislang noch jede Begriffsbestimmung des lyrischen Gedichts, über kurz oder lang aufgrund neuen historischen Materials oder neuer wissenschaftlicher Erkenntnisse als zu eng erweisen kann, und in dem Fall wäre dann einer ihrerseits angemesseneren Definition der Vorzug zu geben.

7.

Vor dem pragmatischen Hintergrund der hier vorgeschlagenen Begriffsbestimmung sind auch die Ausgrenzungen zu beurteilen, die systematisch nötig sind. Die Struktur der Einzelrede als differentia specifica lyrischer Gedichte ist zwar ein so weit gefaßtes Merkmal, daß sie eine kaum überschaubare Menge von poetischen Texten erfaßt; sie ist aber keineswegs die einzige Rede-Struktur, die Gedichte aufweisen können; gerade das Rede-Kriterium gestattet vielmehr, in Verbindung mit dem Kriterium der Sprechsituation, einige elementare, gleichwohl bedeutsame Abgrenzungen. Die durch sie möglich werdenden Weiterungen der Definition zum einen im Hinblick auf eine Theorie poetischer Rede-Strukturen und zum andern im Hinblick auf eine systematische Theorie der poetischen Hauptgattungen können hier allerdings nur angedeutet, in keinem Fall aber ausführlich dargelegt werden.

Geht man von der Voraussetzung aus, daß jede poetische Rede strukturell gesehen die Äußerung zumindest eines Sprechers in mindestens einer raumzeitlichen Situation darstellt, dann lassen sich elementare Rede-Strukturen allein schon danach unterscheiden, ob eine Rede aus einer oder aus mindestens zwei Äußerungen besteht, ob diese Äußerungen in ein und derselben oder in mindestens zwei verschiedenen raumzeitlichen Situationen getan werden und ob sie von einem oder von mindestens zwei verschiedenen Sprechern stammen. Wenn man diese drei Faktoren: Anzahl der Äußerungen, Anzahl der Situationen und Anzahl der Sprecher miteinander verrechnet, dann ergeben sich drei elementare Typen poetischer Rede.

Im einfachsten Fall besteht eine poetische Rede nur aus einer Äußerung, die auch nur in einer Situation getan wird und meist zugleich von bloß einem Sprecher stammt. Doch ändert sich die Struktur der Rede nicht grundsätzlich, wenn sie etwa die gemeinsame, also gleichzeitige Äußerung mehrerer Sprecher in einer Situation ist. Diesen einfachsten Typ einer poetischen Rede ohne Sprecherwechsel stellt die *Einzelrede* dar. – Ein schon komplexerer Typ liegt dann vor, wenn die poetische Rede aus mindestens zwei verschiedenen Äußerungen in ein und derselben Situation besteht – in der Art, daß die eine Äußerung in der Regel auf die andere folgt. Diesen Typ poetischer Rede stellt die *Wechselrede* dar. – Der komplexeste Typ poetischer Rede schließlich liegt dann vor, wenn sie aus mindestens zwei verschiedenen Äußerungen mindestens zweier verschiedener Sprecher in mindestens zwei verschiedenen Situationen besteht – in der Art, daß die eine (zeitlich frühere) Äußerung durch die andere (zeitlich spätere) vermittelt wird. Diesen Typ poetischer Rede stellt die Einzel- oder Wechselrede *vermittelnde Rede* dar.

Diese drei Typen der Einzelrede, der Wechselrede und der vermittelnden Rede sind zumindest in struktureller Hinsicht die drei Grundformen poetischer Rede. Wollte man dieses Modell poetischer Rede-Strukturen für eine Theorie der poetischen (Haupt-)Gattungen nutzen, müßte man es allerdings um weitere Kriterien ergänzen und differenzieren. Es mag jedoch in dieser Form für eine wenigstens grobe Unterscheidung lyrischer Gedichte von anderen Gedichten genügen. Nicht als lyrisch zu bezeichnen sind, auf seiner Basis, zunächst einmal alle Gedichte, die durch die Struktur der Redevermittlung gekennzeichnet sind. Diese Struktur ist charakteristisch für epische Gedichte, als deren Prototyp das klassische Versepos gelten kann. Folglich sind im Sinn der hier vorgeschlagenen Definition Gedichte wie etwa Goethes »Alexis und Dora« oder »Hermann und Dorothea« nicht unter dessen Lyrik zu zählen, auch wenn eine solche Zuordnung in Werkausgaben oder in monographischen Darstellungen immer wieder vorgenommen wird.

Durch die Struktur der Redevermittlung sind aber nicht nur Verstexte in der Größenordnung von Epen und Idyllen charakterisiert, sondern zum Beispiel auch ein großer Teil traditioneller Balladen wie Bürgers »Lenore« oder Brentanos »Lore Lay«, die von Figuren erzählen und sie im übrigen selbst zu Wort kommen lassen – nicht selten im Gespräch mit anderen. Die Struktur der Redevermittlung kann sich schließlich sogar in einer Kleinform wie dem Epigramm finden, wofür als Beispiel Erich Kästners Gedicht »Zur ›Woche des Buches‹« stehen mag:

> Hinz kam zu Kunz um Rats gelaufen.
> »Was schenkt ein Vater seinem Sohn?«
> Kunz schlug ihm vor, ein Buch zu kaufen.
> »Ein Buch? Ach nein. Das hat er schon.«[32]

32 Erich Kästner: Gesammelte Schriften für Erwachsene, Bd. 7, S. 285.

Auch ein solches kurzes Gedicht vermittelt, strukturell ähnlich wie ein Epos, die Äußerungen zweier Sprecher durch die eines dritten, erzählt eine (kleine) Geschichte und verbindet dabei den Bericht einer (gleichfalls kurzen) Handlung mit der Darstellung eines Gesprächs.

Nicht als lyrisch zu bezeichnen sind auf der Grundlage der hier vorgeschlagenen Definition zweitens alle Gedichte, die substantiell durch die Struktur der Wechselrede bestimmt sind, in denen also mindestens zwei Sprecher, ohne Vermittlung eines dritten, mit-, gegen- oder auch nebeneinander reden. Diese Struktur kennzeichnet alle dialogischen Gedichte, seien sie nun antithetisch zugespitzt wie Eugenio Montales »Dialogo« oder eher harmonisch wie Robert Frosts »The Telephone«, darüber hinaus traditionell gebaute (Vers-)Dramen wie Lessings »Nathan der Weise«, Hochhuths »Der Stellvertreter« oder Handkes »Über die Dörfer«, die, als szenisch realisierbare dialogische Gedichte, unbeschadet aller sonstigen Unterschiede, jeweils miteinander redende und handelnde Figuren präsentieren.

Der Ausschluß aller Gedichte in vermittelnder Rede oder in Wechselrede aus dem Bereich der Lyrik ist, seiner systematischen Begründung zum Trotz, nicht als reiner Systemzwang im Rahmen dieser Definitionen zur Lyrik anzusehen – und schon gar nicht als eine unangemessene Restriktion: auch der traditionelle Lyrik-Begriff, an den die hier vorgeschlagene Bestimmung anknüpft, schließt solche Gedichte aus. Weder das Kriterium der Personalität noch das der Subjektivität läßt logisch eine andere Rede-Struktur als die der Einzelrede zu: beide Kriterien haben vielmehr nur Sinn, wenn sie auf die Äußerung eines Einzelnen bezogen werden. Die hier vorgeschlagene Definition des lyrischen Gedichts als Einzelrede in Versen bietet somit in der Sache den doppelten Vorteil, daß sie im Anschluß an den herkömmlichen Sprachgebrauch den Lyrik-Begriff erweitern kann und durch die systematische Begründung dieser Begriffserweiterung nicht gezwungen ist, grundsätzlich mehr Gedichte auszuschließen als traditionelle Begriffsbestimmungen.[33]

8.

Die Abgrenzung des lyrischen von anders strukturierten Gedichten mag noch einigermaßen grobmaschig wirken; sie läßt sich jedoch anhand einiger Grenzfälle differenzieren. Solche Grenzfälle gibt es sowohl zwischen lyrischen und epischen wie zwischen lyrischen und dialogischen oder dramatischen Gedichten.

33 Eine Ausnahme stellt dar Wolfgang Lockemann: Lyrik, Epik, Dramatik, S. 314f., der auch ›dialogische Lyrik‹ gelten läßt, ohne dies allerdings näher zu begründen.

Von einem dialogischen statt von einem lyrischen Gedicht ist grundsätzlich erst dann zu sprechen, wenn im Text ein zweiter *Sprecher* selbst zu Wort kommt. Dies ist noch nicht der Fall, wenn in einer (Einzel-)Rede die Äußerung eines anderen Sprechers lediglich antizipiert und reflektiert wird, wie es bei einem – oben bereits beschriebenen – Typ dialogisierter Lyrik üblich ist; dies ist aber auch noch nicht der Fall, wenn in einer (Einzel-)Rede die Äußerung eines anderen Sprechers einfach zitiert wird.

Wenn ein Gedicht sich auf andere Texte bezieht, wird es zwar dialogisch im Sinn Michail M. Bachtins,[34] insofern es andere Rede – oder mit Bachtin zu sprechen: ein »fremdes Wort« – aufnimmt und verarbeitet. Diese literarische Dialogizität ist aber nicht dasselbe wie strukturell dialogische Rede. Fremde Rede ist prinzipiell auch in lyrische Rede zu integrieren, wie Brechts frühes Gedicht »Jener« exemplarisch belegen kann:

> Das Hausdach, das ihm seine Aussicht verstellt
> Nannte er oftmals »das Dach der Welt«.
>
> Von einem, den es noch nicht gegeben
> Sagte er, der kenne das Leben.
>
> Von dem, der einem das Leben genommen
> Er sei ihm menschlich nähergekommen.
>
> Er sah sehr klar: bei ihm hieß es viel wagen
> Seinen leiblichen Bruder nicht zu erschlagen.[35]

Fremde Rede dringt hier in die eigene Rede des Sprechers als Zitat und indirekte Rede ein, jeweils gekennzeichnet durch Formeln wie »nannte er«, »sagte er« oder »bei ihm hieß es«. Gegen die eigentümliche, wenngleich vielleicht nicht ganz einheitliche Perspektive der fremden Rede setzt der Sprecher, Strophe für Strophe, seine eigene Perspektive, indem er die fremde Rede mit der eigenen konfrontiert. Durch diese Aufnahme fremder Rede erhält die Rede des Sprechers ein dialogisches Moment im Sinn Bachtins, ohne daß sie ihren Charakter als Einzelrede und damit ihre lyrische Struktur verlieren würde: sie bleibt eine einzelne Äußerung, ja sogar Rede eines Einzelnen.

Zitat und indirekte Redewiedergabe sind relativ übliche und strukturell unproblematische Formen der Integration fremder Rede in die eigene. Extremer und seltener ist dagegen die direkte, unvermittelte Gegenüberstellung fremder und eigener Rede, etwa in einem Montage-Gedicht wie Ingeborg Bachmanns »Reklame«:

34 Michail M. Bachtin: Die Ästhetik des Wortes, insbes. S. 168 ff.

35 Bertolt Brecht: Gesammelte Werke, Bd. 8, S. 116. Zu diesem Gedicht vgl. auch Wolfgang Preisendanz: Die Pluralisierung des Mediums Lyrik beim frühen Brecht. In: Rainer Warning und Winfried Wehle (Hg.): Lyrik und Malerei der Avantgarde, S. 333–357.

Wohin aber gehen wir
ohne sorge sei ohne sorge
wenn es dunkel und wenn es kalt wird
sei ohne sorge
aber
mit musik
was sollen wir tun
heiter und mit musik
und denken
heiter
angesichts eines Endes
mit musik
und wohin tragen wir
am besten
unsre Fragen und den Schauer aller Jahre
in die Traumwäscherei ohne sorge sei ohne sorge
was aber geschieht
am besten
wenn Totenstille

eintritt.[36]

Dieses Gedicht besteht augenscheinlich aus zweierlei Rede: aus der eigenen Rede des Sprechers und aus von ihm zitierter Rede, die als fremde Rede schon durch den Kursivdruck kenntlich gemacht ist. In den beiden Reden machen sich, scharf voneinander getrennt, unterschiedliche semantische Perspektiven geltend, und doch handelt es sich hier nicht um dialogische Rede, wenn man voraussetzt, daß die beiden gegensätzlichen, gleichwohl beziehungsvoll-beziehungslos miteinander verschränkten Perspektiven nicht zwei verschiedenen Sprechern zuzuordnen, sondern der Bewußtseinsinhalt nur eines Sprechers sind, der zwischen seinen eigenen skeptischen Fragen und den von der Reklameindustrie verbreiteten beschwichtigenden »Antworten« schwankt. Ein solches Montageverfahren, das jeweils eigene und zitierte Rede verschränkt, stellt allerdings als eine Form der Dialogisierung des Monologs die – strukturell gesehen – äußerste Möglichkeit der Integration eines »fremden Worts« in lyrische Rede dar.

Derartige Anführungen fremder Rede berühren so lange nicht den Monologcharakter lyrischen Sprechens, als sie, aus ihrem ursprünglichen Redezusammenhang gelöst, sich nicht zu der Gegenrede eines anderen Sprechers entwickeln. Diese Grenze zum dialogischen Gedicht ist zum Beispiel in Montales »Dialogo« überschritten, das auch mit einem aus seinem originären Kontext gerissenen Zitat endet (»Vade retro, Satana!«), aber mit einem Zitat, das die abschließende Replik eines Sprechers auf die ketzerischen Äußerungen eines anderen darstellt.[37]

36 Ingeborg Bachmann: Gedichte, Erzählungen, Hörspiel, Essays, S. 43.
37 Eugenio Montale: Satura/Diario, S. 72.

Annäherungen wie zwischen dem lyrischen und dem dialogischen Gedicht kann es auch zwischen dem lyrischen und dem epischen Gedicht geben. Von einem epischen statt von einem lyrischen Gedicht ist jedoch grundsätzlich erst dann zu sprechen, wenn durch die Gedichtrede eine zweite *Sprechsituation* profiliert wird. Dies ist noch nicht der Fall, wenn in einer (Einzel-)Rede unter Benutzung typischer Formeln epischer Rede-Einleitung andere Rede lediglich zitiert wird. In Benns Gedicht »Außenminister« heißt es zum Beispiel an einer Stelle:

> allerdings: was ist der Staat?
> »*Ein Seiendes unter Seienden*«,
> sagte schon Plato.[38]

Trotz der Formel »sagte (...) Plato« und trotz der Anführungszeichen handelt es sich hier nicht um vermittelte Rede und eine epische Sprechsituation im explizierten Sinn, sondern um ein Zitat, das außerdem noch den Urheber anführt, wenn auch nicht den literarischen Fundort (das 7. Buch der »Politeia«), geschweige denn den kommunikativen Kontext der Äußerung beschreibt – und schon deshalb keine zweite Sprechsituation profilieren kann.

Ebensowenig ist von einem epischen Gedicht zu sprechen, wenn ein Gedicht, das aus Einzelrede besteht, mit einem Titel versehen ist, der wie eine epische Rede-Einleitung formuliert ist. Solche Gedichte sind zum Beispiel »Die Gefangen singen" von Hans Sachs, »What the Chairman Told Tom" von Basil Bunting oder »Damastes mit dem Beinamen Prokrustes sagt« von Zbigniew Herbert. Angesichts der Titelformulierungen kann man den Eindruck haben, es jeweils mit vermittelter Rede zu tun zu haben, und zwar mit epischen Gedichten, in denen die Rede nur einer Figur vermittelt wird. Diese Einschätzung setzt jedoch voraus, daß der Titel ein Teil der Rede im Gedicht sei. Im Rahmen dieser Definitionen zur Lyrik ist einer anderen Leseart der Vorzug zu geben.

Die Eigenart von Gedichttiteln haben wohl am treffendsten Eckermann und Goethe in ihrem Gespräch vom 29. Januar 1827 charakterisiert:

> »Wenn man es recht bedenkt«, sagte ich (d.i. Eckermann, D.L.), »so entsteht doch ein Gedicht immer ohne Titel und ist ohne Titel das, was es ist, so daß man also glauben sollte, der Titel gehöre gar nicht zur Sache.« – »Er gehört auch nicht dazu«, sagte Goethe, »die alten Gedichte hatten gar keine Titel, es ist dies ein Gebrauch der Neuern, von denen auch die Gedichte der Alten erst in einer späteren Zeit Titel erhalten haben. Doch dieser Gebrauch ist von der Notwendigkeit herbeigeführt, bei einer ausgebreiteten Literatur die Sachen zu nennen und voneinander zu unterscheiden.«[39]

38 Gottfried Benn: Gedichte, S. 412.
39 Eckermann: Gespräche mit Goethe, S. 195.

Wenn man Goethe und Eckermann im entscheidenden Punkt folgt – und neuere Arbeiten zur Semiotik des Titels tun das prinzipiell[40] –, dann muß der Titel, unabhängig von allen Fragen der Entstehung des Gedichts, die Eckermann noch anschneidet, als ein funktionales Textelement angesehen werden, das sich auf die Rede im Gedicht bezieht, ohne Teil dieser Rede zu sein. Seine Funktion dürfte sich allerdings kaum darin erschöpfen, eine Identifizierung des Gedichts zu ermöglichen, wie Goethe behauptet; gerade der Gedichttitel hat oft zum Beispiel auch eine informierende Funktion, insofern er Angaben macht, die zum Verständnis der Rede wichtig sind, aus ihr aber kaum oder gar nicht erschlossen werden können,[41] wie etwa die Angabe des Sprechers. In solchen Fällen zeigt sich besonders deutlich, daß der Titel grundsätzlich ein rede-externes Textelement ist und somit die Rede-Struktur unabhängig von ihm bestimmt werden kann. Insofern mag der Titel für die *Interpretation* eines Gedichts zwar oft unentbehrlich sein; für dessen *Klassifikation* ist er es aber nicht. Ein Gedicht, das aus Einzelrede besteht, ist deshalb auch dann noch lyrisch zu nennen, wenn sein Titel wie eine epische Rede-Einleitung formuliert ist: als rede-externes Textelement hat der Titel grundsätzlich keinen Einfluß auf die Rede-Struktur des Gedichts.

Die Existenz eines solchen rede-externen Textelements legt es nahe, auch bei lyrischen Gedichten prinzipiell zwischen dem Sprecher (oder den Sprechern) der Rede und dem Verfasser (gelegentlich auch den Verfassern) des Textes zu unterscheiden. Einen Text mit einem Titel zu versehen, ihn gegebenenfalls durch Zwischenüberschriften oder durch die Numerierung von Versgruppen äußerlich zu gliedern und anderes mehr, sind Aufgaben des Verfassers.[42] Die Rede im Gedicht ist dagegen die Äußerung des Sprechers. Verfasser und Sprecher nehmen also zunächst einmal verschiedene Funktionen wahr. Sie können daher durchaus eine *Person* sein, müssen es aber nicht. Ob Verfasser und Sprecher miteinander identisch sind oder nicht, ist allerdings nicht abhängig von der Rede-Struktur. Wie die Beispiele von Sachs, Bunting und Herbert zeigen, ist es grundsätzlich auch in lyrischen Gedichten möglich, daß Sprecher und Verfasser verschiedene Personen sind, und wo dies der Fall ist, läßt sich allenfalls von »episierter Lyrik« sprechen.[43]

40 Vgl. etwa Hans J. Wulff und Ludger Kaczmarek: Zur Textsemiotik des Titels, insbes. S. 129–240.

41 Vgl. Käte Hamburger: Die Logik der Dichtung, S. 235 f.

42 Vgl. zu diesem Problem auch Hermann Wiegmann: Der implizite Autor des Gedichts.

43 Harald Fricke: Norm und Abweichung, S. 124.

9.

Die Abgrenzung des lyrischen Gedichts als Einzelrede in Versen von Gedichten in vermittelnder Rede und solchen in Wechselrede mag insgesamt zeigen, daß die Rede-Struktur, ihrer Allgemeinheit zum Trotz, ein trennscharfes Merkmal ist, das die eindeutige Kennzeichnung einer poetischen Rede gestattet. Damit soll allerdings nicht gesagt sein, daß jedes Gedicht auch immer ausschließlich einer Gattung zuzuordnen sei. Das mag häufig bei kürzeren Texten so sein, kaum aber bei umfangreicheren Gedichten, die aus mehreren, äußerlich voneinander abgesetzten Teilen bestehen. Bei solchen Gedichten findet man nicht selten, daß die einzelnen Teile durch unterschiedliche Rede-Strukturen gekennzeichnet sind. Das Rede-Kriterium kann jedoch noch bei der Einordnung solcher Texte oder ihrer Teile seine Nützlichkeit beweisen. Das sei kurz an T. S. Eliots »The Waste Land« gezeigt, das von seinen Interpreten fast selbstverständlich unter die moderne englische Lyrik gerechnet wird.[44] Auf der Grundlage der strukturellen Definition ist diese Einordnung zumindest einzuschränken, auf jeden Fall aber zu differenzieren.

Eliots Gedicht besteht aus fünf Teilen, von denen nur einer eindeutig lyrisch im Sinn der hier vorgeschlagenen Definition ist: der vierte, »Death by Water«. In den drei anderen finden sich wenigstens Passagen, die aus vermittelnder Rede bestehen: so kommt etwa im ersten Teil, »The Burial of the Dead«, die Hellseherin Madame Sosostris zu Wort (Vers 46 ff.), im zweiten Teil, »A Game of Chess«, eine namentlich nicht genannte Frau, die mit dem Sprecher redet (Vers 111 ff.), und im dritten Teil, »The Fire Sermon«, sprechen abwechselnd drei »Thames-Daughters«[45] (Vers 266 ff.). Der fünfte Teil schließlich, »What the Thunder said«, ist von Vers 399 ab (»Thus spoke the thunder«) zumindest episiert.

Die Existenz unterschiedlich strukturierter Rede in den einzelnen Teilen des Gedichts läßt auf der Basis der hier vorgeschlagenen Definition grundsätzlich zwei Kennzeichnungen zu. Möglich ist zum einen, den Text durch die dominante Rede-Struktur zu charakterisieren – und dann wäre »The Waste Land« wohl am ehesten als ein episches Gedicht zu bezeichnen. Gegen eine solche Kennzeichnung spricht jedoch der durchgängige Assoziationsstil des Gedichts, der, als eine Form logisch unzusammenhängenden Sprechens, für *Lyrik* typisch ist. Insofern bietet sich eine andere Einordnung von »The Waste Land« an, nämlich die als eines Gedichts mit lyrischen und epischen Teilen. Dieser Charakterisierung ist hier der Vorzug zu geben, weil sie der komplexen Struktur des Gedichts als einem Fall von Gattungsmi-

44 Vgl. etwa Willi Erzgräber: Einleitung. In: Ders. (Hg.): Moderne englische Lyrik, S. 9–90, hier S. 12 f.

45 Eva Hesse: T. S. Eliot und Das wüste Land, S. 48.

schung am besten gerecht wird. Die Differenzierung, die sie zum Ausdruck bringt, verhindert zwar eine eindeutige Zuordnung des Gedichts zu einer Gattung, doch basiert sie gleichwohl auf einer eindeutigen Klassifikation aller Rede-Teile.

10.

Die Abgrenzung des lyrischen gegen das epische und das dramatische Gedicht schließt allerdings keine grundsätzliche Abgrenzung gegen die *Erzählung* und das *Drama* ein, weil die Erzählung ebensowenig mit dem redevermittelnden epischen Gedicht wie das Drama mit dem dialogisch strukturierten dramatischen Gedicht identisch ist. Im weitesten Sinn verstanden, ist als Erzählung jeder erzählende, das heißt: einen Vorgang oder ein Ereignis darstellende und als Drama jeder szenisch realisierbare Text anzusehen, einerlei, ob er in Versen oder in Prosa geschrieben ist. Eine Erzählung muß also nur eine Geschichte erzählen, nicht unbedingt aber auch Rede in Zusammenhang mit einer Geschichte vermitteln, und ein Drama muß nur szenisch umsetzbare Handlung präsentieren, aber nicht unbedingt auch die Rede einer Figur oder die Wechselrede mehrerer Figuren in Zusammenhang mit einer Handlung – schließlich gibt es auch bloß berichtende Erzählungen wie Max Frischs Tagebuchskizze »Der andorranische Jude« und stumme Dramen wie Samuel Becketts »Acte sans paroles«.

Es ist nicht schwer einzusehen, daß es in diesem einfachen Sinn auch lyrische (Vers-)Erzählungen und lyrische (Vers-)Dramen geben kann. Als *lyrische Erzählgedichte* sind alle Verstexte zu betrachten, die in Einzelrede eine Geschichte erzählen oder von einer Begebenheit berichten – wie zum Beispiel Conrad Ferdinand Meyers Gedicht auf »Schillers Bestattung«:

> Ein ärmlich düster brennend Fackelpaar, das Sturm
> Und Regen jeden Augenblick zu löschen droht.
> Ein flatternd Bahrtuch. Ein gemeiner Tannensarg
> Mit keinem Kranz, dem kargsten nicht, und kein Geleit!
> Als brächte eilig einen Frevel man zu Grab.
> Die Träger hasteten. Ein Unbekannter nur,
> Von eines weiten Mantels kühnem Schwung umweht,
> Schritt dieser Bahre nach. Der Menschheit Genius war's.[46]

Erzählend ist dieses Gedicht, zumindest in seiner zweiten Hälfte, insofern es, im Präteritum, von einer – für den Autor durchaus unerhörten – Begebenheit berichtet; es ist gleichwohl lyrisch, allerdings weniger wegen der stimmungsvollen Beschreibung in der ersten Hälfte als vielmehr aufgrund der konsequent durchgehaltenen Struktur der Einzelrede.

46 Conrad Ferdinand Meyer: Sämtliche Werke, Bd. 2, S. 10.

Als *lyrische Dramen* im Sinn der hier vorgeschlagenen Definition sind alle Versdramen anzusehen, in denen nur *eine* Figur spricht. Nicht alle Dramen, die man herkömmlicherweise mit dem Ausdruck bezeichnet hat, erfüllen allerdings diese Bedingung. Viele Dramen werden nur deshalb lyrisch genannt, weil sie stimmungsvoll oder musikalisch sind.[47] Keine lyrischen Dramen im strukturellen Sinn sind etwa Goethes »Proserpina« oder Hofmannsthals »Der Tor und der Tod«, weil beide Stücke, den anfänglichen Monologen der Hauptfiguren zum Trotz, dialogisch strukturiert sind: Goethes Proserpina spricht am Ende mit den – unsichtbaren – Parzen, und Hofmannsthals Claudio nacheinander mit seinem Diener, dem Tod, seiner Mutter, dem jungen Mädchen und dem Mann. Ein lyrisches Drama im strukturellen Sinn ist dagegen Becketts Stück »Not I«, das als echtes Monodrama auch nur die Rede einer Figur enthält.

47 Vgl. etwa Friedrich Wilhelm Wodtke: Lyrisches Drama, S. 252.

Zweiter Teil
Erprobung der Definition

Etwas Theoretisches populär zu machen,
muß man es absurd darstellen.
Man muß es erst selbst ins Praktische einführen;
dann gilt's für alle Welt.

Goethe: Werke, Band 12, S. 430 (Nr. 475)

1. Abschnitt: Gattungstheoretische Erprobung: Typen lyrischer Gedichte

1.

Eine Definition der Lyrik als systematischer Gattung sieht sich leicht mit dem Vorwurf konfrontiert, bloßer Selbstzweck zu sein. Um die Fruchtbarkeit und Nützlichkeit der hier vorgeschlagenen Definition für die Lyrik-Forschung exemplarisch zu erweisen, soll sie im zweiten Teil dieser Arbeit einer doppelten Bewährungsprobe ausgesetzt werden. In einem ersten Schritt soll ihre Fruchtbarkeit bei der Bewältigung grundlegender Aufgaben der Lyrik-*Theorie* erprobt werden. Als eine solche grundlegende Aufgabe kann zunächst die Sichtung und Ordnung lyrischer Formen gelten. Auf der Basis der hier vorgeschlagenen Definition des lyrischen Gedichts lassen sich systematische Differenzierungen vor allem nach zwei Gesichtspunkten vornehmen: nach dem Gesichtspunkt des Rede-Status und nach dem Gesichtspunkt der Rede-Funktion. Mit Hilfe dieser beiden Kriterien lassen sich zwei geschlossene Typenreihen bilden, in die grundsätzlich alle lyrischen Gedichte einzuordnen sind. Ausgehend von diesen Typenreihen, die den Geltungsbereich der hier vorgeschlagenen Definition noch einmal systematisch verdeutlichen, lassen sich dann prinzipiell neue Lösungen für zwei zentrale Probleme der Lyrik-Theorie seit dem 18. Jahrhundert formulieren: für das Problem des Verhältnisses von Lyrik und Subjektivität einerseits und für das Problem des Verhältnisses von Lyrik und Mimesis andrerseits.

2.

Jede Rede gehört ihrem Status nach entweder dem Bereich der Wirklichkeit oder der Fiktion an. Lyrische Rede wird traditionell dem Bereich der Wirklichkeit zugeordnet, was vor allem mit ihrer Bindung an reale Erlebnisse des Verfassers begründet wird. Daß Lyrik wesentlich erlebnisgebunden sei, hat zuletzt noch Käte Hamburger behauptet, die sich dabei auf eine Tradition der Lyrik-Theorie stützen konnte, die vor allem auf Dilthey zurückgeht. Dilthey hat zwar nicht als erster,[1] wohl aber am nachhaltigsten[2] die – lyrische – Dichtung als Erlebnisdichtung bestimmt. Wenn er von Erlebnisdichtung spricht, meint er allerdings zunächst einmal Dichtung, die *aus* einem Erlebnis heraus entstanden, und weniger Dichtung, die *für* ein – ästhetisches – Erlebnis geschaffen worden ist.[3] Das Erlebnis, aus dem heraus sie entsteht, ist für ihn ein »reales« oder »persönliches« Erlebnis, also ein authentisches Erlebnis; und es ist ein »bedeutsames« oder genauer: im Nachhinein zur »Bedeutsamkeit« erhobenes Erlebnis, das »uns über uns selbst und die Welt, über die letzten erreichbaren Tiefen der Menschennatur und über die Fülle der Individualitäten belehrt«,[4] also mit einem Wort (Heinz Otto Burgers): ein »Exorbitanzerlebnis«.[5]

Den Erlebnisgedanken hat, in der Nachfolge Diltheys, vor allem Oskar Walzel für eine umfassende Darstellung der Lyrik fruchtbar zu machen versucht.[6] Es ist jedoch leicht zu zeigen, daß der Begriff einer im Sinne Diltheys psychologisch und biographisch verstandenen Erlebnislyrik, der nicht zufällig aus der Beschäftigung mit den Gedichten Goethes entstanden ist, in seiner Reichweite sehr begrenzt ist. Wenn es auch Versuche gibt, seine Gültigkeit noch für die lateinische Lyrik, zumal die des Horaz,[7] zu erweisen, so ist es doch offenkundig, daß er im wesentlichen auf die (Genie-)Lyrik des 18. und 19. Jahrhunderts zugeschnitten ist. Er erfaßt insbesondere weder die artistische Lyrik der Moderne noch die manieristische Lyrik des Barock[8] noch die gesamte Casuallyrik bis zum 18. Jahrhundert.[9]

1 Vgl. dazu René Wellek: Gattungstheorie, das Lyrische und »Erlebnis«, S. 122ff.

2 Vor Dilthey verwendet den Erlebnisbegriff schon Richard Maria Werner: Lyrik und Lyriker, S. 94ff.

3 Zu dieser Unterscheidung vgl. Hans-Georg Gadamer: Wahrheit und Methode, S. 66f.

4 Wilhelm Dilthey: Das Erlebnis und die Dichtung, S. 140.

5 Heinz Otto Burger: Von der Struktureinheit klassischer und moderner deutscher Lyrik. In: Reinhold Grimm (Hg.): Zur Lyrik-Diskussion, S. 255–271, hier S. 259.

6 Vgl. Oskar Walzel: Gehalt und Gestalt im Kunstwerk des Dichters, S. 64ff. und 368ff.

7 Vgl. Ernst Zinn: Erlebnis und Dichtung bei Horaz. In: Hans Oppermann (Hg.): Wege zu Horaz, S. 369–389; ferner Ulrich Knoche: Erlebnis und dichterischer Ausdruck in der lateinischen Poesie.

8 Vgl. dazu Ernst Robert Curtius: Europäische Literatur und lateinisches Mittelalter, S. 277ff., und Gustav René Hocke: Manierismus in der Literatur.

9 Vgl. dazu vor allem Wulf Segebrecht: Das Gelegenheitsgedicht.

Käte Hamburger hat versucht, diese Enge des Terminus aufzuheben, indem sie sich an Husserls Erlebnisbegriff orientierte, der als »umfassender Begriff für alle Bewußtseinsvorgänge (wahrnehmende, vorstellende, erkennende, phantasierende usw.)«[10] zu verstehen ist. Dieser ungleich weiter gefaßte Erlebnisbegriff gilt, wie Käte Hamburger hervorhebt, »für das Ding-, das Ideen-, das politische Gedicht so gut wie für das personale Gefühlsgedicht« – allerdings nicht, wie sie meint, »für alle Lyrik überhaupt«.[11] Denn er beruht auf einer strukturellen Voraussetzung, die eben nicht für alle Lyrik (wenigstens im hier explizierten Sinn) zutrifft: auf der Identität des lyrischen Ich mit dem Dichter-Ich.[12] Käte Hamburgers Erlebnisbegriff schließt daher Fiktion aus: Lyrik ist für sie »Wirklichkeitsaussage« und als solche kategorial von »fiktionaler Dichtung«[13] verschieden.

Diese Bestimmung ist jedoch kaum aufrechtzuerhalten. Daß ein Lyriker durchaus auch »in einer Maske« oder sogar »in einer Rolle« sprechen kann,[14] also mit dem lyrischen Ich nicht identisch sein muß, hat schon Wilhelm Scherer bemerkt. Diese Beobachtung läßt sich auf der Grundlage der hier vorgeschlagenen Definition des lyrischen Gedichts auch systematisch untermauern: lyrische Rede im explizierten Sinn kann durchaus dem Bereich der Fiktion angehören. Um das zu erweisen, bedarf es jedoch vorab einiger grundlegender Begriffsklärungen.

Der neueren Fiktionstheorie folgend,[15] kann man zunächst prinzipiell zwischen semantischer und pragmatischer Fiktion trennen: zwischen semantischer Fiktion als Fiktion auf der Ebene der Behauptung und pragmatischer Fiktion als Fiktion auf der Ebene der Sprechsituation. Insofern sie nicht auf derselben sprachlichen Ebene angesiedelt sind, müssen die semantische und die pragmatische Fiktion – entgegen der Ansicht der meisten Fiktionstheoretiker[16] – als zwei grundsätzlich verschiedene, aber gleichberechtigte Formen literarischer Fiktion gelten, die einander logisch weder ein- noch ausschließen.

10 Käte Hamburger: Die Logik der Dichtung, S. 243.

11 Ebd., S. 244.

12 Vgl. ebd., S. 249.

13 Ebd., S. 250.

14 Wilhelm Scherer: Poetik, S. 162.

15 Vgl. vor allem die Arbeiten einerseits von Gottfried Gabriel: Fiktion und Wahrheit; Fiction – A Semantic Approach; Über Bedeutung in der Literatur; zum andern die Studien von Siegfried J. Schmidt: Literaturwissenschaft als argumentierende Wissenschaft, S. 170–190, und: Towards A Pragmatic Interpretation of »Fictionality«; ferner Wiklef Hoops: Fiktionalität als pragmatische Kategorie. Außerdem generell Johannes Anderegg: Fiktion und Kommunikation, sowie den Sammelband von Dieter Henrich und Wolfgang Iser (Hg.): Funktionen des Fiktiven.

16 Eine Ausnahme stellt der Aufsatz von Harald Fricke: Semantics or Pragmatics of Fictionality? dar, der jedoch semantische und pragmatische Fiktion als gattungsspezifische Formen der Fiktion ansieht.

Dem Unterschied zwischen diesen beiden Formen der Fiktion versuche ich, in Abweichung vom gängigen Sprachgebrauch, auch terminologisch Rechnung zu tragen: wenn ich pragmatische Fiktion meine, spreche ich von *fiktiver* Rede, und wenn ich semantische Fiktion meine, von *fiktionaler* Rede. Eine Rede ist somit dann fiktional zu nennen, wenn sie fiktionale Behauptungen enthält, und fiktiv dann, wenn sie durch eine fiktive Sprechsituation gekennzeichnet ist. Semantische und pragmatische Fiktion sind zwei Grundformen der literarischen Fiktion. Neben ihnen mag es weitere Formen geben, doch kaum in lyrischer Rede: deren Fiktion ist in aller Regel zumindest entweder eine der Sprechsituation oder eine der Behauptung.

Weder die semantische noch die pragmatische Fiktion ist gattungsgebunden – in der Weise etwa, daß pragmatische Fiktion eine Eigenschaft ausschließlich dramatischer und semantische Fiktion eine Eigenart nur epischer Texte wäre. Eine solche Identifikation von pragmatischer und »dramatischer Fiktion« einerseits, semantischer und »epischer Fiktion«[17] andrerseits ist vor allem aus zwei Gründen unhaltbar. Zum einen gehören zumindest episch strukturierte Texte nicht notwendig in den Bereich der Fiktion. Es mag für dramatische Texte gelten, daß sie bei aller »Faktizität« immer durch »Fiktionalität«[18] gekennzeichnet sind; bei epischen Texten sind die Verhältnisse jedoch weniger eindeutig, wie etwa die autobiographische Erzählung zeigt. Wenn beispielsweise Ludwig Marcuse in seiner Autobiographie »Mein zwanzigstes Jahrhundert« erzählt, wie er 1932 Carl von Ossietzky riet, zu emigrieren,[19] dann ergibt das eindeutig episch strukturierte Rede, insofern Marcuse nämlich nach einer kurzen Redeeinleitung sein Gespräch mit Ossietzky wörtlich wiedergibt – und doch handelt es sich hier offensichtlich nicht um Fiktion, sondern um (erinnerte) Wirklichkeit. Es ist also das Kriterium der Rede-Struktur von dem Kriterium der Wirklichkeit oder Nicht-Wirklichkeit des Rede-Gegenstands zu unterscheiden.

Gegen eine Identifikation von semantischer mit »epischer« und pragmatischer mit »dramatischer Fiktion« spricht zum andern die Tatsache, daß es pragmatische Fiktion zum Beispiel auch in epischen und semantische Fiktion auch in dramatischen Texten gibt. In einem epischen Text wie dem ersten Kapitel von Lawrence Sternes »Tristram Shandy« zum Beispiel sind nicht nur die Behauptungen des Ich-Erzählers über die Umstände seiner Zeugung fiktional; die Sprechsituation ist auch fiktiv, weil der Erzähler nicht mit dem Autor identisch, sondern eine von ihm erfundene Figur ist. Umgekehrt ist in einem dramatischen Text wie dem Anfang des ersten Teils von Goethes »Faust« nicht nur der Sprecher und mit ihm die Sprechsituation fiktiv; die Behauptungen Fausts, er habe Philosophie, Juristerei, Medizin

17 Diese Begriffe benutzt Harald Fricke: Norm und Abweichung, S. 120ff., insbes. S. 124.
18 Vgl. dazu Günter Saße: Faktizität und Fiktionalität, insbes. S. 15f.
19 Vgl. Ludwig Marcuse: Mein zwanzigstes Jahrhundert, S. 151.

und Theologie studiert, sind auch fiktional – schon weil sie (Schein-)Behauptungen einer fiktiven Gestalt über sich selber sind.

Semantische und pragmatische Fiktion sind nicht gattungsspezifische, sondern gattungsübergreifende Formen literarischer Fiktion: es kann sie sowohl in epischer wie in dramatischer – und in lyrischer Rede geben. Die opinio communis der Fiktionstheorie, nach der epische und dramatische Texte immer schon dem Bereich der Fiktion (welcher auch immer) angehören, lyrische hingegen nicht, ist also in der einen wie in der anderen Hinsicht unhaltbar:[20] zumindest epische Texte müssen *weder* fiktiv *noch* fiktional und lyrische Texte können *sowohl* fiktiv *wie* fiktional sein.

Semantische Fiktion nun wird durch fiktionale Behauptungen geschaffen. Fiktionale Behauptungen sind Scheinbehauptungen – Sätze oder Ausdrücke also, die die grammatische Form, aber entweder nicht denselben Anspruch auf Referenzialisierbarkeit erheben oder nicht dieselbe Erfülltheit wie echte Behauptungen besitzen:[21] sie haben, mit Frege zu sprechen, wohl einen »Sinn«, aber keine »Bedeutung«.[22]

Da solche fiktionalen Behauptungen formal nur selten von echten Behauptungen zu unterscheiden sind,[23] ist die Fiktionalität lyrischer Rede kaum durch bloße Textanalyse zu erfassen. Es bleibt vielmehr dem Leser oder Hörer überlassen, im Akt der Rezeption die Referenzialisierbarkeit oder Erfülltheit einer Rede, insbesondere der Eigennamen und Kennzeichnungen, die sie enthält, zu überprüfen. Dabei mögen ihm allerdings bestimmte Fiktionssignale behilflich sein: etwa Titel, die allem Anschein nach Namen von nicht existenten Personen, Gegenständen oder Ereignissen nennen, oder offensichtliche Verstöße gegen semantische Normen der Standardsprache u. ä.

Grundsätzlich ist zwischen zwei Arten fiktionaler Behauptungen zu unterscheiden – je nachdem, ob sie nicht referenzialisierbar oder nicht erfüllt sind. Den ersten Typ fiktionaler Rede vertritt etwa ein Gedicht wie Morgensterns »Der Aromat«:

> Angeregt durch Korfs Geruchs-Sonaten,
> gründen Freunde einen ›Aromaten‹.
>
> Einen Raum, in welchem, kurz gesprochen,
> nicht geschluckt wird, sondern nur gerochen.

20 Vgl. dazu Käte Hamburger: Die Logik der Dichtung, S. 206 ff. Ferner Johannes Anderegg: Sprache und Verwandlung, S. 122 ff., insbes. S. 124, wo es etwa heißt: »*Die Frage nach der Fiktionalität des Gedichts führt nicht in dessen Nähe.*«

21 Vgl. dazu im näheren Gottfried Gabriel: Fiktion und Wahrheit, S. 14–52.

22 Vgl. dazu Gottlob Frege: Über Sinn und Bedeutung. In: Ders.: Funktion, Begriff, Bedeutung, S. 40–65.

23 Die von Käte Hamburger analysierten Besonderheiten des epischen Präteritums dürften wohl nur für epische Texte gelten. Vgl. dazu Käte Hamburger: Die Logik der Dichtung, S. 63 ff.

Gegen Einwurf kleiner Münzen treten
aus der Wand balsamische Trompeten,

die den Gästen in geblähte Nasen,
was sie wünschen, leicht und lustig blasen.

Und zugleich erscheint auf einem Schild
Des Gerichtes wohlgetroffnes Bild.

Viele Hunderte, um nicht zu lügen,
speisen nun erst wirklich mit Vergnügen.[24]

Offensichtlich können die Eigennamen und Kennzeichnungen, die in diesem Gedicht vorkommen, keinen Anspruch auf Referenzialisierbarkeit erheben: »Korf«, seine »Geruchs-Sonaten«, schließlich der »Aromat«, den seine Freunde »gründen« – das sind alles Fiktionen, das heißt: Erfindungen, die keinen Ort in der empirischen Realität haben. Wir verstehen wohl den Sinn dieser Wörter, aber wir ordnen ihnen keine Gegenstände der uns vertrauten Wirklichkeit als Bedeutungen zu.

Den zweiten Typ fiktionaler Rede vertritt ein Gedicht wie Wolf Biermanns »Ballade auf den Dichter François Villon«, dessen erste Strophe so geht:

Mein großer Bruder Franz Villon
Wohnt bei mir mit auf Zimmer
Wenn Leute bei mir schnüffeln gehn
Versteckt Villon sich immer
Dann drückt er sich in' Kleiderschrank
Mit einer Flasche Wein
Und wartet bis die Luft rein ist
Die Luft ist nie ganz rein.[25]

Anders als der Name »Korf« ist der Name »Franz Villon« referenzialisierbar: er bezeichnet eine historische Person. Gleichwohl ist die Rede Biermanns nicht erfüllt, denn die Aussagen, die über den Dichter Villon gemacht werden, sind offenkundig unwahr: Villon kann schon einfach deshalb nicht bei Biermann »mit auf Zimmer« wohnen, weil er längst tot ist.

Fiktionale Behauptungen des einen wie des anderen Typs können, wie das Nonsensegedicht Morgensterns und die politische Ballade Biermanns zeigen, in den verschiedensten Textsorten angetroffen werden. Das Vorkommen semantischer Fiktion scheint letztlich nur an eine Bedingung gebunden zu sein: an das Vorkommen von (Schein-)Behauptungssätzen, und diese Bedingung dürfte in der Tat in vielen lyrischen Textsorten erfüllt sein.

Solche fiktionalen lyrischen Gedichte lassen sich mit dem traditionellen Erlebnisbegriff nicht mehr adäquat erfassen, zur Not aber noch mit dem

24 Christian Morgenstern: Alle Galgenlieder, S. 130.
25 Wolf Biermann: Nachlaß 1, S. 45.

Käte Hamburgers, insofern sie eingeräumt hat, daß das Erlebnis, das in einem lyrischen Gedicht gestaltet werde, »›fiktiv‹ im Sinne von erfunden« sein könne. Allerdings hat sie hinzugefügt, daß das Erlebnissubjekt immer »nur als ein reales und niemals ein fiktives vorgefunden werden« könne.[26] Es mag dahingestellt bleiben, wie plausibel es ist, von einem »fiktiven Erlebnis« zu sprechen: mit Käte Hamburgers Ausschluß eines »fiktiven Erlebnissubjekts« ist jedenfalls die Grenze ihres Lyrik-Begriffs exakt festgelegt: er schließt nicht unbedingt semantische, wohl aber pragmatische Fiktion aus.

Pragmatische Fiktion wird durch eine fiktive Sprechsituation geschaffen. Sie kann fiktiv sein im Hinblick auf die Person, die Zeit oder den Ort – oder auch im Hinblick auf alle drei. Eine fiktive Sprechsituation liegt in jedem Fall schon dann vor, wenn der Verfasser des Textes mit dem Sprecher der Rede nicht identisch ist. Als Fiktionssignal fungiert dann insbesondere der Titel, sofern er einen Sprecher nennt, der, bereits vom Namen her, mit dem Verfasser nicht identisch sein *kann*. Dies ist zum Beispiel der Fall, wenn ein Gedicht Clemens Brentanos durch die Überschrift als »Der Spinnerin Lied«, ein Gedicht Goethes als Rede des »Prometheus« oder ein Gedicht Conrad Ferdinand Meyers als »Chor der Toten« ausgewiesen wird.

Nicht jede fiktive lyrische Rede ist allerdings Rede einer fiktiven Figur. Einer lyrischen Rede vom Typ des »Prometheus«, deren Sprecher keine reale Person ist, kann man vielmehr eine fiktive lyrische Rede vom Typ der Gedichte von Edgar Lee Masters' »Spoon River Anthology« gegenüberstellen. Die Figuren, die in 244 von 246 Gedichten des Bandes zu Worte kommen, tragen alle die Namen von Toten der Gemeinde Spoon River (wie Hod Putt oder Ollie McGee). Obwohl es sich also bei ihnen nicht um fiktive Gestalten zu handeln scheint, sind die Gedichte doch fiktiv – und nicht nur, weil es Tote sind, die in ihnen reden. Ein lyrisches Gedicht ist vielmehr schon dann fiktiv, wenn es Rede einer Figur ist, die mit dem Autor nicht identisch ist – sei sie nun eine erfundene Gestalt oder eine historische Person.

Die Fiktivität einer solchen lyrischen Rede hat zur Folge, daß die Personalpronomen vor allem der ersten Person, Possessiv- und Demonstrativpronomen, schließlich Raum- und Zeitdeiktika, die der Sprecher benutzt, nicht auf die reale Sprechsituation des Verfassers zu beziehen sind. Wenn es also zum Beispiel im »Prometheus« heißt: »Hier sitz' ich, forme Menschen/Nach meinem Bilde«, dann ist nicht das reale Hier-und-Jetzt des Johann Wolfgang Goethe, sondern das fiktive des Prometheus gemeint.

Der Prototyp fiktiver lyrischer Rede ist das Rollengedicht, das Käte Hamburger konsequenterweise, aber nicht sehr überzeugend als »strukturellen Fremdling im lyrischen Raum«[27] bezeichnet hat. Im Sinn der hier vorge-

26 Käte Hamburger: Die Logik der Dichtung, S. 244.
27 Ebd., S. 270.

schlagenen Definition unterscheidet sich jedoch ein Rollengedicht strukturell gesehen nicht als Rede, sondern bloß als Text von einem Erlebnisgedicht. Der Unterschied, der zwischen ihnen unleugbar besteht, liegt nicht auf der Sprecher-, sondern auf der Verfasser-Ebene, genauer gesagt: im Verhältnis der beiden zueinander. In einem Rollengedicht sind Sprecher und Verfasser nicht eine Person; der Autor spricht hier gewissermaßen mit zwei ›Stimmen‹: seine eigene erklingt im Titel, die fremde in der Rede als Stimme einer Figur. Weil aber diese beiden Stimmen im Kommunikationssystem des Gedichts nicht denselben Ort haben, können die Worte des Verfassers die Rede der Figur ihrer Struktur nach nicht verändern, sondern nur ihrem Status nach: sie zeigen an, daß es sich hier um die Rede einer mit dem Autor nicht identischen Figur handelt. Die Rede dieser Figur bleibt demohngeachtet lyrische Rede.

Die Behauptung, Lyrik sei immer Erlebnislyrik, schließe also zumindest pragmatische Fiktion aus, ist also selbst in der großzügigen Auslegung des Erlebnisbegriffs durch Käte Hamburger nicht aufrechtzuerhalten. Das Erlebnisgedicht läßt sich, auf der Grundlage der hier vorgeschlagenen Definition, nicht einmal als der Normalfall lyrischer Versrede ansehen. Nach der Zugehörigkeit entweder zum Bereich der Fiktion oder der Wirklichkeit lassen sich vielmehr vier Typen lyrischer Gedichte unterscheiden:

- lyrische Gedichte, die fiktional, aber nicht fiktiv sind;
- lyrische Gedichte, die fiktiv, aber nicht fiktional sind;
- lyrische Gedichte, die sowohl fiktiv wie fiktional sind;
- und lyrische Gedichte, die weder fiktiv noch fiktional sind.

Für den ersten Typ lyrischer Gedichte, die fiktional, aber nicht fiktiv sind, kann Morgensterns »Der Aromat« stehen, dessen Behauptungen zwar fiktional sind, dessen Sprecher aber nicht fiktiv ist: er dürfte vielmehr mit dem Verfasser Christian Morgenstern identisch sein. Für den zweiten Typ lyrischer Gedichte, der fiktiv, aber nicht fiktional ist, steht ein Gedicht wie Zbigniew Herberts »Herr Cogito meditiert über das Leid«, das zwar fiktiv ist, insofern es Rede des fiktiven Herrn Cogito ist, aber nicht fiktional, insofern es als ›Meditation‹ keine (Tatsachen-)Behauptungen, sondern bloß teils ironische, teils metaphorisch eingekleidete Maximen und Reflexionen enthält:

> Alle Versuche
> den sogenannten Kelch der Bitternis abzuwenden –
> durch Reflexion
> besessenen Einsatz zu gunsten der heimlosen Katzen
> durch tiefes Atmen
> durch Religion –
> enttäuschten
>
> man muß sich fügen
> den Kopf sanft senken

nicht die Hände ringen
sich maßvoll und ungezwungen des Leids bedienen
wie einer Prothese
ohne falsche Scham
doch ebenso ohne überflüssigen Hochmut
nicht mit dem Stumpf
über den Köpfen der anderen fuchteln
nicht mit dem weißen Stock
an die Fenster der Satten klopfen
den Sud dieser bitteren Kräuter trinken
doch nicht zur Neige
vorsorglich ein paar Schluck
für die Zukunft lassen
(...)[28]

Den dritten Typus lyrischer Gedichte, der sowohl fiktiv wie fiktional ist, repräsentiert ein Gedicht wie Baudelaires »Les plaintes d'un Icare«, das unter anderem aus (Schein-)Behauptungen dieser fiktiven Gestalt über sich selber besteht – wie zum Beispiel dieser:

Les amants des prostituées
Sont heureux, dispos et repus;
Quant à moi, mes bras sont rompus
Pour avoir étreint des nuées.[29]

Den vierten Typus lyrischer Gedichte, die weder fiktiv noch fiktional sind, bilden vor allem Erlebnisgedichte wie Goethes Dornburger Gedichte oder Wordsworths »Composed upon Westminster Bridge«:

Earth has not anything to show more fair:
Dull would he be of soul who could pass by
A sight so touching in its majesty:
This City now doth, like a garment, wear
The beauty of the morning; silent, bare,
Ships, towers, domes, theatres, and temples lie
Open unto the fields, and to the sky;
All bright and glittering in the smokeless air.
Never did sun more beautifully steep
In his first splendour valley, rock, or hill;
Ne'er saw I, never felt, a calm so deep!
The river glideth at his own sweet will:
Dear God! the very houses seem asleep;
And all that mighty heart is lying still![30]

28 Zbigniew Herbert: Herr Cogito, S. 70.
29 Charles Baudelaire: Die Blumen des Bösen, S. 268.
30 William Wordsworth: Poetical Works, S. 214.

Lyrische Gedichte dieser Art sind weder fiktiv noch fiktional: nicht fiktiv, weil der Verfasser in ihnen selbst spricht, und nicht fiktional, weil seine Worte einen konkreten Lebensbezug haben: alle Aussagen des Sprechers sind zugleich auf eine reale, sei es gegenwärtige, sei es vergangene Situation im Leben des Verfassers zu beziehen.

3.

Ungefähr genauso alt und mindestens genauso weitverbreitet wie die Rede von der Lyrik als Erlebniskunst ist ihre Charakterisierung als Ausdruckskunst. Sie hat ihren Ursprung in der psychologischen Ästhetik des 18. Jahrhunderts, zumal der Herders, der als erster die lyrische Poesie nicht mehr wie die Rationalisten als *Darstellung* von Empfindungen, sondern als *Ausdruck* von Gefühlen beschrieben hat.[31] Dieser Gedanke hat über die Romantik und die Philosophie des deutschen Idealismus die Lyrik-Theorie des 19. und 20. Jahrhundert nachhaltig beeinflußt.[32] Für seine Macht spricht die Tatsache, daß ihn noch ein idealistischem Philosophieren nicht unbedingt zugetaner Linguist wie Roman Jakobson stillschweigend übernommen, allerdings seiner eigenen Terminologie entsprechend formuliert hat: »Lyrik«, so heißt es bei ihm, sei »eng mit der emotiven Funktion verbunden«.[33] Dieser Satz, der die moderne Formulierung der alten Lehre von der Expressivität lyrischer Dichtung darstellt, greift jedoch entschieden zu kurz – was sich gerade mit dem von Jakobson entwickelten Modell sprachlicher Kommunikation zeigen läßt.

Lyrische Gedichte können grundsätzlich alle allgemeinen Funktionen sprachlicher Äußerungen erfüllen, die er unterschieden hat: die referentielle wie die emotive, die konative wie die phatische, die poetische wie die metapoetische, mit der hier als speziellem Fall der metalingualen Funktion zu rechnen ist.[34] Dementsprechend lassen sich verschiedene Funktionstypen lyrischer Rede unterscheiden, wobei es sich von selbst verstehen mag, daß dies keineswegs alle möglichen, sondern nur die allgemeinsten sprachlichen Funktionen lyrischer Rede sind, die nach weiteren Kriterien auch in sich noch zu differenzieren wären.

Insgesamt ist allerdings, auf der Basis dieses Modells, nur von fünf verschiedenen Funktionstypen lyrischer Dichtung auszugehen: von der refe-

31 Vgl. dazu vor allem Heinz Peyer: Herders Theorie der Lyrik.

32 Vgl. Irene Behrens: Die Lehre von der Einteilung der Dichtkunst, S. 183 ff.

33 Roman Jakobson: Linguistik und Poetik, S. 94.

34 Darin unterscheide ich mich von Manfred Pfister: Das Drama, S. 163 ff., der zumindest explizit nicht von einem bestimmten poetischen ›Code‹ als Gegenstand der metalingualen Funktion in poetischen Werken ausgeht.

rentiellen, der emotiven, der konativen, der phatischen und der metapoetischen Lyrik. Dagegen hat es wenig Sinn, von ›poetischer Lyrik‹ zu sprechen – und zwar nicht nur deshalb, weil dieser Ausdruck im Rahmen der hier vorgeschlagenen Definition des lyrischen Gedichts tautologisch wäre. Ein lyrisches Gedicht ist vielmehr auch im Sinn Jakobsons immer poetisch, weil es Rede in Versen ist. Die poetische Funktion ist daher grundsätzlich kein Kriterium für die Unterscheidung von Typen lyrischer Rede unter dem Gesichtspunkt der Funktion, weil jede Versgliederung als eine von der Prosa abweichende Segmentierung der Rede die Aufmerksamkeit auf die sprachliche Form der Rede lenkt.

Die poetische Funktion kann allerdings mehr oder weniger deutlich ausgeprägt sein. So ist sie sicher deutlicher ausgeprägt, wenn in einem – lyrischen – Gedicht die Versgliederung stark von der Satzgliederung abweicht oder wenn ein Gedicht metrisch streng reguliert ist. Doch spreche ich, auch in solchen Fällen, anders als Roman Jakobson, nicht von einer Dominanz, sondern nur von einer Akzentuierung der poetischen Funktion. Denn die poetische Funktion kann grundsätzlich keine der anderen allgemeinen Funktionen sprachlicher Äußerung dominieren oder gar verdrängen, weil sie nicht denselben Status wie diese hat. Mit ihr mag, wie Jakobson sagt, prinzipiell in allen sprachlichen Tätigkeiten zu rechnen sein,[35] doch folgt daraus nicht, daß sie auch in jeder verbalen Äußerung tatsächlich zu finden ist. Außerhalb der Dichtung ist die poetische Funktion bloß eine Zusatzfunktion sprachlicher Mitteilungen. Eine Rede kann poetisch sein oder auch nicht – sie ist jedoch stets noch zumindest entweder referentiell, emotiv, konativ, phatisch oder metasprachlich, sonst wäre sie keine sprachliche Äußerung. Deshalb ist wohl eine Rede denkbar, die keine poetische Funktion erfüllt, aber nicht eine, die *nur* eine poetische Funktion erfüllte.

Wenn aber die poetische Funktion allein noch keine Rede und somit auch kein Gedicht macht, dann läßt sich daraus schließen, daß es keine wirklich ›reine‹ Dichtung gibt, Dichtung, die nichts als Dichtung wäre, ›poésie pure‹. Sofern das Gedicht *Vers*rede ist, ist es zwar immer auch poetisch; sofern es jedoch Vers*rede* ist, ist es nie nur poetisch. Vielmehr kann in einem lyrischen Gedicht jede der fünf anderen allgemeinen Funktionen der Sprache ausgeprägt sein, und je nachdem, welche jeweils die anderen dominiert, läßt sich von referentieller, emotiver, konativer, phatischer oder metapoetischer Lyrik sprechen.

Die referentielle Funktion dominiert in aller Lyrik, die gegenstandsbezogen ist, die also auf Objekte verweist, die mit dem Sprecher in der Regel nicht identisch sind – sei dies nun ein Lebewesen, ein Ding, ein Ereignis oder eine Idee. Das erste Ziel solcher Lyrik besteht darin, ihren Gegenstand,

35 Roman Jakobson: Linguistik und Poetik, S. 92.

beschreibend, berichtend oder erörternd, darzustellen. Zu dieser referentiellen Lyrik sind – um nur die prominentesten Textsorten anzuführen – *Naturgedichte* wie Audens »River Profile«, *Dinggedichte* wie Mörikes »Auf eine Lampe«, *Porträtgedichte* wie Rilkes »Jugend-Bildnis meines Vaters«, *Bildgedichte* wie Baudelaires »Sur le Tasse en prison d'Eugène Delacroix«, *Gedankenlyrik* wie Goethes »Metamorphose der Pflanzen« und *Erzählgedichte* wie Czesław Miłosz' »Gabe« (»Dar«) zu rechnen:

Der Tag war so glücklich.
Der Nebel fiel früh herab, ich hatte im Garten zu schaffen.
Die Kolibris rasteten an der Blüte des Kaprifoliums.
Es gab in der Welt kein Ding, das ich hätte haben wollen.
Ich kannte niemanden, den ich beneiden müßte.
Was Böses geschehen war, hab ich vergessen.
Ich schämte mich nicht zu denken, ich sei, wer ich bin.
Ich spürte keinerlei Schmerz im Leibe.
Aufgerichtet sah ich das blaue Meer und die Segel.[36]

Die emotive Funktion dominiert in aller Lyrik, die als bewußte und intendierte Expression sprecherbezogen ist. Solche emotive Lyrik ist immer Gefühlslyrik, weil sie die emotionale Einstellung des Sprechers zu einem Objekt (das er auch selbst sein kann) ausdrückt. Sie ist also nicht notwendig gegenstandslos, aber wichtiger als der Gegenstand ist ihr die Haltung des Sprechers ihm gegenüber. Deshalb ist die emotive Lyrik auch nicht an bestimmte Gegenstände gebunden. Eine emotive Funktion kann selbst ein lyrisches Gedicht über eine abstrakte Idee haben, wie zum Beispiel Goethes Gedicht »Einschränkung« zeigt, das trotz seiner zeitlichen und thematischen Nähe zu den großen Weltanschauungsgedichten der Weimarer Jahre doch weniger objektiv als expressiv ist, immer Ausdruck eines Lebensgefühls, vor allem in den Ausrufen der letzten Verse:

Ich weiß nicht, was mir hier gefällt,
In dieser engen, kleinen Welt
Mit holdem Zauberband mich hält.
Vergess' ich doch, vergess' ich gern,
Wie seltsam mich das Schicksal leitet;
Und ach, ich fühle, nah und fern
Ist mir noch manches zubereitet.
O wäre doch das rechte Maß getroffen!
Was bleibt mir nun, als eingehüllt,
Von holder Lebenskraft erfüllt,
In stiller Gegenwart die Zukunft zu erhoffen![37]

36 Czesław Miłosz: Gedichte, S. 169f.
37 Goethe: Werke, Bd. 1, S. 132.

Der prominenteste Typ der emotiven Lyrik ist jedoch das *Liebesgedicht*, zumal als Preis der (oder des) Geliebten wie Shakespeares »Sonnet 18« oder als Liebesklage wie Brentanos »Der Spinnerin Lied«.

Die konative Funktion dominiert in aller Lyrik, die hörer- oder leserbezogen ist. Sie ist immer dialogisierte Lyrik, Anrede an ein Gegenüber welcher Art auch immer, ein Ansprechen oder Ansingen in all seinen Spielarten. Die Skala dieser konativen Lyrik ist entsprechend weit; sie reicht von den teils philosophischen, teils polemischen *Episteln*[38] des Horaz über die religiösen *Hymnen* Klopstocks bis zu den politischen *Kampfliedern* Brechts wie dem »Einheitsfrontlied« mit seinem bekannten Refrain:

> Drum links, zwei, drei!
> Drum links, zwei, drei!
> Wo dein Platz, Genosse, ist!
> Reih dich ein in die Arbeitereinheitsfront
> Weil du auch ein Arbeiter bist.[39]

Die phatische Funktion dominiert in aller Lyrik, die kontaktbezogen ist, die also darauf aus ist, »Kommunikation zu erstellen, zu verlängern oder zu unterbrechen«.[40] Solche phatische Lyrik ist gleichfalls dialogisierte Lyrik, die einen Hörer oder Leser anspricht, doch spricht sie, anders als die konative Lyrik, um des (An-)Sprechens willen. Ihr sind etwa *Spiellieder* wie das folgende Ringelspiel zuzurechnen:

> Dreh dich rum, ich kenn dich nicht,
> bist dus oder bist dus nicht?
> Nein, nein, du bist es nicht,
> scher dich fort,
> ich mag dich nicht![41]

Die metapoetische Funktion dominiert in aller Lyrik, die codebezogen ist. Als ›primärer Code‹ des lyrischen Gedichts muß allerdings nicht die Sprache im allgemeinen, sondern die poetische Sprache und die Form des (lyrischen) Gedichts gelten. Zu solcher poetologischen Lyrik, die Poesie thematisiert, zählen etwa Sonette über das Sonett oder Epigramme über das Epigramm, auch Gedichte über den Reim wie August Wilhelm Schlegels »Der Reim und die Poesie«, Majakovskijs »Gespräch mit dem Steuerinspektor über die Dichtkunst« oder Montales »Le Rime«. Als poetologische Textsorte läßt sich schließlich sogar die Parodie ansehen, insofern sie sich als komische Imi-

38 Vgl. Gerhard Rückert: Die Epistel als literarische Gattung.
39 Bertolt Brecht: Gesammelte Werke, Bd. 9, S. 652.
40 Roman Jakobson: Linguistik und Poetik, S. 91.
41 Hans Magnus Enzensberger (Hg.): Allerleirauh, S. 242.

tation immer auf einen anderen Text oder eine Gruppe von Texten bezieht, den oder die sie direkt oder indirekt kritisiert.[42]

Diese hier nur skizzierte Typologie nach dem Gesichtspunkt der jeweils dominanten sprachlichen Funktion verdeutlicht die Vielfalt lyrischer Rede in Versen. Als Einzelrede ist sie, ebenso wie die vermittelnde Rede und die Wechselrede, grundsätzlich polyfunktional,[43] weil sie nicht durch ihre Funktion, sondern durch ihre Struktur definiert ist, und die kann, wie jede Struktur, mehrere Funktionen haben.

4.

Die Unterscheidung verschiedener Typen lyrischer Gedichte nach dem Kriterium des Rede-Status und der Rede-Funktion kann vor allem in zweierlei Hinsicht Aufschluß geben über die Fruchtbarkeit der hier vorgeschlagenen Definition bei der Lösung gattungstheoretischer Probleme. Sie zeigt nicht nur, daß sich auf der Grundlage der Definition einigermaßen überschaubare und zugleich umfassende typologische Differenzierungen der Lyrik vornehmen lassen. Auf ihrer Basis lassen sich auch neue Lösungen für zwei grundlegende Probleme der Lyrik-Theorie seit dem 18. Jahrhundert zumindest skizzieren: für das Problem des Verhältnisses von Lyrik und Subjektivität einerseits und für das Problem des Verhältnisses von Lyrik und Mimesis andrerseits.

Die Theorie lyrischer Subjektivität[44] hat ihre epochemachende Formulierung in Hegels »Vorlesungen über die Ästhetik« erhalten, der die Lyrik durch »das Subjektive« bestimmt, »die innere Welt, das betrachtende, empfindende Gemüt, das, statt zu Handlungen fortzugehen, vielmehr bei sich als Innerlichkeit stehenbleibt und sich deshalb auch das Sich*aussprechen* des Subjekts zur einzigen Form und zum letzten Ziel nehmen kann«.[45] Der zentrale Begriff dieser Theorie ist der der ›Innerlichkeit‹, der die Verwandlung alles Objektiven und Realen in subjektive Vorstellung und Empfindung meint.[46]

Die Ansicht, daß Lyrik wesentlich subjektiv sei, ist, über alle ideologischen und methodischen Differenzen hinweg, der Grundkonsens der neueren Lyrik-Theorien. Sie verbindet Emil Staigers anthropologische Theorie der lyrischen Stimmung als »Ineinander« von Subjekt und Objekt[47] mit

42 Vgl. dazu vor allem Theodor Verweyen und Gunther Witting: Die Parodie in der neueren deutschen Literatur, und Erwin Rotermund: Die Parodie in der modernen deutschen Lyrik.

43 Vgl. Manfred Pfister: Das Drama, S. 151ff., der ebenfalls von einer »Polyfunktionalität dramatischer Sprache« spricht.

44 Vgl. Irene Behrens: Die Lehre von der Einteilung der Dichtkunst, S. 219.

45 Georg Wilhelm Friedrich Hegel: Vorlesungen über die Ästhetik, Bd. 3, S. 322.

46 Vgl. Hiltrud Gnüg: Entstehung und Krise lyrischer Subjektivität, S. 5–50.

47 Emil Staiger: Grundbegriffe der Poetik, S. 47 u.ö.

Adornos Rede von der Lyrik als einem allerdings gesellschaftlich zu verstehenden »Medium des subjektiven, auf sich zurückgeworfenen Geistes«.[48] Sie hat ihre Spuren sogar noch in Käte Hamburgers phänomenologisch begründeter Dichtungslogik hinterlassen, nach der die Aussagen des lyrischen Gedichts »keinen Objekt- und d.h. auch keinen Mitteilungszusammenhang« ergeben, sondern einen »Sinnzusammenhang«, »gelenkt von dem Sinn, den das lyrische Ich mit ihnen ausdrücken will«.[49]

Die wichtigsten Begriffe der neueren Lyrik-Theorien lassen sich mühelos aus der Theorie lyrischer Subjektivität ableiten, zum Teil sind sie sogar schon wörtlich bei Hegel zu finden. Er bezeichnet nicht nur, wie andere Theoretiker vor (und nach) ihm, das Lied als den »vollständigsten« Ausdruck des Lyrischen,[50] er bezieht auch, wie die späteren Vertreter der Erlebnis-Theorie, das lyrische Gedicht immer auf »das poetische konkrete Subjekt«, das für ihn ganz selbstverständlich der »Dichter« ist,[51] und er leitet, wie spätere Vertreter der Ausdrucks-Theorie, das lyrische Gedicht aus des Dichters »Bedürfnis, *sich* auszusprechen«,[52] ab.

Nun wäre es allerdings vorschnell, wollte man Hegels Theorie der lyrischen Subjektivität kurzerhand mit dem Hinweis auf die Problematik dieser Annahmen erledigen. Denn offenkundig ist seine Theorie in jedem Punkt weiter gefaßt als die späteren Lyrik-Theorien (die seines Schülers Friedrich Theodor Vischer einmal ausgenommen). Hegel spricht zwar von der »Stimmung«, aber auch von der »Reflexion« des Dichters als Inhalt des lyrischen Gedichts,[53] und er läßt als lyrische Formen nicht nur das Lied, sondern zum Beispiel auch das Epigramm gelten,[54] weiter nicht nur das Erlebnis-, sondern auch das Gelegenheitsgedicht[55] und nicht nur Gefühls-, sondern auch Gedankenlyrik.[56] Diesem vergleichsweise großzügigen Begriff von Lyrik entspricht es, daß Hegel als Gewährsleute nicht nur Autoren wie Goethe und Pindar, sondern auch Horaz und Schiller anführt.

Gleichwohl vermag Hegels Theorie der lyrischen Subjektivität nicht den ganzen Bereich lyrischer Rede abzudecken, den die hier vorgeschlagene Definition eröffnet. Aus ihrer Sicht ist seine Theorie aber nicht einfach historisch zu relativieren – etwa mit dem zweifellos berechtigten Hinweis auf die Veränderungen, die die lyrische Subjektivität im 20. Jahrhundert erfahren

48 Theodor W. Adorno: Rede über Lyrik und Gesellschaft. In: Ders.: Noten zur Literatur, S. 48–68, hier S. 55.

49 Käte Hamburger: Die Logik der Dichtung, S. 220.

50 Georg Wilhelm Friedrich Hegel: Vorlesungen über die Ästhetik, Bd. 3, S. 456.

51 Ebd., S. 439.

52 Ebd., S. 418.

53 Ebd., S. 421.

54 Vgl. ebd., S. 423.

55 Vgl. ebd., S. 424.

56 Vgl. ebd., S. 437.

hat, zumal in der expressionistischen Lyrik Benns[57] und in der politischen Lyrik Brechts.[58] Der Begriff der lyrischen Subjektivität ist vielmehr in seiner Reichweite systematisch zu relativieren: er bezeichnet ein empirisch häufiges und in diesem Sinn typisches, keinesfalls jedoch konstitutives Moment lyrischen Sprechens. Im Sinn der hier vorgeschlagenen Definition gibt es kein strukturelles Merkmal lyrischer Rede und entsprechend lyrischer Gedichte, aus dem zu folgern wäre, daß Lyrik immer subjektiv sein müßte. Sie mag zwar, vor allem ihres Monologcharakters wegen, eine Neigung zu einer subjektiven Rede-Weise haben, die sich dann auch in manchen historischen Ausprägungen der Gattung deutlich zeigt, doch kann sie grundsätzlich als monologische Rede genausogut objektiv sein: die Rede-Struktur impliziert nicht ein bestimmtes Subjekt-Objekt-Verhältnis.

Auf der Grundlage der beiden skizzierten Typenreihen sind die Grenzen der Theorie lyrischer Subjektivität denn auch exakt zu bestimmen. Die eine Grenze, die ihr notwendig gesetzt ist, stellt die lyrische Fiktion dar. Es mag dahingestellt bleiben, ob sich die Kategorien der Theorie noch sinnvoll auf *fiktionale* Lyrik anwenden lassen – bei *fiktiver* Lyrik verlieren sie endgültig ihren Sinn: das Rollengedicht, das durch die Existenz eines erfundenen Sprechers gekennzeichnet ist, entzieht sich den Kategorien der Subjektivitäts-Theorie. Es ist weder Rede des Dichters, noch ist es im strengen Sinn Rede eines Subjekts, das bei Hegel immer ein reales Subjekt ist.

Die andere Grenze der Subjektivitäts-Theorie markiert die referentielle Lyrik, soweit sie mehr zu objektiver als zu subjektiver Rede tendiert, also etwa die reflektierende Lyrik in der Tradition der nicht gefühlsbetonten Gedankenlyrik, die erzählende Lyrik, die von realen oder erfundenen Begebenheiten nüchtern-sachlich berichtet, oder die beschreibende Lyrik, die bestimmte Gegenstände nur einfach abschildert. Zu dieser letzten Textsorte gehört zum Beispiel ein Gedicht wie »Between Walls« von William Carlos Williams:

the back wings
of the

hospital where
nothing

will grow lie
cinders

in which shine
the broken

pieces of a green
bottle.[59]

57 Vgl. dazu Hiltrud Gnüg: Entstehung und Krise lyrischer Subjektivität, S. 190ff.

58 Vgl. Walter Hinck: Das lyrische Subjekt im geschichtlichen Prozeß oder Der umgewendete Hegel. In: Ders.: Von Heine zu Brecht, S. 125–138.

59 William Carlos Williams: Die Worte, die Worte, die Worte, S. 90.

Auch dieses kleine Gedicht ist im Sinn der strukturellen Definition lyrisch – und dennoch im Sinn Hegels (oder Staigers oder Adornos oder Käte Hamburgers) nicht subjektiv. Von einem »Sichaussprechen« des Dichters, von »Innerlichkeit« und »Gemüt« kann hier keine Rede sein. Das Gedicht ist vielmehr ganz objektiv: es ist auf seinen Gegenstand bezogen, und es erschöpft sich darin, ihn ohne einen subjektiven Reflex darzustellen.

Solche objektiv beschreibende Lyrik dürfte zumindest innerhalb der europäischen und amerikanischen Literatur, ebenso wie sachlich erzählende oder reflektierende, vor allem in der Moderne zu finden sein, und sie mag, verglichen mit der großen Zahl subjektiver lyrischer Gedichte, auch nicht allzu häufig sein. Gleichwohl ist sie, nicht nur im Rahmen der hier vorgeschlagenen Definition der Lyrik, als Realisation einer Grundmöglichkeit lyrischer Rede anzusehen. Daß Lyrik durchaus objektiv, »ganz äußerlich« bei ihrem Gegenstand sein kann, hat ironischerweise gerade Goethe betont, dessen Gedichte noch heute als *das* Beispiel subjektiver Lyrik gelten. In den »Maximen und Reflexionen« (Nr. 1028) schreibt er:

> Auf ihrem höchsten Gipfel scheint die Poesie ganz äußerlich; je mehr sie sich ins Innere zurückzieht, ist sie auf dem Wege zu sinken. – Diejenige, die nur das Innere darstellt, ohne es durch ein Äußeres zu verkörpern, oder ohne das Äußere durch das Innere durchfühlen zu lassen, sind beides die letzten Stufen, von welchen aus sie ins gemeine Leben hineintritt.[60]

5.

Das Problem der Subjektivität hat die Lyrik-Theorien seit dem 19. Jahrhundert beherrscht. In dieser Rolle löst es das Mimesis-Problem ab, das für die Lyrik-Theorien vor allem des 18. Jahrhunderts von entscheidender Bedeutung war – zumindest soweit sie sich auf die Autorität der aristotelischen »Poetik« beriefen. Der Mimesis-Begriff ist jedoch alles andere als eindeutig. Allerdings hat er nicht erst durch seine Übersetzung als »imitatio« und dann als »Nachahmung«[61] einige Verwirrung gestiftet. Schon bei Platon und Aristoteles ist er vieldeutig.[62] Die Bedeutung, die der Begriff in der »Poetik« des Aristoteles erhält, ist nicht unbedingt dieselbe, die ihm Platon in seiner »Politeia« gibt; und der Mimesis-Begriff im 3. Buch der »Politeia« wiederum unterscheidet sich grundlegend von dem im 10. Buch; selbst im 3. Buch der »Politeia« gebraucht Platon den Begriff auf engstem Raum einmal beschrei-

60 Goethe: Werke, Bd. 12, S. 510f.
61 Vgl. Manfred Fuhrmann: Einführung in die antike Dichtungstheorie, insbes. S. 233ff.
62 Vgl. H. Koller: Die Mimesis in der Antike.

bend (393 c/d) und einmal wertend (394 c) – und einmal vermischt er beide Verwendungsweisen (396 c/d)[63] miteinander.

Selbst wenn man sich auf den Mimesis-Begriff als terminus technicus beschränkt (ihn also nicht als Wertbegriff im Zusamenhang mit der Ideenlehre Platons sieht), ist immer noch festzustellen, daß in ihn verschiedene Kriterien eingegangen sind, was hier allerdings nur skizziert werden kann. Mimesis ist zunächst, im 3. Buch der »Politeia« (393 c/d), die eine Art der Lexis im Unterschied zur Diegesis. Sie meint den Fall, daß in einer Dichtung der Dichter gar nicht oder zumindest nicht allein spricht, wie dies in der Tragödie oder Komödie einerseits und im Epos andrerseits gegeben ist. In diesem Sinn meint der Begriff Mimesis eine Rede-Art, und er ist definiert durch ein *Rede-Kriterium*. Doch schon im 3. Buch der »Politeia« ist das Rede-Kriterium untrennbar mit einem *Fiktions-Kriterium* verbunden, insofern Mimesis nämlich im näheren den Fall meint, daß ein Dichter seine Figuren sprechen läßt, also, wie es in der Übersetzung Schleiermachers heißt, so redet, »als ob ein anderer der Redende wäre als er selbst«.[64] In der »Poetik« des Aristoteles enthält der Mimesis-Begriff schließlich noch ein *Handlungs-Kriterium*, insofern handelnde Menschen als Gegenstand der Mimesis bestimmt werden (1448 a).

Auf diesen beiden Grundbedeutungen des Mimesis-Begriffs als fiktiver Rede und als Darstellung handelnder Menschen haben alle späteren Auslegungen aufgebaut. Dabei ist mal der eine, mal der andere Aspekt der Mimesis-Lehre akzentuiert (nicht selten auch isoliert) worden, und je nachdem, welcher akzentuiert worden ist, hat man die Lyrik mal als mimetisch und mal als a-mimetisch bezeichnet. Gottsched zum Beispiel hat auch die Lyrik als mimetisch bestimmen können, weil er Mimesis im weitesten Sinn als Nachahmung definiert hat, was sowohl die Nachahmung von Handlungen (in Epik und Dramatik) wie auch die Nachahmung von Empfindungen (in der Lyrik) umfaßt.[65] Käte Hamburger hingegen hat von ihrem Verständnis der Mimesis als Fiktion her kategorial zwischen »der fiktionalen oder mimetischen und der lyrischen Dichtung«[66] unterschieden. Auf der Grundlage der strukturellen Definition und insbesondere der skizzierten Typenreihen läßt sich jedoch das Verhältnis von Lyrik und Mimesis differenzierter bestimmen – ohne eine gesuchte Ausweitung des Begriffs wie bei Gottsched, aber auch ohne eine ebenso unangemessene Einengung wie bei Käte Hamburger.

Zunächst einmal ist festzuhalten, daß die Unterscheidung zwischen a-mimetischer und mimetischer Dichtung nicht mit der zwischen lyrischer einerseits, epischer und dramatischer Dichtung andrerseits identisch sein kann – etwa in der Weise, daß Mimesis immer zusammengesetzte Rede wäre.

63 Vgl. ebd., S. 15 ff.
64 Platon: Sämtliche Werke, Bd. 3, S. 126.
65 Vgl. Klaus R. Scherpe: Gattungspoetik im 18. Jahrhundert, S. 32 ff.
66 Käte Hamburger: Die Logik der Dichtung, S. 20.

Denn dies setzte voraus, daß der Mimesis-Begriff allein auf eine bestimmte Rede-Struktur abzielte – und dies ist nicht einmal bei Platon der Fall. Zwar ist schon für Platon – ähnlich wie dann für Aristoteles – das Drama und besonders die Tragödie Inbegriff der mimetischen Dichtung, im Unterschied zum Epos, das eine Mischung aus Mimesis und Diegesis darstellt, und vor allem im Unterschied zum Dithyrambus, der bloße Diegesis ist. Doch muß eine solche Zuordnung mimetischer Darstellung zu bestimmten Gattungen nicht bedeuten, daß Mimesis gattungsgebunden oder gattungsspezifisch ist, und sie muß erst recht nicht bedeuten, daß Lyrik notwendig a-mimetisch ist. Diese Schlußfolgerung ist schon deshalb nicht erlaubt, weil Platons Unterscheidung zwischen Drama, Epos und Dithyrambus nicht mit der späteren, schon gar nicht mit einer strukturell begründeten Unterscheidung zwischen dramatischer, epischer und lyrischer Dichtung gleichzusetzen ist. Diese Begriffe umfassen mehr als das, was Platon unter Dichtung verstand, mehr auch, als er kennen *konnte*.

Geht man von Mimesis als fiktiver Rede oder genauer: als Rede fiktiver Figuren aus, dann kann auch Lyrik mimetisch sein, allerdings nur als Rollenlyrik. Denn das Rollengedicht ist die einzige lyrische Textsorte, in der, mit Platon zu sprechen, der Autor einer Figur seine »Stimme« leiht (393 c) und sie als redende präsentiert. Lyrik kann aber auch im Sinn des Aristoteles mimetisch sein: als szenisch realisierbare Rollenlyrik ist sie nämlich Darstellung sowohl redender wie handelnder Figuren. Ein lyrisches Rollengedicht muß noch nicht einmal explizite Handlungsanweisungen enthalten, also ein lyrisches Drama sein, um szenisch umsetzbar zu sein. Im einfachsten Fall genügt es, wenn die (fiktive) lyrische Rede pragmatisch ausgerichtet ist, also wesentlich eine Sprechhandlung ist. In diesem Sinn ist etwa ein ›dramatic monologue‹ wie Robert Brownings »My Last Duchess« mimetische Lyrik: er enthält nicht nur Deiktika, die auf die raumzeitliche Sprechsituation verweisen wie »That's my last Duchess painted on the wall« oder »there she stands«, sondern auch Handlungsaufforderungen wie »Will't please you sit and look at her« oder »Will't please you rise?«, ja sogar Ankündigungen von Handlungen wie »Nay, we'll go/Together down, sir«.[67]

6.

Das Rede-, das Fiktions- und das Handlungs-Kriterium decken allerdings noch nicht den ganzen Bedeutungsumfang des Mimesis-Begriffs ab. Schon Aristoteles hat ihm in seiner »Poetik« eine weitere Bedeutung gegeben, die in der literaturtheoretischen Diskussion große Resonanz gefunden hat. Diese Bedeutungserweiterung, die Aristoteles, ohne an eine Tradition anzu-

67 Robert Browning: Poetical Works, S. 367ff.

knüpfen, vorgenommen hat, findet sich nicht im allgemeinen, sondern im Tragödienteil seiner »Poetik«; sie ist jedoch von seinen Auslegern stets als eine Bestimmung angesehen worden, »die nicht allein der Tragödie, sondern der Poiesis überhaupt gilt«.[68] Sie betrifft die Art, genauer: die Konstruktion der Handlungen (Mythen), die Gegenstand der Mimesis sind. Heißt es im 1. und 2. Kapitel lediglich allgemein, Dichtung ahme menschliche Handlungen nach, so fügt Aristoteles im 9. Kapitel hinzu, daß es die Aufgabe des Dichters sei, das darzustellen, was möglich, und das heißt: was wahrscheinlich sei. Mit dieser Bemerkung beginnt in der abendländischen Poetik das Nachdenken über den Wirklichkeitsbezug der Dichtung, und zumindest in der neuzeitlichen Literaturtheorie dient der Mimesis-Begriff dann hauptsächlich zur Bezeichnung dieses Problems.

Die einschlägige Diskussion[69] ist in den letzten beiden Jahrhunderten weitgehend ohne Berücksichtigung der Lyrik geführt worden. Der letzte große Versuch, die Lyrik auch in dieser Hinsicht als mimetisch zu erweisen, ist im 18. Jahrhundert in den rationalistischen Poetiken unternommen worden.[70] Mit ihrer Verdrängung durch die idealistische Literaturtheorie ist dann auch das Verhältnis von Lyrik und Mimesis weitgehend aus dem Blick der Literaturtheoretiker geraten.[71] Im 19. und 20. Jahrhundert wird das Mimesis-Problem, soweit es das Wirklichkeitsverhältnis poetischer Texte meint, so gut wie ausschließlich im Zusammenhang mit epischer und dramatischer Dichtung erörtert, was einen tieferen Grund in der Tatsache haben mag, daß die Einführung des Wahrscheinlichkeitskriteriums bei Aristoteles im Tragödienteil der »Poetik« erfolgt und von lyrischen Gedichten, wie wir sie kennen, bei ihm nicht einmal im allgemeinen Teil gesprochen wird.

Für die prinzipielle Mißachtung der Lyrik bei der späteren Erörterung des Mimesis-Problems gibt es jedoch keine zwingenden sachlichen Gründe. Das Problem des Wirklichkeitsverhältnisses stellt sich grundsätzlich in aller *Dichtung*, also auch in der Lyrik. Es stellt sich allerdings nicht unbedingt in *aller* Lyrik, sondern nur in gegenstandsbezogener, das heißt: darstellender oder referentieller Lyrik. Der Mimesis-Begriff berührt da, wo er auf das Wirklichkeitsverhältnis der Dichtung zielt, zumindest zwei verschiedene Probleme, die analytisch voneinander zu trennen gerade im Hinblick auf die Lyrik nützlich und sinnvoll ist. Er kann erstens im engeren Sinn den Bezug auf Wirklichkeit oder, vorsichtiger ausgedrückt, auf Wirkliches meinen, also das Problem der ›Realität in der Dichtung‹,[72] und er kann zweitens im

68 Manfred Fuhrmann: Einführung in die antike Dichtungstheorie, S. 22.

69 Vgl. vor allem Stephan Kohl: Realismus.

70 Vgl. Klaus R. Scherpe: Analogon actionis und lyrisches System.

71 Eine – in der Begriffsverwendung allerdings nicht unproblematische – Ausnahme ist Gerhard Neumann: Lyrik und Mimesis. In: Erich Köhler (Hg.): Sprachen der Lyrik, S. 571–605.

72 Vgl. vor allem Wolfgang Preisendanz: Das Problem der Realität in der Dichtung. In: Ders.: Wege des Realismus, S. 217–228.

weiteren Sinn eine Annäherung an die Wirklichkeit, also das Problem des ›Realismus in der Dichtung‹,[73] meinen.

Einen Bezug auf Reales kennt lyrische Rede in zweifacher Hinsicht: als Bezug auf eine objektive Wirklichkeit und als Bezug auf die subjektive Wirklichkeit des Verfassers. Ein Realitätsbezug der ersten Art ist etwa für Gelegenheitslyrik anzusetzen, die aus Anlaß politischer oder gesellschaftlicher Ereignisse entsteht, wie zum Beispiel die Gedichte Klopstocks über die Französische Revolution. Ein Realitätsbezug der zweiten Art ist für alle private Erlebnislyrik geltend zu machen, die biographische Erfahrungen des Verfassers verarbeitet, wie zum Beispiel Goethes »Harzreise im Winter 1777«.

Realismus kennt die Lyrik, wie Epik und Dramatik auch, ebenfalls vor allem in zweierlei Hinsicht: als realistische Erfindung und als realistische Darstellung. Realistische Erfindung gibt es ausschließlich in lyrischer Fiktion, allerdings sowohl in semantischer wie in pragmatischer Fiktion. ›Realistisch‹ in diesem Sinn bedeutet soviel wie ›wahrscheinlich‹ oder ›empirisch möglich‹ und bezeichnet eine Eigenschaft der Konstruktion des Dargestellten, deren Realismus durch einen Vergleich mit der empirischen Realität bestimmt wird. Realistisch erfunden sein kann etwa eine Figur oder eine Figurenrede, eine Handlung oder ein dargestellter Ort.

Realistische Darstellung kann es, im Unterschied zu realistischer Erfindung, grundsätzlich in aller Lyrik geben, soweit sie referentiell ist, unabhängig davon, ob sie Fiktion ist oder nicht. ›Realistisch‹ in diesem Sinn bedeutet soviel wie ›konventionell‹ und meint eine Eigenschaft vor allem der Sprache der Darstellung, also eine Rede-Weise. Deren Realismus wird durch einen Vergleich nicht mit der Wirklichkeit, sondern mit den Konventionen des außerpoetischen Redens und Schreibens über Wirklichkeit bestimmt.

Der Begriff Realismus ist, anders als der des Realitätsbezugs, relativ. Ob ein Gedicht sich auf Wirklichkeit bezieht, läßt sich objektiv feststellen, durch den Nachweis, daß das, wovon es spricht, einen Ort in der empirischen Realität seiner Gegenwart oder Vergangenheit hat oder hatte. Wo ein solcher Nachweis nicht zu führen ist, läßt sich sinnvollerweise auch nicht von einem Realitätsbezug sprechen. Ob ein Gedicht dagegen realistisch sei, ist nicht in dieser Weise einfach festzustellen. Von Realismus wird in aller Regel nur im Vergleich gesprochen – im Vergleich vor allem mit realen Gegenständen und im Vergleich mit Darstellungen von Wirklichkeit außerhalb der Dichtung. Dieser Relativität wegen lassen sich keine Darstellungsmittel benennen, die immer realistisch wären. Realistisch sind sie vielmehr stets nur in bestimmten literarhistorischen Zusammenhängen.

Realitätsbezug und Realismus sind nicht notwendig miteinander verbun-

73 Vgl. vor allem Roman Jakobson: Über Realismus in der Kunst. In: Ders.: Poetik, S. 129–139. Ferner Richard Brinkmann (Hg.): Begriffsbestimmung des literarischen Realismus.

den. Ein Realitätsbezug muß nicht mit einer realistischen Darstellungsweise einhergehen. Ein Gedicht wie Paul Celans »Du liegst im großen Gelausche« zum Beispiel bezieht sich zwar, wie Peter Szondi im einzelnen bezeugt hat,[74] auf einen bestimmten, genau datierbaren Berlin-Besuch des Autors, verletzt aber schon in seiner Kombination der Motive alle Konventionen realistischer Darstellung. Umgekehrt muß eine realistische Darstellung nicht unbedingt einem realen, ja nicht einmal einem realistisch erfundenen Objekt gelten. Der komische Effekt eines Nonsensegedichts wie »Die Trichter« von Morgenstern beruht vielmehr auch darauf, daß in konventionell realistischer Rede-Weise von einem fiktiven, gerade nicht realistisch erfundenen Phänomen erzählt wird. Von realistischer Lyrik ist somit sinnvollerweise erst dann zu sprechen, wenn in einem lyrischen Gedicht ein reales oder realistisch erfundenes Objekt auf realistische Weise dargestellt wird.

Der klassische Fall solcher realistischen Lyrik ist die Erlebnislyrik, die sich in der deutschen Literatur seit dem Sturm und Drang etabliert und die Dichtung zumindest des 19. Jahrhunderts dominiert hat. Erlebnislyrik ist immer durch einen Realitätsbezug gekennzeichnet, insofern sie sich auf ein authentisches, in der Regel einigermaßen genau lokalisierbares und datierbares Erlebnis des Verfassers bezieht. Sie ist zweitens in ihrer Rede-Weise realistisch – weniger durch einzelne Stilmittel als durch die Instrumentalisierung der Sprache, die insgesamt zumindest soweit eine referentielle Funktion hat, daß sich das Erlebnis als Gegenstand des Gedichts sowohl nach seiner subjektiven wie nach seiner objektiven Seite hin für den Leser rekonstruieren und der Realitätsbezug somit identifizieren läßt.

Realistisch in diesem Sinn sind zum Beispiel noch Verse wie die folgenden aus Goethes »Harzreise im Winter«:

Der du der Freuden viel schaffst,
Jedem ein überfließend Maß,
Segne die Brüder der Jagd
Auf der Fährte des Wilds
Mit jugendlichem Übermut
Fröhlicher Mordsucht,
Späte Rächer des Unbills,
Dem schon Jahre vergeblich
Wehrt mit Knütteln der Bauer.[75]

Trotz des pathetischen Stils läßt sich bei diesen Zeilen von Realismus sprechen. Denn die Sprache steht, von der auffordernden Anrede an den »Vater

74 Peter Szondi: Eden. In: Ders.: Celan-Studien, S. 113–125.

75 Goethe: Werke, Bd. 1, S. 51. Zur Erlebnis-Lyrik generell vgl. neuerdings Terence James Reed: Erlebnislyrik und Gesellschaft. Zur Rettung eines in Verruf geratenen Begriffs. In: Albrecht Schöne (Hg.): Kontroversen, alte und neue, Bd. 8, S. 56–65, der allerdings nicht zwischen Realitätsbezug und Realismus der Darstellung unterscheidet.

der Liebe« abgesehen, wesentlich im Dienst der Darstellung eines Sachverhalts, der sich mit Begriffen und Vorstellungen erläutern läßt, die ihren Ort in unseren Reden von der empirischen Realität haben. Da es sich um einen außersprachlichen, realen Sachverhalt handelt, können wir ihn, ohne Verlust an Substanz, auch in nicht-poetischer Sprache ausdrücken – wie es Goethe selbst in seinem Kommentar zur »Harzreise im Winter« getan hat: »Der Dichter wendet seine Gedanken zu Leben und Tat hin«, heißt es da von dieser Versgruppe, »erinnert sich seiner engverbundenen Freunde, welche gerade in dieser Jahrszeit und Witterung eine bedeutende Jagd unternehmen, um das in gewisser Gegend sich mehrende Schwarzwildbret zu bekämpfen«.[76]

Mit solchen ›Übersetzungen‹ eines in poetischer Sprache dargestellten Sachverhalts in nicht-poetische Sprache mag bei der Charakterisierung eines Gedichts als eines ästhetischen Gebildes wenig getan sein; für die Frage nach einer realistischen Darstellung sind sie jedoch von symptomatischer Bedeutung: sie erweisen die Nähe der poetischen Sprache zu dem konventionellen Reden über reale Sachverhalte. Wo solche ›Übersetzungen‹ nicht möglich sind, läßt sich auch kaum von realistischer Darstellung sprechen. Das ist immer dann der Fall, wenn der Sachverhalt, der in einem Gedicht dargestellt wird, von seiner Vermittlung durch poetische Sprache nicht zu trennen ist. Das sei kurz an zwei Beispielen verdeutlicht.

Mörikes Gedicht »Um Mitternacht« beginnt mit den Zeilen:

> Gelassen stieg die Nacht ans Land,
> Lehnt träumend an der Berge Wand,
> Ihr Auge sieht die goldne Waage nun
> Der Zeit in gleichen Schalen stille ruhn[77].

Wörter wie »Nacht, »Land« oder »Berge« lassen, ebenso wie das spätere Wort »Vom heute gewesenen Tage«, einen Bezug auf empirische Realität vermuten, und der Sachverhalt, den die ersten Verse darstellen, läßt sich unschwer als Einbruch der Nacht umschreiben. Doch mehr als eine solche vage Umschreibung ist in konventioneller Sprache kaum zu leisten. Was in den Versen substantiell über diesen Einbruch der Nacht gesagt wird, steckt in anthropomorphisierenden Metaphern, die in keine andere Sprache übersetzbar sind – wenigstens nicht ohne Verlust an Substanz.

Aus diesem Befund läßt sich allerdings nicht der Schluß ziehen, daß eine realistische Darstellung auf alle Mittel poetischer Sprachverwendung verzichten müßte. Goethes »Harzreise im Winter« etwa endet mit der Darstellung eines Berges (der aus dem Zusammenhang unschwer als der Brocken zu identifizieren ist), die gleichfalls metaphorisch (und im Ganzen symbolisch) ist:

76 Goethe: Werke, Bd. 1, S. 397.
77 Eduard Mörike: Werke, S. 100.

Du stehst mit unerforschtem Busen
Geheimnisvoll-offenbar
Über der erstaunten Welt
Und schaust aus Wolken
Auf ihre Reiche und Herrlichkeit,
Die du aus den Adern deiner Brüder
Neben dir wässerst.[78]

Trotz der durchgängigen Metaphorisierung des Berges, die hier, ebenso wie bei Mörike, eine Personifizierung bedeutet, sprengen diese Verse nicht den Rahmen realistischer Rede-Weise. Die Metaphern mögen im einzelnen originell und original sein, sie gehören jedoch insgesamt dem Bildbereich anthropomorphisierender, im näheren anatomischer Berg-Metaphorik an, die durchaus konventionell ist, wie etwa die Rede vom ›Fuß eines Berges‹ zeigt. Sie sind deshalb auch ohne weiteres referenzialisierbar – wie wiederum aus dem Kommentar Goethes zu schließen ist, in dem es heißt: »Hier ist leise auf den Bergbau gedeutet. Der unerforschte Busen des Hauptgipfels wird den Adern seiner Brüder entgegengesetzt. Die Metalladern sind gemeint, aus welchen die Reiche der Welt und ihre Herrlichkeit gewässert werden«.[79] Die – allerdings erläuternde – Wiederholung der Metaphern von »Busen« und »Adern« der Berge verrät die Konventionalität der Vorstellungen, die hinter der unkonventionellen Rede-Weise stehen. Solche Konventionalität fehlt den anthropomorphisierenden Nacht-Metaphern Mörikes: Daß die Nacht sich wie eine Person bewege, daß sie träumen und sehen könne, sind Vorstellungen, die auch in seiner Zeit außerhalb von poetischen Werken nicht anzutreffen sein dürften.

Vollends nicht-realistisch ist schließlich eine andere berühmte Berg-Metapher der deutschen Literatur, Rilkes Bild von den »Bergen des Herzens«:

Ausgesetzt auf den Bergen des Herzens. Siehe, wie klein dort,
siehe: die letzte Ortschaft der Worte, und höher,
aber wie klein auch, noch ein letztes
Gehöft von Gefühl. Erkennst du's?[80]

Vor solchen Versen versagen die Begriffe und Vorstellungen, die wir in unseren Reden über die empirische Realität benutzen. In normaler Sprache läßt sich weder ausdrücken, welchen Sachverhalt diese Verse darstellen noch auf welchen Gegenstand sie sich beziehen. Was »Berge des Herzens«, was eine »Ortschaft der Worte«, was ein »Gehöft von Gefühl« ist, können wir nicht mit Hinweisen auf eine sei es auch nur empirisch mögliche Welt erläutern. Die Bedeutung und der Sinn der Ausdrücke sind allein aus diesem

78 Goethe: Werke, Bd. 1, S. 52.
79 Ebd., S. 399.
80 Rainer Maria Rilke: Sämtliche Werke, Bd. 3, S. 94.

Gedicht und seiner Sprache zu ermitteln. Deren Darstellungsfunktion ist aber von ihrer poetischen Funktion nicht zu trennen; die Sprache des Gedichts ist soweit poetisiert, daß sie allein als Bedingung der Möglichkeit eines Gegenstands erscheint: sie erst konstitutiert ihn.

Ein metaphorisches Gedicht wie das Rilkes ist dem Bereich verfremdender lyrischer Rede zuzurechnen. ›Verfremdend‹ meint hier nicht im weiteren Sinn alle poetisch innovative, sondern im engeren Sinn nur eine solche Rede-Weise, die wesentliche Normen außerpoetischer Darstellung von Sachverhalten verletzt. Eine solche Verfremdung kann sich, wie realistische Rede-Weise auch, jeweils unterschiedlichster, historisch variabler Mittel bedienen: Tropen und Symbole ebenso wie etwa Verfahren komischer Entstellung.[81] Dementsprechend kann nicht nur ein metaphorisches Gedicht wie Rilkes »Ausgesetzt auf den Bergen des Herzens« verfremdend sein, sondern auch ein allegorisches Gedicht wie Baudelaires »L'Albatros«, ein lettristisches Gedicht wie Cummings' »r-p-o-p-h-e-s-s-a-g-r«, ein Montagegedicht wie Enzensbergers »Bildzeitung« oder ein satirisches Gedicht wie Brechts »Die Lösung«. Gelegentlich kann sogar schon die bloße Versgliederung ein Mittel der Verfremdung sein – etwa bei einem modernen Dokumentargedicht wie Erich Frieds »Tiermarkt/Ankauf«, das den Wortlaut eines nicht-poetischen Textes unverändert übernimmt, ihn aber durch die Versschreibweise kritisch entstellt.

Der verfremdenden lyrischen Rede ist die realistische lyrische Rede typologisch gegenüberzustellen. Wie gerade die Erlebnisgedichte Goethes zeigen, ist der Realismus in der Lyrik nicht an die Epoche des Bürgerlichen Realismus gebunden – er scheint sogar in dieser Epoche eher schwach ausgeprägt gewesen zu sein.[82] Mit realistischen Verfahren dürfte grundsätzlich während der gesamten Geschichte der Lyrik zu rechnen sein. Wie die Erlebnisgedichte Goethes weiter zeigen, ist die realistische Lyrik auch nicht auf einen Gegenstand beschränkt: sie kann ebenso einem privaten Erlebnis wie einem gesellschaftlichen Ereignis, einem natürlichen wie einem kreatürlichen Objekt gelten. Die Erlebnisgedichte Goethes zeigen schließlich auch, daß Realismus in der Lyrik nicht mit Objektivität identisch sein muß: es gibt offensichtlich auch einen subjektiven Erfahrungsrealismus.

Die Frage nach dem Realismus lyrischer Rede läßt sich in eine Reihe kleinerer Fragen aufspalten, deren wichtigste wohl generell die nach der Darstellung von Raum und Zeit im empirischen Sinn sind. Von wenigen Ausnahmen abgesehen,[83] sind diese Fragen in der neueren Lyrik-Forschung

81 Zu den verschiedenen Mitteln poetischer Verfremdung, auch in der Lyrik, vgl. vor allem Jürgen Link: Literaturwissenschaftliche Grundbegriffe, S. 98ff. Außerdem generell Hermann Helmers (Hg.): Verfremdung in der Literatur.

82 Vgl. dazu Heinz Schlaffer: Lyrik im Realismus. Außerdem Wolfgang Preisendanz: Die Gedichte aus der Matratzengruft. In: Ders.: Heinrich Heine, S. 99–130, insbes. S. 128ff.

83 So Guenther C. Rimbach: Illusionsperspektiven in der modernen Lyrik.

nicht gestellt worden. Wenn in ihr einmal allgemein von Zeit die Rede ist, dann ist eher die »Zeit als Einbildungskraft des Dichters«[84] gemeint, als innere Zeit oder als existentielle Zeitlichkeit des Menschen: Zeit also nicht im historischen, sondern im transzendentalen Sinn.

Tatsächlich läßt sich die Frage nach einer realistischen Darstellung von Raum und Zeit auch gar nicht von einer subjektivistischen Theorie der Lyrik wie etwa der Emil Staigers aus stellen. Denn diese Frage zu stellen ist nur sinnvoll, wenn man nicht prinzipiell von einem lyrischen ›Ineinander‹ von Subjekt und Objekt ausgeht, sondern auch solche Gedichte noch als lyrisch gelten läßt, in denen, wie Dietrich Weber bemerkt hat, »das Ich mit einem Gegenstand« konfrontiert wird.[85] Daß sie solche Fragen zuläßt, macht den größeren Horizont der hier vorgeschlagenen Definition der Lyrik aus.

7.

Der Begriff der Mimesis führt über das Problem des Wirklichkeitsverhältnisses hinaus auf das der Wahrheit der Dichtung, das mit ihm verbunden ist, seit Platon im 10. Buch der »Politeia« die Dichtung als Nachahmung dritten Ranges bestimmt und die Dichter zu Lügnern erklärt hat.[86] Die Frage nach der Wahrheit der Dichtung ist eines der ältesten und schwierigsten Probleme der Literaturtheorie, das im Rahmen dieser Arbeit nur sehr eingeschränkt erörtert werden kann.

Die Schwierigkeiten beginnen schon mit den Unklarheiten, die den Gebrauch des Begriffs Wahrheit begleiten. Zumal wenn er, sei es von Dichtern, Literaturwissenschaftlern oder Philosophen, für die Kennzeichnung von poetischen Werken benutzt wird, ist er, wie Käte Hamburger im einzelnen nachgewiesen hat,[87] oft nicht mehr als ein ungenauer, redensartlicher Ausdruck, der jede terminologische Präzision vermissen läßt. Das gilt wiederum besonders für die Rede von einer spezifisch »ästhetischen« oder »poetischen Wahrheit«.[88] Doch selbst wo von Wahrheit in einem strengeren Sinn gesprochen wird, kann damit noch vieles gemeint sein: Wahrheit im empirischen Sinn als Übereinstimmung einer Behauptung mit den Tatsachen; Wahrheit im religiösen Sinn als Wahrheit einer Offenbarung; Wahrheit im moralischen Sinn als das Gegenteil von Lüge und Betrug und anderes mehr. Die meisten dieser Wahrheitsbegriffe sind in der modernen, weltanschaulich ungebunde-

84 Vgl. Emil Staiger: Die Zeit als Einbildungskraft des Dichters. Kritik an Staiger übt Heinz Schlaffer: Lyrik im Realismus, S. 1 ff.

85 Dietrich Weber: ›Gesetze des Standpunkts‹ in Heines Lyrik, S. 370.

86 Vgl. im näheren H. Koller: Die Mimesis in der Antike, S. 63 ff.

87 Käte Hamburger: Wahrheit und ästhetische Wahrheit, S. 13 ff.

88 Vgl. ebd., S. 47 ff. Ferner Ulrich Charpa: Künstlerische und wissenschaftliche Wahrheit.

nen Wissenschaft mehr oder weniger umstritten; als relativ gesichert darf in ihrem Rahmen am ehesten der erste, empirische Begriff von Wahrheit als einer »Kategorie der Realität«[89] gelten, der immer das meint, »was der Fall ist«.[90]

Konsequenterweise hat Käte Hamburger ihrer Untersuchung über das Verhältnis von Wahrheit und Dichtung diesen Begriff zugrundegelegt – allerdings mit der nicht unproblematischen Unterstellung, daß er auch der einzig zulässige und zuverlässige sei. Gerade dieser anfechtbaren Voraussetzung wegen scheint ihr Wahrheitsbegriff jedoch besonders geeignet zu sein, die Frage nach der Wahrheit der Dichtung zu stellen: weil er ebenso eng wie streng definiert ist, vermag er noch am ehesten eine grundsätzliche Entscheidung über die Wahrheitsfähigkeit lyrischer Rede herbeizuführen.

Die Frage nach der Wahrheit der Dichtung ist, ähnlich wie die Frage nach ihrem Wirklichkeitsverhältnis, vorzugsweise, ja fast ausschließlich im Hinblick auf epische und dramatische Texte erörtert worden, kaum jedoch im Hinblick auf die Lyrik. Das ist umso verwunderlicher, als – wie sogar Käte Hamburger zugesteht – »das wie immer auch metaphysisch verhüllte, mehr oder weniger ›dunkle‹ *Sagen* eines lyrischen Ich die Frage nach der Wahrheit dessen, was hier gesagt ist, natürlicher, angemessener erscheinen lassen könnte als die an eine fiktionale Dichtung gestellte Wahrheitsfrage«.[91] Doch hat Käte Hamburger hinzugefügt, daß gerade, *weil* die Lyrik leicht »in die Nähe der Aussagewahrheit« geraten könne, man es vermeide, nach ihrer Wahrheit zu fragen: man würde sie sonst »als ästhetisches Gebilde verkennen und vernichten«.[92] Diese Argumentation mutet zirkelhaft an, weil sie offenbar das voraussetzt, was doch erst erwiesen werden soll: daß Dichtung grundsätzlich nicht wahrheitsfähig sei. Die Schwäche der Argumentation weckt den Verdacht, daß hier nicht sein darf, was nicht sein soll.

Tatsächlich ist gar nicht einzusehen, warum in lyrischen Gedichten, zumindest wenn man sie strukturell durch die Einzelrede definiert, nicht auch wahre Aussagen möglich sein sollten – wenigstens in aller referentiellen Lyrik, die durch einen Realitätsbezug gekennzeichnet ist. Vor allem die referentielle politische Lyrik bezieht sich immer auf das, was gerade politisch »der Fall« ist. Es ist ein wesentliches Merkmal dieser Lyrik, daß sie Aussagen macht, die »in einem außersprachlichen, politischen, überprüfbaren Wirklichkeitszusammenhang stehen müssen«.[93] Das zeigt exemplarisch ein Gedicht wie Erich Frieds »Tel Aviv Hilton«, das so beginnt:

89 Käte Hamburger: Wahrheit und ästhetische Wahrheit, S. 141.
90 Ebd., S. 143.
91 Ebd., S. 125.
92 Ebd.
93 Walter Hinderer: Probleme politischer Lyrik heute, S. 129.

Das neue Hilton Hotel
ist eröffnet worden
weithin sichtbar
in ausgezeichneter Lage
auf dem Boden
eines arabischen Friedhofs.[94]

Dieser Satz ist im Sinn der Semantik ein Behauptungssatz, der empirisch referenzialisierbar – und verifizierbar ist. Die faktische Wahrheit dieses Satzes ist für das Gedicht von zentraler Bedeutung: wäre er falsch, würde der grimmige Kommentar Frieds über die Zerstörung des alten arabischen Friedhofs von Tel Aviv ausgerechnet durch Juden, die selber religiös verfolgt worden sind, und ausgerechnet für den Bau eines Hotels gegenstandslos werden.

Für solche referentielle politische Lyrik ist die Wahrheitsfähigkeit der Aussagen eine wesentliche Bedingung ihrer Gültigkeit; sie ist soweit an den Fakten orientiert, daß für sie geradezu eine *Wahrheitspflicht* besteht. Das läßt sich an zwei politischen Gedichten Klopstocks kurz verdeutlichen. Sein Lob der Französischen Revolution in »Sie, und nicht wir« ist nicht zuletzt das Lob einer friedliebenden Nation: »Sogar das gräßlichste aller/Ungeheuer, der Krieg, wird an die Kette gelegt«,[95] heißt es da. Das war 1790, als es Klopstock schrieb, keine wolkige Rede, sondern eine Tatsachenbehauptung, die sich auf die Gewaltverzichtserklärung der jungen Republik in ihrer gerade von der Nationalversammlung verabschiedeten revolutionären Gesetzgebung berufen konnte. Die Fakten änderten sich jedoch schnell, und sie nötigten Klopstock schon 1793 unter dem Eindruck des Revolutionskrieges, der mit der Besetzung Belgiens durch französische Truppen zum Eroberungskrieg wurde, sein Urteil zu revidieren. Auf seine Verse von 1790 anspielend, schreibt er in »Der Erobrungskrieg«: »Aber, weh uns! sie selbst, die das Untier zähmten, vernichten/Ihr hochheilig Gesetz, schlagen Eroberschlacht.«[96]

Daß ein Dichter unter dem Druck der Tatsachen eine frühere Behauptung zurücknehmen oder berichtigen muß, ist kennzeichnend für die Wahrheitsverpflichtung der politischen Lyrik. Eine solche Pflicht zur Wahrheitstreue besteht grundsätzlich für alle referentielle Lyrik, die sich auf Realität bezieht – also nicht nur für die politische Lyrik oder die »Geschichtslyrik«,[97] sondern zum Beispiel auch für die private Erlebnislyrik. Der Leser solcher Gedichte setzt voraus, daß das jeweilige Erlebnis sowohl nach seiner subjek-

94 Erich Fried: Die Freiheit den Mund aufzumachen, S. 19.

95 Friedrich Gottlieb Klopstock: Ausgewählte Werke, S. 142.

96 Ebd., S. 150.

97 Vgl. dazu Walter Hinck: Über Geschichtslyrik. In: Ders. (Hg.): Geschichte im Gedicht, S. 7–17. Außerdem Herbert Kaiser: Politisch-historische Lyrik. In: Gerhard Köpf (Hg.): Neun Kapitel Lyrik, S. 105–126.

tiven wie nach seiner objektiven Seite hin authentisch, daß die Rede des Dichters nicht nur wahrhaftig, sondern, soweit behauptend, auch wahr und im übrigen nichts fingiert sei.

Von dieser Voraussetzung her erklären sich auch die manchmal beträchtlichen Anstrengungen der Philologen, neben dem (wie es bei Goethe heißt) »Ideellen« das »Reelle«[98] solcher Gedichte aufzuschlüsseln. Den Philologen gilt ein Erlebnisgedicht geradezu als ein »poetisches Protokoll«,[99] dessen Sätze sie für wahre Aussagen nehmen und auf reale Ereignisse beziehen – wenn sie nicht sogar solche Ereignisse erst aus den Gedichten (re-)konstruieren. Aus dieser Einstellung heraus hat zum Beispiel Albrecht Schöne anhand der ursprünglichen Fassung der »Harzreise im Winter« die Realitätsbezüge dieses Gedichts aufzuzeigen versucht: angefangen bei der zweiten Zeile, die in der Wendung von den »Morgenschloßen« angeblich den Regen am Morgen des 29. November 1777, dem Tag des Reisebeginns, meint, bis hin zu den letzten Versen, die sich auf Goethes Besteigung des Brocken am 10. Dezember beziehen.[100] Sogar in Versen wie: »Mit der dämmernden Fakkel/ Leuchtest du ihm/ Durch die Furten bey Nacht«, die frühere Interpreten nur auf Eros kommen ließen, hat Schöne noch Ähnlichkeiten mit lebenden Personen entdeckt – mit dem Boten nämlich, der Goethe am Abend des 30. November mit einer Laterne im Dunkeln nach Ilefeld führte.[101] Schönes Vertrauen auf die faktische Wahrheit der Verse ist so groß, daß er sogar Referenzen annimmt, wo sie nicht zu beweisen sind. So überlegt er etwa bei der fünften Versgruppe, die »Aber abseits wer ists?« einsetzt: »Ein Waldläufer, ein Holzsammler oder Wilddieb mag sich da vor ihm in die Büsche geschlagen haben«.[102]

Einerlei, wie weit man solcher detektivischen Spurenlese im einzelnen zu folgen bereit ist, so zeugt sie doch von der grundsätzlichen Wahrheitsfähigkeit lyrischer Rede im allgemeinen und der Erlebnislyrik im besonderen. Daß gerade für die Erlebnislyrik eine ähnliche Wahrheitspflicht wie für die politische Lyrik gilt, beweisen im übrigen ex negativo auch die Skandale, die fingierte Erlebnislyrik von Ossian bis George Forestier[103] ausgelöst hat.

Daß lyrische Rede grundsätzlich auch im Sinn Käte Hamburgers wahr sein kann, soll allerdings nicht heißen, daß sie es immer sein könnte. Nach faktischer Wahrheit ist prinzipiell nur bei referentieller Lyrik zu fragen, nicht dagegen bei konativer oder phatischer Lyrik, und bei emotiver Lyrik würde es allenfalls Sinn ergeben, nach der Wahrhaftigkeit der Rede zu forschen. Nach faktischer Wahrheit ist dann im näheren auch nur bei solcher referen-

98 Goethe: Werke, Bd. 1, S. 399.

99 Albrecht Schöne: Götterzeichen, Liebeszauber, Satanskult, S. 7.

100 Vgl. ebd., S. 26ff.

101 Vgl. ebd., S. 42.

102 Ebd., S. 37.

103 Vgl. dazu Gerhart Söhn: Literaten hinter Masken, S. 126ff.

tieller Lyrik zu fragen, die sich auf die empirische Realität bezieht, nicht dagegen bei aller Lyrik, die von Fiktionen handelt, und sei es auch von realistischen Fiktionen – wobei es dahingestellt bleiben mag, ob diese Lyrik nicht in anderer Hinsicht wahr sein kann.[104] Vollends sinnlos ist die Frage nach faktischer Wahrheit bei aller autonomen Dichtung, die ausdrücklich jeden Realitätsbezug verweigert. Doch gilt andrerseits allein von solcher Lyrik, daß, wie es Käte Hamburger für alle Dichtung behauptet, selbst darstellende Rede durch die Einbindung in einen ästhetischen Zusammenhang ihre Wahrheitsfähigkeit verliert.

104 Vgl. dazu Gottfried Gabriel: Fiktion und Wahrheit, S. 64ff., und ders.: Über Bedeutung in der Literatur, insbes. S. 12ff.

2. Abschnitt: Gattungshistorische Erprobung: Moderne Lyrik

1. Kapitel: Definition der modernen deutschen Lyrik

1.

Im voraufgegangenen Abschnitt ist versucht worden, die Fruchtbarkeit der hier vorgeschlagenen Definition des lyrischen Gedichts für die Lyrik-Theorie zu erweisen. Die Nützlichkeit einer Definition zeigt sich aber, außer bei der Bewältigung gattungstheoretischer Aufgaben, vor allem bei der Lösung gattungsgeschichtlicher Probleme. Deshalb soll die Definition des lyrischen Gedichts in diesem Abschnitt einer sachlich komplexen – und entsprechend umfangreichen – Erprobung ausgesetzt werden, die exemplarisch Aufschluß über die Möglichkeiten ihrer historischen Anwendung verspricht.

Für eine solche Erprobung bietet sich die moderne Lyrik und zumal die moderne deutsche Lyrik in besonderer Weise an. Bei ihrer Darstellung kann sich nicht nur die empirische Reichweite einer systematischen Definition deutlich zeigen, es stellen sich dabei auch zahlreiche Probleme unterschiedlicher Art, bei deren Erörterung eine systematische Begriffsbestimmung hilfreich sein kann, die, wie die hier entworfene, zugleich dynamisierbar und somit erst für eine Beschreibung der Lyrik auch als historischer Gattung geeignet ist. Die Definition des lyrischen Gedichts kann konkret einen Beitrag vor allem zu der Bestimmung und Beschreibung der modernen (deutschen) Lyrik leisten, wobei die Beschreibung wiederum wesentlich in einer Sichtung und Ordnung von modernen lyrischen Gedichten in ihrem typologischen und historischen Zusammenhang besteht.

2.

Der Begriff ›moderne Lyrik‹ wird in der Literaturwissenschaft so häufig verwendet, daß man den Eindruck haben muß, er sei ein wohldefinierter Ausdruck. Die Unklarheiten fangen aber schon bei dem Adjektiv ›modern‹ an, das sich ebenso wie die von ihm abgeleiteten Substantive bei näherem Hinsehen als vieldeutig erweist. Ursprünglich war ›modernus‹ nicht mehr als ein Zeitbegriff, der im Unterschied zu ›antiquus‹ soviel wie ›derzeitig, jetzig‹ meinte.[1] In seiner langen Geschichte hat das Wort jedoch eine Reihe weiterer Bedeutungen erhalten, die es auch als wissenschaftlicher Terminus nicht verloren hat. Allein in der Literaturwissenschaft wird es sowohl beschreibend wie wertend gebraucht. Als Sachbegriff wiederum kann ›modern‹ zunächst eine in die jeweilige Gegenwart reichende Epoche, die ›Moderne‹, bezeichnen, die sich durch die Abkehr von einer Tradition welcher Art auch immer definiert, dann im weiteren den Stil dieser Epoche und schließlich sogar einen epochenübergreifenden Stil, der sich durch den Bruch weniger mit dem Tradierten insgesamt als vielmehr mit dem Klassischen, dem für allzeit gültig Erachteten definiert.[2]

Die verschiedenen Bedeutungen, die dem Wort ›modern‹ in seiner Geschichte zugewachsen sind, haben einander allerdings nicht unbedingt abgelöst. Noch heute wird der Begriff von Literaturwissenschaftlern in allen seinen Bedeutungen verwendet: als Zeitbegriff, der die unmittelbare Gegenwart meint;[3] als Epochenbegriff, der in seiner weitesten Auslegung die Neuzeit im Unterschied zum Mittelalter meint;[4] als umfassender Stilbegriff, der ›Modernität‹ als allgemeine »historische Kategorie« meint;[5] und als Wertbegriff, der, je nachdem, die »richtige« oder die »falsche Moderne« meint.[6]

Wenn nun von ›moderner Lyrik‹ gesprochen wird, dann ist zunächst in aller Regel die Lyrik der aktuellen Moderne gemeint – im Unterschied zu den mittlerweile historisch gewordenen Modernen des 18. und 19. Jahrhunderts, zu denen sich jeweils in ihrer Zeit Schiller, Friedrich Schlegel oder

1 Zur Geschichte des Worts ›modern‹ und seiner Ableitungen vgl. ausführlicher Hans Robert Jauß: Literarische Tradition und gegenwärtiges Bewußtsein der Moderne. In: Ders.: Literaturgeschichte als Provokation, S. 11–66, insbes. S. 11–23. Zu weiteren Problemen der Begriffsverwendung vgl. Uwe Japp: Literatur und Modernität, sowie ders.: Kontroverse Daten der Modernität. In: Albrecht Schöne (Hg.): Kontroversen, alte und neue, Bd. 8, S. 125–134. Außerdem Jürgen H. Petersen: ›Das Moderne‹ und ›die Moderne‹. Zur Rettung einer literarästhetischen Kategorie. Ebd., S. 135–142.

2 Vgl. Hans Robert Jauß: Literarische Tradition und gegenwärtiges Bewußtsein der Moderne, S. 15.

3 Vgl. etwa Herbert Lehnert: Struktur und Sprachmagie, S. 100ff.

4 Vgl. etwa Christel Meier: Grundzüge der mittelalterlichen Enzyklopädik, S. 467.

5 Vgl. Felix Vodička: Zur Modernität in der Literatur. In: Ders.: Die Struktur der literarischen Entwicklung, S. 144–161, insbes. S. 150.

6 Vgl. etwa Jost Hermand: Der Aufbruch in die falsche Moderne. In: Ders.: Der Schein des schönen Lebens, S. 13–25.

Heine rechneten.[7] Im näheren wird der Begriff dann allerdings nicht nur als Epochen-, sondern auch als Stilbegriff zur Kennzeichnung einer im weiteren oder engeren Sinn verstandenen Gegenwartslyrik verwendet. In dieser Bedeutung gibt er jedoch einige Probleme auf, die zum Gegenstand einer kontroversen ›Lyrik-Diskussion‹ geworden sind, in der bis heute ein Konsens noch nicht erreicht worden ist.[8]

Die Diskussion ist wesentlich durch Hugo Friedrichs Darstellung der »Struktur der modernen Lyrik« ausgelöst worden. Über seine wichtigsten Thesen: daß die moderne Lyrik ein internationales Phänomen sei und an ihrem Anfang Baudelaire stehe,[9] herrscht zwar weitgehend Einigkeit,[10] doch scheint über alles weitere nur schwer eine Einigung herstellbar zu sein. Das beginnt schon mit der Bestimmung dessen, was Friedrich die »Struktur der modernen Lyrik« genannt hat. Gibt es für ihre Beschreibung tatsächlich nur »negative Kategorien«,[11] wie er behauptet, oder auch positive, wie etwa Herbert Lehnert geltend gemacht hat?[12] Und welcher Art sollten diese Kategorien sein: stilistischer wie bei Friedrich selbst, dichtungsgeschichtlicher wie bei Clemens Heselhaus,[13] geistesgeschichtlicher wie bei Edgar Lohner[14] oder Heinrich Henel,[15] oder ideologiekritischer wie bei Jost Hermand?[16]

Mag es angesichts solcher Fragen schon zweifelhaft erscheinen, ob es wirklich nur *eine Struktur* der modernen Lyrik gibt, so dürfte es noch zweifelhafter sein, ob man sinnvollerweise überhaupt von *einer Geschichte* der modernen Lyrik sprechen kann. Offensichtlich verläuft die Entwicklung in jeder Nationalliteratur anders, weshalb zum Beispiel auch ein gemeinsamer Anfang der modernen Lyrik nicht auszumachen ist. In der französischen Lyrik beginnt die Moderne bereits in den 50er Jahren des 19. Jahrhunderts

7 Vgl. dazu Hans Robert Jauß: Schlegels und Schillers Replik auf die »Querelle des Anciens et des Modernes«, und ders.: Das Ende der Kunstperiode – Aspekte der literarischen Revolution bei Heine, Hugo und Stendhal. In: Ders.: Literaturgeschichte als Provokation, S. 67–106 und 107–143.

8 Vgl. dazu Reinhold Grimm (Hg.): Zur Lyrik-Diskussion.

9 Vgl. Hugo Friedrich: Die Struktur der modernen Lyrik, S. 15ff.

10 Vgl. etwa Michael Hamburger: Die Dialektik der modernen Lyrik, S. 7ff.

11 Hugo Friedrich: Die Struktur der modernen Lyrik, S. 19. Zur Kritik an Friedrichs Verständnis der Moderne und der modernen Lyrik vgl. generell Michael Hamburger: Die Dialektik der modernen Lyrik, S. 44ff.; William H. Rey: Poesie der Antipoesie, S. 20ff.; Helmut Kreuzer: Zur Periodisierung der ›modernen‹ deutschen Literatur. In: Ders.: Veränderungen des Literaturbegriffs, S. 41–63, hier S. 44ff.; sowie Michael Zeller: Gedichte haben Zeit, S. 22ff.

12 Vgl. Herbert Lehnert: Struktur und Sprachmagie, S. 9.

13 Vgl. Clemens Heselhaus: Deutsche Lyrik der Moderne von Nietzsche bis Yvan Goll, S. 13.

14 Vgl. Edgar Lohner: Wege zum modernen Gedicht. In: Reinhold Grimm (Hg.): Zur Lyrik-Diskussion, S. 368–389. Außerdem ders.: Schiller und die moderne Lyrik, insbes. S. 7ff.

15 Vgl. Heinrich Henel: Erlebnisdichtung und Symbolismus. In: Reinhold Grimm (Hg.): Zur Lyrik-Diskussion, S. 218–254.

16 Vgl. Jost Hermand: Der Aufbruch in die falsche Moderne.

mit Baudelaire,[17] in der spanischen Lyrik frühestens Mitte der 70er Jahre,[18] in der italienischen Lyrik erst nach 1900[19] und in der englischen Lyrik, ebenso wie in der portugiesischen, gar erst um 1910.[20] So verschieden wie die Anfänge sind schließlich die Verläufe der einzelnen ›Modernen‹: von einer Synchronität der Entwicklungen kann jedenfalls kaum die Rede sein.[21]

Angesichts solcher Unterschiede empfiehlt es sich, zunächst von mehreren (Teil-)Geschichten der moderen Lyrik auszugehen, die dann im besten Fall zu einer allerdings sehr komplexen, in sich stark differenzierten Geschichte der modernen Lyrik insgesamt zu vereinigen wären, die wohl nicht nur durch manche Gleichzeitigkeiten, sondern auch durch manche Ungleichzeitigkeiten gekennzeichnet sein dürfte. Eine dieser Teilgeschichten stellt auch die Geschichte der modernen deutschen Lyrik dar. Mit diesem Begriff sind jedoch kaum weniger Fragen verbunden als mit dem umfassenden der modernen Lyrik. Denn unklar ist nicht nur, welchen Zeitraum der Begriff ›Moderne‹ in diesem Fall genau bezeichnen soll, unklar ist auch, welche Werke welcher Autoren er einschließt, was diese Werke für sich genommen auszeichnet und was sie von den Werken der ›Vor-Moderne‹ unterscheidet. Auf diese Fragen hat die Germanistik wohl Antworten gegeben – aber immer verschiedene.

Läßt zum Beispiel Clemens Heselhaus die deutsche Lyrik der Moderne bei Nietzsche beginnen, so greift Edgar Lohner sogar bis auf Hölderlin und Schiller zurück. Spricht Paul Böckmann davon, daß sich die moderne deutsche Lyrik grundlegend von der klassischen, zumal der Goethes, unterscheide,[22] so betont Heinz Otto Burger gerade die »Struktureinheit klassischer und moderner deutscher Lyrik«.[23] Die Reihe der Differenzen ließe sich leicht fortsetzen – vor allem im Hinblick auf die Einordnung einzelner Autoren. Von den deutschen Lyrikern der letzten 90 Jahre scheinen nur Trakl und Benn allgemein als modern zu gelten und allenfalls noch Rilke. Ungewiß aber ist, ob und in welchem Sinn die Texte anderer prominenter Dichter wie Arno Holz, Stefan George oder auch Bert Brecht modern sind – ganz zu schweigen von Genres wie der Konkreten Poesie oder der politischen Lyrik,

17 Vgl. dazu ausführlicher Hugo Friedrich: Die Struktur der modernen Lyrik, S. 35 ff.

18 Vgl. Gustav Siebenmann: Die moderne Lyrik in Spanien, insbes. S. 52–80.

19 Vgl. Hans Hinterhäuser: Moderne italienische Lyrik, S. 7–25.

20 Vgl. Willi Erzgräber: Einleitung. Englische Lyrik des 20. Jahrhunderts. In: Ders. (Hg.): Moderne englische Lyrik, S. 9–90; ferner Horst Oppel: Einführung. In: Ders. (Hg.): Die moderne englische Lyrik, S. 7–38; sowie Rudolf Haas: Die moderne englische Lyrik. Zur portugiesischen Lyrik vgl. Gustav Siebenmann: Modernismen und Avantgarde in der Iberoromania. In: Theo Elm und Gerd Hemmerich (Hg.): Zur Geschichtlichkeit der Moderne, S. 233–258, insbes. S. 237 f.

21 Vgl. ebd. S. 234 ff.

22 Paul Böckmann: Die Sageweisen der modernen Lyrik. In: Reinhold Grimm (Hg.): Zur Lyrik-Diskussion, S. 83–114.

23 Vgl. Heinz Otto Burger: Von der Struktureinheit klassischer und moderner deutscher Lyrik.

die etwa Hugo Friedrich ausdrücklich nicht als modern gelten lassen wollte.[24]

In Anbetracht solcher Probleme kann es nicht verwundern, daß es bis heute noch keine richtige Geschichte der modernen deutschen Lyrik gibt. Es gibt lediglich – in der Nachfolge Hugo Friedrichs – einige strukturelle Untersuchungen wie die von Kurt Leonhard,[25] Hartmut Müller[26] und Mario Andreotti,[27] die von »Formen« und »Strukturen« sprechen, aber kaum von »Entwicklungen«. Selbst die Studie von Clemens Heselhaus,[28] die einer Geschichte der modernen deutschen Lyrik noch am nächsten kommt, unterscheidet bei aller geschichtlichen Ausrichtung weniger Phasen als (historische) Typen moderner deutscher Lyrik.

Diese Sachlage läßt eine Neubestimmung des Begriffs ›moderne deutsche Lyrik‹ ebenso nützlich wie notwendig erscheinen, vor allem wenn man bedenkt, daß es sich bei ihm um einen mittlerweile eingebürgerten und viel benutzten Terminus handelt, der offenbar durch einen anderen nicht zu ersetzen ist. Eine solche Definition kann allerdings nicht nur für sich Interesse beanspruchen; ihr kommt auch für jede systematische Theorie des lyrischen Gedichts eine besondere Bedeutung zu. Denn einer in der Literaturwissenschaft weitverbreiteten Ansicht zufolge markiert die moderne Lyrik generell einen »Traditionsbruch«[29] – einen Bruch mit fast allem, was man herkömmlicherweise als Lyrik und erst recht als lyrisch bezeichnet hat. Es ist deshalb kein Wunder, daß etwa Emil Staigers Begriff des Lyrischen, der wesentlich an klassischen und romantischen Gedichten gewonnen wurde, für die Beschreibung der modernen Lyrik kaum etwas hergibt: vor ihr versagen offenbar traditionelle Kategorien wie ›Stimmung‹, ›Erlebnis‹ oder ›Innerlichkeit‹.

Ihrer mehr oder weniger tiefgehenden Neuartigkeit wegen stellt die moderne Lyrik deshalb einen Prüfstein für jede Lyrik-Theorie dar. An ihr kann sich vor allem in zweierlei Hinsicht die Angemessenheit einer systematischen Definition der Lyrik erweisen. An ihrer Fähigkeit, moderne lyrische Gedichte überhaupt zu erfassen, läßt sich zum einen der empirische Geltungsbereich und an dem Maß, in dem sie in der Lage ist, die moderne Lyrik zu beschreiben und zu gliedern, läßt sich zum andern die Fruchtbarkeit einer systematischen Definition des lyrischen Gedichts für historische Forschung exemplarisch ablesen. Zumal das zweite Problem ist von einiger Komplexität: eine Charakterisierung der modernen Lyrik als historischer Erscheinung setzt sowohl eine Konkretisierung des Lyrik-Begriffs wie eine Formulierung

24 Vgl. Hugo Friedrich: Die Struktur der modernen Lyrik, S. 13.
25 Kurt Leonhard: Moderne Lyrik.
26 Vgl. Hartmut Müller: Formen moderner deutscher Lyrik.
27 Vgl. Mario Andreotti: Die Struktur der modernen Literatur.
28 Clemens Heselhaus: Deutsche Lyrik der Moderne von Nietzsche bis Yvan Goll.
29 Vgl. Hugo Friedrich: Die Struktur der modernen Lyrik, S. 64. Vgl. auch Alfred Doppler: Wie lyrisch ist die moderne Lyrik?

von Kriterien voraus, nach denen lyrische Gedichte in diesem Fall als modern gelten können.

3.

Welche Gedichte jeweils als lyrisch anzusehen sind, also den Untersuchungsgegenstand bilden, scheint ein besonderes Problem wenigstens neuerer historischer Darstellungen zur Lyrik zu sein.[30] So haben zum Beispiel noch in der jüngsten »Geschichte der deutschen Lyrik« eine Reihe von epischen und dialogischen Gedichten wie »Luise« und »Der Siebzigste Geburtstag« von Johann Heinrich Voß, Goethes »Alexis und Dora« oder Storms »Lyrische Form« Berücksichtigung gefunden.[31] Was da der Begriff ›Lyrik‹ heißen soll, ist kaum noch zu sagen: er meint offenbar nicht jedweden Verstext, denn Versdramen sind durchweg ausgeschlossen worden, aber auch nicht, mit Emil Staigers großzügiger Formulierung, »Gedichte von bescheidenem Umfang, sie mögen beschaffen sein, wie sie wollen«,[32] denn dann wären zumindest Versepen wie die »Luise« ausgegrenzt worden.

Ein solcher unklarer, auf jeden Fall problematischer Gegenstandsbegriff kennzeichnet auch viele Arbeiten zur modernen Lyrik, ja sie vielleicht sogar in besonderer Weise, insofern sie nämlich häufig davon ausgehen, daß die moderne Lyrik, wie die moderne Literatur insgesamt, immer wieder die Gattungsgrenzen überschreite.[33] Deshalb werden in Darstellungen zur modernen Lyrik nicht selten auch sogenannte ›Prosagedichte‹ wie Rimbauds »Une saison en enfer«[34] oder eindeutig epische Gedichte wie Brechts »Legende von der Entstehung des Buches Taoteking auf dem Weg des Laotse in die Emigration«[35] ausführlich berücksichtigt – von weniger prominenten oder weniger eindeutigen Beispielen einmal ganz abgesehen.

Diese Unschärfe des Gegenstandsbegriffs ist auf der Grundlage der hier vorgeschlagenen Definition des lyrischen Gedichts leicht zu beheben: auf ihrer Basis sind als Gegenstand jeder historischen Darstellung zur *Lyrik* allein lyrische Gedichte im explizierten Sinn anzusehen. Eine solche definitorische Klärung ist eine ebenso einfache wie elementare Voraussetzung für die Zuverlässigkeit einer gattungsgeschichtlichen Untersuchung: sie garantiert erst, daß das, was als Geschichte einer Gattung konzipiert ist, auch tatsächlich die Geschichte *einer* Gattung wird.

30 Vgl. die Kritik Rudolf Hallers an Johannes Kleins Geschichte der deutschen Lyrik: Ders.: Geschichte der deutschen Lyrik, S. 6.

31 Walter Hinderer (Hg.): Geschichte der deutschen Lyrik, S. 185, 221 und 351.

32 Emil Staiger: Andeutung einer Musterpoetik, S. 336.

33 Vgl. etwa Hartmut Müller: Formen moderner deutscher Lyrik, S. 81 ff.

34 Vgl. Hugo Friedrich: Die Struktur der modernen Lyrik, S. 66 ff.

35 Vgl. Hartmut Müller: Formen moderner deutscher Lyrik, S. 90 ff.

Der Vorteil einer solchen Klärung auf der Grundlage der hier vorgeschlagenen Definition des lyrischen Gedichts ist es, daß sie nicht nur notwendige Einschränkungen, sondern ebenso sinnvolle Erweiterungen des Gegenstandsbereichs zur Folge hat. Die strukturelle Definition macht es möglich, auch solche Werke zu berücksichtigen, die im Sinn eines traditionellen subjektivistischen Begriffs kaum als lyrisch gelten können. Deshalb ist das Textkorpus, das hier für eine Darstellung der modernen deutschen Lyrik anzusetzen ist, größer als in den meisten vergleichbaren Untersuchungen: ihr ist es möglich, nicht nur Autoren wie Rilke, Trakl, Benn oder Celan, sondern auch solche wie Arno Holz oder Bert Brecht, von Fall zu Fall sogar experimentelle Autoren wie Kurt Schwitters oder Helmut Heißenbüttel einzubeziehen, die oft gar nicht, oft nur mit Einschränkung für Lyriker angesehen werden.

4.

Eine Bestimmung des Begriffs ›moderne deutsche Lyrik‹ verlangt über die Konkretisierung des Gegenstandsbegriffs hinaus eine Formulierung von Kriterien, nach denen lyrische Gedichte als modern gelten können. Auch dieses Problem läßt sich mit Hilfe der hier vorgeschlagenen Definition der Lyrik lösen; allerdings muß sie als systematische Definition zu diesem Zweck dynamisiert und als ein Instrument zur Beschreibung der Lyrik als historischer Gattung in ein Modell der Literaturgeschichtsschreibung im allgemeinen und der Epochendarstellung im besonderen integriert werden. Als Modell der Literaturgeschichtsschreibung dient im folgenden die von Jurij Tynjanov entwickelte[36] und zuletzt von Harald Fricke präzisierte[37] Theorie literarischer Evolution, die literaturgeschichtlichen Wandel generell, also auch speziell gattungsgeschichtlichen Wandel als einen nicht determinierten Prozeß ständiger Ablösung literarischer Konventionen begreift.

Im Rahmen dieses Abweichungsmodells lassen sich geschichtliche Veränderungen nicht nur registrieren, sondern durch die Unterscheidung von Epochen auch strukturieren. Unter einer Epoche ist dabei ein Zeitraum der Literaturgeschichte zu verstehen, innerhalb dessen literarische Texte eine relative Konstanz im Hinblick auf bestimmte Merkmale aufweisen, durch die sie sich jeweils von den entsprechenden Texten des unmittelbar voraufgegangenen Zeitraums unterscheiden.[38] Als Epochenkonstanten sind, auf

36 Vgl. Jurij Tynjanov: Das literarische Faktum, und ders.: Über literarische Evolution. In: Ders.: Die literarischen Kunstmittel und die Evolution in der Literatur, S. 7–36, insbes. S. 21, und 37–60.

37 Vgl. Harald Fricke: Norm und Abweichung, S. 162–167.

38 Vgl. dazu und im folgenden Michael Titzmann: Probleme des Epochenbegriffs in der Literaturgeschichtsschreibung. Titzmann stützt sich wesentlich auf die Studie von Hubert Paul Hans Teesing: Das Problem der Periodisierung in der deutschen Literaturgeschichte.

der Basis des Abweichungsmodells, nicht »epochale Regeln«[39] oder gar »spatio-temporale Gesetze«,[40] sondern literarische »Quasi-Normen«[41] anzusehen, die jeweils von den Quasi-Normen der vorigen Epoche differieren.

Die Aufgaben einer literaturwissenschaftlichen Epochendarstellung liegen zum einen in der Epochenklassifikation und zum andern in der Epochenbeschreibung. Die Epochenklassifikation besteht vor allem in der Datierung des Anfangs und des Endes der Epoche und in ihrer Abgrenzung von der voraufgegangenen wie der nachfolgenden Epoche durch die Bestimmung ihrer spezifischen Merkmale; die Epochenbeschreibung in der Bestimmung und Beschreibung auch der typischen Merkmale und in der Unterteilung der Epoche in einzelne Phasen.

Als Kriterien für die Klassifikation und die Beschreibung von Epochen in der Lyrik-Geschichte sind, auf der Grundlage der hier vorgeschlagenen Definition des lyrischen Gedichts, die formalen und die strukturellen Merkmale des lyrischen Gedichts anzusetzen, wobei ›formal‹ hier alle auf die Versform beziehbaren und ›strukturell‹ alle auf die Struktur der Einzelrede beziehbaren Merkmale meint. Als epochale Einschnitte in der Geschichte der deutschen Lyrik sind demnach zunächst jeweils Abweichungen von literarischen Quasi-Normen zumindest entweder auf der Ebene der Versform oder auf der Ebene der Rede zu betrachten.

Für solche Abweichungen kommen allerdings im näheren nicht die konstitutiven, sondern nur typische formale und strukturelle Merkmale des lyrischen Gedichts in Frage – in der Terminologie Hempfers: statt der »Tiefenstrukturen« nur die »historischen Transformationen, in denen sich die Tiefenstrukturen konkretisieren«.[42] Die notwendigen Merkmale der Versgliederung und der Einzelrede müssen in aller Lyrik erfüllt sein, weil durch sie der Gattungszusammenhang und damit die Ähnlichkeit aller lyrischen Gedichte untereinander definiert sind. Demgegenüber stellen die typischen Merkmale hinsichtlich der *Versart* und der *Rede-Weise* die variablen neben den konstanten Eigenschaften dar, die sich im Lauf der Gattungsgeschichte verändern können. Angesichts der kaum überschaubaren Vielfalt zumindest möglicher lyrischer *Rede-Weisen* lassen sich hier jedoch keine ›Transformationsregeln‹ vorab theoretisch formulieren; sie sind allenfalls, im jeweiligen literarhistorischen Zusammenhang, empirisch zu ermitteln.

Eine epochenspezifische Abweichung im skizzierten Sinn muß grundsätzlich zunächst einmal bloß eine Abweichung von einer Quasi-Norm der unmittelbar vorausgegangenen Epoche sein. Sie muß nicht, innerhalb der Gat-

39 Michael Titzmann: Probleme des Epochenbegriffs in der Literaturgeschichtsschreibung, S. 127.

40 Karl Eibl: Kritisch-rationale Literaturwissenschaft, S. 43.

41 Harald Fricke: Norm und Abweichung, S. 162 u. ö.

42 Klaus: W. Hempfer: Gattungstheorie, S. 141. Vgl. dazu im näheren ders.: Tendenz und Ästhetik, insbes. S. 10–36.

tungsgeschichte, den Charakter einer absoluten Neuerung haben. Sie kann auch die – wie immer modifizierte – Rückkehr zu der Quasi-Norm einer früheren als der unmittelbar voraufgegangenen Epoche sein. Insofern ist also das hier benutzte Abweichungsmodell nicht der Idee eines permanenten und gewissermaßen geradlinigen literaturgeschichtlichen Fortschritts verpflichtet.

Als Kriterium für die Annahme eines Epocheneinschnitts kann auch in der Geschichte der Lyrik immer nur einen literarisches Faktum im engeren Sinn dienen – weder ein literarisches Faktum im weiteren Sinn, wie es etwa ein poetologisches Programm oder die Selbstinterpretation eines Autors darstellt, noch ein anderes als ein literarisches Faktum, etwa ein geistes- oder sozialgeschichtliches. Von einem Epocheneinschnitt ist hier folglich erst dann zu sprechen, wenn mindestens eine epochenspezifische Veränderung in lyrischen Gedichten einer bestimmten Zeit nachweisbar auftritt – und nicht schon dann, wenn eine solche Veränderung von Autoren lediglich *proklamiert* oder von Forschern aufgrund anderer historischer Veränderungen *statuiert* wird.

Ein solcher Epochenbeginn muß nicht durch einen Zeitpunkt, er kann auch als Zeitraum zwischen zwei Zeitpunkten zu bestimmen sein, zumal dann, wenn sich die epochalen Veränderungen nicht sprunghaft, sondern sukzessiv vollziehen. Epocheneinschnitte können grundsätzlich von unterschiedlichem Gewicht sein – je nach dem Gewicht der Quasi-Norm, von der abgewichen wird, und je nach der Radikalität der Abweichung selbst. Prinzipiell ist ein Epocheneinschnitt, der durch die Abweichung *sowohl* von einer strukturellen *wie* von einer formalen Quasi-Norm zustande kommt, tiefer als der, der sich auf die Abweichung *entweder* von einer formalen *oder* einer strukturellen Quasi-Norm gründet. Ebenso ist die Epochenzäsur gravierender, die durch die Abweichung von einer epochen*übergreifenden* Quasi-Norm entsteht, als die, die sich nur auf die Abweichung von einer epochen*spezifischen* Quasi-Norm stützen kann.

Je nach der Tiefe des Einschnitts ist zwischen Epochen verschiedener Ordnung zu differenzieren, die nicht selten zugleich Epochen unterschiedlicher Dauer sind, und zwar in der Weise, daß ›größere‹ Epochen meist auch von längerer, ›kleinere‹ hingegen von kürzerer Dauer sind. Die Moderne in der Lyrik-Geschichte ist in diesem Sinn eine größere Epoche – eine größere jedenfalls als etwa der Expressionismus, eine kleinere aber wiederum als etwa die gesamte Neuzeit. Deshalb ist auch davon auszugehen, daß moderne lyrische Gedichte nicht nur von einer, sei es formalen oder strukturellen Quasi-Norm, sondern grundsätzlich sowohl von einer formalen wie von einer strukturellen Quasi-Norm der Vor-Moderne abweichen können. Wenn jeweils für bestimmte Zeiträume bestimmte Abweichungstypen dominant sind, ist von Phasen innerhalb dieser Epoche zu sprechen.

Allerdings ist es nicht ausgeschlossen, daß es innerhalb einer größeren Epoche wie der Moderne auch Texte gibt, die sich nach den Quasi-Normen der Vor-Moderne richten – und daß sie dies in ausdrücklichem Widerspruch zur modernen Lyrik tun. Solange sie sich jedoch nicht durchsetzen, ist auch nicht von einer anderen oder einer neuen Epoche auszugehen. Als Reaktionen auf die epochenspezifische Quasi-Norm stellen sie lediglich einen besonderen Typ innerhalb der Epoche dar, der im übrigen die Dominanz der neuen Quasi-Norm(en) indirekt bestätigt.[43]

5.

Auf der Grundlage der dynamisierten Definition des lyrischen Gedichts schlage ich vor, die Moderne in der Geschichte der deutschen Lyrik durch die Abweichung von den grundlegenden Quasi-Normen zu bestimmen, die die deutsche Lyrik seit der zweiten Hälfte des 18. Jahrhunderts geprägt haben. Die Moderne umfaßt *die* Epoche der deutschen Lyrik-Geschichte, innerhalb derer sich diese Abweichungen selbst als Quasi-Normen etablieren, die nun ihrerseits wieder Abweichungen provozieren können. Als Beginn der Epoche ist der Zeitraum zwischen 1890 und 1900 anzusehen, in dem erstmals Abweichungen von den strukturellen und formalen Quasi-Normen der traditionellen Lyrik in signifikanter Art und Zahl nachweisbar auftreten.

Dabei ist zunächst grundsätzlich zwischen *zwei Typen* moderner lyrischer Gedichte zu unterscheiden. Als modern sind alle lyrischen Gedichte seit dem ausgehenden 19. Jahrhundert zu betrachten, die zumindest von der traditionellen deutschen Lyrik abweichen. Folglich ist auf der Basis der hier vorgeschlagenen Definition des lyrischen Gedichts sowohl von einer strukturell, also durch ihre Rede-Weise, wie auch von einer formal, also durch ihre Versart, modernen deutschen Lyrik zu sprechen.

Dem Modell der Epochendarstellung entsprechend, in das die Definition des lyrischen Gedichts integriert ist, läßt sich weiter zwischen *drei Phasen* moderner deutscher Lyrik unterscheiden. Der Beginn der ersten Phase und damit der ganzen Epoche fällt in die 90er Jahre des vorigen Jahrhunderts. Als die entscheidenden Daten müssen das Jahr 1890, in dem die »Hymnen« Stefan Georges, und das Jahr 1898/99, in dem der »Phantasus« von Arno Holz veröffentlicht wurden, gelten. Mit den »Hymnen« Georges setzt die Abwendung von den Rede-Weisen der realistischen Erlebnislyrik des 18. und 19. Jahrhunderts ein. Kennzeichnend für diesen Typ moderner lyrischer Gedichte in dieser Phase sind Verfahren vor allem metaphorischer Verfremdung, die sich mit einer gewissen Progression, aber auch Modifikation bis in die abstrakte Lyrik des »Sturm«-Kreises verfolgen lassen. Mit dem »Phantasus« beginnt die Abwendung von der traditionellen Quasi-Norm metrischer Regulierung des Verses und die Hinwendung zu freien Versen. Beide Strän-

43 Vgl. Michael Titzmann: Probleme des Epochenbegriffs in der Literaturgeschichtsschreibung, S. 108f.

ge der modernen deutschen Lyrik laufen dann spätestens in der dadaistischen Lyrik zusammen, zumal in den Lautgedichten Hugo Balls, die als abstrakte Dichtung von der Tradition der gegenständlichen Erlebnislyrik und als Dichtung in freien Versen von der Tradition der metrisch regulierten Verslyrik abweichen.

Mit dem Dadaismus endet die erste Phase der modernen deutschen Lyrik, deren Möglichkeiten durch ihn weitgehend ausgeschöpft sind. Nicht zuletzt als Reaktion auf die Extremposition der dadaistischen Dichtung bilden sich in den 20er Jahren drei Richtungen aus, die von den mittlerweile selbst zu Quasi-Normen avancierten Abweichungen der modernen Lyrik der ersten Phase wieder abweichen. Die eine Richtung ist charakterisiert durch die neuerliche Dominanz traditioneller Formen, die vor allem Benn bewirkt. Die zweite Richtung ist gekennzeichnet durch einen sozialen Realismus in der Darstellung vor allem des Großstadtlebens, wie er von Brecht zur höchsten Wirkung gebracht wird. Die dritte Richtung schließlich stellt der magische Realismus der Naturlyrik insbesondere Loerkes und Lehmanns dar. Alle drei Gegenbewegungen gegen die moderne deutsche Lyrik der ersten Phase sind allerdings selbst noch immer modern: Benns formaler Traditionalismus als ein Mittel der anti-realistischen Montage; Brechts sozialer Realismus sowohl durch die wenigstens zeitweise Bevorzugung freier Verse wie durch die – spätere – Einbeziehung vor allem metaphorischer Verfahren der Verfremdung; der Naturrealismus Loerkes und Lehmanns durch Verfahren magischer Verfremdung. Insofern sind diese drei Gegenbewegungen gegen die Moderne innerhalb der Moderne von den dezidiert anti-modernen Bestrebungen in der nicht nur nationalsozialistischen Lyrik der 30er und 40er Jahre zu unterscheiden.

Die moderne deutsche Lyrik der dritten Phase beginnt Anfang der 50er Jahre als Fortsetzung und behutsame Modifikation der modernen Lyrik im allgemeinen und im besonderen der modernen *deutschen* Lyrik der ersten und zweiten Phase. Sie ist im wesentlichen und im wesentlichen auch in dieser Reihenfolge hermetische Lyrik, wie bei Eich und Celan, Konkrete Lyrik, wie bei Heißenbüttel, und politische Lyrik, wie bei Enzensberger – und vorwiegend Lyrik in freien Versen. Ungefähr seit 1970 gibt es allerdings in der Lyrik der Neuen Subjektivität den Versuch einer radikalen Abwendung vor allem von den strukturellen Quasi-Normen der modernen Lyrik und eine Hinwendung zu einer neuartigen realistischen Erlebnislyrik.

6.

Der Begriff der modernen deutschen Lyrik, wie er auf der Basis der dynamisierten Definition des lyrischen Gedichts zu bestimmen ist, unterscheidet sich von dem in der Literaturwissenschaft etablierten vor allem in zweierlei Hinsicht. Er ist erstens zeitlich enger und zweitens sachlich weiter gefaßt als der Begriff der Moderne, wie er im Anschluß an Hugo Friedrich definiert worden ist, der die moderne Lyrik schon um 1850 beginnen läßt und sie allein durch die stilisisch modernen Gedichte der autonomen Lyrik repräsentiert sieht. Demgegenüber ist auf der Grundlage der hier vorgeschlagenen Definition sowohl von strukturell wie von formal moderner (deutscher) Lyrik und von strukturell moderner nicht nur im Zusammenhang mit der autonomen, sondern zum Beispiel auch der politischen Lyrik zu sprechen. Aufgrund der Kriterien, die für die Definition schon des lyrischen und dann ebenso des modernen lyrischen Gedichts angesetzt worden sind, erweitert sich also der Gegenstandsbereich einer Geschichte der modernen deutschen Lyrik. Allerdings wird er auch nicht so weit, daß der Begriff des modernen lyrischen Gedichts unscharf würde, was am Verhältnis der modernen Lyrik zur vor-modernen Lyrik des Naturalismus einerseits und zur post-modernen Lyrik der Neuen Subjektivität andrerseits zu demonstrieren ist.

Der hier vorgeschlagene Begriff der modernen deutschen Lyrik ist komplexer als der übliche; komplexer nicht nur insofern, als er drei Phasen, komplexer auch insofern, als er zwei Typen moderner deutscher Lyrik unterscheidet, die wiederum in den drei Phasen jeweils unterschiedliche Ausprägungen erfahren können. Diese Komplexität läßt es nicht zu, die deutsche Lyrik der Moderne nur durch *eine* Eigenschaft zu charakterisieren. Die Rede etwa von der »Rückkehr zur Bildlichkeit der Sprache«,[44] von Sprachmystik und Sprachskepsis[45] oder Dunkelheit[46] kann der modernen deutschen Lyrik insgesamt nicht gerecht werden, allenfalls einer Phase oder einem Typ, und stellt ansonsten eine Vereinfachung dar.[47]

Weil der hier vorgeschlagene Begriff der modernen deutschen Lyrik relativ komplex ist und überdies von dem in der Literaturwissenschaft etablierten abweicht, bedarf er einer Entfaltung, die ausführlicher als eine bloße Skizze sein muß. Es versteht sich, daß im Rahmen dieser Definitionen zur Lyrik gleichwohl eine detaillierte Geschichte der modernen deutschen Lyrik ebensowenig zu leisten ist wie eine nähere Auseinandersetzung jeweils mit der nicht nur kaum überschaubaren, sondern auch außerordentlich heterogenen Forschungsliteratur: selbst bei einer gewissen Ausführlichkeit der Explikation können hier nur grobe Linien gezeichnet werden.

Die folgende Darstellung der modernen deutschen Lyrik ist als Anwendungs- und Erprobungsteil dieser Arbeit so angelegt, daß alle Typen und

44 So Clemens Heselhaus: Deutsche Lyrik der Moderne von Nietzsche bis Yvan Goll, der seiner Studie den Untertitel: »Die Rückkehr zur Bildlichkeit der Sprache« gegeben hat.

45 Vgl. dazu vor allem Hans-Joachim Mähl: Die Mystik der Worte – Zum Sprachproblem in der modernen deutschen Dichtung.

46 Vgl. etwa Bernhard Böschenstein: Die Dunkelheit der deutschen Lyrik des 20. Jahrhunderts, oder Horst Meixner: Die ›Dunkelheit‹ der modernen Lyrik.

47 Dies gilt auch für den Vorschlag Uwe Japps, die literarische Moderne durch das »poetologische Kriterium« einer »Poetik des Experiments mit der Sprache« zu definieren. Vgl. dazu ders.: Kontroverse Daten der Modernität, S. 130.

Phasen moderner deutscher Lyrik anhand einiger charakteristischer Texte der wichtigsten Autoren exemplarisch vorgestellt werden können, wobei der Akzent auf der ersten Phase der Moderne und damit zugleich auf ihrer Abgrenzung von der traditionellen Lyrik liegt. Die Darstellung beschränkt sich im übrigen auf eine *Beschreibung* der modernen deutschen Lyrik und verzichtet weitgehend auf – sei es geistesgeschichtliche, sei es sozialgeschichtliche – Erklärungen ebenso wie auf Vergleiche mit der modernen Lyrik anderer Nationalliteraturen, die ihren Platz in einer ausführlichen Epochengeschichte finden müssen. Ferner läßt sich hier weder das Gesamtwerk aller genannten Autoren charakterisieren, noch lassen sich alle modernen deutschen Lyriker auch nur namentlich anführen. Die Darstellung entbehrt also notgedrungen der Vollständigkeit; doch sollte sie in der Auswahl der Beispiele wenigstens so repräsentativ sein, daß sie eine Entscheidung darüber ermöglicht, ob und in welchem Sinn ein nicht erwähntes Werk oder ein nicht behandelter Autor modern sei – oder auch nicht.

2. Kapitel: Die strukturell moderne deutsche Lyrik der ersten Phase: Von George bis zu den Dadaisten

1.

In der einschlägigen Forschungsliteratur ist meist zu lesen, die Anfänge der modernen deutschen Lyrik lägen »um 1900«,[1] doch gibt es auch anders lautende Datierungsversuche. Edgar Lohner beispielsweise hat den Beginn der modernen deutschen Lyrik im Expressionismus gesehen, also um 1910,[2] während Helmut Kreuzer, mit mehr Resonanz, vorgeschlagen hat, die »Epochenzäsur«[3] früher, nämlich schon um 1870, und den »Triumph der Moderne« um 1890[4] anzusetzen. Danach müßte der Naturalismus den Beginn der modernen deutschen Literaur markieren.

Für diesen vielbeachteten Vorschlag spricht, daß sich ein Bewußtsein der ›Modernität‹ schon in den 80er Jahren des vorigen Jahrhunderts bei den Lyrikern artikuliert, mit denen die Epoche des Naturalismus in der deutschen Literatur einsetzt. Ihrer ersten und wichtigsten Anthologie gaben sie den programmatischen Titel »Moderne Dichter-Charaktere« – in polemischer Abgrenzung gegen die konventionell erstarrte Lyrik der Zeit, von der sie sich durch eine thematische Neuerung deutlich unterschieden: Gut hundert Jahre nach der ersten Großstadtschilderung der deutschen Literatur, der Beschreibung Londons in Lichtenbergs »Briefen aus England an Hein-

1 Vgl. dazu Lawrence Ryan: Jahrhundertwende. In: Walter Hinderer (Hg.): Geschichte der deutschen Lyrik vom Mittelalter bis zur Gegenwart, S. 387–419, insbes. S. 387ff.

2 Vgl. dazu Edgar Lohner: Die Lyrik des Expressionismus. In: Hermann Friedmann und Otto Mann (Hg.): Expressionismus, S. 57–83, insbes. S. 57.

3 Helmut Kreuzer: Zur Periodisierung der ›modernen‹ deutschen Literatur, S. 51.

4 Ebd., S. 53.

rich Christian Boie« von 1776, führten sie die Großstadt als Sujet auch in die Lyrik ein.[5]

Die naturalistische Großstadtdichtung, die vor allem Berlin-Dichtung war, verdankt ihre Existenz der Bemühung um einen Realismus, der die Darstellung des alltäglichen Lebens auch des Proletariats in der Metropole als ein Gebot der »Wahrheit«[6] und die Parteinahme für die Elenden und Ausgemergelten als Ausdruck der Modernität ansah:

Kein rückwärts schauender Prophet,
Geblendet durch unfaßliche Idole,
Modern sei der Poet,
Modern vom Scheitel bis zur Sohle![7]

reimte Arno Holz, der bedeutendste naturalistische Lyriker, in seinem »Programm« und versuchte mit Elendsschilderungen wie »Meine Nachbarschaft« und mit sozialkritischen Schwarz-Weiß-Malereien wie in »Ein Bild« und »Ein andres« zu zeigen, daß modern der Poet nur als »Tendenzpoet«[8] sei. Tatsächlich ist die Wahl der Großstadt als Thema der Lyrik nicht nur in einem sozial-, sondern auch in einem literaturgeschichtlichen Sinn epochemachend. Sie bedeutet eine Abkehr von der historisierenden und deutschtümelnden Literatur der Gründerjahre, von der Literatur etwa eines Emanuel Geibel oder Hermann Lingg.[9]

Zu dem Bewußtsein der eigenen Modernität, das die Naturalisten oft polemisch artikulierten, paßt die starke Traditionsgebundenheit ihrer Lyrik allerdings schlecht.[10] Es gehört zu den auffälligsten Widersprüchen dieser an Widersprüchen reichen Lyriker, daß sie sich, aller Bekenntnisse zur Moderne zum Trotz, immer wieder auf die Tradition beriefen – zum einen auf die Genielyrik des Sturm und Drang und zum andern auf die sozialkritische Dichtung des Jungen Deutschland, der nacheifernd sie sich auch ›Jüngstdeutsche‹ nannten. Das war zunächst als Affront gegen die bürgerlich-behäbige, grundsätzlich panegyrische Lyrik der Zeit gemeint und schon deswe-

5 Einen Überblick über die deutsche Großstadtlyrik gibt Karl Riha: Deutsche Großstadtlyrik, der bei den »Einzelanalysen« mit dem »Phantasus« (der ersten Fassung) beginnt.

6 Zum Wahrheits-Pathos der Naturalisten vgl. etwa das Gedicht »Die Dichtung der Zukunft« von John Henry MacKay, zumal den zweiten Teil. In: Jürgen Schutte (Hg.): Lyrik des Naturalismus, S. 192.

7 Arno Holz: Das Werk, Bd. 1, S. 128.

8 Ebd., S. 134.

9 Zur Lyrik der Gründerzeit vgl. vor allem Klaus Günther Just: Von der Gründerzeit bis zur Gegenwart, S. 75–97. Ferner Walter Hinck: Epigonendichtung und Nationalidee. Zur Lyrik Emanuel Geibels. In: Ders.: Von Heine zu Brecht, S. 60–82.

10 Vgl. dazu auch den kritischen Beitrag von Günther Mahal: Wirklich eine Revolution der Lyrik? Überlegungen zur literaturgeschichtlichen Einordnung der Anthologie »Moderne Dichter-Charaktere«. In: Helmut Scheuer (Hg.): Naturalismus, S. 11–47.

gen mehr als eine letztlich »desorientierende Traditionswahl«.[11] Denn auch in ihrer innovativen Großstadtlyrik blieben die Naturalisten der Tradition der deutschen Lyrik des 19. Jahrhunderts noch in zweierlei Hinsicht verpflichtet.

Sie waren ihr zunächst, unübersehbar, formal verbunden. Die naturalistischen Lyriker haben, zunächst, keine neuen Formen ausgebildet, sondern sich, teils dilettantisch, teils virtuos, an die überlieferten Formen gehalten – auch in ihren sozialkritischen Gedichten. So ist beispielsweise Hermann Conradis »Hast du des Daseins ..« in Terzinen, Arno Holzens »Meine Nachbarschaft« in Stanzen und Otto Erich Hartlebens »Wohin du horchst ...« gar in alkäischen Odenstrophen geschrieben. Das Äußerste an formaler Freiheit, das sich die Naturalisten erlaubten, waren Gedichte in Freien Rhythmen wie Gerhart Hauptmanns »Weltweh und Himmelssehnsucht« oder Bruno Willes »Im Kiefernforste«.

Die naturalistische Lyrik war der traditionellen deutschen Versdichtung des 19. Jahrhunderts aber nicht nur formal verpflichtet. Ein wesentliches Merkmal vor allem der frühnaturalistischen Gedichte ist es, daß sie die soziale Realität der Großstadt immer als eine erlebte darzustellen versuchten – womit sie die Tradition der erlebnishaften Genielyrik auf einem neuen Gebiet fortsetzten. Wie wenig ihnen allerdings diese Fortsetzung ästhetisch gelang, beweist ihr Schwanken zwischen anklägerischem Pathos und anachronistischer Idyllisierung, das etwa in Julius Harts Großstadtgedichten »Auf der Fahrt nach Berlin« und »Berlin« besonders deutlich ist. Zwar gibt es auch naturalistische Gedichte, die ohne die Beglaubigung durch ein Erlebnis auskommen, doch sind das nur einige wenige Erzählgedichte wie Hartlebens »Cirruswolken« oder Willes »Straße«, die eher die Ausnahme als die Regel darstellen.

Diese doppelte Traditionsgebundenheit verbietet es, die Lyrik des Naturalismus als den Beginn der modernen deutschen Lyrik anzusehen. Denn die formale Quasi-Norm der metrischen Regulierung des Verses und die semantische Quasi-Norm der stimmungshaften Erlebnisschilderung, nach denen sie sich richtet, sind nicht irgendwelche, sondern die grundlegenden Quasi-Normen der traditionellen deutschen Lyrik: sie bestimmen die lyrische Versdichtung seit dem Sturm und Drang.

Diese traditionelle Lyrik ist, als metrisch regulierte, im wesentlichen formal gebundene Dichtung, die in ihrer Prägung vor allem durch die Lyrik der Klassik und der Romantik liedhafte Formen bevorzugt, Freie Rhythmen in der Nachfolge Klopstocks aber nicht ausschließt. Und sie ist als Erlebnisdichtung im wesentlichen eine realistische Lyrik. Die Art dieses Realismus ergibt sich dabei aus dem Charakter des Erlebnisses.[12] Es ist zunächst au-

11 So Jürgen Schutte im Vorwort zu der von ihm herausgegebenen Sammlung: Lyrik des Naturalismus, S. 3–36, hier S. 19.

12 Vgl. dazu vor allem Heinrich Henel: Erlebnisdichtung und Symbolismus.

thentisch – authentisch dadurch, daß es ein echtes, biographisch mehr oder weniger genau faßbares Erlebnis des Verfassers ist; authentisch weiter dadurch, daß es nicht nur einen Ort in der raumzeitlichen Wirklichkeit hat, sondern auch einem realen Objekt gilt, das dem Erlebenden unmittelbar gegeben ist oder war. Das Erlebnis ist zum zweiten exorbitant als Erfahrung etwa einer das Subjekt in einer Stimmung mit einem Objekt vereinigenden Harmonie oder einer Subjekt und Objekt übergreifenden Totalität, die über bloß sinnliche Wahrnehmung hinausgeht. Ein solches authentisches und exorbitantes Erlebnis kann in aller Regel nur an einem Gegenstand gemacht werden, der selbst außerordentlich ist: vorzugsweise an einem schönen oder erhabenen Gegenstand und vorzugsweise an einem natürlichen.

Der Realismus zumindest der nach-romantischen Erlebnislyrik[13] ist weiterhin sowohl perspektivisch wie illusionistisch. Er ist perspektivisch, insofern er Dinge immer aus der Sicht des Sprechers beschreibt, also so, wie sie von ihm erlebt werden oder erlebt wurden. Das auffälligste Zeichen dieser subjektiven Perspektive ist, neben dem Gebrauch von Deiktika, die Rede in der Ich-Form. Illusionistisch ist der Realismus der Erlebnislyrik, insofern er die Dinge immer so schildert, wie sie sich grundsätzlich auch einem anderen Subjekt darstellen oder darstellen können. Dieser Illusionismus findet seinen Ausdruck in einer Konventionalität der Wahrnehmung ebenso wie der Darstellung, die sich bis in die Wortwahl hinein zeigen kann.

Durch seine Perspektivität erhält der Realismus der Erlebnislyrik eine emotive, subjektbezogene, durch seinen Illusionismus eine referentielle, objektbezogene Seite. Dieses Gleichgewicht von Subjektivität und Objektivität ist für ihn konstitutiv: er ist nie soweit objektiv, daß er nicht auch noch eine subjektive Einstellung geltend machen könnte, und er ist nie soweit subjektiv, daß er nicht auch noch dem Objekt gerecht zu werden vermöchte. Im übrigen kennt seine Objektivität ebenso viele Formen wie seine Subjektivität. Seine Objektbezogenheit kann sich etwa in Beschreibungen, in lokalisierenden und datierenden Angaben, aber auch in der intensiven Erfassung von Einzelheiten zeigen; seine Subjektbezogenheit in Gefühlsäußerungen aller Art, von Ausrufen und Anreden bis hin zu Reflexionen.

Die Erlebnislyrik macht selbstverständlich nicht den ganzen Bestand der traditionellen lyrischen Dichtung aus: es gibt in der deutschen Literatur des 18. und 19. Jahrhunderts auch Lyrik, die nicht unbedingt referentiell ist, wie die vor allem liedhafte Gefühls- und Stimmungslyrik, und Lyrik, die nicht unbedingt erlebnisgebunden ist, wie die etwa epigrammatische Gedankenlyrik oder die balladenhafte fiktionale Lyrik.[14] Doch dominiert die realistische Erlebnislyrik seit dem Sturm und Drang die deutsche Lyrik: in ihr findet deren wohl wichtigste strukturelle Quasi-Norm ihre wohl wichtigste Realisierung.

13 Vgl. Heinz Schlaffer: Lyrik im Realismus, insbes. S. 71 ff.
14 Vgl. dazu etwa Hartmut Laufhütte: Die deutsche Kunstballade (1979).

Die epochale Leistung der naturalistischen Lyrik besteht darin, daß sie – formal konservativ, wie sie war – der Erlebnisdichtung, deren traditionell bevorzugter Gegenstand die Natur ist, mit der Großstadt einen neuen Gegenstand gewonnen und den Realismus der Erlebnisschilderung um eine pathetisch-anklägerische Note erweitert hat. Aufs Ganze gesehen, hat sie aber keine der beiden grundlegenden Quasi-Normen der traditionellen deutschen Lyrik des 19. Jahrhunderts aufgehoben; sie hat sie vielmehr ein letztes Mal in ihrer Geltung bestätigt.

Gravierende Abweichungen von diesen beiden Quasi-Normen finden sich in der deutschen Literatur nicht vor 1890 – und nach 1890 zunächst allein in der Lyrik, die sich anti-naturalistisch gibt. Die moderne deutsche Lyrik beginnt also nicht *mit* dem Naturalismus, sondern als Reaktion *auf* ihn, und sie beginnt als Abweichung vom Realismus der Erlebnisdichtung. Damit ist bereits gesagt, daß die Modernität der deutschen Lyrik sich anfänglich – aber nicht nur anfänglich – strukturell am deutlichsten in referentieller Lyrik zeigt. Deshalb verlieren auch bei ihrer Beschreibung traditionell für die Charakterisierung lyrischer Gedichte verwendete Kategorien wie Subjektivität oder Expressivität an Bedeutung.

Vom Standpunkt der traditionellen Lyrik des 19. Jahrhunderts aus ist die moderne Versdichtung unrealistisch, ja anti-realistisch. Das bedeutet nicht, daß sie aufhörte, sich auf Realität zu beziehen. Zwar ist es im Vergleich mit der Lyrik des 19. Jahrhunderts nicht mehr dieselbe Wirklichkeit, der sie sich zuwendet, doch ist es, anfangs zumindest, immer noch empirische Wirklichkeit. Von dieser Realität spricht sie jedoch nicht mehr auf eine realistische Weise: sie ist vielmehr in ihrer referentiellen Schicht wesentlich eine Lyrik der Verfremdung.

Die moderne deutsche Lyrik ist also in ihren Anfängen modern als lyrische *Rede*, und zwar zunächst durch ihre spezielle Rede-*Weise* und erst danach durch ihre besonderen Rede-*Gegenstände*. Sie bedient sich verschiedener Mittel der Verfremdung, und sie erreicht verschiedene Grade der Entfernung von den Konventionen realistischen Sprechens. Das wichtigste Mittel, das sie verwendet, ist die Metapher, und der höchste Grad der Verfremdung, den sie erreicht, ist die Abstraktion. Dabei ist eine gewisse Progression erkennbar: die moderne deutsche Lyrik der ersten Phase beginnt als ästhetizistisch stilisierende und sie endet als radikal abstrakte lyrische Rede.

2.

Mit den Konventionen einer realistischen Rede-Weise in der Tradition der Erlebnisdichtung hat als erster moderner deutscher Lyriker nachhaltig der junge Stefan George gebrochen, und zwar, bezeichnend für ihn, gleich in seinen ersten Büchern. Daß mit ihm die Moderne in der deutschen Lyrik beginnt, sei im folgenden am Beispiel seines Gedichts »Im Park« verdeutlicht, das sich für eine solche Demonstration vor allem aus zwei Gründen eignet. Zum einen findet es sich in Georges erstem Gedichtband »Hymnen«, der 1890 zuerst als Privatdruck und dann 1896 zusammen mit den »Pilgerfahrten« und dem »Algabal« veröffentlicht worden ist und den Autor unter dem Einfluß der französischen Symbolisten, zumal Mallarmés, zeigt, den er auf seiner ersten Paris-Reise 1889 kennengelernt hatte. Zum andern bietet sich »Im Park« als ein komplexes Gedicht an, insofern es nicht nur ein Naturgedicht, sondern auch ein poetologisches Gedicht, ja das eine im andern ist: es reflektiert das Selbstverständnis des symbolistischen Dichters gerade an dem Motiv, das traditionell im Zentrum der (deutschen) Lyrik steht und das um die Jahrhundertwende in der Park- und Gartendichtung neue Aktualität erlangt.[15]

Wie die anderen, früheren und späteren Gedichte Georges ist auch »Im Park« ein formstrenges Gedicht, ein Gedicht in Terzinen, deren Vers hier allerdings nicht der endecasillabo, sondern der je nach männlichem oder weiblichem Ausgang zehn- oder elfsilbige vers commun ist:

Im Park
Rubinen perlen schmücken die fontänen·
Zu boden streut sie fürstlich jeder strahl·
In eines teppichs seidengrünen strähnen

Verbirgt sich ihre unbegrenzte zahl.
Der dichter dem die vögel angstlos nahen
Träumt einsam in dem weiten schattensaal..

Die jenen wonnetag erwachen sahen
Empfinden heiß von weichem klang berauscht·
Es schmachtet leib und leib sich zu umfahen.

Der dichter auch der töne lockung lauscht.
Doch heut darf ihre weise nicht ihn rühren
Weil er mit seinen geistern rede tauscht:

Er hat den griffel der sich sträubt zu führen.[16]

Die Modernität dieses Gedichts liegt nicht in seiner zwar seinerzeit ungewöhnlichen, gleichwohl traditionellen Form, sondern in seiner Rede-Weise, zumal in Verbindung mit seinem besonderen Rede-Gegenstand. Das Motiv des Dichters, der, von Vögeln umgeben, einsam in der Natur träumt, scheint auf den ersten Blick eher konventionell zu sein. Doch schon die Natur ist durchaus unkonventionell gesehen, als abgetrennter Bezirk in der mehr künstlichen als natürlichen Anlage des Parks. Der Dichter wirkt außerdem seltsam entrückt. Er ist in Gedanken, aber es stellt sich bald heraus, daß er weder in den Anblick der schönen Natur versunken ist noch von einer fernen Geliebten träumt, sondern mit einem Werk beschäftigt ist.

15 Vgl. Thomas Koebner: Der Garten als literarisches Motiv.
16 Stefan George: Werke, Bd. 1, S. 12.

In seiner sowohl angespannten wie abgewandten Haltung drückt sich symbolisch ein eigentümliches Verhältnis zur Kunst und zur Natur aus. Die Kunst ist für ihn weniger Träumerei als Bewährung am Widerständigen, eine ernste und strenge, vielleicht auch gewaltsame Arbeit; die Natur weniger ein Gegenstand der Aufmerksamkeit als eine Quelle der Ablenkung, eine Gefahr für die Kunst. Er hält innerlich Abstand von ihr, um ihrer »töne lockung« widerstehen zu können.

Die distanzierte Haltung des beschriebenen Dichters wird durch die des beschreibenden Dichters noch übertroffen. Zwar wendet er sich, beschreibend, der Natur zu, doch indem er sie darstellt, verfremdet er sie durch seine spezielle Rede-Weise. In seinen unkonventionellen Metaphern erscheint die Natur anthropomorph, so in den »fürstlich« streuenden Fontänen, vor allem aber artifiziell: aus dem Wasserstrahl wird ein Schmuck aus Rubinen und Perlen, aus dem Rasen ein seidengrüner Teppich, aus dem Laub der Bäume ein »schattensaal«, aus dem Gezwitscher der Vögel eine »weise«. Der Park wird durch diese Metaphern nicht nur ästhetisiert, sondern auch stilisiert. Seine Schönheit erhält den Charakter des Statuarischen, des Preziosen und Aristokratischen.

Dieser Verfremdung des Gegenstands entspricht die Künstlichkeit der Sprache. Schon die im Deutschen nicht leicht zu handhabenden Terzinen wirken kunstvoll und künstlich zugleich, ebenso, neben den Archaismen, die Neologismen und die syntaktischen Verknappungen, erst recht aber das dichte Netz von Lautwiederholungen, das über das Gedicht gespannt ist. Zu den verschlungenen Terzinenreimen kommen grammatische Reime innerhalb eines Verses, so in der ersten Zeile, Alliterationen, so in der zweiten Zeile, und besonders Assonanzen hinzu, nicht selten solche, in die auch die Reimwörter einbezogen sind, wie etwa in der vierten, der sechsten und der neunten Zeile. So entsteht ein »Teppich« aus Vokalen und Konsonanten, der den Worten insgesamt einen suggestiven Klang und über ihre referentielle Funktion hinaus eine ästhetische oder poetische Funktion (im Sinn Jakobsons) verleiht.

Die eigentümliche Künstlichkeit des Gedichts auf allen Ebenen ist weniger ›Manier‹ als ›Stil‹. Symbolistischer Stil, wie sich angesichts der Akzentuierung der ästhetischen Funktion und der schon durch die Wortwahl betont poetischen, von konventioneller, auch von poetisch konventioneller Sprache abweichenden Rede-Weise versteht; damit aber auch artistischer Stil, denn die ästhetisch stilisierte Rede-Weise ebenso wie die Verwandlung der Natur in Kunst einerseits und die Präsenz der Kunst in der Natur andrerseits verdanken sich dem Versuch, eine ›reine‹ Kunst zu schaffen, eine Kunst für die Kunst, die ihr eigener Zweck und, immer wieder, auch ihr eigener Gegenstand ist. So sucht und findet der Dichter im Park sein spezielles, der künstlerischen Darstellung oder besser: Stilisierung würdiges Ambiente, das es ihm erlaubt, aus der poetischen Beschreibung der Natur eine Selbstdarstellung des Poeten hervorgehen zu lassen.

Als poetologisches Gedicht unterscheidet sich »Im Park« auffällig von einschlägigen naturalistischen Gedichten wie »Gottvertraun zum Bajonette« von Otto Erich Hartleben, »Die Dichtung der Zukunft« von John Henry MacKay oder »Mein Çą ira« von Karl Henckell, die alle die Rolle des Dichters politisch und sozial begreifen: für sie ist er ein Anwalt der »Armen Leute«,[17] dessen größtes Problem es ist, nicht selbst als Proletarier geboren zu sein.[18] Ein soziales Problem ist der Dichterberuf auch in dem prominentesten naturalistischen Gedicht über einen Dichter: im Holzschen »Phantasus« der ersten, noch gereimten Fassung aus dem »Buch der Zeit«.

Der Unterschied zwischen diesem und dem Gedicht Georges könnte kaum größer sein. Schon die Umgebung, in die George und Holz jeweils ihren Dichter versetzen, ist vielsagend: der eine haust in einer ärmlichen Berliner Mietskaserne unterm Dach, von der Misere proletarischen Großstadtlebens bedrängt; der andere zieht sich in die ästhetische Enklave des Parks zurück, in ein gesellschaftlich exterritoriales Ambiente, das eine Welt von dem Holzschen Milieu trennt. Entsprechend verschieden sind auch die Dichter selbst dargestellt: hier, naturalistisch stilisiert, der arme, in seine Phantasiewelt flüchtende, hungernde und am Ende elend verhungernde Dachstubenpoet; da, symbolistisch stilisiert, der selbstgewisse und selbstgenügsame, einsam-elitäre, würdevolle, fast priesterliche, ins Herrscherhafte erhöhte Dichter. Bezeichnenderweise wird zwar bei Holz, nicht jedoch bei George gesagt, *woran* der Dichter arbeitet, denn es ist ein bestimmter Typus des Dichters, den George präsentiert: der Dichter als Artist und nur als Artist.[19]

»Im Park« weicht aber nicht allein als poetologisches Gedicht, sondern auch als Naturgedicht von der Tradition ab. Die distanzierte Haltung des Dichters verrät auch ein neues Verhältnis zur Natur, das sich von dem Naturgefühl der traditionellen, zumal der klassischen und der romantischen Dichtung grundlegend unterscheidet. In einem Naturgedicht Goethes bilden Mensch und Natur eine Einheit: die Natur wird als allumfassend gedacht, als äußere und innere Natur zugleich, wobei die eine immer auf die andere bezogen ist, wie beispielsweise in der ersten Strophe des Gedichts »An den Mond«:

17 So der Titel eines Gedichts von Bruno Wille. In: Jürgen Schutte (Hg.): Lyrik des Naturalismus, S. 226.

18 So steht es in Karl Henckells Gedicht »Wunsch«. In: Jürgen Schutte (Hg.): Lyrik des Naturalismus, S. 122/123.

19 Zum Ästhetizismus der Jahrhundertwende vgl. Ralph-Rainer Wuthenow: Muse, Maske, Meduse, sowie Christa Bürger u.a. (Hg.): Naturalismus/Ästhetizismus. Daß die Lyrik des Ästhetizismus keineswegs immer strukturell moderne Lyrik ist, wäre etwa an den Gedichten Hofmannsthals zu zeigen, der, anders als George, nicht grundsätzlich mit der Tradition der Erlebnislyrik gebrochen, wenngleich er sie erheblich verändert hat. Vgl. dazu Gotthart Wunberg: Der frühe Hofmannsthal, S. 41ff. und 118ff.

Füllest wieder Busch und Tal
Still mit Nebelglanz,
Lösest endlich auch einmal
Meine Seele ganz.[20]

Innen und Außen gehen hier buchstäblich ineinander über: der Mond »füllt« nicht nur »Busch und Tal« mit Nebel, er »löst« und erlöst auch die Seele des Sprechers. Selbst wo ein solches stimmungshaftes ›Ineinander‹ von innen und außen nicht gegeben ist, bleibt bei Goethe die äußere Natur ein Analogon der inneren – wie zum Beispiel in der »Harzreise im Winter«, in der Ich und Landschaft zwar nicht mehr eine Einheit, wohl aber in Übereinstimmung sind:[21] die Natur bildet hier, mit den Worten Friedrich Gundolfs, »die sinnliche Parallel*bewegung* zu derjenigen der Seele und des Schicksals«.[22]

Ein solches Naturgefühl, das typisch für traditionelle Erlebnislyrik ist, hat sich in der deutschen Literatur bis in die Lyrik der Naturalisten hinein (und über sie hinaus) erhalten, für die Naturerleben ebenfalls sympathetisches Erleben ist, wenngleich oft ein durch die Existenz des Elends getrübtes Erleben, so etwa in Gedichten wie »Gewitter« von Julius Hart oder »Am Brückenrande« von Karl Henckell. Doch auch in der düsteren Stimmung dieser Gedichte ist die Korrespondenz von äußerer und innerer Natur nicht aufgehoben:

O düstrer Trost,
Wenn Wolke, Busch und Heide mit mir trauern![23]

heißt es etwa resümierend am Ende von Bruno Willes »Herbststurm«.

Bei George sind Mensch und Natur nicht mehr in dieser Weise aufeinander bezogen. Der Mensch steht der Natur *gegenüber*, und nicht selten auch, wie hier, muß er ihr, um der Kunst willen, *widerstehen*. Eine Stimmung, ja überhaupt eine innere Übereinstimmung zwischen ihnen besteht nicht mehr: der Mensch hat sie, als Künstler, aufgekündigt. Er hält Distanz zur Natur und läßt sie ein bloßes Außen sein, ein Objekt. Weit entfernt davon, ihr eine existentielle Bedeutung für sich einzuräumen, verleiht er ihr eine ästhetische Funktion: er macht sie zur schönen Kulisse seines Künstlerdaseins. Die Distanz zur Natur wird so ein Ausdruck der für den Ästhetizismus grundlegenden Trennung von Kunst und Leben.

Es ist aber nicht schon allein die geistesgeschichtlich aufschlußreiche neue Einstellung zur Natur, die Georges Gedicht modern macht. Der Bruch mit dem traditionellen Naturgefühl, den es vollzieht, ist in seiner tieferen Schicht ein Bruch mit dem Erlebnisgedicht des 19. Jahrhunderts und dessen Rede-Weisen. Das zeigt sich in aller Deutlichkeit, wenn man Georges Park-Ge-

20 Goethe: Werke, Bd. 1, S. 129.
21 Vgl. dazu Albrecht Schöne: Götterzeichen, Liebeszauber, Satanskult, S. 13–52.
22 Friedrich Gundolf: Goethe, S. 246.
23 Jürgen Schutte (Hg.): Lyrik des Naturalismus, S. 216.

dicht mit einem motivgleichen, allerdings etwas später entstandenen Gedicht aus dem »Phantasus« der zweiten, ungereimten Fassung vergleicht:

Im Thiergarten, auf einer Bank, sitz ich und rauche;
und freue mich über die schöne Vormittagssonne.
Vor mir, glitzernd, der Kanal:
den Himmel spiegelnd, beide Ufer leise schaukelnd.
Über die Brücke, langsam Schritt, reitet ein Leutnant.
Unter ihm,
zwischen den dunklen, schwimmenden Kastanienkronen,
pfropfenzieherartig ins Wasser gedreht,
– den Kragen siegellackrot –
sein Spiegelbild.
Ein Kukuk
ruft.[24]

Das Verhältnis zur Natur, das sich in diesem Gedicht zeigt, ist dem Georges vielleicht näher als das Goethes. Denn auch bei Holz findet sich keine organische Einheit von Mensch und Natur mehr, wenngleich die Natur noch immer, im wahrsten Sinn spiegelbildlich, auf den Menschen bezogen ist. Doch anders als das Park-Gedicht Georges bleibt das »Phantasus«-Gedicht als lyrische Rede in der Tradition der realistischen Rede-Weise, die mit der Erlebnislyrik verknüpft ist.

Statt der Kunst des Andeutens herrscht in ihm eine Freude am Nennen: der »Thiergarten«, die Tageszeit des «Vormittags«, der »Leutnant«, die »Kastanie«, der »Kukuk« – alles wird gewissenhaft und sprachlich konventionell beim Namen genannt. Mit der Präzision des Sekundenstils verbürgt sich der Autor für die Wirklichkeitstreue seines Gedichts, das er schon durch seine realistische Rede-Weise als Wiedergabe eines persönlichen, ungefähr datierten und genau lokalisierten Erlebnisses, als ein Stück detailgetreuer Realitätsdarstellung ausgibt. Kaum etwas von diesem Realismus findet sich bei George. Er nennt weder den Park noch die Tageszeit, ja nicht einmal die Vögel bei ihren konventionellen Namen. Seine Rede, die eine gewöhnliche Ausdrucksweise sorgsam vermeidet, ist bis in die Wortwahl hinein und besonders deutlich in ihrer Metaphorik poetisch stilisiert. Der Moment, den er beschreibt und in der Beschreibung festhält, ist eher symbolisch als realistisch gesehen, durchscheinend für eine ideale Wirklichkeit: Platonismus also statt Realismus. Wo Holz sich noch anschickt, zugleich ein Stück Natur und die Empfindung des Betrachters wiederzugeben, da herrscht bei George die distanzierte Beobachtung, die auch Beobachtung der Gefühle ist, die die Natur, etwa in den Vögeln, aber auch in dem Dichter, hervorruft. Kann sich das Ich in dem Holzschen Gedicht noch über die Vormittagssonne freuen, so verschließt sich der Dichter Georges emotional vor der Natur.

24 Arno Holz: Phantasus, S. 24.

Die ästhetisch stilisierte Rede-Weise, die das Park-Gedicht Georges kennzeichnet, bedeutet, bis in den Verzicht auf die Ich-Form hinein, einen Bruch mit der realistischen Rede-Weise der Erlebnislyrik. Georges Ideal ist, ganz im Sinn des französischen Symbolismus,[25] das autonome Gedicht, das sich schon durch seine betont poetische Sprache jeder Mediatisierung und Funktionalisierung der Kunst verweigert, also dem weltanschaulichen Bekenntnis ebenso wie dem autobiographischen Erlebnis und der bloßen Abbildung oder Wiederspiegelung der Wirklichkeit. Das wichtigste Mittel einer solchen autonomen Lyrik ist die anti-realistische, verfremdende Metaphorik. Sie bedeutet eine Abwendung von den semantischen Quasi-Normen traditionell realistischer Erlebnisdichtung und die Hinwendung zu einer Technik der ästhetischen oder ästhetisierenden Stilisierung, die letztlich auf den Entwurf einer eigenen poetischen ›Realität‹ zielt.[26] Diese Verfremdung demonstriert die Macht des Dichters, sich durch *seine* Sprache seinen Gegenstand selbst zu schaffen. Der Eindruck einer eigentümlichen Künstlichkeit ist dabei nicht in Kauf genommen, sondern beabsichtigt: sie ist die Garantie für eine allein der poetischen Darstellung zugängliche Idealität.

Die Abkehr von der Erlebnislyrik und der gleichzeitige Übergang zum autonomen Gedicht ist typisch für das Frühwerk Georges, dessen Gipfel mit dem Entwurf der Kunstwelt des »Algabal« erreicht ist. Die mittleren und späten Gedichte Georges nähern sich dann jedoch wieder traditioneller Lyrik an. Zwar zeigt das Gedicht, mit dem sein lyrisches Werk endet, »Du schlank und rein wie eine flamme«, ihn ein letztes Mal als autonomen Dichter, der, bis in die Wortwahl hinein, vom französischen Symbolismus geprägt ist.[27] Dennoch ist nicht zu übersehen, daß schon das »Jahr der Seele« die Rückkehr zur Erlebnisdichtung bringt, und mit dem Erscheinen des Engels im »Vorspiel« zum »Teppich des Lebens« beginnt im Werk Georges eine neue Epoche der Zweckdichtung. Fortan stellt er seine Lyrik auch in den Dienst der Verkündigung, zunächst der Verkündigung des schönen Lebens, dann der des ›Gottes‹ Maximin und schließlich der des ›Neuen Reiches‹. Mit dieser teils mythischen, teils religiösen, teils pädagogischen Mediatisierung betreibt George zugleich die Politisierung seiner Dichtung. Immer mehr begreift er sich nicht nur als Dichter, Seher, (Kunst-)Priester und Erzieher, sondern auch als Richter und geheimer Führer seiner Zeit. Diese

25 Vgl. dazu vor allem Hugo Friedrich: Die Struktur der modernen Lyrik; René Wellek: Das Wort und der Begriff »Symbolismus« in der Literaturgeschichte. In: Ders.: Grenzziehungen, S. 64–83; Wolfgang Kayser: Der europäische Symbolismus. In: Victor Žmegač (Hg.): Deutsche Literatur der Jahrhundertwende, S. 49–59; sowie Paul Hoffmann: Zum Begriff des literarischen Symbolismus und ders.: Symbolismus.

26 Zu dem Problem der doppelten Wirklichkeit vgl. Wolfgang Preisendanz: Das Problem der Realität in der Dichtung, S. 217–228.

27 Vgl. dazu Bernhard Böschenstein: Wirkungen des französischen Symbolismus auf die deutsche Lyrik der Jahrhundertwende. In: Reinhold Grimm (Hg.): Zur Lyrik-Diskussion, S. 451–478, hier S. 456ff. (²1974).

Entwicklung setzt mit den unorthodoxen »Zeitgedichten« des »Siebenten Rings« ein, in denen George, quer zu der von ihm verachteten Gegenwart, seine eigene Tradition von Dante über Goethe bis Nietzsche konstruiert, und sie gipfelt in den schon orthodoxeren Zeitgedichten des »Neuen Reichs«, vor allem in den beiden großen Gedichten »Der Krieg« und »Der Dichter in Zeiten der Wirren«, die dem Ersten Weltkrieg und der Zeit nach ihm gelten. Auch solche politischen, in gewissem Sinn der Aktualität verpflichteten Gedichte (die allerdings nicht alle lyrisch sind) könnte man noch strukturell modern nennen, doch ist ihre Modernität insgesamt – bei allem Konservativismus – wohl genauso eine historische wie eine poetische oder literarische Modernität: bewußt wahrgenommene Zeitgenossenschaft eines Unzeitgemäßen, dem es hier um eine Veränderung weniger der Kunst als des Lebens zu tun war.

3.

Georges spätere Hinwendung zum Erlebnisgedicht einerseits und zum politischen Gedicht andrerseits mag – ebenso wie die Mystik der ›Kosmiker‹ im ›Kreis‹[28] – ein Indiz für die Begrenztheit der artistischen Autonomieästhetik sein, die sich nur als vorübergehende, aber notwendige, weil radikale Gegenposition profilieren, auf die Dauer jedoch nicht befriedigen konnte: die Kunstreligion wurde folgerichtig durch künstliche Religionen abgelöst. Die literarhistorische Bedeutung des artistischen Gedichts liegt daher weniger in der Begründung einer neuen als in der Abkehr von der alten Dichtung, in dem Bruch mit der realistischen Rede-Weise des Erlebnisgedichts. Wie sehr dieser Bruch die Voraussetzung für die strukturell moderne deutsche Lyrik geschaffen hat, zeigt das lyrische Werk Rilkes, der die Abwendung von der Erlebnisdichtung zu einer Zeit fortsetzt, als George sich ihr schon wieder genähert hatte. Modern in diesem Sinn ist allerdings nicht schon das haltlos epigonale Frühwerk Rilkes, auch kaum da, wo er sich als George-Epigone versucht,[29] sondern erst das mittlere Werk, dessen Höhepunkt die »Neuen Gedichte« von 1907/1908 bilden.

Modern ist es jedoch nicht in derselben Weise wie das ästhetizistische Frühwerk Georges. Denn anders als George hat sich Rilke in *allen* Phasen seines Schaffens programmatisch der Hinwendung zum Leben verschrieben und mit seinen Dinggedichten eine allem Anschein nach objektive, das heißt: die Eigenart des Gegenstands ergründende referentielle Lyrik geschaffen. Doch gerade diese Dinggedichte lassen bei näherem Hinsehen auch erkennen, daß Objektivität oder ›Sachlichkeit‹[30] für Rilke nichts mit traditio-

28 Vgl. Claude David: Stefan George, S. 214ff.
29 Vgl. dazu Käte Hamburger: Rilke, S. 11ff.
30 Vgl. dazu Hartmut Engelhardt: Der Versuch, wirklich zu sein, insbes. S. 9–106.

nellem Realismus (oder gar Naturalismus) und Hinwendung zum Leben nichts mit Erlebnisdichtung zu tun hat. Eines der komplexesten Gedichte Rilkes aus dem ersten Teil der »Neuen Gedichte« mag das exemplarisch belegen.

Die Gazelle
Gazella Dorcas

VERZAUBERTE: wie kann der Einklang zweier
erwählter Worte je den Reim erreichen,
der in dir kommt und geht, wie auf ein Zeichen.
Aus deiner Stirne steigen Laub und Leier,

und alles Deine geht schon im Vergleich
durch Liebeslieder, deren Worte, weich
wie Rosenblätter, dem, der nicht mehr liest,
sich auf die Augen legen, die er schließt:

um dich zu sehen: hingetragen, als
wäre mit Sprüngen jeder Lauf geladen
und schösse nur nicht ab, solang der Hals

das Haupt ins Horchen hält: wie wenn beim Baden
im Wald die Badende sich unterbricht:
den Waldsee im gewendeten Gesicht.[31]

»Die Gazelle« gehört nicht zu Rilkes prominentesten Gedichten aus dieser Zeit, wohl aber zu seinen gedrängtesten. In der kunstvoll verschlungenen Metaphorik des Sonetts sind zumindest Anklänge an einige Lieblingsmotive des Autors wie das Apollo- und das Rosen-Motiv enthalten. Aus ihm spricht weiter, neben der Kunst des versteckten Bildungs-Zitats,[32] die Faszination, die jede Bewegung im »Einklang« auf Rilke ausübte. Schon darin ist das Gedicht typisch für die Lyrik der mittleren Phase, erst recht aber in seiner speziellen Rede-Weise.

Auffällig ist zunächst, wie in den anderen »Neuen Gedichten« auch, die eigentümliche Isolierung des Gegenstands, der aus seinen realen und natürlichen Bezügen gelöst wird, so daß es für den Leser kaum zu entscheiden ist, ob Rilke hier eine Gazelle in einem Tierpark, in freier Wildbahn oder auch nur die künstlerische Darstellung, also etwa das Gemälde oder die Statue einer Gazelle, meint. Andrerseits wird dieser Gegenstand jedoch sprachlich in eine ganze Reihe von Bezügen gestellt. Jede Strophe führt neue Vergleiche und Metaphern an. Im ersten Quartett wird die harmonische Bewegungsart der Gazelle mit dem »Einklang« zweier Reimwörter verglichen, dann werden Ohren und Gehörn des Tieres als »Laub und Leier« verbildlicht. Im zweiten Quartett wird zum Vergleich auf Liebeslieder verwiesen (deren Worte wiederum mit Rosenblättern verglichen werden), im

31 Rainer Maria Rilke: Sämtliche Werke, Bd. 2, S. 506.
32 Vgl. dazu August Stahl: Rilke-Kommentar zum lyrischen Werk, S. 221.

ersten Terzett dann auf Gewehrläufe und im zweiten schließlich auf eine Badende.

Das sind, wie es scheint, nicht nur für sich genommen sehr kühne, sondern auch untereinander sehr verschiedenartige Vergleiche, die Natürliches, Menschliches und Künstliches in Beziehung setzen. Was sie vereint, ist zunächst nicht mehr als die Absicht des Autors, mit ihrer Hilfe die Eigenart der Gazelle zu veranschaulichen. Paradoxerweise wird jedoch über diesen ›Veranschaulichungen‹ das Anschauliche zurückgedrängt. So spricht vor allem das zweite Quartett nur ganz abstrakt von der Gazelle (»alles Deine«). Erst was im folgenden Terzett über sie gesagt wird, ist gesehen – allerdings, wie gleich einzuschränken ist, mit *geschlossenen* Augen. Das ist für ein vermeintlich objektiv beschreibendes Gedicht bemerkenswert, umso mehr, als dieses Sehen schon äußerlich eine zentrale Stellung einnimmt; es findet sich, durch die Strophengliederung akzentuiert, genau am Übergang von den Quartetten zu den Terzetten.

Die Beschreibung dieses Sehens mit geschlossenen Augen im zweiten Quartett mutet kompliziert, ja manieriert an: »alles Deine«, so heißt es da, »geht schon im Vergleich/ durch Liebeslieder, deren Worte, weich/ wie Rosenblätter, dem, der nicht mehr liest,/ sich auf die Augen legen, die er schließt:// um dich zu sehen«. In diesem nur scheinbar geschraubten Gedanken steckt jedoch, kunstvoll komprimiert, Rilkes Poetik der Dingdichtung.

Der Vergleich der Worte aus den Liebesliedern mit Rosenblättern, der das Sinnzentrum des Quartetts bildet, erinnert an Rilkes poetische Philosophie der Rose, wie er sie in seinem berühmten Gedicht »Die Rosenschale« formuliert hat, das den ersten Teil der »Neuen Gedichte« beschließt. Es sind wiederum die zentralen Stellen dieses Gedichts, in denen vom ›inneren Sehen‹ gesprochen wird. In der vierten Strophe heißt es von den Blütenblättern der Rose unter anderm, »daß eins sich aufschlägt wie ein Lid,/ und drunter liegen lauter Augenlider,/ geschlossene, als ob sie, zehnfach schlafend,/ zu dämpfen hätten eines Innern Sehkraft«;[33] und in der letzten Strophe erklärt Rilke es zum Wesen der Rose, »die Welt da draußen/ (...) in eine Hand voll Innres zu verwandeln«.[34] Eben diese Verwandlung eines Äußeren in ein Inneres, die Rilke am Bau der Rose anschaulich wurde, ist das, was er unter ›Dingwerdung‹[35] verstand.

Von diesen Versen her wird klar, was es bedeutet, daß die Gazelle nicht mit offenen, sondern mit geschlossenen Augen gesehen wird; erst durch das innere Sehen erschließt sich ihr Sein. Somit handelt es sich hier nicht um ein visionäres, auch nicht um ein phantasierendes, sondern um ein phänomeno-

33 Rainer Maria Rilke: Sämtliche Werke, Bd. 2, S. 553.

34 Ebd., S. 554.

35 Zu dem Problem vgl. vor allem Käte Hamburger: Rilke, S. 21–43, sowie Herman Meyer: Rilkes Cézanne-Erlebnis. In: Ders.: Zarte Empirie, S. 244–286, insbes. S. 255 ff.

logisches Sehen,[36] um eine allerdings poetische ›Wesensschau‹ oder, mit einem Wort Rilkes, um »Schauen«.[37] Dieses Schauen ist eine Verinnerlichung (oder ›Verinnigung‹) im doppelten Sinn: Verinnerlichung insofern, als es dem Dichter nicht um das Aussehen des Tieres als Äußerlichkeit zu tun ist, sondern um das Innen zu diesem Außen oder das Innen *in* diesem Außen, um das Wesen also, das im Aussehen erscheint oder durchscheint; Verinnerlichung aber auch insofern, als er dieses Innen nur kraft seines eigenen Innen, seines »Innern Sehkraft«, erkennen kann. Das beides meinend, hat Rilke das Schauen auch ein »Einsehen«[38] genannt.

Es macht die eigentümliche Gedrängtheit des Gedichts aus, daß es das innerlich geschaute Innen der Gazelle selbst als eine Art des Schauens bezeichnet. Was von dem Tier innerlich ›gesehen‹ wird, ist sein »Horchen«, das mit dem Blick einer Badenden verglichen wird, die sich beim Baden unterbricht, »den Waldsee im gewendeten Gesicht«. Durch diesen letzten Vergleich des Gedichts, der das Sehen und das Gesehene in einem Gesicht verschmelzen läßt, wird das Horchen der Gazelle selbst zu einem ähnlichen »Aufgehn ohne Ende« (wie es doppeldeutig in »Die Rosenschale« heißt[39]), zu einem Aufgehen des Innen im Außen und zu einem Eingehen des Außen ins Innen.

Das Horchen ist – mit einem weiteren Schlüsselwort Rilkes – die »Mitte« der Gazelle[40] und damit, künstlerisch konsequent, auch die Sinn-Mitte des Gedichts, auf die hin sich die scheinbar unvereinbaren, logisch überdies anstößigen Vergleiche und Metaphern ordnen. Im Horchen erkennt der Autor das Wesen der Gazelle, das, als die Fähigkeit zur Aufnahme und Verwandlung des Außen in ein Innen, von derselben Art ist wie das Schauen der Badenden. Es ist Verzauberung durch den »Einklang« von Innen und Außen, der mit dem einem Reim noch überlegenen »Einklang« in der Bewegung des Tiers korrespondiert; und er ist als Verzauberung zugleich von derselben Art wie die Liebe.

Die Verwandlung des Außen in ein Innen ist erklärtermaßen auch das Prinzip der Dingdichtung Rilkes. Wie nah dieser Vergleich liegt, zeigen die beiden Quartette, in denen die Gazelle ausdrücklich in eine Verbindung zur (Liebes-)Lyrik gebracht wird. Besonders gewichtig und aufschlußreich ist dabei das zweite Quartett, in dem das Tier mit den Worten der Liebeslieder verglichen wird, die es selbst schon »im Vergleich« enthalten, wobei dies schwer auflösbare Ineinander des Vergleichs symbolisch für die innere Verwandtschaft des Verglichenen stehen mag.

36 Vgl. dazu auch Käte Hamburger: Die phänomenologische Struktur der Dichtung Rilkes. In: Dies. (Hg.): Rilke in neuer Sicht, S. 83–158, insbes. S. 85ff.

37 Zu dem Begriff vgl. ebd., S. 85ff.

38 Zu dem Begriff vgl. H. Uyttersprot: R. M. Rilke: Die Gazelle, S. 27.

39 Rainer Maria Rilke: Sämtliche Werke, Bd. 2, S. 552.

40 Zu dem Begriff vgl. H. Uyttersprot: R. M. Rilke: Die Gazelle, S. 29.

Solche Verweise auf Dichtung, die in die Darstellung des Tiers eingeflochten sind, geben dem Gedicht auch ein poetologisches Moment. Allerdings ist es, anders als das gleichfalls poetologische Park-Gedicht Georges, insgesamt nicht symbolistisch, nicht einmal symbolisch zu nennen. Allen Ähnlichkeiten und Anspielungen zum Trotz ist die Gazelle kein Symbol der Dichtung. Beide sind lediglich phänomenal aufeinander bezogen, kraft dessen, was ihnen gemeinsam ist. Deshalb lassen sie sich zwar vergleichen, aber nicht gleichsetzen.

Dennoch verfremdet die lyrische Rede Rilkes, vom Standpunkt des traditionellen, vor-modernen Realismus aus, nicht weniger als die Georges. Die Verfremdung liegt jedoch nicht wie bei George in einer Ästhetisierung. Hätte Rilke dergleichen im Sinn gehabt, es wäre spätestens an seinem Vergleich der Gazellenbeine mit Gewehrläufen gescheitert. Doch Rilke hat grundsätzlich jede ästhetische Stilisierung der Realität um des »Schauens« willen abgelehnt. Im Hinblick auf Baudelaires »La Charogne« hat er geschrieben, daß »das künstlerische Anschauen« sich habe überwinden müssen, »auch im Schrecklichen und scheinbar nur Widerwärtigen das Seiende zu sehen, das, mit allem anderen Seienden, *gilt*«.[41] Daß diese Einstellung poetische Konsequenzen gehabt hat, bezeugen »Neue Gedichte« wie »Morgue«, »Ein Frauen-Schicksal«, »Der König« oder auch der Anfang der »Rosenschale«.

Die Verfremdung liegt bei Rilke, dem nach Robert Musil »alles Gleichnis und – nichts mehr nur Gleichnis«[42] war, in dem metaphorisch vergleichenden Verfahren, das die Rede-Weise seiner Gedichte und über sie hinaus sein Denken geprägt hat. Seine Bilder und Vergleiche befremden, weil sie augenscheinlich völlig unvergleichliche Gegenstände und Bedeutungen kühn in eine Beziehung zueinander bringen, so daß »eines zum Gleichnis des anderen«[43] wird. In dieser Weise befremdend und verfremdend sind im Gazellen-Gedicht vor allem die Metapher von »Laub und Leier«, die Ohren und Hörner des Tiers meint, der Vergleich seiner Läufe mit Gewehrläufen und die Wendung von dem Hals, der »das Haupt ins Horchen« hält, in denen alle empirische oder logische Verhältnisse verkehrt werden.

Was vom Standpunkt eines traditionellen Realismus aus als stilistische Verfremdung zu deuten ist, ist bei Rilke allerdings ein Mittel, gerade Fremdheit aufzuheben – die Fremdheit nämlich zwischen Mensch und Dingwelt. Für Rilke macht es die Eigenart des ›Dings‹ im Unterschied zum bloßen

41 Rainer Maria Rilke: Briefe aus den Jahren 1906–1907, S. 393. Vgl. dazu auch Paul Böckmann: Der Strukturwandel der modernen Lyrik in Rilkes »Neuen Gedichten«, S. 345. Zur Beziehung zwischen Rilke und Baudelaire vgl. außerdem Wolfgang G. Müller: Der Weg vom Symbolismus zum deutschen und anglo-amerikanischen Dinggedicht des beginnenden 20. Jahrhunderts, insbes. S. 157–163.

42 Robert Musil: Rede zur Rilke-Feier in Berlin am 16. Januar 1927. In: Ders.: Essays, Reden, Kritik, S. 1229–1242, hier S. 1237.

43 Ebd.

›Gegenstand‹ aus, daß es, wie es in »Der Ball« heißt, in der Lage ist, »in uns einzugleiten«[44] oder, in der Sprache der »Elegien« ausgedrückt, »innig« zu sein.[45] Solche »innige« Verwandtschaft von Mensch und Ding jeweils aufzuspüren, ist das Programm der Dinggedichte, und das bevorzugte Mittel, sie auszudrücken, ist, neben dem Vergleich, die Metapher, die sich ihrer gleichheitsstiftenden (und eben darum auch normverletzenden) Macht wegen zur Aufdeckung verborgener Analogien eignet – mehr jedenfalls als die realistische Oberflächenbeschreibung.

Der Verzicht auf eine realistische Rede-Weise verdeutlicht den Abstand der Dinggedichte von traditioneller Erlebnislyrik. Rilke ging es nicht um das subjektive Erleben eines Gegenstands: Nicht wie er wirkt oder erlebt wird, sondern was er ist und wie er ist, interessierte ihn. Selbst da, wo er sich in seinen Dinggedichten der Ich-Form bedient, ist das Ich, wie Käte Hamburger bemerkt hat, »nicht als Erlebnisquell, als Gestimmtheit, Ursprung einer Stimmung gefaßt, sondern als ein selbst nur Seiendes, dessen einzige Funktion das Schauen, das Von-sich-wegsehen ist, das zum Korrelat das Gegenüber hat«.[46]

Die Dingdichtung, die solcherart mit den Rede-Weisen der Erlebnislyrik bricht, beherrscht das mittlere Werk Rilkes. In seinem späteren Werk tritt sie in den Hintergrund, ohne allerdings zu verschwinden. Doch auch in den »Duineser Elegien« und den »Sonetten an Orpheus«, die insgesamt keine Dingdichtungen mehr sind, hat sich Rilke, anders als George, der traditionellen Erlebnislyrik nicht wieder angenähert. Die späten Gedichte Rilkes werden vielmehr in ihrer Rede-Weise nicht nur ständig abstrakter, sondern – wenn eine solche Steigerung in seinem Werk überhaupt noch möglich war – auch ständig unpersönlicher. Am größten ist diese »Ich-Ferne«[47] in dem alle Konventionen traditioneller lyrischer Rede hinter sich lassenden Gedicht »Gong«, am eindrucksvollsten aber wohl in Rilkes letztem Gedicht »KOMM du, du letzter, den ich anerkenne«, dem Gedicht über seine tödliche Krankheit, das noch den eigenen Tod ganz als Gleichnis und Verwandlung auffaßt, als Verlust des Ich. »Bin ich es noch, der da unkenntlich brennt?« heißt es gegen Ende und:

> O Leben, Leben: Draußensein.
> Und ich in Lohe. Niemand der mich kennt.[48]

Angesichts dieser nicht bloß poetischen Konsequenz kann es kaum verwundern, daß vom Gazellen-Gedicht Verbindungslinien zum Spätwerk führen –

44 Rainer Maria Rilke: Sämtliche Werke, Bd. 2, S. 639.

45 Ebd., S. 718.

46 Käte Hamburger: Rilke, S. 16.

47 Ulrich Fülleborn: Rilke und Celan. In: Ingeborg H. Solbrig und Joachim W. Storck (Hg.): Rilke heute, S. 49–70, hier S. 54.

48 Rainer Maria Rilke: Sämtliche Werke, Bd. 4, S. 511.

nicht nur über das Motiv der Rose, dem Rilke buchstäblich bis ins Grab treu geblieben ist. Das Dinggedicht von 1907 ist vielmehr mit den »Duineser Elegien« und den »Sonetten an Orpheus« durch dieselbe Haltung und dasselbe Problem verbunden: es ist, lange vor dem siebenten Sonett des ersten Teils, Rühmung in Liebe und, lange vor den programmatischen Versen der siebenten und der neunten Elegie, Verwandlung des Sichtbaren ins unsichtbar Wesentliche. Diese ›Dingwerdung‹ als sprachlich vollzogene Aufhebung der Gegenständlichkeit ist es denn auch, die wesentlich die Modernität des Gedichts verbürgt – im Unterschied nicht nur zu der realistischen Erlebnislyrik, sondern auch der traditionellen Dingdichtung des 19. Jahrhunderts, etwa den einschlägigen Gedichten Mörikes und Meyers.[49]

4.

Der Anti-Naturalismus der modernen deutschen Lyrik der Jahrhundertwende findet seine Fortsetzung und zugleich Steigerung in der expressionistischen Lyrik[50] – auch wenn es vielleicht auf den ersten Blick nicht den Anschein haben mag. Denn zumindest in einer wichtigen Hinsicht knüpfen die Expressionisten unmittelbar an die naturalistische Lyrik an: in der Wahl der Großstadt als Gegenstand ihrer Gedichte. Im expressionistischen Jahrzehnt zwischen 1910 und 1920 erlebt die deutsche Großstadtdichtung mit Gedichten von Georg Heym, Gottfried Benn, Ernst Stadler, Georg Trakl, Armin T. Wegner, Johannes R. Becher und anderen quantitativ wie qualitativ eine Blütezeit.[51]

Die Unterschiede zwischen der expressionistischen und der naturalistischen Großstadtlyrik sind jedoch unübersehbar. Für die Expressionisten ist die Großstadt kein Gegenstand sozialen Interesses mehr. Zwar schildern auch sie das Elend der Armen, meist sogar noch ausführlicher und drastischer als die Naturalisten. Georg Heyms »Die Vorstadt« etwa oder Ernst Stadlers »Judenviertel in London« sind detaillierte Darstellungen tristen Großstadtlebens, doch ohne eine Geste des Mitleids oder der Empörung. Sie nehmen die Misere eher gleichgültig, oft zynisch hin. Für die Expressionisten hat die Stadt mehr eine metaphysische und existentielle als eine soziale Bedeutung. Sie ist ihnen ein Objekt, an dem sie ihre (Welt-)Untergangsvi-

49 Zur Stellung der Dinggedichte Rilkes in Zusammenhang der Gattung vgl. vor allem Jacob Steiner: Das Dinggedicht.

50 Zur Lyrik des Expressionismus im Ganzen vgl. vor allem Edgar Lohner: Die Lyrik des Expressionismus. In: Wolfgang Rothe (Hg.): Expressionismus als Literatur, S. 57–83; Horst Denkler (Hg.): Die Gedichte der »Menschheitsdämmerung«; Herbert Lehnert: Geschichte der deutschen Literatur vom Jugendstil zum Expressionismus; Bruno Hillebrand: Expressionismus als Anspruch; schließlich Wolfgang Paulsen: Deutsche Literatur des Expressionismus.

51 Vgl. dazu etwa Wolfgang Rothe (Hg.): Deutsche Großstadtlyrik vom Naturalismus bis zur Gegenwart; sowie Karl Riha: Deutsche Großstadtlyrik.

sionen demonstrieren und in das sie ihre eigene »Daseinsproblematik«[52] projizieren.

Vor allem Georg Heym geraten seine Großstadtgedichte immer wieder zu düsteren Bildern des Verfalls. Das Leben in der Großstadt erscheint ihm als »stumpfes Sein« und »Einerlei«, dem »Schein und Feuer, Fackeln rot und Brand« drohen, wie es in dem Sonett »Die Stadt« aus »Umbra vitae« heißt.[53] Diese apokalyptische Sicht der Großstadt als eines hinfälligen, dem Untergang geweihten, dumpfen Wesens ist letztlich mythisch – und zwar durchaus heidnisch-mythisch, wie Heyms bekannteste Großstadtgedichte »Die Dämonen der Städte« und »Der Gott der Stadt« deutlich machen, in denen die Schrecken der Großstadt, zugleich personifiziert und depersonalisiert, als Dämonen dargestellt werden. Derart dämonisiert, ist die moderne Großstadt allerdings kaum noch von der unterweltlichen Totenstadt zu unterscheiden, die Heym etwa in den »Schwarzen Visionen« beschrieben hat.[54] Seinen todessüchtigen Irrationalismus verbindet nichts mehr mit dem politischen Aufklärertum der Naturalisten.

Die Gemeinsamkeiten zwischen der expressionistischen und der naturalistischen Großstadtlyrik sind also geringer, als es zunächst erscheinen mag. Andrerseits sind die Gemeinsamkeiten zwischen der expressionistischen Lyrik, auch als Großstadtlyrik, und der anti-naturalistischen Lyrik der Jahrhundertwende größer, als es erst den Anschein haben kann. Von den Gedichten Georges und Rilkes unterscheiden sich die Gedichte der Expressionisten wohl in der Wahl der Rede-Gegenstände. George hatte sich, aus Opposition gegen die naturalistische ›Elendsmalerei‹, vorzugsweise an die schöne Natur, die Kunst und die – sei es reale, sei es fiktive, in jedem Fall aber heroische – Geschichte gehalten, Rilke an die ›Dinge‹. Zwar kann für Rilke vieles ›Ding‹ sein oder ›Ding‹ werden: ein Kunstwerk, ein Gebäude, eine Pflanze, ein Tier, ein Mensch, ein Spiel- oder ein Werkzeug. Doch wie George macht auch er, wenngleich aus anderen Gründen, vor der zeitgenössischen sozialen Wirklichkeit und zumal vor der Welt der Großstädte halt. Sind für George Industrie und Technik keine würdigen Objekte einer ästhetisierenden und betont elitären Dichtung, so ist es für Rilke gerade die Maschine, die, wie es in den »Sonetten an Orpheus« heißt, »Alles Erworbne bedroht«[55] und die »uns entstellt und schwächt«.[56] Sein Versuch, ›Gegenstände‹ in ›Dinge‹ zu verwandeln, scheitert an ihr, da sie sich, wenigstens für ihn, einer Verwandlung in ein Innen entzieht. Rilkes ›Verinnigung‹ wie Ge-

52 Wolfgang Rothe: Einleitung. In: Ders. (Hg.): Deutsche Großstadtlyrik vom Naturalismus bis zur Gegenwart, S. 21.

53 Georg Heym: Dichtungen und Schriften, Bd. 1, S. 452.

54 Vgl. dazu und zur Großstadtlyrik Heyms insgesamt Heinz Rölleke: Die Stadt bei Stadler, Heym und Trakl, S. 89–198.

55 Rainer Maria Rilke: Sämtliche Werke, Bd. 2, S. 757.

56 Ebd., S. 742.

orges Ästhetisierung lassen sich daher auch als Verfahren der Ausgrenzung deuten, die darauf abzielen, sich der Objekte zu vergewissern, die einer in ihrem Sinn poetischen Darstellung der Welt noch zugänglich sind – und alle anderen auszuschließen.

In der expressionistischen Lyrik sind es nun besonders diese von George und Rilke ausgegrenzten Gegenstände, auf die sich die Aufmerksamkeit konzentriert. Zwar gibt es auch in ihr nach wie vor Liebes- und Naturgedichte; typischer für sie sind jedoch Verstexte, die sich mit der Gegenwart in all ihren Aspekten beschäftigen. Titel Bennscher Gedichte aus dieser Zeit wie »Morgue«, »Blinddarm«, »Mann und Frau gehn durch die Krebsbaracke«, »Nachtcafé««, »D-Zug«, »Kasino«, »Dirnen« oder »Untergrundbahn« geben diese Tendenz anschaulich wieder. Das in referenzsemantischer Hinsicht Neuartige solcher expressionistischen Dichtung läßt sich insgesamt, etwas pauschal, aber im wesentlichen zutreffend, als Hinwendung zum Häßlichen charakterisieren.

Diese Hinwendung zum Häßlichen erschließt den Expressionisten neue Gegenstandsbereiche, deren einer die Großstadt ist; andere sind Traum und Rausch, körperliches und seelisches Leiden, Zerstörung und Untergang, Verfall und Tod und – schon vor dem Ausbruch des 1. Weltkrieges – der Krieg. Besonders ausgeprägt ist diese Vorliebe für das Häßliche[57] wiederum in den Gedichten Georg Heyms. Sie gelten etwa Krankheit (»Das Fieberspital«) und Wahnsinn (»Die Irren«), Gefangensein (»Die Gefangenen«) und Hunger (»Der Hunger«), Tod (»Die Schläfer im Walde«) und Verwesung (»Ophelia«), Hinrichtung (»Robespierre«) und Selbstmord (»Morituri«) und sind dabei voll ekelerregender und grauenhafter Details jeder Art.

Mit demselben Recht, mit dem man von einem Kult des Schönen und Kunstvollen bei einem Ästhetizisten wie George sprechen kann, läßt sich von einem Kult des Häßlichen bei Expressionisten wie Heym reden. Heym stellt das Häßliche mit einer ähnlich leidenschaftlichen, mitunter fast besessenen Intensität dar, mit der sich George dem Schönen gewidmet hat. Gleichwohl sollten die Unterschiede zwischen der expressionistischen und der anti-naturalistischen Lyrik der Jahrhundertwende nicht überbewertet werden. Denn gerade die Darstellung des Häßlichen, auf die diese Unterschiede vor allem zurückgehen, bewegt sich paradoxerweise in der Tradition der modernen anti-naturalistischen und anti-realistischen Lyrik: das Häßliche ist bei Lyrikern wie Heym, Trakl oder Benn wesentlich ein Mittel der Verfremdung.

Diese Verfremdung zeigt sich schon in der Überbetonung des Häßlichen, das in der empirischen Realität zu finden ist, mehr aber noch im Häßlich-Machen des normalerweise Nicht-Häßlichen. Das Häßlich-Machen erfolgt

57 Vgl. dazu Christoph Eykman: Die Funktion des Häßlichen in der Lyrik Georg Heyms, Georg Trakls und Gottfried Benns.

immer aus einer bestimmten Perspektive heraus. In der expressionistischen Lyrik lassen sich besonders zwei Typen erkennen. Für Heym, der den einen Typus repräsentiert, ist eine mythische, im näheren dämonische Sicht der Wirklichkeit charakteristisch. Er dämonisiert nicht nur den Krieg (»Der Krieg«) und die Stadt (»Der Gott der Stadt«), also von Menschen gemachte Wirklichkeit, sondern auch Schlaf (»Die Schläferin«) und Krankheit (»Das Krankenhaus«), also kreatürliches Leben, ja sogar natürliche Wirklichkeit wie in dem Gedicht »Die Züge«, wo es vom Wind heißt, daß er »goldgefiedert, wie ein starker Greif,/ Mit breiter Brust hinab gen Abend braust«.[58] In solcher unheimlichen Verlebendigung des Dinglichen, die der für Heym nicht weniger bezeichnenden Verdinglichung des Menschlichen entspricht, erhält die Wirklichkeit ein bedrohliches Eigenleben. Die dem Menschen scheinbar verfügbare Welt entzieht sich seiner Kontrolle und wendet sich zerstörerisch gegen ihn: die Realität erweist sich als dämonisch, als unbegreifbar und unbeherrschbar.

Bei Trakl, der den anderen Typus vertritt, ist die verfremdende Sicht vor allem eine Sicht des getrübten Bewußtseins, dem sich die Wirklichkeit verzerrt – sei es im Wahnsinn, wie ihn der »Helian« und der »Gesang des Abgeschiedenen« erwähnen, sei es im Drogenrausch, von dem »Verklärung« und »Delirium« sprechen, oder sei es auch nur im Traum, wie ihn »Westliche Dämmerung« zeigt in den Versen: »Ein Träumender sieht schwangere Fraun/ In schleimigem Glanz vorübergleiten«.[59] Wie die mythische ist die Sicht des getrübten Bewußtseins unästhetisch, irrational und vor allem antirealistisch.

Das Häßlich-Machen ist, aus der einen ebenso wie aus der anderen Perspektive, ein Mittel der Verfremdung der Wirklichkeit, ja sogar, wie Christoph Eykman meint, der »Entrealisierung«.[60] Nicht nur der eine oder andere Gegenstand, wie bei George der Park oder die Gazelle bei Rilke – die Realität insgesamt erscheint in einem neuen, fremden Licht. Die »Entrealisierung« kann im Extrem bis zu einer »Entgrenzung des Raumes«[61] und einer »irrealen Zeitgestaltung«[62] führen: der Raum weitet sich dann ins Unendliche, wie in Heyms Gedicht »Der Winter«, und die Zeit steht still, wie in Trakls »Menschliches Elend«. In einer derart unwirklichen oder unwirklich gemachten Welt, in der die Kategorien von Raum und Zeit nicht mehr gelten, so daß sogar, wie in Heyms »Die Morgue«, Tote zu sprechen anfan-

58 Georg Heym: Dichtungen und Schriften, Bd. 1, S. 189.

59 Georg Trakl: Dichtungen und Briefe, S. 162.

60 Christoph Eykman: Die Funktion des Häßlichen in der Lyrik Georg Heyms, Georg Trakls und Gottfried Benns, S. 27 (u. ö.); zu dem Problem vgl. ferner Christoph Eykman: Das Ich, die Dinge und die Wirklichkeit im deutschen Expressionismus. In: Ders.: Denk- und Stilformen des Expressionismus, S. 44–62.

61 Christoph Eykman: Die Funktion des Häßlichen in der Lyrik Georg Heyms, Georg Trakls und Gottfried Benns, S. 265.

62 Ebd., S. 266.

gen – in einer solchen Welt herrschen die von Heym wie von Trakl vor allem mythisch verstandenen bösen Geister der Zerstörung, denen Dinge und Menschen, wenn nicht die ganze Welt zum Opfer fallen. Gerade in diesen Motiven der Destruktion erweist sich am Ende die expressionistische Vorliebe für das Häßliche als Ausdruck eines krisenhaften Verhältnisses zur Wirklichkeit.

Der Anti-Realismus der expressionistischen Lyrik lebt jedoch nicht allein von ihren unwirklichen Rede-Gegenständen, sondern ebenso, wenn nicht mehr, von ihrer speziellen metaphorischen Rede-Weise. Eine verfremdende Wirkung kann man mit guten Gründen schon der für die expressionistische Lyrik typischen Bilderfülle zuschreiben. Denn dadurch, daß für ein Comparandum mitunter gleich mehrere Comparata angeführt werden, wird die Aufmerksamkeit des Lesers vom Objekt abgezogen: die Metaphorik verselbständigt sich auf Kosten des Gegenstandsbezugs. Wie leicht ein Objekt unter einer Fülle von Bildern verschwinden kann, verdeutlicht ein Gedicht wie Heyms »Der fliegende Holländer«, in dem es zum Beispiel vom Gesicht der Titelfigur heißt:

> Die Larve einer toten Ewigkeit
> Hat sein Gesicht mit Leere übereist.
> Dürr, wie ein Wald, durch den ein Feuer reist.
> Wie trüber Staub umflackert es die Zeit.[63]

Über einer solchen Fülle von außerdem noch heterogenen Metaphern geht jede anschauliche Vorstellung des Gegenstands verloren.

Mehr aber noch als die Fülle wirkt die Art der expressionistischen Metaphern verfremdend. Deren wichtigsten Formen sind alle gleich anti-realistisch: die dynamisierende ebenso wie die dämonisierende und die synästhetische Metapher.[64] Auf je verschiedene Weise führen sie zu einer »Deformierung der Erscheinungen«:[65] die dynamisierende Metapher, insofern sie auf einen Gegenstand Bewegungen überträgt, die er gar nicht oder nicht so besitzt, wie es das Bild ausdrückt; die dämonisierende Metapher, insofern sie Unbelebtes als unheimlich belebt, ja beseelt erscheinen läßt; die synästhetische Metapher, insofern sie die sinnlichen Qualitäten verschiedener Gegenstände vertauscht.

Die verfremdende Wirkung typisch expressionistischer Metaphorik läßt sich an einem Großstadtgedicht wie »Morgens« von Jakob van Hoddis beobachten:

63 Georg Heym: Dichtungen und Schriften, Bd. 1, S. 201.

64 vgl. dazu Karl Ludwig Schneider: Der bildhafte Ausdruck in den Dichtungen Georg Heyms, Georg Trakls und Ernst Stadlers, der außerdem noch von der »peiorisierenden«, der »zynischen«, der »Farbmetapher« und der »Hyperbel« als Formen metaphorischen Ausdrucks in der expressionistischen Lyrik spricht.

65 Ebd., S. 76.

Ein starker Wind sprang empor.
Öffnet des eisernen Himmels blutende Tore.
Schlägt an die Türme.
Hellklingend laut geschmeidig über die eherne Ebene der Stadt.
Die Morgensonne rußig. Auf Dämmen donnern Züge.
Durch Wolken pflügen goldne Engelpflüge.
Starker Wind über der bleichen Stadt.
Dampfer und Kähne erwachen am schmutzig fließenden Strom.
Verdrossen klopfen die Glocken am verwitterten Dom.
Viele Weiber siehst du und Mädchen zur Arbeit gehn.
Im bleichen Licht. Wild von der Nacht. Ihre Röcke wehn.
Glieder zur Liebe geschaffen.
Hin zur Maschine und mürrischem Mühn.
Sieh in das zärtliche Licht.
In der Bäume zärtliches Grün.
Horch! Die Spatzen schrein.
Und draußen auf wilderen Feldern
singen Lerchen.[66]

Dieses Gedicht enthält sowohl synästhetische wie dämonisierende und dynamisierende Metaphern. Synästhetisch ist die Metapher vom »eisernen Himmel«, die der Luft eine metallische Qualität verleiht. Zumindest dämonisierende Züge hat die Eingangsmetapher, die den Wind als ein ungestümes Lebewesen zeigt. Sie ist zugleich dynamisierend, insoweit sie die real gegebene Bewegung des Windes intensiviert. Die verfremdende Wirkung dieser und ähnlicher Metaphern liegt auf der Hand. Sie lassen Spuren eines animistischen Weltverständnisses sichtbar werden, verändern die natürlichen Qualitäten von Dingen und erwecken einen Eindruck von Bewegung und Bewegtheit, den die Vorgänge von sich aus kaum hervorrufen würden.

Dieser Eindruck der äußeren und inneren Bewegtheit, der sich spätestens durch die Ausrufe am Ende zum Eindruck einer Aufgewühltheit steigert, geht allerdings nicht nur von der Metaphorik, sondern auch stilistisch von den vielen kurzen Sätzen aus, die, oft ohne Subjekt und Prädikat, lediglich aneinandergereiht sind. Die auf fast jede syntaktische und logische Verbindung verzichtende Reihung macht dieses Gedicht zu einem ›Simultangedicht‹, das »die unterschiedlichsten Ereignisse in der Gleichzeitigkeit ihres Geschehens ohne Rücksicht auf die Einheit des Raumes veranschaulichen«[67] will. Es ist darin Ausdruck einer neuen Art der Wahrnehmung, die einzelne Gegenstände und Vorgänge, weitgehend isoliert voneinander, in rascher Folge erfaßt. Sie hebt jede andere Ordnung als die temporale der Gleichzeitigkeit auf. Alle Dinge scheinen gleich wichtig und gleich nichtig zu sein, in ihrer Verschiedenheit und Beliebigkeit wirken sie austauschbar, im schnell

66 Jakob van Hoddis: Weltende, S. 12.
67 Hans-Georg Kemper: Vom Expressionismus zum Dadaismus, S. 28.

wechselnden Blick des Betrachters, der auch am Ende nicht zur Ruhe kommt, werden sie zu lediglich oberflächlich wahrgenommenen und auf ihren optischen oder akustischen Reizwert reduzierten Phänomenen.

Diese neue Art der Wahrnehmung ist kein Durchschauen, auch kein Überblicken, sondern ein Überfliegen der Dinge. Der Blick des Betrachters springt mehr, als daß er schweift. Er ist ständig in Bewegung und hält an keiner Stelle länger inne. Die einzige Regelmäßigkeit, die er, zeitweise, kennt, ist die des wiederholten Auf und Ab: von der Morgensonne zu den Bahndämmen, von den Zügen zu den Wolken, von den Wolken zum Strom, vom Strom zu den Kirchturmglocken, vom Dom zu den Arbeiterinnen auf dem Weg zur Fabrik. Alles fesselt ihn, wenn es nur, wie er selbst, in Bewegung ist.

In der Flüchtigkeit stecken allerdings die ästhetischen Möglichkeiten dieser neuen Art der Wahrnehmung, insofern sie nämlich auf eine eigene Weise zugleich kombiniert und dissoziiert. Im flüchtigen Blick schwinden die Zusammenhänge, normalerweise Nicht-Zusammengehöriges rückt zusammen, die Dinge scheinen frei verfügbar zu werden und sich für eine neue ›Konstruktion‹ der Wirklichkeit anzubieten. Diese Flüchtigkeit hat zur Folge, daß die traditionellen Vorstellungen nicht nur der Zeit, sondern auch des Raums an Bedeutung verlieren. Wie die Zeit weniger als Sukzession denn als Simultaneität erfahren wird, so entgrenzt sich der Raum. Bezeichnenderweise lassen sich in dem Gedicht weder die genaue Position des Sprechers noch die Ausmaße des beschriebenen Raums angeben.

Durch seine eigentümlich entgrenzende Dynamik unterscheidet sich »Morgens« deutlich von dem teils pathetischen, teils verklärenden Realismus naturalistischer Großstadtgedichte. Vom Standpunkt der traditionellen Lyrik aus bedeutet das flüchtige Sehen eine Verzerrung der Wahrnehmung und eine Verflüchtigung des Erlebnisses: mit den Konturen der Dinge verschwimmen auch die Konturen des Ich. Die wechselnden Vorgänge und Gegenstände, die der Blick des Sprechers streift, lassen in ihrer Heterogenität eine einheitliche Stimmung nicht aufkommen. Die Wirklichkeit der Großstadt ist, wie schon die Adjektive andeuten, vieles gleichzeitig: »stark«, »eisern«, »bleich«, »zärtlich« und »wild«, und so verschiedenartig wie sie zeigt sich auch das Subjekt in seinen Wahrnehmungen: es löst sich als ein individuelles, mit sich selber in jedem Augenblick identisches Ich auf.

Durch seine Dynamik unterscheidet sich »Morgens« aber auch von dem Park-Gedicht Georges mit seiner würdevollen Ästhetisierung und dem Gazellen-Gedicht Rilkes mit seiner sorgsam vergleichenden Genauigkeit. Werden bei George und Rilke die Dinge noch beharrlich fixiert, so huschen sie bei van Hoddis gewissermaßen vorbei. Denn anders als George und Rilke schildert van Hoddis nicht nur eine Großstadt*szenerie*, er schildert sie auch mit der Flüchtigkeit des Großstadt*bewohners*, auf den in jedem Moment eine Vielzahl von Eindrücken und Bildern einstürzt.

In einem Gedicht wie »Morgens« sind die Möglichkeiten expressionistischer Verfremdung durch metaphorische und stilistische »Umformungen«[68] weitgehend erschöpft. Die Realität erscheint fremdartig verändert, wobei die krisenhaften Momente dieser neuen Sicht deutlich sind – mögen sie nun ihre Ursachen im Metaphysikverlust,[69] in einem durch die Lebensphilosophie beeinflußten Vitalismus[70] oder in den Bedingungen des Großstadtlebens[71] haben. Bei van Hoddis sind diese krisenhaften Momente vor allem in den – teilweise metaphorisch gebrauchten – Attributen faßbar, die er den Gegenständen verleiht: die Morgensonne nennt er »rußig«, die Stadt »bleich«, den Strom »schmutzig fließend«, den Dom »verwittert«, die Glokken »verdrossen«. Gegen die triste Realität der Großstadt ruft er am Ende das »zärtliche Licht« und das »zärtliche Grün« der Natur auf, doch bleibt er noch in der Aufmerksamkeit für sie der flüchtig wahrnehmende Großstädter, der sich in das »Draußen« der Natur sehnt, ohne in sie hinauszugehen.

Trotz dieses krisenhaften Verhältnisses zur Wirklichkeit (der Großstadt) ist ein Realitätsbezug in einem Gedicht wie »Morgens« noch leicht herstellbar. Bei aller Verfremdung unterliegt es keinem Zweifel, was van Hoddis darstellt. Die Gegenstände der empirischen Realität, die sein Blick streift, nennt er, darin noch Realist, durchweg direkt beim Namen: als Wind, Stadt, Morgensonne, Züge, Dampfer und Kähne, Strom und Dom. Lediglich seine meist metaphorische Rede-Weise verstößt gegen die Konventionen realistischer Darstellung.

Seine extreme Ausprägung erfährt der expressionistische Anti-Realismus denn auch nicht in solchen gegenständlichen, sondern in schon mehr oder weniger ungegenständlichen metaphorischen Gedichten wie Georg Trakls »Gesang einer gefangenen Amsel«:

Dunkler Odem im grünen Gezweig.
Blaue Blümchen umschweben das Antlitz
Des Einsamen, den goldnen Schritt
Ersterbend unter dem Ölbaum.
Aufflattert mit trunknem Flügel die Nacht.
So leise blutet Demut,
Tau, der langsam tropft vom blühenden Dorn.
Strahlender Arme Erbarmen
Umfängt ein brechendes Herz.[72]

68 Von einer »Umformung der Wirklichkeit im metaphorischen Prozeß« spricht Karl Ludwig Schneider: Der bildhafte Ausdruck in den Dichtungen Georg Heyms, Georg Trakls und Ernst Stadlers, S. 60 (u. ö.).

69 Vgl. dazu Udo Reiter: Zur Entwicklung einer simultanen Gedichtstruktur bei Jakob van Hoddis.

70 Vgl. dazu vor allem Gunter Martens: Vitalismus und Expressionismus.

71 Vgl. dazu Silvio Vietta: Großstadtwahrnehmung und ihre literarische Darstellung.

72 Georg Trakl: Dichtungen und Briefe, S. 74.

»Gesang einer gefangenen Amsel« ist ein metaphorisches Gedicht, wenngleich ihm eine Gesamtmetapher fehlt. Doch keiner seiner fünf Sätze ist ohne eine metaphorische Wendung, und nur drei Ausdrücke insgesamt sind offenbar, wenigstens für sich genommen, nicht metaphorisch zu verstehen: »grünes Gezweig«, »Antlitz des Einsamen« und »Tau, der langsam tropft vom blühenden Dorn«. Diese drei Ausdrücke sind allerdings für die Klassifizierung der Rede-Weise von entscheidender Bedeutung. Nur wo es auch solche nicht-metaphorischen Wendungen gibt, ist es sinnvoll, überhaupt von Metaphern zu sprechen. Wo alles metaphorisch ist, ist nichts mehr metaphorisch.

Mit den zahlreichen Metaphern des Gedichts hat es seine besondere Bewandtnis. Auf außersprachliche Sachverhalte sind sie kaum zu beziehen: wofür etwa Ausdrücke wie »Blaue Blümchen umschweben (...)/ (...) den goldnen Schritt/ Ersterbend unter dem Ölbaum« oder »Aufflattert mit trunknem Flügel die Nacht« stehen sollen, ist kaum zu sagen. Die Normen der Sprache und der Wahrnehmung sind in ihnen so radikal aufgehoben, daß ihnen keine einzelnen Gegenstände der empirischen Realität mehr als Bedeutungen zuzuordnen sind.

Auch ein realer gegenständlicher Zusammenhang ist hier nicht zu konstruieren. Nur zu wenigen Wörtern wie »Odem«, »Gezweig«, »Ölbaum« und »Flügel« könnte man, mit einiger Anstrengung, noch »Amsel« assoziieren, aber schon nicht mehr »gefangene Amsel«. Intrikaterweise sind jedoch einige dieser Wörter wiederum in solchen Kontexten gebraucht, daß ein Verweis auf den im Titel genannten Vogel logisch eher ausgeschlossen scheint: der »Flügel« etwa ist der »trunkne Flügel der Nacht«, und von dem »Ölbaum« wird bloß gesagt, daß unter ihm der »goldne Schritt« ersterbe.

Ebensowenig wie ein auch nur vage umrissenes Objekt ist ein Subjekt der lyrischen Rede zu erkennen, das von einem Erlebnis spräche oder von der Stimmung, in die es ein Gegenstand, etwa die »gefangene Amsel« oder deren »Gesang«, versetzte oder versetzt hätte. Tatsächlich gibt es hier schon grammatisch kein lyrisches Ich; nicht einmal die psychischen oder emotionalen Zustände der Einsamkeit, Trunkenheit, Demut oder des Erbarmens, von denen gesprochen wird, lassen sich einem konkreten Subjekt (geschweige denn demselben) zuordnen.

Das Fehlen eines empirischen Bezugs für die einzelnen Metaphern einerseits und eines logischen Zusammenhangs der Rede andrerseits ist ein Symptom für eine eigentümliche »Verdinglichung«[73] der Sprache. Die Bilder Trakls stehen, wie Wolfgang Preisendanz festgestellt hat, weder »für die Wahrnehmung einer real vorfindlichen Außenwelt« noch »für den Ausdruck

73 Vgl. zu dem Begriff Wolfgang Preisendanz: Auflösung und Verdinglichung in den Gedichten Georg Trakls. In: Wolfgang Iser (Hg.): Immanente Ästhetik – Ästhetische Reflexion, S. 227–261, insbes. S. 250f.

eines Erlebens oder Gestimmtseins«.[74] Die Wörter sind vielmehr metaphorisch so zueinander in eine Verbindung gebracht, daß ein semantischer Bezug nur mehr auf die »in Wörtern vertretenen Vorstellungskomplexe, aber nicht auf die sonst den Vorstellungskomplexen zuzuordnenden Dinge und Sachverhalte«[75] besteht. In diesem Sinn, daß sie nicht in »reelle Prädikate« übersetzbar sind, kann man die Metaphern des Gedichts ›absolute‹[76] nennen.

Einen Sinn können solche Metaphern immer nur durch ihren jeweiligen Rede-Kontext erhalten. Der Kontext, den Trakls »Gesang einer gefangenen Amsel« darstellt, läßt sich strukturell in dreifacher Hinsicht charakterisieren. Da sind zunächst und am auffälligsten die Kontraste, die sich allenthalben in diesen Versen finden. Das Merkmal der ersten beiden Sätze sind farbliche Kontraste, wie sie zwischen dem »dunklen Odem« und dem »grünen Gezweig«, den »blauen Blümchen« und dem »goldnen Schritt« bestehen. Das hervorstechende Merkmal des dritten und vierten Satzes ist dagegen ein kinetischer Kontrast – der nämlich zwischen dem »Aufflattern« als aufsteigender und dem »Bluten« und »Tropfen« als fallender Bewegung. Hinzu kommt ein vitaler Kontrast zwischen dem »Ersterben« der Schritte und dem »Blühen« des Dorns. Erst der letzte Satz scheint eine Aufhebung dieser Gegensätze zu signalisieren: durch das Partizip »strahlend«, das das Farbmotiv wiederaufnimmt und endgültig ins Helle wendet; ferner durch das Verb »umfängt«, das mit der Bewegung des »Umschwebens« im zweiten Vers korrespondiert; schließlich durch die Verschränkung von »Arme« und »Herz«, »Erbarmen« und »brechend« in den letzten beiden Zeilen.

Kennzeichnend für die Rede-Weise dieses Gedichts ist zweitens die metaphorische Verbindung von Wörtern aus verschiedenen Sachbereichen, zumal von Materiellem und Immateriellem, im näheren von Pflanzlichem, Tierischem und Menschlichem, insbesondere Seelischem. Materielles erscheint so immateriell, Immaterielles materiell – und das sogar in *einem* Satz, wie abermals die letzten beiden Zeilen zeigen, in denen Arme eine seelische Qualität erhalten (»Strahlender Arme Erbarmen«) und diese psychische Qualität wiederum körperlich wird (»Umfängt ein brechendes Herz«).

Kennzeichnend für die Rede-Weise des Gedichts ist schließlich drittens ihr konstruktivistischer Charakter. Ihr Vokabular ist, im Werk Trakls gesehen, hochgradig rekurrent. Einzelne Bildelemente begegnen einem nicht nur in den Gedichten anderer Lyriker vor Trakl wie die ›blauen Blümchen‹ oder die ›Nacht‹, die wohl dem Repertoire des Novalis entstammen; sie begegnen einem auch in anderen Gedichten Trakls – allerdings kaum in genau denselben Verbindungen. Ein solches rekurrentes Bildelement ist beispielsweise

74 Ebd., S. 241.
75 Ebd., S. 251.
76 Diesen Ausdruck hat offenbar Hans Blumenberg in die Lyrik-Diskussion eingeführt. Vgl. dazu Wolfgang Iser (Hg.): Immanente Ästhetik – Ästhetische Reflexion, S. 492.

die Amsel, die unter anderem in den »Elis«-Gedichten, in »Kindheit« und in »Geistliche Dämmerung« zu finden ist.[77]

Schon eine solche weitmaschige Strukturanalyse zeigt, daß »Gesang einer gefangenen Amsel« ein kunstvolles, an Anspielungen und Binnenbeziehungen reiches semantisches Gebilde ist. Trotzdem vermag die Analyse für die Interpretation nicht viel zu leisten, und das liegt wesentlich an der Eigentümlichkeit des Analysierten. Ein verbindlicher Sinn der Rede ist nicht festzulegen, weil der Sinn der Wörter und Metaphern nicht zu fixieren ist. Zwar haben die Wörter Trakls wohl immer noch einen Sinn – aber immer oder doch zumindest fast immer einen anderen und immer nur einen innerhalb bestimmter Vorstellungskomplexe des Dichters. Das gilt nicht allein für seine mit allen Konventionen brechende Metaphorik; auch die nicht-metaphorischen Ausdrücke werden in den Sog der ›Verdinglichung‹ hineingezogen. Am Ende ist es für den Interpreten nicht mehr eindeutig zu entscheiden, ob etwa der »Ölbaum« der vierten Zeile einen realen Ölbaum meint, eine Chiffre für Gethsemane ist[78] oder für eine individuelle Vorstellung Trakls steht.

Ein Gedicht wie der »Gesang einer gefangenen Amsel« ist als lyrische Rede in sich widersprüchlich. Es verwendet weiter Wörter der normalen Sprache, ohne sie jedoch in konventioneller – auch in konventionell lyrischer – Weise zu gebrauchen. Es geht vielmehr derart willkürlich (wenn auch nicht beliebig) mit ihnen um, daß eine intersubjektive Verbindlichkeit und Verständlichkeit weitgehend verlorengeht. Es ist Rede, die normaler Rede nur noch äußerlich gleicht, deren Semantik sich jedoch verselbständigt hat.

5.

In der modernen deutschen Lyrik der ersten Phase steckt, bedingt durch ihre Abkehr vom konkreten Realismus der Erlebnisdichtung und ihre Hinwendung zu einer verfremdenden Metaphorik, ein Zug zu abstrakter Rede-Weise. Bei George noch verborgen, ist er schon bei Rilke offenbar. Zwar hat Rilke bis zuletzt versucht, sich an die Dinge zu halten, doch sein Programm

77 Vgl. dazu Wolfgang Preisendanz: Auflösung und Verdinglichung in den Gedichten Georg Trakls, S. 240f.

78 Die Probleme, die eine Deutung des Gedichts im Sinn einer Rede von der »Passion des Dichters, des Fremdlings in der Welt, und von ihrer Aufhebung durch die erlösende Passion Christi« aufgibt, erörtert Wolfgang Preisendanz: Auflösung und Verdinglichung in den Gedichten Georg Trakls, S. 253. Zu Problemen der Deutung der metaphorischen Gedichte Trakls vgl. generell Walther Killy: Wandlungen des lyrischen Bildes, S. 116–128, insbes. S. 123ff., und Clemens Heselhaus: Das metaphorische Gedicht Georg Trakls. In: Ders.: Deutsche Lyrik der Moderne von Nietzsche bis Yvan Goll, S. 228–257.

der Verwandlung der Dinge ins Unsichtbare bringt spätestens in dem Moment seine Lyrik in die Nähe abstrakter Dichtung, in dem ihm das Schauen problematisch wird. Das ist schon 1914 nachweislich der Fall.[79] Die Krise des Schauens[80] führt Rilke von der Dingdichtung zur metaphysischen Dichtung der »Duineser Elegien« und der »Sonette an Orpheus«. In ihnen ist von den Dingen meist nur noch als Ideen die Rede, die, verwandelt in ein Innen, unsichtbar geworden sind: »Weltinnenraum«, wie es in »Es winkt zu Fühlung fast aus allen Dingen« heißt,[81] und dadurch gerettet vor dem »Hingang«,[82] von dem die neunte »Elegie« spricht.

In den letzten Jahren entstehen dann auch Gedichte wie das »An die Musik«, deren Metaphorik ebenso kühn wie abstrakt ist:

> *Musik:* Atem der Statuen. Vielleicht:
> Stille der Bilder. Du Sprache wo Sprachen
> enden. Du Zeit,
> die senkrecht steht auf der Richtung vergehender Herzen.[83]

Intrikaterweise ist in den Gedichten, deren Metaphern auf den ersten Blick noch anschaulich wirken wie »Ausgesetzt auf den Bergen des Herzens«, ein gegenständlicher Bezug gar nicht mehr zu bestimmen: das Bild von den »Bergen des Herzens« ist, wie gezeigt, nicht zu übersetzen.[84] Schließlich entfernt sich Rilke sogar von jeder Gegenständlichkeit, so zumindest versweise in seinem Gedicht »Gong«, in dem Ausdrücke wie »Umkehr der Räume« oder »Entwurf/ innerer Welten im Frein ...«[85] nur noch, wie Ulrich Fülleborn nachgewiesen hat, auf »die transzendentale Struktur der Welt«[86] verweisen.

Ein Zug zur Abstraktion ist auch der expressionistischen Lyrik in ihrer anti-realistischen Metaphorik eigen, und zwar schon in den Anfängen. Bereits in Trakls erstem Gedichtband von 1913 finden sich Formulierungen wie »Wieder kehrt die Nacht und klagt ein Sterbliches«[87] oder »Weltunglück geistert durch den Nachmittag«[88]; und in seiner letzten veröffentlichten Gedichtsammlung »Sebastian im Traum« sind Verse mit abstrakten Metaphern

79 Vgl. Rainer Maria Rilke: Sämtliche Werke, Bd. 3, S. 82ff.

80 Vgl. dazu auch Erich Heller: Die Reise der Kunst ins Innere. In: Ders.: Nirgends wird Welt sein als innen, S. 7–70, insbes. S. 56ff.

81 Rainer Maria Rilke: Sämtliche Werke, Bd. 3, S. 93.

82 Rainer Maria Rilke: Sämtliche Werke, Bd. 2, S. 719.

83 Rainer Maria Rilke: Sämtliche Werke, Bd. 3, S. 111.

84 Vgl. dazu auch Käte Hamburger: Rilke, S. 86ff.; sowie Herbert Lehnert: Struktur und Sprachmagie, S. 79ff.

85 Rainer Maria Rilke: Sämtliche Werke, Bd. 3, S. 186.

86 Ulrich Fülleborn: Rilke und Celan, S. 53.

87 Georg Trakl: Dichtungen und Briefe, S. 22.

88 Ebd., S. 30.

wie »Mond, als träte ein Totes/ Aus blauer Höhle«[89] oder »Silbern weint ein Krankes/ Am Abendweiher«[90] durchaus üblich.

So ist es denn auch kein Zufall, daß im Umkreis des Expressionismus lyrische Rede entsteht, die nicht mehr bloß eine Tendenz zur Abstraktion auszeichnet, sondern die ganz abstrakt ist – und die eben darin den Endpunkt der anti-realistischen modernen deutschen Lyrik der ersten Phase markiert. Innerhalb dieser Lyrik lassen sich insgesamt zwei verschiedene Typen abstrakter Rede-Weise unterscheiden: Abstraktion als Kombination von abstrakten Lexemen und Abstraktion als weitgehender Verzicht auf konventionelle Lexeme überhaupt. Die eine Art der Abstraktion ist typisch für die späten Gedichte August Stramms, die andere für die dadaistischen Lautgedichte zumal Hugo Balls und Rudolf Blümners.

Die »Wortkunst« August Stramms[91] stellt den Beginn der nicht-komischen abstrakten Lyrik in Deutschland dar. Anders als in der Malerei heißt ›abstrakt‹ hier jedoch, wie in aller Dichtung, nicht unbedingt ›gegenstandslos‹. Zumindest einen Rest von Gegenständlichkeit signalisieren die Überschriften vieler Gedichte Stramms – Titel wie »Verabredung«, »Freudenhaus«, »Mondschein«, »Dämmerung«, »Schlachtfeld«, »Schrapnell«, »Patrouille« oder »Sturmangriff«. Den Texten selbst fehlt dann allerdings fast jeder Bezug auf eine konkrete Situation, zumindest soweit er durch Eigennamen oder durch Orts- und Zeitangaben hergestellt wird.[92] Dafür sind Abstrakta, zumal abstrakte (Archai-)Neologismen, in ihnen umso häufiger zu finden, und zwar sowohl Substantive wie substantivierte Infinitive in futuristischer Manier, so zum Beispiel in den ersten vier Zeilen von »Krieg«:

Wehe wühlt
Harren starrt entsetzt
Kreißen schüttert
Bären spannt die Glieder.[93]

Zwar gibt es in den Gedichten Stramms sehr wohl auch Konkreta, doch sind sie meist entweder absolut, ohne Artikel, gebraucht wie in dem Vers »Frage hebt das Auge« oder, wenn mit Artikeln versehen, nur in der unspezifischen Mehrzahl wie in dem Vers »Bären spannt die Glieder«.

89 Ebd., S. 76.

90 Ebd.

91 Vgl. dazu vor allem Richard Brinkmann: Zur Wortkunst des »Sturm«-Kreises; ders.; »Abstrakte« Lyrik im Expressionismus und die Möglichkeit symbolischer Aussage; Rudolf Haller: August Stramm. In: Wolfgang Rothe (Hg.): Expressionismus als Literatur, S. 232–250; ferner Jeremy Adler und John J. White (Hg.): August Stramm.

92 Vgl. dazu auch Lothar Jordan: Zum Verhältnis traditioneller und innovativer Elemente in der Kriegslyrik August Stramms. In: Jörg Drews (Hg.): Das Tempo dieser Zeit ist keine Kleinigkeit, S. 112–127.

93 August Stramm: Das Werk, S. 80.

Die Tendenz zur Abstraktion, die bereits im poetischen Lexikon Stramms angelegt ist, wird auf der Ebene des Satzes durch zwei Stileigentümlichkeiten noch akzentuiert. Da ist zum einen Stramms Vorliebe für ›absolute‹, nicht referenzialisierbare Metaphern, besonders deutlich, weil massiert, in den letzten sieben Zeilen von »Krieg«:

Die Stunde blutet
Frage hebt das Auge
Die Zeit gebärt
Erschöpfung
Jüngt
Der
Tod.[94]

Und da ist zum andern die Reduktion der Syntax, die in »Krieg« zwar nicht extrem realisiert, aber dennoch deutlich ist. Vier der acht Sätze des Gedichts bestehen nur aus einem Subjekt und einem Prädikat, wobei in Sätzen wie »Kreißen schüttert« zwischen dem substantivierten Infinitiv und dem flektierten Verb kein logischer Zusammenhang zu erkennen ist: das grammatische Subjekt ist offenbar mit dem logischen nicht identisch.[95] Lediglich in drei Sätzen findet sich außerdem jeweils noch ein Akkusativobjekt (durch das allerdings der logische Zusammenhang nicht klarer wird) und bloß in einem Satz ein Adverb. Im ganzen Gedicht gibt es dagegen weder ein Adjektiv noch eine Konjunktion. Diese Reduktion der Syntax zwingt den Leser, sich auf den Sinn der einzelnen Wörter, zumal der semantisch gewichtigen Verben und Substantive, und ihre Kombination zu konzentrieren.

Die Abstraktion geht bei Stramm nicht mit dem Verzicht auf eine ›Aussage‹ einher, doch ist die ›Aussage‹ selbst, notwendigerweise, sehr allgemein gehalten. Vom Krieg sprechend, abstrahiert Stramm nicht nur von dem (Ersten Welt-)Krieg, in dem das Gedicht entstanden ist, sondern überhaupt von allem konkreten Kriegsgeschehen. Ja, im Sinn realistischer Abbildung beschreibt er, dem Titel zum Trotz, gar nicht den *Krieg*. Zwar lassen sich einige Ausdrücke wie »Wehe wühlt« oder »Harren starrt entsetzt« auf Vorgänge im Krieg beziehen. Durch den Kontext erhalten sie jedoch einen anderen Sinn: sie sind, wie die Schlüsselwörter »Kreißen«, »Bären«, »gebärt«, »Jüngt« anzeigen, Momente der Darstellung eines *Geburtsvorgangs* – allerdings, wie gleich zu präzisieren ist, nicht einer konkreten, sondern gewissermaßen einer Geburt in abstracto, des *Gebärens*.

Stramm verfährt also symbolisch: er beschreibt vorderhand das Gebären, meint aber den Krieg. Dieses symbolische Verfahren mag, zumindest aus heutiger Sicht, in der Sache ideologisch anstößig sein, insofern es den Krieg

94 Ebd.

95 Vgl. dazu Peter Michelsen: Zur Sprachform des Frühexpressionismus bei August Stramm, insbes. S. 294.

durch den natürlichen Vorgang des Gebärens darstellt. Doch dürfte eine Kritik, die sich darin erschöpfte, diese Anstößigkeit zu monieren, das Gedicht nicht ganz treffen. Denn Stramm geht es nicht um eine mehr oder weniger philosophische, mehr oder weniger wahre Aussage über den Krieg; er will bloß die emotionale Spannung eines Kriegsteilnehmers eindringlich wiedergeben, indem er sie mit der Anspannung beim Gebären vergleicht. Nicht die Formulierung eines Gedankens: der Ausdruck eines Gefühls oder besser: eines Fühlens ist das Ziel Stramms.

Seine Gedichte sind jedoch als lyrische Rede in einem anderen Sinn expressiv als die traditionellen Erlebnisgedichte – nicht nur stilistisch durch das Fehlen eindeutig referenzialisierbarer Ausdrücke, die staccatoartige Kürze und die logische Unverbundenheit der Sätze, sondern auch in ihrer Art der Subjektivität. Mit Ausnahme der beiden Gedichte »Abend« und »Angststurm« gibt es in der Kriegslyrik Stramms, anders als noch in seinen Liebesgedichten, kein lyrisches Ich. Die Gefühle, die Stramm ausdrücken will, hat er von der Individualität des Empfindenden, und das heißt auch: von seinem eigenen Ich, weitgehend gelöst. Dies bringt eine ›Entpersönlichung‹, eine Verselbständigung und Verdinglichung der Gefühle zu bloßem ›Fühlen‹ mit sich. Es ist mit einem Wort ein ›abstrakter Subjektivismus‹, der sich bei Stramm bildet: Abstraktion also noch in der Expression.

Dieser abstrakte Subjektivismus verbietet es vollends, die keinem herkömmlichen Realismus mehr verpflichteten Kriegsgedichte Stramms als eine Fortsetzung der Stimmungs- und Erlebnislyrik des 19. Jahrhunderts mit anderen Mitteln anzusehen. Obwohl er, scheinbar in Übereinstimmung mit der Tradition, sich in künstlerischen Fragen immer wieder auf »Gefühl«[96] und »Erleben«[97] berufen hat, hat er doch eine Lyrik geschaffen, die mit den Rede-Weisen der subjektiven Erlebnisdichtung des 19. Jahrhunderts gebrochen hat. Stramm wollte nicht ein konkretes *Erlebnis*, sondern, abstrakter, lediglich ein *Erleben* darstellen.

Sein abstrakter Subjektivismus ist sowohl in künstlerischer wie in existentieller Hinsicht als ein Extrem zu begreifen. Er steht gleichermaßen am Ende der literarischen Entwicklung Stramms, dessen Anfänge noch ganz vom Naturalismus geprägt waren, wie am Ende seines Lebens. Insofern ist er wohl nicht zuletzt auch Ausdruck des Weltverlustes, der durch die Aussicht auf den Tod im Krieg stets gegenwärtig war.

Noch radikaler in ihrem Anti-Realismus als die abstrakten Kriegsgedichte Stramms sind die – allerdings sehr viel weniger ernsten – Lautgedichte der Dadaisten. Das Lautgedicht ist zwar keineswegs die einzige neue Gedicht-Form, derer sich die Dadaisten bedienten,[98] doch hat in ihm, mehr noch als

96 Vgl. etwa August Stramm: Das Werk, S. 427 und 431.

97 Vgl. ebd., S. 440 und 447.

98 Vgl. dazu Reinhard Döhl: Dadaismus. In: Wolfgang Rothe (Hg.): Expressionismus als Literatur, S. 719–739.

in der Montage, der Anti-Traditionalismus der Bewegung seinen spektakulärsten Ausdruck gefunden: ein höchster Grad von Abstraktion als größtmögliche Abwendung von der Tradition lyrischer Rede.

Neu am dadaistischen Lautgedicht ist allerdings nicht, daß es normalerweise sinnlose oder sinnleere Phoneme und Phonemkombinationen enthält – das tut, zum Beispiel, auch Walther von der Vogelweides »Under der linden« –, sondern daß es kaum *andere* Wörter enthält: es verzichtet ganz oder fast ganz auf konventionelle Lexeme. Schon aus diesem Grund ist es mit den Kategorien traditioneller lyrischer Rede nicht mehr zu beschreiben. Doch ist es deswegen noch nicht unbedingt ohne Sinn und Bedeutung: »Nur Schall, ohne irgendeine Art von Inhalt«, wie Goethe anläßlich eines Lautgedichts aus »Des Knaben Wunderhorn« schrieb.[99]

Wie ein Lautgedicht, allem Anti-Traditionalismus zum Trotz, als Rede noch sinn- und bedeutungsvoll sein kann, zeigt der prominenteste Text dieses Genres, Hugo Balls

KARAWANE

jolifanto bambla ô falli bambla
grossiga m'pfa habla horem
égiga goramen
higo **bloiko russula huju**
hollaka hollala
anlogo bung
blago bung
blago bung
bosso fataka
ü üü ü
schampa wulla wussa ólobo
hej tatta gôrem
eschige zunbada
wulubu ssubudu uluw ssubudu
tumba ba- umf
kusagauma
ba - umf[100].

In diesem Gedicht kommt, von der Überschrift abgesehen, kein konventionelles Lexem vor. Einige Phonemkombinationen lassen sich jedoch gleich-

99 Goethe: Werke, Bd. 12, S. 279.
100 Zit. nach Dieter Breuer: Deutsche Metrik und Versgeschichte, S. 320.

wohl semantisieren – nicht nur, weil sie durch die graphischen Pausensignale schon das *Aussehen* von Wörtern, sondern mehr noch, weil sie durch den Kontext offenbar auch die semantische *Funktion* von Wörtern erhalten. Einige Phoneme wie »o« oder »ü« lassen sich denn auch expressiv, einige Phonemkombinationen, die Wörtern der Normalsprache ähnlich sind, wie »jolifanto«, »grossiga«, »eschige«, oder »tumba«, onomatopoetisch oder lautsymbolisch deuten. Der Titel, der das einzige konventionelle Lexem des ganzen Gedichts enthält, eröffnet dabei einen Gegenstandsbezug und mit ihm einen »Imaginations- oder Assoziationsraum«[101], innerhalb dessen die mehr oder weniger zielgerichtete Semantisierung der Phoneme und Phonemkombinationen abläuft: das scheinbar sinn- und bedeutungslose Gedicht erweist sich als eine sprachliche ›Versinnbildlichung‹ oder eigentlich ›Verlautbarung‹ der Geräuschkulisse einer Karawane.

Sinn und Bedeutung der Rede bleiben jedoch vergleichsweise vage. Was der Text ›Wort‹ für ›Wort‹ genau ›sagen‹ will, ist für den Leser kaum festzustellen, weil die Phoneme und Phonemkombinationen, sofern sie sich überhaupt semantisieren lassen, keinen konventionellen, sondern bloß einen individuellen, nur in diesem einen Gedicht gültigen Sinn haben. Was die Phoneme und Phonemkombinationen im einzelnen bedeuten, ist auch nicht klarer. Der Gegenstandsbezug, der durch den Titel hergestellt wird, ist eher unkonkret. In traditioneller lyrischer Rede würde das kaum auffallen, weil er durch den Text konkretisiert würde. In einem dadaistischen Lautgedicht jedoch ist der an sich eher abstrakte Titel noch das Konkreteste. So erlaubt das Vorhandensein semantisierbarer Phonemkombinationen und eines konventionellen Titels es zwar, dem Lautgedicht sowohl einen Sinn wie eine Bedeutung zuzusprechen (und es somit überhaupt erst als poetische Rede zu bezeichnen), doch ist seine Semantik insgesamt nur so ungefähr aufzuschließen wie die eines lediglich fragmentarisch überlieferten Textes.

Die Deutung dadaistischer Lautgedichte gerät da an ihre Grenze, wo alle Anklänge an konventionelle Rede getilgt sind. Zu diesem Typ des reinen Lautgedichtes gehört, neben Hugo Balls »Gadji beri bimba«, Rudolf Blümners

ANGO LAINA
Oiaí laélä oía ssísialu
ensúdio trésa súdio mischnumi
ja lon stuáz
brorr schjatt
oiázo tsuígulu
ua sésa masuó tülü
ua sésa maschiató toró

101 Hans-Georg Kemper: Vom Expressionismus zum Dadaismus, S. 179.

oi séngu gádse ándola
oi ándo séngu
séngu ándola
oi séngu
gádse
ina
leíola
kbaó
sagór
kadó.[102]

Zwar gibt es, wie Hans-Georg Kemper im einzelnen nachgewiesen hat, einige Anzeichen dafür, daß diese Phonemkombinationen noch immer den Status von sinnhaltigen Wörtern haben: etwa die Schreibweise, die Regelmäßigkeiten in der Lautbildung, wie sie vor allem bei den Endvokalen zutage treten, oder die Wiederholung von bestimmten Phonemen. Durch das Fehlen jedes konventionell explizierbaren Sinns und jedes noch so vagen Gegenstandsbezugs wird jedoch die Sprachlichkeit dieses Gebildes sehr reduziert.

Möglicherweise ist »Ango laina« tatsächlich Rede in einer ganz individuellen, nur dem Autor verständlichen Sprache (die für alle anderen Menschen dann eine ›Fremdsprache‹ wäre) und damit den Gedichten verwandt, die Stefan George in seiner »lingua romana« schrieb.[103] Dann bliebe der paradoxe Befund Kempers bestehen, daß Blümner »das ›signifiant‹, das Bezeichnende oder die Zeichenstruktur imitiert und zugleich das Kunststück fertiggebracht (hat, D. L.), keinerlei Bedeutung mitzuvermitteln, keinen einigermaßen verbindlichen Imaginations- oder Assoziationsraum zu eröffnen und mögliche Assoziationen auch noch dadurch auszuschalten, daß er die Laute und Lautgruppen variierend repetiert«.[104]

Möglich ist aber auch, daß »Ango laina« nur Wortmusik ist, eine Verabsolutierung des phonetischen Materials der Sprache und somit schon nicht mehr bedeutungsvolle Rede, also auch keine lyrische Rede. Diese Zweideutigkeit ist für den Interpreten nicht aufzulösen, denn sie gründet sich auf den extremen Grad der Abstraktion, der im dadaistischen Lautgedicht erreicht ist. Sie hat ein Werk hervorgebracht, das ohne erkennbaren Sinn und ohne erkennbare Bedeutung ist und das doch noch wie (lyrische) Rede präsentiert wird. So führt das reine Lautgedicht als das konsequent – oder, je nach Standpunkt, auch absurderweise – realisierte abstrakte Gedicht in die Aporie: wo es noch Rede ist, ist es noch keine reine Abstraktion, und wo es reine Abstraktion ist, ist es nicht mehr Rede. Das dadaistische Lautgedicht mar-

102 Zit. nach Lyrik des expressionistischen Jahrzehnts, S. 286.
103 Vgl. dazu Claude David: Stefan George, S. 17ff.
104 Hans-Georg Kemper: Vom Expressionismus zum Dadaismus, S. 179.

kiert daher den typologischen Endpunkt der modernen deutschen Lyrik der ersten Phase: es gibt keinen tieferen Bruch mit der deutschen Lyrik des 19. Jahrhunderts als den Bruch nicht nur mit den Konventionen (realistischer) lyrischer Rede, sondern normaler Rede überhaupt. Insofern bestätigt die Entwicklung der modernen deutschen Lyrik schon in ihrer ersten Phase die These Hans Blumenbergs, daß in moderner Dichtung die »in aller Poesie sich vollziehende (...) Entselbstverständlichung der Gemeinsprache, die ins Pretentiöse wie ins Magische genutzt werden kann«, programmatisch werde und in ihrer »Tendenz auf Vieldeutigkeit« sich dem »Punkt« nähere, »an dem der semantische Dienstwert der Sprache gleichsam versagt«: »der Horizont von Information, Mitteilung, Anweisung zerbirst, die primär erwartete Leistung der Sprache ist nicht mehr Bezeichnung und Bedeutung«.[105] An der »Schwelle der Preisgabe der semantischen Funktion (...), die zwischen der Vieldeutigkeit und der bedeutungslosen Undeutbarkeit liegt«,[106] komme es dann auch dazu, »daß die Sprache in das banalste Kling-Klang, das selbstgestrickte Laut- bzw. Druckmuster umschlägt, also sich als pure Oberfläche weniger ›verdichtet‹ als vielmehr verschließt«.[107]

105 Hans Blumenberg: Sprachsituation und immanente Poetik. In: Wolfgang Iser (Hg.): Immanente Ästhetik – Ästhetische Reflexion, S. 145–154, hier S. 150.

106 Ebd., S. 151.

107 Ebd., S. 152.

3. Kapitel: Die formal moderne deutsche Lyrik der ersten Phase: Von Holz bis Stramm

1.

Die moderne deutsche Lyrik der ersten Phase ist zunächst modern durch ihre speziellen *Rede-Weisen*, vor allem durch verschiedene Verfahren metaphorischer Verfremdung bis hin zur Abstraktion. In ihrer ersten Phase weicht die moderne deutsche Lyrik aber nicht nur durch ihre Rede-Weisen, sondern auch durch ihre Form, zumal durch ihre neuartige *Versart* von der traditionellen Lyrik des 19. Jahrhunderts ab.

Diese formalen Innovationen sind jedoch bisher kaum beschrieben worden, weil die moderne deutsche Lyrik überwiegend als stilistisch modern gilt.[1] Daß seit der Jahrhundertwende auch neue Formen des lyrischen Gedichts entstanden sind, hat allenfalls die historische Metrik bemerkt,[2] ohne diese Veränderungen allerdings immer in einen Zusammenhang mit der Entwicklung der (stilistisch) modernen deutschen Lyrik bringen zu können. Das ist auch insofern nicht ganz einfach, als vor allem das 20. Jahrhundert eine Reihe von formalen Neuerungen in der Lyrik hervorgebracht hat, die ebenso vielfältig wie verschiedenartig sind und nicht alle in derselben Weise von der Tradition metrischer Versregulierung abweichen.

Da sind zunächst einmal, in den Autorenpoetiken ausführlich erörtert,[3] Veränderungen der Reimtechnik, vor allem die Abkehr vom Prinzip der

1 Eine Ausnahme stellt Clemens Heselhaus dar: Deutsche Lyrik der Moderne von Nietzsche bis Yvan Goll, insbes. S. 146ff.

2 Vgl. etwa Christian Wagenknecht: Deutsche Metrik, S. 99ff., und Dieter Breuer: Deutsche Metrik und Versgeschichte, S. 244ff.

3 Vgl. Verf.: Probleme der Reimpoetik im 20. Jahrhundert.

Reinheit des Reims, die Karl Kraus als erster postuliert hat,[4] aber vor ihm schon andere praktiziert haben, und die Hinwendung zu einer semantischen Akzentuierung des Reims, die Stefan George als erster moderner Lyriker postuliert und praktiziert hat.[5]

Neben reimtechnischen bringt die Lyrik des 20. Jahrhunderts weiter eine Reihe von verstechnischen Neuerungen, die neue Techniken der Füllung metrischer Schemata sowohl auf der Ebene des Verses wie der Strophe sind. Nur auf zwei dieser Neuerungen sei hier kurz hingewiesen.[6] »Einsilbige Takte« oder genauer: »einsilbig gefüllte Takte«[7] hat, anhand von Gedichten so unterschiedlicher Autoren wie Holz, George, Brecht, Stramm, Benn und Trakl, Hartwig Schultz versucht, als *das* metrische Charakteristikum der modernen deutschen Lyrik zu bestimmen: der »unregelmäßige Rhythmus mit zahlreichen Stauungen ohne gleichmäßige wellenförmige Schwingung«, den solche »einsilbigen Takte« schaffen, kann nach Schultz »als Stilmerkmal (!) der modernen Lyrik gelten«.[8]

Eine ähnliche Bedeutung hat Harald Fricke einer anderen »Technik metrischer Veränderung«[9] beigemessen: den kühnen Enjambements Rilkes, die nicht nur Vers-, sondern oft auch Strophengrenzen überspielen und die metrische Regelmäßigkeit seiner Gedichte abschwächen. Beiden verstechnischen Neuerungen ist gemeinsam, daß auch sie Maßnahmen gegen die Automatisierung sind – gegen die rhythmische Automatisierung nämlich, die zumal isometrische Verse mit sich bringen können.

Weder in den reimtechnischen noch in den verstechnischen Innovationen ist allerdings eine epochale Abweichung von der Quasi-Norm metrischer Versregulierung zu sehen. Sie sind lediglich technische Modifikationen, die den Spielraum ausschöpfen, den gewisse Lizenzen der Reim- und Verstechnik offen lassen. »Einsilbige Takte« sprengen nicht unbedingt den Rahmen metrisch regulierter Verse und ungewöhnliche Enjambements nicht unbedingt den metrisch regulierter Gedichte. Die Verse in Georges »Stern des Bundes«, die »einsilbige Takte« aufweisen, sind immer noch jambische Verse,[10] wie umgekehrt auch die rhythmisch kühnsten »Sonette an Orpheus« immer noch Sonette sind.

Daß diese reim- und verstechnischen Modifikationen keinen Bruch mit der Tradition darstellen, ist auch daran zu erkennen, daß es sie durchaus schon in der Dichtung früherer Jahrhunderte gegeben hat: unreine Reime, ja

4 Vgl. Karl Kraus: Der Reim. In: Ders.: Die Sprache, S. 388–423.

5 Vgl. Stefan George: Über Dichtung. In: Ders.: Werke, Bd. 2, S. 310.

6 Zu weiteren Innovationen der modernen deutschen Lyrik vgl. Dieter Breuer: Deutsche Metrik und Versgeschichte, S. 258–401.

7 Hartwig Schultz: Vom Rhythmus der modernen Lyrik, S. 26.

8 Ebd., S. 27.

9 Harald Fricke: Norm und Abweichung, S. 174.

10 Vgl. dazu auch Hartwig Schultz: Vom Rhythmus der modernen Lyrik, S. 15ff.

sogar Fremdwortreime finden sich zum Beispiel auch bei Novalis, und zwar sowohl in einem späten Gedicht wie dem »Lied der Toten« als auch in einem früheren Gedicht wie dem »Lied beim Punsch«; und »einsilbige Takte« gibt es gelegentlich sogar bereits in der mittelalterlichen Versdichtung, etwa in Wolframs »Parzival«.[11]

Einen radikalen Bruch mit der traditionellen Quasi-Norm der Metrizität schafft erst der freie Vers. Freien Versen fehlt all das, was herkömmlicherweise für die Metrik Verse ausmacht: eine bestimmte Anzahl von Silben ebenso wie ein mehr oder weniger regelmäßiger Wechsel von betonten und unbetonten oder von langen und kurzen Silben und jegliche Reimbindung, sei es innerhalb eines Verses oder einer Versgruppe. Gedichte in freien Versen unterscheiden sich deshalb schon äußerlich von Gedichten in metrisch regulierten Versen: nicht nur die Länge der Zeilen kann zwischen sehr kurzen und sehr langen extrem schwanken, auch die Länge der Versgruppen und mit ihr die Länge der Gedichte insgesamt. Die Form solcher Gedichte in freien Versen ist daher völlig individuell: sie ist, im Sinn der Metrik, nicht nur ohne globale, sondern, idealerweise, auch ohne jede partielle Bindung.

Eine Sammlung von Gedichten in freien Versen gibt es in der deutschen Lyrik erstmals am Ende des 19. Jahrhunderts: es ist der 1898 und 1899 in zwei Bänden erschienene »Phantasus« von Arno Holz. Diese zweite von insgesamt sechs bis heute veröffentlichten Fassungen ist zumindest formal die bedeutendste von allen, weil sie qualitativ Neues bringt – im Werk des Autors ebenso wie in der Geschichte des deutschen Verses: der Unterschied zwischen der ersten und der zweiten Fassung kann zugleich für den Unterschied zwischen formal traditioneller und formal moderner deutscher Lyrik stehen.

2.

Der »Phantasus«, wie er im »Buch der Zeit« 1886 zuerst erschien, war noch ganz der metrisch konventionellen Lyrik des 19. Jahrhunderts verpflichtet: ein Zyklus von dreizehn Gedichten, die jeweils aus vier achtzeiligen jambischen Strophen in Kreuzreimen bestehen. Seine größten formalen Kühnheiten liegen in einigen originellen (Fremdwort-)Reimen wie »Bett« und »Nazareth«, »Fabrik« und »Gequiek«, »Korps« und »Ohr«, »Newton« und »verbluten«.[12] Wie traditionell das Gedicht im übrigen formal ist, zeigt schon die erste Strophe:

11 Vgl. ebd., S. 26.
12 Arno Holz: Das Werk, Bd. 1, S. 74, 77, 77, 82.

Ihr Dach stieß fast bis an die Sterne,
vom Hof her stampfte die Fabrik,
es war die richtige Mietskaserne
mit Flur- und Leiermannsmusik!
Im Keller nistete die Ratte,
parterre gabs Branntwein, Grog und Bier,
und bis ins fünfte Stockwerk hatte
das Vorstadtelend sein Quartier.[13]

Der neue »Phantasus« bietet demgegenüber ein völlig verändertes Bild – nicht nur thematisch in seiner Abkehr vom Elend des armen Dachstubenpoeten, sondern auch formal. Das erste Gedicht des ersten Bandes beginnt so:

Nacht.
Der Ahorn vor meinem Fenster rauscht,
von seinen Blättern funkelt der Thau ins Gras,
und mein Herz
schlägt.
Nacht.
Ein Hund ... bellt, ... ein Zweig knickt, – still!
Still!!
Du? ... Du?
Ah, deine Hand! Wie kalt, wie kalt!
Und ... deine Augen ... gebrochen!
Gebrochen!![14]

Diese Verse der zweiten Fassung unterscheiden sich formal von den konventionellen der ersten in jeder Hinsicht: typographisch durch die Anordnung um eine »unsichtbare Mittelachse«,[15] verstechnisch durch den Verzicht auf fußmetrische Regulierung, auf Reimbindung und strophische Gliederung. Wollte man diese Verse in gewohnter Weise skandieren, so erhielte man nur in einem Fall ein regelmäßiges Schema, im drittletzten zitierten Vers, der sich als vierhebiger Jambus lesen läßt. Alle anderen Verse sind mit den Begriffen der Metrik nicht mehr angemessen zu beschreiben. Ihnen fehlt jedes Gleichmaß: nicht nur die Zahl der Hebungen, auch die der Senkungen und damit die der Silben insgesamt wechselt von Vers zu Vers.

Von traditionell alternierenden Versen kann hier deswegen kaum die Rede sein – von Freien Rhythmen allerdings auch nicht. Denn den »Phantasus«-Versen der zweiten Fassung fehlt zumindest eine Eigenschaft, die Freie Rhythmen haben, und sie haben zumindest eine Eigenschaft, die Freien Rhythmen fehlt. Holz hat die Freien Rhythmen ein »Konglomerat von me-

13 Ebd., S. 74.
14 Arno Holz: Phantasus, S. 5.
15 Arno Holz: Das Werk, Bd. 10, S. 503.

trischen Reminiszenzen«[16] genannt und damit auf die Anlehnung der Freien Rhythmen an die antiken Odenmaße vor allem Pindars hingewiesen, die sie mehr oder weniger frei umspielen. Zwar gibt es, wie zu sehen war, auch in den »Phantasus«-Versen noch »metrische Reminiszenzen«, doch kaum solche, die an antike Odenmaße denken lassen. Selbst da, wo sie sich vom Thema her anböten wie in dem Neptun-Gedicht des ersten Bandes,[17] hat Holz sie offensichtlich vermieden.

Wie weit sich die »Phantasus«-Verse tatsächlich von der metrischen Tradition entfernt haben, zeigen die zahlreichen einsilbigen Verse. Solche Verse hat es vereinzelt auch schon in Freien Rhythmen gegeben – etwa in Goethes »Wanderer«[18] oder »Kenner und Künstler«.[19] Doch kein Lyriker hat sie zuvor in der Häufigkeit benutzt wie Arno Holz: allein das erste Gedicht des »Phantasus« enthält acht solcher Verse. Sie sind denn auch das »eigentlich Neue«[20] seiner Verskunst – und der freien Verse überhaupt. Die Begriffe der Metrik lassen sich sinnvollerweise auf sie nicht mehr anwenden, und zwar aus dem einfachen Grund, weil sie nicht einmal mehr einen Versfuß ergeben, geschweige denn einen Vers im herkömmlichen Sinn. Man kommt deshalb nicht umhin, die »Phantasus«-Verse von 1898/99 als das anzuerkennen, was sie sind: als die ersten freien Verse der deutschen Literatur und somit als den Beginn der in formaler Hinsicht modernen deutschen Lyrik. Jede andere Klassifizierung[21] wird ihrer versgeschichtlichen Bedeutung nicht gerecht.

Es schmälert allerdings die historische Bedeutung des »Phantasus« nicht, wenn man ihn weniger voraussetzungslos sieht, als Arno Holz es selbst getan hat.[22] Die »Phantasus«-Verse haben nicht nur in seinem Werk Vorläufer – so findet sich beispielsweise das erste Gedicht des ersten Heftes, in Wortlaut und Versgliederung nur wenig verschieden, bloß linksbündig gesetzt, schon in der zweiten Auflage des »Buchs der Zeit« von 1892. Die »Phantasus«-Verse stehen aber auch in einem Zusammenhang mit den Versexperimenten anderer Lyriker der Zeit – etwa mit den rhythmisch kühnen Gedichten, die Alfred Momberts erste Gedichtbände »Tag und Nacht« (1894) und »Der Glühende« (1896) füllen, oder mit den noch gereimten Mittelachsengedichten in Richard Dehmels »Weib und Welt« (1896). Wenn es allerdings darum geht, den Durchbruch zu einer modernen Versform an *einem* Werk zu belegen, dann gebührt dem »Phantasus« der Vorzug vor diesen Werken, die er sowohl einzeln wie zusammen an formaler Kühnheit übertrifft.

16 Ebd., S. 537.

17 Vgl. Arno Holz: Phantasus, S. 29.

18 Vgl. dazu Goethe: Werke, Bd. 1, S. 38.

19 Ebd., S. 62.

20 So Hartwig Schultz: Vom Rhythmus der modernen Lyrik, S. 126.

21 Vgl. dazu Leif Ludwig Albertsen: Neuere deutsche Metrik, S. 123ff., der Holz als »Klopstockepigonen« einstuft.

22 Vgl. dazu Arno Holz: Das Werk, Bd. 10, S. 613ff.

Arno Holz hat selbst nicht von ›freien Versen‹ gesprochen. Er zog es vor, seine Verse als »natürliche« oder »notwendige« »Rhythmen«[23] zu bezeichnen, um sie von allen Rhythmen abzuheben, deren Prinzip ein – wie immer freies – Metrum und nicht nur der natürliche Wortakzent ist. Seine Terminologie war nicht zuletzt als polemische Spitze gegen die herkömmliche Fuß- und Reimmetrik gemeint, die ihm weder natürlich noch notwendig erschien: nicht natürlich, weil sie ein »aus fremdem Formgeist erwachsenes« Prinzip sei,[24] das auf die deutsche Literatur zu übertragen er für reine »Willkür«[25] hielt; nicht notwendig aber, weil sie zu einem »Mechanismus«[26] heruntergekommen sei, zu einem »Schablonengebilde«[27], das »Musik durch Worte als Selbstzweck«[28] hervorbringe. »Monotonie statt Rhythmik«[29]: auf diese einfache Formel brachte Holz, polemisch verkürzend, das Prinzip traditioneller, metrisch regulierter Gedichte. Ihm stellte er, nicht weniger formelhaft, sein eigenes entgegen: »Rhythmik statt Metrik«.[30] Dementsprechend forderte er einen Rhythmus, der sich frei von »nichtssagenden oder gar hemmenden *Stereotypen*«[31] entwickeln soll, »der nur noch durch das lebt, was durch ihn zum Ausdruck ringt«.[32] Natürlich oder notwendig war mit anderen Worten für ihn nur *der* Rhythmus, der in der »Einheit (...) von Form und Inhalt«[33] begründet ist, der also wesentlich eine semantische Funktion erfüllt.

Weniger das altehrwürdige poetologische Prinzip der Einheit von Form und Inhalt als vielmehr seine neue, metrikfeindliche Auslegung hat in der deutschen Literatur tatsächlich eine »Revolution der Lyrik«[34] bewirkt, eine Revolution allerdings, die zumindest bei Holz nur auf dem Gebiet der Form stattfand, gemäß seiner Maxime: »Man revolutioniert eine Kunst (...) nur, indem man ihre Mittel revolutioniert«.[35] Mit dem »Phantasus« hat Holz das versucht.

Am auffälligsten, weil am augenfälligsten ist an dieser ›revolutionierten‹ Versdichtung die formale Individualität jedes Gedichts. Sie kennt keine Formtypen und keine vorgegebenen Bauformen mehr. Die Anzahl, die Gruppierung und die Länge der Verse sind nicht vorab bestimmt: sie richten sich allein nach den Notwendigkeiten des (Rede-)Inhalts. So entstehen »unregelmäßig abgeteilte Zeilen«[36] und Zeilengruppen, die eine charakteristische typographische »Asymmetrie«[37] mit sich bringen. Das Ausmaß dieser Unregelmäßigkeiten läßt sich in Zahlen ausdrücken. Das längste Gedicht im »Phantasus« besteht aus 48,[38] das kürzeste aus 5 Zeilen.[39] Die längste Vers-

23 Vgl. ebd., etwa S. 502 und 537.
24 Ebd., S. 636.
25 Ebd., S. 639.
26 Ebd., S. 492.
27 Ebd., S. 640.
28 Ebd., S. 491.
29 Ebd., S. 695.
30 Ebd., S. 645.
31 Ebd., S. 641.
32 Ebd., S. 494.
33 Ebd., S. 645.
34 Ebd., S. 493.
35 Ebd., S. 490.
36 Ebd., S. 503.
37 Ebd., S. 653.
38 Vgl. Arno Holz: Phantasus, S. 5/6.
39 Vgl. ebd., S. 71 und 96.

gruppe hat 12 Zeilen,[40] die kürzeste nur eine. Der längste Einzelvers enthält 25 Silben,[41] der kürzeste gerade eine. Besonders deutlich werden diese Unterschiede immer da, wo lange und kurze Versgruppen oder Verse unmittelbar aufeinander folgen, wie zum Beispiel im zweiten Teil des ersten Gedichts des ersten Bandes.[42]

Die äußere Unregelmäßigkeit solcher Gedichte, die Arno Holz graphisch durch die achsensymmetrische Anordnung der Verse auszugleichen suchte, ist als Zeichen ihrer formalen Individualität zugleich ein Indiz für ihre Abweichung von den Formkonventionen der deutschen Lyrik des 19. Jahrhunderts. Von nachhaltiger Wirkung auf die Verskunst des 20. Jahrhunderts sind vor allem die kurzen Verse gewesen, zumal *die* einsilbigen unter ihnen, die von anderen Versgruppen abgesetzt sind, wie etwa die dritte Zeile des letzten Gedichts im zweiten Heft:

In rote Fixsternwälder, die verbluten,
peitsch ich mein Flügelross.
Durch!
Hinter zerfetzten Planetensystemen, hinter vergletscherten Ursonnen,
hinter Wüsten aus Nacht und Nichts
wachsen schimmernd Neue Welten – Trillionen Crocusblüten![43]

Diese zunächst vielleicht bizarr anmutende Anordnung der Verse ist allerdings mehr als eine spektakuläre graphische Spielerlei, mehr auch als eine bloße Äußerlichkeit. Arno Holz selbst hat das durch die Typographie entstandene Gebilde »das *Ohrbild* eines Gedichtes«[44] genannt und damit angedeutet, daß auch für ihn die Versschreibweise mehr die Funktion einer Partitur als einer Figur hat. Ihre rhythmische Funktion läßt sich gerade an solchen einsilbigen, äußerlich isolierten Versen wie dem angeführten erkennen.

Zunächst einmal verhindern sie, zumal wenn sie wie hier in unmittelbarer Nachbarschaft langer Verse stehen, eine Verselbständigung des Rhythmus: Monotonie also. Darüber hinaus betonen die Stauungen oder Verhalte, die sie schaffen, die rhythmische Individualität der Zeile, die so gegen jedes sie übergreifende und überspülende Gleichmaß behauptet wird, als die »letzte Einheit«[45] des »natürlichen« Rhythmus. Die graphische Individualität der »Phantasus«-Gedichte ist somit nur ein Zeichen für die rhythmische Individualität der Verse. Der ständige Rhythmuswechsel ist ihr formales, gewissermaßen musikalisches Prinzip.

Die Rhythmuswechsel sind allerdings, dem Anspruch des Autors zufolge, kein *bloß* ›musikalisches‹ Prinzip. Sie verdanken sich letztlich dem individu-

40 Vgl. ebd., S. 6.
41 Vgl. ebd., S. 78.
42 Ebd., S. 6.
43 Ebd., S. 108.
44 Arno Holz: Das Werk, Bd. 10, S. 659.
45 Ebd., S. 656.

ellen, je »besonderen Gehalt«[46] jeder Zeile, der nach einer besonderen Form verlangt. Der »jedweilige Inhalt«, sagt Arno Holz, schafft sich »seine ihm jedesmal adäquate Form«[47]. Die Form soll nicht nur individuell, sondern auch bedeutungsvoll sein und individuell nur, *soweit* sie bedeutungsvoll ist: Form also nicht als Schema, sondern als Ausdruck.

Wo die Form in dieser Weise ein Bedeutungsfaktor ist – und nach Arno Holz muß sie es in jedem (gelungenen) Vers sein –, da ist sie interpretierbar, nicht trotz, sondern gerade in ihrer Unregelmäßigkeit. So betont, um das an einem Beispiel zu verdeutlichen, der rhythmische Stau, den ein einsilbiger Vers wie »Durch!« bewirkt, nicht einfach die Individualität der Zeile (an sich), sondern *dieser* Zeile: er akzentuiert ihren Inhalt. Der steckt hier in *einem* Wort, einem Zauberwort der kosmischen Lyrik, das semantisch, rhythmisch und graphisch für den Durch-Bruch zu ›Neuen Welten‹ und Erfahrungen steht, von dem das ganze Gedicht spricht. Nicht zufällig beschließt daher dieses Gedicht das zweite »Phantasus«-Heft.

Die Einheit von Form und Inhalt in den »natürlichen Rhythmen« bedeutet nicht nur einen Gewinn an formalen Möglichkeiten. Indem der freie Vers sich dem jeweiligen Inhalt ohne Widerstände anpaßt, hebt er auch alle Beschränkungen der Rede-Weise auf, die metrisch geregelte Formen mit sich bringen. Der freie Vers eröffnet zum einen thematische und stilistische Freiheiten, die Holz ausgiebig genutzt hat: Stimmungen und Gedanken, Träume und Beobachtungen, Phantasiertes und Erlebtes, Kosmisches und Lokales, Mythologisches und Autobiographisches, Erotisches und Politisches, Pathetisches und Parodistisches stehen im »Phantasus« nebeneinander und vermischen sich nicht selten sogar in einem Gedicht.

Aber der freie Vers läßt dem Lyriker noch eine viel elementarere Freiheit: die freie Auswahl der Wörter. Die Restriktionen des Lexikons, denen ein metrisch arbeitender Dichter unterworfen ist, kennt Holz nicht. Er kann alle möglichen Wörter verwenden, ohne darauf achten zu müssen, ob sie sich in ein metrisches Schema fügen – zumal Komposita mit komplizierten Betonungsverhältnissen wie »Vormittagssonne«,[48], »siegellackrot«,[49] »Rhinozeroshörner(n)«[50] oder »Oeldrucknymphe«,[51] oder fremdsprachige Namen, mit denen sich jede deutsche Fußmetrik schwer tun würde, wie zum Beispiel »Fuyi-no-yama«, »Kijo Matija« oder »Dhawalagiri«.[52] Wie weit diese Freiheit gehen kann, zeigt das dritte Gedicht des ersten Bandes, in das ein Zitat aus Huysmans' »La-Bas« integriert ist. Von einem solchen Prosatext unterscheidet sich der »Phantasus« als lyrische Rede in freien Versen nicht mehr durch ein – wie immer – ›poetisches Lexikon‹, sondern allein rhythmisch durch die Versgliederung – wobei allerdings auch dieser Unter-

46 Ebd., S. 546.
47 Ebd., S. 714.
48 Arno Holz: Phantasus, S. 24.
49 Ebd., S. 24.
50 Ebd., S. 60.
51 Ebd., S. 79.
52 Ebd., S. 62.

schied, bedingt durch Holzens Vorliebe für Verspausen, die zugleich syntaktische Pausen sind,[53] nicht immer sehr deutlich ist.

Im »Phantasus« von 1898/99 hat die Holzsche »Revolution der Lyrik« ihre reinste und freieste Form gefunden. In den späteren Fassungen, die 1916 und 1925 erschienen, hat Holz seine radikale Neuerung wenigstens zum Teil wieder zurückgenommen. Im Geleitwort zum »Phantasus« von 1916 schon nahm er eine »›Revision an mir selbst‹« vor,[54] indem er einen »kleinen logischen Schnitzer« berichtigte – »den einzigen, dessen ich mich schuldig weiß. Nämlich den Reim *völlig* auszumerzen, statt ihm, wie den *übrigen* überlieferten Hilfsmitteln, *sekundäre Bedeutung* zu belassen«.[55] So enthält der »Phantasus« von 1916 wieder zahllose Reime, aber, wie Holz betonte, auf »neue« Weise verwendet – nämlich nicht »leierlich«,[56] sondern nur noch unregelmäßig, in ungleichen Abständen eingesetzt, getreu der Maxime: »Stellt er (der Reim, D. L.) sich ›von selbst‹ ein – gut, dann wird er verwandt. Taucht er wieder unter, um vielleicht auf einer Strecke von Hunderten von Zeilen spurlos zu verschwinden – auch gut«.[57] Es sind zum zweiten auch nicht ausschließlich reine Reime, die Holz gebraucht, sondern ebenso unreine, und sie dienen ihm vorzugsweise dazu, »eine Folge von vier, sechs oder acht ›reinen‹ Reimen ›elegant aufzulösen‹ und so die betreffende Passage wieder in den Stil des reimlos übrigen ›unvermerkt überzuleiten‹«.[58]

Mit den Reimen erhalten die »Phantasus«-Verse wieder eine – allerdings nicht strenge – metrische Bindung, die zumal bei der später immer häufiger werdenden Reihung von Reimwörtern eine fußmetrische Regulierung nach sich ziehen kann, etwa in Versen wie

Dein Klagen dein Verzagen, dein Wagen, dein
Entsagen!
Dein Bejahen, dein Verneinen,
dein
Sein ... und ... dein ... Scheinen![59]

Im Vorwort zum »Phantasus« von 1916 wies Holz noch auf eine andere Änderung hin, indem er als das letzte Prinzip seiner Rhythmik nun »*ein bestimmtes Zahlenverhältnis*«,[60] eine »höchst spürbare und meist strengst

53 Vgl. dazu Gerhard Schulz: Arno Holz, S. 82; ferner zu den Prinzipien der Holzschen Versschreibung generell Bernd Helmut Neumann: Die kleinste poetische Einheit, S. 138 ff.
54 Arno Holz: Das Werk, Bd. 10, S. 665.
55 Ebd., S. 664.
56 Ebd., S. 668.
57 Ebd., S. 666.
58 Ebd., S. 669.
59 Arno Holz: Das Werk, Bd. 7, S. 293.
60 Arno Holz: Das Werk, Bd. 10, S. 660.

durchgeführte *Zahlenarchitektonik*«[61] enthüllte. Als »Grundverhältnis« bezeichnete er dabei »die springende Reihe von 1,3,5,7,9,12,15 und so weiter, der eine andere Reihe von 2,4,6 und so weiter nur dann gegenübersteht, wenn es sich um – wie sage ich? – Antithetisches, oder vielleicht besser: ›Liebe und Haß‹ dreht«.[62] Wie genau es Holz zumindest zeitweise mit dieser Zahlentektonik gehalten hat, verdeutlicht eine Fassung des ersten Gedichts des zweiten Heftes (»Sieben Billionen Jahre vor meiner Geburt«), die er 1919 veröffentlichte.[63]

Das Gedicht besteht aus 15 Zeilen, unterteilt in Gruppen zu drei, vier und acht Zeilen. Diese Einteilung des Ganzen spiegelt ein Teil wieder: die letzte Zeile zählt genau 15 Silben, durch die Interpunktion sinnfällig aufgeteilt in Gruppen zu drei, vier und acht Silben. Solche mathematischen Proportionen sind ein Versuch, dem freien Vers eine Ordnung zu geben und ihn auf eine – allerdings nur für Holz – neue Weise[64] zu binden: nicht nach den Regeln traditioneller Metrik, sondern, entsprechend den Glaubenssätzen einer naturwissenschaftlich denkenden Generation, nach den Regeln der Mathematik. Daß damit ein Prinzip statuiert wurde, das noch formalistischer, weil sprachfremder und somit ›unnatürlicher‹ als das alte metrische sein dürfte, ist Arno Holz allerdings verborgen geblieben. Mit der von ihm symbolisch gemeinten Zahlenarchitektonik der späten »Phantasus«-Fassungen kommen seine Experimente mit freien Versen so oder so an ihr Ende: seit 1916 sind die »Phantasus«-Gedichte wieder gebunden – wie unkonventionell auch immer.

3.

Die »Phantasus«-Verse von 1898/99 brechen als »natürliche Rhythmen« mit der traditionellen Quasi-Norm metrischer Versregulierung. Paradoxerweise macht die Berufung auf das Ideal der ›Natürlichkeit‹ gerade die Traditionalität ihrer Rede-Weise aus. Holz hat den »Phantasus« als ein universales Erlebnisgedicht[65] konzipiert, das, mythisch, naturwissenschaftlich und autobiographisch zugleich,[66] die Entwicklung seines als unsterblich gedachten Ich von der urzeitlichen »Schwertlilie«[67] bis zum modernen Dichter in einer – wohl beliebig erweiterbaren – Reihe von Momentaufnahmen erfassen sollte.

61 Ebd., S. 661 f.

62 Ebd., S. 662.

63 Arno Holz: Das ausgewählte Werk, S. 313.

64 Zur Geschichte der Zahlentektonik in der (deutschen) Literatur vgl. Ulrich Ernst: Zahl und Maß in den Figurengedichten der Antike und des Frühmittelalters; und ders.: Kontinuität und Transformation der mittelalterlichen Zahlensymbolik in der Renaissance.

65 Vgl. Arno Holz: Das Werk, Bd. 10, S. 651.

66 Vgl. ebd., S. 651 f.

67 Vgl. Arno Holz: Phantasus, S. 59.

Als ein solches ›Menschheitsgedicht‹[68] mag der »Phantasus« den Erlebnis-Begriff sehr weit ausdehnen. Gleichwohl ist er in seiner Rede-Weise ebenso durch den Naturalismus, und das heißt: durch den Realismus der Erlebnislyrik geprägt wie in seiner ganz anders gearteten Bemühung um eine neue Versform: auch die später immer mehr ausufernde Kunst der Nuancierung sowohl der Wahrnehmung wie der Formulierung ist dem Prinzip der Natürlichkeit verpflichtet, als eine allerdings extreme Weiterentwicklung des naturalistischen Sekundenstils.

Zu den Holzschen »Phantasus«-Gedichten als dem einzigen Beitrag des Naturalismus zur modernen deutschen Lyrik ist kaum ein größerer Gegensatz zu denken, als ihn die frühen Gedichte Stefan Georges darstellen: Sie haben auf der Ebene der Rede wie der Form nichts miteinander gemein – und sollten es nach dem Willen ihrer Verfasser auch nicht haben. Georges abfällige Urteile über »die sucht etwas ›sagen‹ etwas ›wirken‹ zu wollen« und über »freie Rhythmen«, die er nicht als Versrhythmen gelten lassen wollte,[69] lassen sich nicht zuletzt auf Arno Holz beziehen – wie umgekehrt dessen spöttische Bemerkungen über »abenteuerlich gestopfte Wortwürste«[70] zunächst den Versen Stefan Georges galten.

Der Gegensatz zwischen Holz und George ist aber nicht der zwischen traditioneller und moderner deutscher Lyrik. Die Gedichte, die beide zumindest in den 90er Jahren des vorigen Jahrhunderts schrieben, sind vielmehr jeweils sowohl modern in *einer* wie traditionell in einer *anderen* – nur nicht in *derselben* Hinsicht. In Orientierung an dem ästhetizistischen Prinzip der Künstlichkeit hat George Gedichte geschrieben, die rundum künstlich sind, modern aber bloß in ihrer Rede-Weise. Künstlichkeit in der Form sah er dagegen allein durch »strengstes maass«[71] verwirklicht, wie es traditionell gebundenen Versen und Gedichten eigen ist. Umgekehrt hat Holz in Orientierung an dem Ideal der Natürlichkeit freie Verse geschrieben, die, aller formalen Modernität zum Trotz, in ihrer Rede-Weise der Tradition der Erlebnislyrik verbunden blieben – bis in ihren auf den Jugendstil vorgreifenden impressionistischen Detailrealismus hinein.[72]

Der Gegensatz zwischen den frühen Gedichten Georges und dem Holzschen »Phantasus« der zweiten Fassung ist, über alles persönlich Bedingte hinaus, ein Gegensatz *innerhalb* der modernen deutschen Lyrik: es ist der Gegensatz zwischen der strukturell modernen und der formal modernen deutschen Lyrik der ersten Phase. Zumindest in ihren Anfängen ist die Moderne in der deutschen Lyrik offenbar eine widersprüchliche Erscheinung –

68 Vgl. Arno Holz: Das Werk, Bd. 10, S. 650.
69 Stefan George: Werke, Bd. 2, S. 311.
70 Arno Holz: Das Werk, Bd. 10, S. 488; vgl. dazu auch Arno Holz: Phantasus, S. 85.
71 Stefan George: Werke, Bd. 2, S. 311.
72 Die zumindest motivische Nähe des »Phantasus« zum Jugendstil betont auch Gerhard Schulz: Arno Holz, S. 93.

widersprüchlich durch die Orientierung an zwei gegensätzlichen, zunächst nicht miteinander zu vereinbarenden Grundsätzen: Soweit die moderne deutsche Lyrik um 1900 als lyrische Rede modern ist, zeigt sie sich dem Prinzip der Künstlichkeit und der Verfremdung, soweit sie formal modern ist, dem größtmöglicher sprachlicher Natürlichkeit verpflichtet.

Die formal und die strukturell moderne deutsche Lyrik existieren zunächst unverbunden nebeneinander, allenfalls durch den ausdrücklichen Gegensatz aufeinander bezogen. Weder Holz noch George haben in ihren späteren Werken diesen Gegensatz überwinden können: Holz nicht, weil er auch in den späteren, zum Teil stark veränderten Fassungen des »Phantasus« an der Methode der Erlebnisschilderung festgehalten hat (und überdies seit dem »Dafnis« wieder zu metrisch gebundenen Gedichten zurückgekehrt ist); George nicht, weil er in seinen Gedichten bis zuletzt »strengstes maass« bewahrt hat (und überdies wenigstens zeitweise zur Erlebnisdichtung zurückgekehrt ist).

4.

In der Form wie in der Rede-Weise moderne Gedichte finden sich in der deutschen Lyrik erst nach der Jahrhundertwende, und sie finden sich, soweit ich sehe, erstmals bei Else-Lasker-Schüler. Schon ihr zweiter Gedichtband »Der siebente Tag« von 1905 enthält einige Gedichte in freien Versen, die der Ich-Form zum Trotz die Rede-Konventionen der Erlebnislyrik weit hinter sich lassen. Zeilen wie zum Beispiel:

> Mein Herz ist eine traurige Zeit,
> Die tonlos tickt[73],

mit denen »Mein stilles Lied« beginnt, oder:

> Ich lehne am geschlossenen Lid der Nacht
> Und horche in die Ruhe[74],

die den Anfang von »Der Letzte« bilden, sind ihres weitgehenden Verzichts auf metrische Regulierung wegen in der Form und ihrer kühnen anti-realistischen Metaphorik wegen auch in der Rede-Weise modern.

Schon Else Lasker-Schülers frühe Gedichte in freien Versen sind allerdings bezeichnenderweise – wieder – linksbündig gesetzt: die Holzsche Anordnung um eine unsichtbare Mittelachse hat sich als Schreibweise für freie Verse nicht durchgesetzt. Nur wenige bedeutende Lyriker des 20. Jahrhunderts haben sie überhaupt übernommen – und immer nur fallweise wie Mor-

73 Else Lasker-Schüler: Gesammelte Gedichte, S. 79.
74 Ebd., S. 84.

genstern in seinem allerdings metrisch regulierten Figurengedicht »Die Trichter« oder Rilke in seinem frühen Gedicht »Aus einem April« im »Buch der Bilder«. Die Autoren, die Holz auch typographisch nacheiferten, etwa seine Freunde und Schüler Rolf W. Martens, Max Wagner, Georg Stolzenberg, Robert Ress und Reinhard Piper (die er in dieser Reihenfolge, allerdings verschlüsselt, in seinem »Phantasus«-Gedicht »In meine Dachkammer« nennt[75]) haben als Epigonen und poetae minores, die sie waren, in der deutschen Literatur des 20. Jahrhunderts keine Rolle gespielt. Kennzeichnend für die Kurzlebigkeit der neuen Versschreibweise ist die Haltung des neben Holz wichtigsten Mittelachsenlyrikers Richard Dehmel, der schon 1907, in der Ausgabe der »Gesammelten Werke«, seine früheren Mittelachsengedichte aus »Weib und Welt« wieder linksbündig setzen ließ.[76]

Linksbündig gesetzte, strukturell moderne Gedichte in freien Versen finden sich, während der ersten beiden Jahrzehnte des Jahrhunderts, nicht nur im Umkreis oder im Vorfeld des Expressionismus, sondern mehr noch im Expressionismus selbst – wie etwa, um nur einige wenige Beispiele zu nennen, Gottfried Benns »Kreislauf«, Georg Trakls »De profundis«, Carl Einsteins »Tödlicher Baum« oder »Der Visionarr« von Jakob van Hoddis zeigen. Die expressionistischen Gedichte in freien Versen gehen allerdings formal kaum über das hinaus, was Arno Holz im »Phantasus« von 1898/99 erprobt hatte. Sie sind in der Verwendung einsilbiger Verse sogar durchweg zurückhaltender, vermeiden kühne Enjambements und ziehen solche Zeilenabteilungen vor, die mit Kolongrenzen zusammenfallen, wenn sie nicht ohnehin ganz im Zeilenstil gehalten sind (wie etwa »Der Visionarr«).[77]

Es gibt in der expressionistischen Lyrik allerdings auch weitergehende Experimente mit freien Versen, vor allem im Umkreis des »Sturm« und vor allem bei August Stramm, der mit der ihm eigenen Hartnäckigkeit und Gründlichkeit versucht hat, die Möglichkeiten ein- und zweisilbiger Verse auszuschöpfen. Insgesamt lassen sich vier verschiedene Verwendungsweisen solcher Verse in seinen Gedichten finden.

Gelegentlich hat Stramm kurze, meist einsilbige Verse mit längeren, regelmäßig rhythmisierten versetzt, um die fließenden Rhythmen der längeren Zeilen immer wieder zu stauen. Besonders streng durchgeführt ist das in seinem Kriegsgedicht »Frage«, das so beginnt:

75 Arno Holz: Phantasus, S. 104.
76 Vgl. dazu Richard Dehmel: Gesammelte Werke, Bd. 3.
77 Vgl. Dieter Breuer: Deutsche Metrik und Versgeschichte, S. 288ff.

Und
Stämme schlanken weiten Himmel
Und
Herzen schwanken brüten Schmerz
Und
Halme hauchen welle Stürme.[78]

In anderen Gedichten, etwa in dem bekannten »Sturmangriff«, wird ein Block von kurzen, meist einsilbigen Versen von längeren, weitgehend regelmäßig rhythmisierten gleichsam flankiert:

Aus allen Winkeln gellen Fürchte Wollen
Kreisch
Peitscht
Das Leben
Vor
Sich
Her
Den keuchen Tod
Die Himmel fetzen.
Blinde schlächtert wildum das Entsetzen.[79]

Das Gedicht beginnt mit einem isometrischen jambischen und endet mit einem isometrischen trochäischen Vers. Dazwischen löst sich die metrische Ordnung, wenigstens in den fünf einsilbigen Versen, ganz auf – wobei die Symbolik dieses Verfahrens auf der Hand liegt.

In wieder anderen Gedichten verkürzt Stramm die Zeilen immer weiter, so daß die Texte insgesamt annähernd das Aussehen von rechtwinkeligen Dreiecken bekommen, wie zum Beispiel in »Wache«:

Das Turmkreuz schrickt ein Stern
Der Gaul schnappt Rauch
Eisen klirrt verschlafen
Nebel streichen
Schauer
Starren Frösteln
Frösteln
Streicheln
Raunen
Du![80]

Die ständige Verkürzung der Verse ist in den ersten fünf Zeilen mit geradezu mathematischer Präzision durchgeführt: der erste Vers hat fünf, der zweite vier, der dritte drei, der vierte zwei und der fünfte nur noch ein Wort. Eine

78 August Stramm: Das Werk, S. 92.
79 Ebd., S. 73.
80 Ebd., S. 99.

weitere Verkürzung bedeutet demgegenüber dann noch der einsilbige letzte Vers. Eine solche Verkürzung der Zeilen dient Stramm zum einen zur Strukturierung: der fünfte und der letzte Vers schaffen durch ihre Kürze rhythmische und semantische Einschnitte; zum andern benutzt er sie zur (Schluß-) Pointierung, die das letzte Wort des Gedichts akzentuiert.

Als extremes Resultat dieser Experimente mit kurzen Versen können, partienweise, Stramms Gedichte »Die Menschheit« und »Weltwehe« gelten, vor allem aber sein Gedicht »Urtod«:

Raum
Zeit
Raum
Wegen
Regen
Richten
Raum
Zeit
Raum
Dehnen
Einen
Mehren
Raum
Zeit
Raum
Kehren
Wehren
Recken
Raum
Zeit
Raum
Ringen
Werfen
Würgen
Raum
Zeit
Raum
Fallen
Sinken
Stürzen
Raum
Zeit
Raum
Wirbeln
Raum
Zeit

81 Ebd., S. 87f.

Raum
Wirren
Raum
Zeit
Raum
Flirren
Raum
Zeit
Raum
Irren
Nichts.[81]

Auffällig an diesem Gedicht ist, neben dem weitgehenden Verzicht auf Interpunktion (nur am Schluß findet sich ein Punkt) und syntaktische Bindung, die extreme Zeilenkürze. Keiner der 47 Verse ist länger als zwei Silben, und die meisten von ihnen, nämlich 28, haben bloß eine Silbe. Bei dieser Kürze der Zeilen scheint ein *Versrhythmus* gar nicht erst aufkommen zu können – es sei denn einer, der an jeder Stelle gestaut wäre. Dennoch ist das Gedicht insgesamt regelmäßig rhythmisiert. Denn Stramm reiht nicht einfach nur Einzelworte aneinander; er wiederholt vielmehr, refrainartig, die ersten drei Zeilen »Raum/Zeit/Raum« in bestimmten, wenn auch nicht ganz gleichmäßigen Abständen, und zwar achtmal: zunächst (bis Vers 30) viermal nach jeweils drei Zeilen, dann (von Vers 34–45) schon nach jeweils einer Zeile. Durch diesen geordneten Wechsel entsteht der einfache, aber einprägsame *Gedichtrhythmus*, der sich dem Leser als litaneiähnlicher Wechsel von einsilbigen Substantiven in den drei Refrainzeilen und zweisilbigen substantivierten Infinitiven in den übrigen Zeilen darstellt.

In diesen einsilbigen Zeilen sind Stramms Experimente mit freien Versen offenkundig an einen Punkt gelangt, an dem sie sich in ihr Gegenteil verkehren. Die zeilenweise Isolierung des Einzelworts, die Holz – und oft auch Stramm – dazu gedient hatte, den isometrischen Rhythmus gebundener Verse zu unterbrechen und damit aufzuheben, erhält durch ihre Verabsolutierung in »Urtod« einen quasi-metrischen Effekt. Zwar werden aus den einsilbigen Zeilen nicht unbedingt traditionell fußmetrisch regulierte Verse; durch die Reihung und vor allem durch die Wiederholung nehmen die Verse im Ganzen jedoch einen Rhythmus an, der jedem metrischen an Regelmäßigkeit gleichkommt: so entsteht aus dem Gedicht in freien Versen wieder ein nahezu regelmäßig rhythmisiertes.

Im Ganzen läßt sich an der formal modernen deutschen Lyrik der ersten Phase besonders deutlich die Dynamik und die ›Dialektik der modernen Lyrik‹[82] erkennen: innerhalb von etwa zweieinhalb Jahrzehnten wird eine neue Quasi-Norm der Versgestaltung eingeführt, etabliert – und schon wie-

82 Zu weiteren – allerdings mehr inhaltlichen – Momenten dieser »Dialektik« vgl. Michael Hamburger: Die Dialektik der modernen Lyrik.

der relativiert. Dieser Prozeß fortwährender Veränderung ist allerdings nicht unbedingt als *geradliniger* literarischer Fortschritt anzusehen. Die neue rhythmische Freiheit, die die alte metrische Bindung wenigstens vorübergehend ablöst, wird – schon von Holz, erst recht aber von Stramm – in ihren Möglichkeiten experimentell so weit durchgespielt, daß zugleich der Boden für eine erneute Bindung des Verses bereitet wird. Den nachfolgenden modernen Lyrikern wird dadurch die Wahl eröffnet zwischen freier Rhythmisierung – etwa in der Tradition des Holzschen »Phantasus« – und mehr oder weniger strenger, mehr oder weniger konventioneller metrischer Bindung (die zumindest einige Expressionisten auch nie ganz aufgegeben hatten[83]). Das zeigt sich dann vor allem an den nicht nur formal gegensätzlichen Gedichten Benns und Brechts, die die zweite Phase der modernen deutschen Lyrik wesentlich prägen.

83 Zur expressionistischen Versdichtung vgl. besonders Dieter Breuer: Deutsche Metrik und Versgeschichte, S. 288–311.

4. Kapitel: Die moderne deutsche Lyrik der zweiten Phase: Von Benn bis Lehmann

1.

Mit den abstrakten Gedichten der Expressionisten und der Dadaisten in freien Versen ist, typologisch gesehen, der Endpunkt der ersten Phase der modernen deutschen Lyrik erreicht. Stößt die radikale Abwendung von der Quasi-Norm der Erlebnisdichtung im Lautgedicht Blümners an die sprachlichen Grenzen nicht nur lyrischer Rede, so schlägt die ebenso radikale Abwendung von der Quasi-Norm der Metrizität in den Kurzversen Stramms in eine neue Regelmäßigkeit um. Mit diesen Experimenten sind daher die Möglichkeiten der modernen deutschen Lyrik der ersten Phase ausgeschöpft. Zwar produzieren einige ihrer wichtigsten Vertreter weiter, wie Rilke, dessen »Sonette an Orpheus« und »Duineser Elegien« 1923 erscheinen, oder George, der seinen letzten Gedichtband »Das Neue Reich« 1928 herausbringt; doch gelingt beiden in ihren ästhetisch bedeutenden Spätwerken nichts, was typologisch über die Lyrik des Expressionismus und Dadaismus hinausgeht. Selbst wenn Rilke wie George mehr Verehrung denn je entgegengebracht wird und sie weiterhin junge Dichter beeinflussen – die ›dritte Generation‹ des George-Kreises reicht bis in die 30er Jahre[1] –, geht doch die moderne deutsche Lyrik insgesamt zunächst andere Wege.

Daß die moderne deutsche Lyrik der ersten Phase mit dem Dadaismus tatsächlich an ihre Grenzen gelangt ist, beweist die Visuelle Poesie eines Kurt Schwitters, die in ihrem Bemühen, über den Dadaismus experimentell

1 Vgl. dazu Hans Norbert Fügen: Der George-Kreis in der ›dritten Generation‹. In: Wolfgang Rothe (Hg.): Die deutsche Literatur in der Weimarer Republik, S. 334–358. Zur Modernität der »Duineser Elegien« vgl. Manfred Engel: Rainer Maria Rilkes »Duineser Elegien« und die moderne deutsche Lyrik, insbes. S. 183 ff.

hinauszukommen, konsequenterweise nicht nur aus der Lyrik, sondern aus der Literatur hinausführt. Die Visuelle Poesie des 20. Jahrhunderts[2] und zumal die Schwitterssche hat von der modernen deutschen Lyrik der ersten Phase zwei Impulse erhalten: einen graphischen Impuls durch die Veränderungen im Druckbild, die Gedichte in freien Versen mit sich gebracht haben, und einen sprachlichen Impuls, der mit der Isolierung einzelner Wörter in freien Versen zusammenhängt.[3]

Schon im »Phantasus« von 1898/99 war die Einführung des freien Verses bezeichnenderweise von einer typographischen Innovation begleitet, der Anordnung der Verse um eine ›unsichtbare Mittelachse‹, die das unregelmäßige Aussehen mildern sollte, das Gedichte in freien Versen haben können. Solche typographischen Neuerungen waren zwar auch in der metrisch regulierten Lyrik der Zeit keine Seltenheit: sogar der formal konservative Stefan George hat für seine Bücher neue Drucktypen entworfen. Soweit wie Arno Holz, der das ganze Druckbild seiner Gedichte verändert hat, ist allerdings zunächst keiner gegangen. Erst die Dadaisten führen dann diese Experimente fort, indem sie verschiedene Satzzeichen, Schrifttypen, Schriftgrade und Spatien innerhalb eines Gedichts verwenden wie etwa Hugo Ball in seiner »Karawane«. Die unterschiedlichen typographischen Zeichen dieses Gedichts lassen sich jedoch, bei aller Exotik, insgesamt noch als Leseanweisungen begreifen: als Betonungs-, Tempo- oder Pausenzeichen, die den Partiturcharakter des Textes bewahren.

Solche typographischen Experimente hat Kurt Schwitters in seiner Visuellen Poesie weitergeführt – so weit allerdings, daß er dabei nicht nur mit den Konventionen der *graphischen* Präsentation von Gedichten gebrochen hat. Die Technopaignien der Antike, die carmina figurata des Mittelalters und die Figurengedichte des Barock sind durchweg noch fuß-, zumindest reimmetrisch regulierte Verstexte, die sich lediglich durch ihre bedeutungsvolle graphische Gestalt von anderen Gedichten unterscheiden. In der Visuellen Poesie eines Kurt Schwitters und seiner Nachfolger läßt sich dagegen eine zunehmende Visualisierung bei gleichzeitig fortschreitender Aufhebung der Gedichtform, ja des Redecharakters beobachten.

Ihren Ausgang nimmt diese Entwicklung zum einen bei der versweisen Isolierung einzelner, meist einsilbiger Wörter, wie sie vor allem August Stramm betrieben hat. Dessen Experimente hat Schwitters, sofern er sie nicht einfach nachgeahmt hat, dadurch konsequent weitergeführt, daß er Gedichte schrieb, deren Verse nur noch einzelne Buchstaben enthalten. Ein solches Gedicht ist »Cigarren (elementar)« von 1921,[4] das ein Wort, das Wort »Cigarren«, sechsmal wiederholt und dabei Vers für Vers in seine kleinsten

2 Vgl. dazu im näheren Christina Weiss: Seh-Texte.

3 Vgl. dazu auch Jeremy Adler und Ulrich Ernst: Text als Figur, S. 270ff., insbes. S. 272.

4 Kurt Schwitters: Das literarische Werk, Bd. 1, S. 199.

sprachlichen Bestandteile zerlegt – nicht nur in Silben, sondern auch noch in Buchstaben. Die versweise Zerlegung des Worts »Cigarren« benutzt Schwitters, um jede Silbe und jeden Buchstaben auch phonetisch zu akzentuieren. Mit Ausnahme des ersten und des letzten Verses, die das Wort unzerlegt enthalten, gibt es in diesem Gedicht keine Senkung: alle Silben und Buchstaben sind gleich stark betont.

Bei dieser lettristischen Reduktion, die in ihrem quasi-metrischen Effekt nicht zufällig an die Experimente Stramms erinnert, ist Schwitters nicht stehen geblieben, was sich an einigen 1922 enstandenen ›Texten‹ wie »Z A (elementar)«,[5], »Alphabet von hinten«[6] oder »Register (elementar)«[7] sehen läßt. Ihnen gemeinsam ist die jeweils modifizierte Präsentation des Alphabets, dessen Buchstaben in verschiedener Reihenfolge und in verschiedener Weise graphisch angeordnet sind: etwa kolumnenartig in »Z A (elementar)« oder nach Art der Holzschen Mittelachsengedichte in »Register (elementar)«. Diese Ensembles von Buchstaben fügen sich nur noch an einigen wenigen Stellen zu ganzen Wörtern zusammen. So sind zum Beispiel im »Alphabet von hinten«, witzig-beziehungsvoll, die Buchstaben p und o zusammengezogen, und in »Register (elementar)« stehen in der zweiten Zeile die drei Buchstaben A, R und P so nebeneinander, daß sie sich als Namensanspielung lesen lassen.

Die lettristische Reduktion bei gleichzeitiger Visualisierung hat Schwitters vor allem in zwei Gebilden konsequent zu Ende geführt. Die eine Konsequenz stellt »Das i-Gedicht« dar, das nur noch einen Buchstaben, eben das i, in seiner konkreten graphischen Materialität präsentiert:

Das i-Gedicht

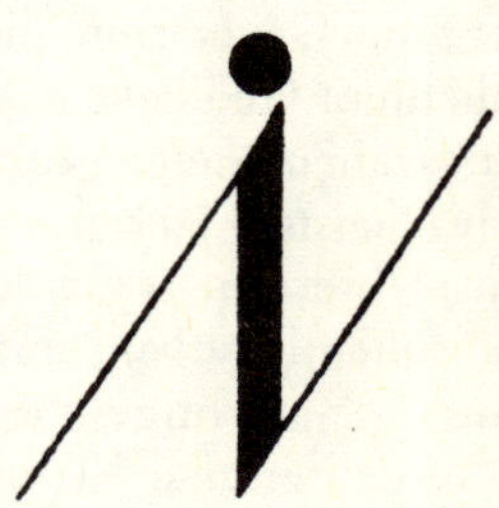

[lies: »rauf, runter, rauf, Pünktchen drauf«][8]

Der Buchstabe hat hier keine sprachliche, etwa expressive Bedeutung mehr; er ist bloß noch ein graphisches Zeichen ohne semantische Funktion, ein simples Bild, das emblemartig mit einem Zitat als Bildunterschrift versehen ist.

5 Ebd., S. 205.
6 Ebd., S. 206.
7 Ebd., S. 208.
8 Ebd., S. 206.

Die andere Konsequenz, die Schwitters in seinen Experimenten gezogen hat, stellt das »Gesetzte Bildgedicht«[9] dar, das fünf Buchstaben, die sich zu keinem Wort mehr zusammenstellen lassen, so frei über eine Fläche verteilt, daß das lose Ensemble von Buchstaben keine Rede und kein Gedicht mehr ergibt: an die Stelle der Syntax und der Versgliederung ist die Fläche als strukturelles Prinzip getreten. In radikaler Fortführung expressionistischer und dadaistischer Experimente hat Schwitters mit solchen avantgardistischen Wortbildern den Bereich der Lyrik verlassen und den der (Wort-) Graphik betreten.

2.

Die Extrempositionen, zu denen die immer größeren formalen und strukturellen Abweichungen von der Tradition der Erlebnislyrik des 19. Jahrhunderts in der modernen deutschen Lyrik schon bald führen, provozieren zwei fast ebenso extreme Reaktionen: die zuerst von Benn betriebene Rückkehr zu strengen, gebundenen Formen einerseits und die vor allem von Brecht forcierte Wiederentdeckung der zeitgenössischen sozialen Wirklichkeit andrerseits, die zumindest in ihren Anfängen mit der Entwicklung eines neuartigen Realismus einhergeht. Durch diese beiden einander zunächst ausschließenden Reaktionen auf die moderne deutsche Lyrik der ersten Phase ist die der zweiten Phase wesentlich bestimmt.

1922, im selben Jahr, in dem die visuellen Experimente eines Kurt Schwitters einen Höhepunkt erreichen, zeigt sich im Werk Gottfried Benns erstmals ein nicht nur für ihn, sondern auch für seine Generation, die expressionistische Generation, neuer Typ von Gedichten: Gedichte in achtzeiligen Reimstrophen mit unterschiedlicher Hebungszahl und meist alternierenden, aber auch daktylischen Versmaßen. In den nächsten Jahren wird dies der vorherrschende Formtyp in der Lyrik Benns: Unter den 71 Gedichten, die er zwischen 1922 und 1931 geschrieben und veröffentlicht hat, sind allein 52 in dieser Weise gebaut – darunter so bekannte und wichtige wie »Chaos –«, »Die Dänin«, »Der Sänger«, »Annonce«, »Mediterran«, »Trunkene Flut« oder »Primäre Tage«.

Diese vergleichsweise streng gebauten Gedichte müssen nicht bloß ihrer großen Zahl wegen auffallen. Zwar gab es auch schon vorher im Werk Benns – wie im Werk seiner expressionistischen Generationsgenossen, allen voran Georg Heyms – metrisch regulierte Gedichte. Die meisten von ihnen waren bei Benn – aber nicht nur bei Benn – in vierzeiligen Reimstrophen geschrieben, wie etwa »Requiem«, »Blinddarm«, »Saal der kreißenden Frauen«,

9 Ebd., S. 200.

»Herbst«, »Gesänge«, »Mutter«, »Reise« und »Synthese«. Bekannt geworden war Benn jedoch als expressionistischer Avantgardist mit ganz anders gebauten Gedichten: mit Gedichten in freien oder nur noch teilweise gebundenen Versen, wie sie seine Gedichtsammlungen von »Morgue« (1912) bis »Fleisch« (1917) kennzeichnen.

Charakteristisch für diese Bände ist mehr noch als das *Thema* der »Entformung«, der »Auflösung des Ichbewußtseins«,[10] das *Verfahren* der Entformung. ›Entformung‹ als poetisches Verfahren heißt bei Benn in seiner expressionistischen Phase: Auflösung der Gedichtform, der Strophenform, der Reimform, der Versform. Solche Auflösungstendenzen prägen zum Beispiel die – entformte – Form seines Gedichts »Madonna« aus dem Band »Söhne« (1913), das mit einer Volksliedstrophe in umschließenden Reimen und regelmäßigen, dreihebigen Jamben beginnt, dann aber bereits in der zweiten Versgruppe durch das Ausbleiben des zweiten Reims, durch den Wechsel zwischen vier und zwei Hebungen pro Zeile und den Übergang vom Jambus zum Trochäus an Regelmäßigkeit verliert, bevor dann in der letzten, nur mehr dreizeiligen Versgruppe, deren Zeilen weder eine feste Hebungs- oder Senkungszahl noch eine Reimbindung aufweisen, als einzige Regelmäßigkeit das trochäische Versmaß übrig bleibt.

Nicht immer geht der frühe Benn in der Auflösung von Formen so weit. Sein Gedicht »Blinddarm« beispielsweise ist durchweg in Knittelversen geschrieben, die, mit einer Ausnahme, allesamt paarweise gereimt sind; lediglich die Form der vierzeiligen Strophe wird, eher spielerisch, aufgelöst: mal sind vier Verse als eine Strophe abgesetzt, mal drei, mal zwei, mal sechs und ein Mal bloß ein Vers. Gelegentlich geht Benn jedoch bei seiner Auflösung von Formen auch noch weiter als in »Madonna«. Gedichte wie »Kreislauf«, »Morgue II«, »Café des Westens« oder »Alaska« kennen als Gedichte in freien Versen gar keine Regelmäßigkeit mehr: weder eine vorgegebene Gedicht- noch eine Strophenform, weder ein Versmaß noch eine feste Silbenzahl oder gar eine Reimbindung.

Im Vergleich mit diesen formal kühnen Gedichten aus seiner expressionistischen Zeit müssen Benns Gedichte aus den 20er und 30er Jahren in der Form traditionell erscheinen – wenn nicht gar als eine Rücknahme der eigenen experimentellen Anfänge. Von formaler Modernität kann jedenfalls bei ihnen kaum die Rede mehr sein. Trotzdem hat Benn den Übergang von seiner frühen zu seiner mittleren und – wie zu ergänzen ist – den von seiner mittleren zu seiner späten Periode nicht als Bruch gesehen.[11] Die Formel, die

10 Hiltrud Gnüg: Entstehung und Krise lyrischer Subjektivität, S. 203. Zum Problem der »Entformung« vgl. ebd., S. 190–203.

11 Zur Periodisierung der Bennschen Lyrik vgl. auch Ingo Seidler: Statische Montage: Zur poetischen Technik im Spätwerk Gottfried Benns. In: Wolfgang Peitz (Hg.): Denken in Widersprüchen, S. 171–183, insbes. S. 171 f.

er für seine seit den 20er Jahren entstandene Lyrik geprägt hat: »PHASE II – nämlich Phase II des expressionistischen Stils«,[12] unterstellt vielmehr eine Kontinuität.

Eine Kontinuität der *Formen* kann damit allerdings nicht gemeint sein, denn die besteht weder zwischen dem frühen und dem mittleren noch zwischen dem mittleren und dem späten Werk. Hat Benn in seiner expressionistischen Phase traditionelle Formen vorzugsweise aufgelöst, so hat er sich in seiner mittleren Phase an traditionelle Formen gehalten, denen er in seinem Spätwerk nicht unbedingt treu geblieben ist. Zwar finden sich bei ihm auch nach 1950 noch Gedichte in achtzeiligen Reimstrophen, häufiger jedoch wieder Gedichte in vierzeiligen Reimstrophen und Gedichte in freien Versen. Auch eine Kontinuität des *Formproblems*[13] dürfte mit dem Wort von der »Phase II des expressionistischen Stils« nicht gemeint sein, denn dieses Problem verbindet allenfalls die mittleren mit den späten Gedichten und trennt sie im übrigen von den frühen. Gemeint sein kann nur die Kontinuität des modernen anti-realistischen Stils, den Benn selbst, in seinem Essay über den »Expressionismus«, mit den Stichworten »Wirklichkeitszertrümmerung«[14] und »Zusammenhangsdurchstoßung«[15] umschrieben hat.

Tatsächlich eint seine lyrischen Gedichte, von einigen späten abgesehen,[16] durch die Jahrzehnte hindurch nichts so sehr wie die Abwendung von den Rede-Weisen der realistischen Erlebnislyrik des 19. Jahrhunderts. Wenn Hans Egon Holthusen auch meinte, daß »in der rhythmischen Geste, in Versmaß und Strophenbau, Tonfall und Kadenz« der Bennschen Gedichte aus den zwanziger Jahren »goethesche, eichendorffsche, novalishafte Stimmungen« wiederkehrten, ja sogar Reminiszenzen an »das barocke Kirchenlied, insbesondere die Lieder Paul Gerhardts«,[17] ist es doch offensichtlich, daß Benn nach seiner expressionistischen Phase *nicht* zur Erlebnislyrik zurückgegangen ist. Selbst seine formal traditionellen Gedichte sind noch modern durch ihren Anti-Realismus, der seit den 20er Jahren wesentlich ein Anti-Realismus der Montage ist.

Die Montage ist keine Erfindung Benns,[18] aber kaum ein anderer moderner deutscher Lyriker hat sie so virtuos und so intensiv zu benutzen gewußt wie er. Eigenart und Leistung seiner Montagetechnik lassen sich exemplarisch an einem Gedicht wie dem 1923 zuerst veröffentlichten »Chaos –« verdeutlichen:

12 Gottfried Benn: Autobiographische und vermischte Schriften, S. 164.

13 Zu Benns Metaphysik der Form vgl. vor allem Bruno Hillebrand: Gottfried Benn und Friedrich Nietzsche. In: Ders. (Hg.): Gottfried Benn, S. 409–434.

14 Gottfried Benn: Essays, Reden, Vorträge, S. 243.

15 Gottfried Benn: Autobiographische und vermischte Schriften, S. 46.

16 Vgl. dazu Gottfried Willems: Großstadt- und Bewußtseinspoesie, S. 96 ff.

17 Hans Egon Holthusen: Rede auf Gottfried Benn. In: Ders.: Opus 19, S. 52–67, hier S. 64.

18 Zur Montage vgl. generell Peter Bürger: Theorie der Avantgarde, S. 98 ff.

Chaos – Zeiten und Zonen
Bluffende Mimikry,
Großer Run der Äonen
In die Stunde des Nie –
Marmor Milets, Travertine
Hippokratischer Schein,
Leichenkolombine,
Die Tauben fliegen ein.

Ebenbild, inferniertes
Erweichungsparasit;
Formen-onduliertes
Lachhaft und sodomit;
Lobe –: die Hirne stümmeln
Leck im Sursumscharnier.
Den Herrn –: die Hirne lümmeln
Leichenwachs, Adipocir.

Bruch. Gonorrhoische Schwarten
Machen das Weltgericht:
Waterloo: Bonaparten
Paßte der Sattel nicht –
Fraß, Suff, Gifte und Gase –:
Wer kennte Gottes Ziel
Anders als: Ausgang der Blase
Erectil?

Fatum. Flamingohähne
Geta am Darm commod,
Anderweit Tierschutzmäcene
Kommt, ersticht ihn beim Kot –
Fraß, Suff, Seuchen und Stänke
Um das Modder-Modell –
A bas die Kränke
Individuell.

Keine Flucht. Kein Rauschen
Chaos. Brüchiger Mann.
Fraß, Suff, Gase tauschen
Ihm was Lebendes an
Mit im Run der Äonen
In die Stunde des Nie
Durch der Zeiten und Zonen
Leere Melancholie.[19]

Ein Gedicht wie »Chaos –« entzieht sich einem schnellen Verstehen. Obwohl mit dem Titelwort ein Anhaltspunkt gegeben ist, fällt es schwer, den Sinn

19 Gottfried Benn: Gedichte, S. 150f.

der Worte Vers für Vers und Satz für Satz zu erfassen. Denn grammatische, syntaktische und logische Beziehungen zwischen den Zeilen des Gedichts sind vielfach auch nach wiederholter Lektüre noch unklar – von der Bedeutung einiger Neologismen ganz zu schweigen. Durch seine auf den ersten Blick schwer durchschaubare Wort-Kombinatorik ist ein Gedicht wie »Chaos –« sprachlich in hohem Maße unkonventionell, ja normwidrig und dunkel.

Soviel mag jedoch schon bald klar werden, daß es nicht ein womöglich realistisch beschreibendes oder berichtendes, sondern eher ein reflektierendes Gedicht ist. Von einer *Gedankenbewegung* kann allerdings nicht recht die Rede sein. Das Gedicht endet mit derselben Einsicht oder Ansicht, mit der es beginnt – und fast auch mit denselben Worten. Bei aller sprachlichen und rhythmischen Dynamik hat es etwas Statisches, Zirkuläres.

Es sind vor allem zwei thematische Komplexe, die das Gedicht umkreist. Der erste Komplex wird gleich in den Eingangsversen angesprochen: die Geschichte als sinnlos-nichtige Bewegung, als »Großer Run der Äonen/In die Stunde des Nie«. Der zweite thematische Komplex klingt in der folgenden Strophe an: der Mensch als gleichfalls nichtiges Lebewesen, das dem Tier (»sodomit«) näher steht als Gott (»Ebenbild, inferniertes/Erweichungsparasit«). Im zweiten Teil der dritten und in der vierten Strophe wird dieser Gedanke wieder aufgegriffen: in den ebenso sarkastischen wie blasphemischen Formulierungen vom »Ausgang der Blase« als »Gottes Ziel« und vom »Modder-Modell«, die den Menschen als ganz in seiner – kruden – Körperlichkeit, in »Fraß, Suff, Seuchen und Stänke« befangen erscheinen lassen.

In der dritten und in der fünften Strophe werden diese beiden thematischen Komplexe dann verbunden. Deutet Benn in der dritten Strophe die Geschichte von der Trivialität menschlichen Lebens her (»Gonorrhoische Schwarten/Machen das Weltgericht:/Waterloo: Bonaparten/Paßte der Sattel nicht –«), so nimmt er in der letzten Strophe den Menschen in die sinnlose Bewegung der Geschichte hinein, in den »Run der Äonen/In die Stunde des Nie«. Mit den beiden Schlußversen von der »Zeiten und Zonen/Leere Melancholie« ist dann das summarische Schlußwort über die conditio humana auch in geistiger Hinsicht gesprochen.

Bei näherem Hinsehen konturiert sich hier also eine nihilistische Weltsicht,[20] die in ihrer ›medizynischen‹ Komponente[21] noch an die expressionistischen Gedichte Benns erinnert. Das Thema, das die fünf Strophen des Gedichts variieren, ist mit dem ersten Wort gegeben: »Chaos«. Chaos ist die Geschichte, weil ohne Sinn und Ziel; Chaos ist das Leben des (einzelnen) Menschen, weil ohne geistigen Zusammenhalt und Größe. In ihrer Vergäng-

20 Vgl. dazu Edgar Lohner: Passion und Intellekt, S. 168–182.

21 Vgl. vor allem Christoph Eykman: Die Funktion des Häßlichen in der Lyrik Georg Heyms, Georg Trakls und Gottfried Benns, S. 138–151.

lichkeit erscheinen beide gleich nichtig: die Geschichte als ein hektisch-ungeordneter Ab-Lauf, das Leben als ein banaler Stoffwechsel.

Das Chaos wird von Benn nun nicht einfach nur behauptet, es wird auch gezeigt, und zwar mit den Mitteln der Montage, die die Rede-Weise des Gedichts bestimmt.[22] Benn montiert sowohl einzelne Wörter und Worte wie ganze Bild- und Gedankenkomplexe – und eben daher rühren im wesentlichen die Verständnisschwierigkeiten, die das Gedicht bereitet. Denn die Montage setzt zunächst einmal die üblichen Regeln der Wort- und Satzverbindung außer Kraft: sie verzichtet auf grammatische und syntaktische ebenso wie auf logische Verknüpfungen – wenn sie nicht sogar, wie in den letzten vier Versen der zweiten Strophe, mit den syntaktischen auch die logischen Beziehungen zwischen den Wörtern zerstört.

Die Montage bewirkt dadurch zunächst eine Fragmentarisierung. Die Wörter werden aus ihrem üblichen Verwendungszusammenhang gerissen und unvermittelt nebeneinandergestellt – ohne Rücksicht auf den Zusammenhang der Dinge und Sachverhalte, die sie bezeichnen. Der Eindruck der chaotischen Zerstückelung ist umso größer, als Benn Strophe für Strophe Vokabeln aus unterschiedlichsten Bereichen heranzieht: mythische (»Äonen«), historische (»Waterloo«), religiöse (»Ebenbild«), medizinische (»Darm«), metaphysische (»Fatum«), geologische (»Marmor«) und psychologische (»Melancholie«). Jargonhafte Ausdrücke aus wiederum unterschiedlichen Bereichen (wie »Run«, »Suff«, »bluffend«) stehen neben nüchtern-terminologischen (wie »Modell«) und pathetischen (wie »Gottes Ziel«), fremdsprachige (wie »A bas«) neben deutschen oder eingedeutschten. Ein Zusammenhang zwischen den verschiedenen Bereichen, die durch das Vokabular repräsentiert werden, ist an keiner Stelle expliziert.

Gleichwohl scheint es Zusammenhänge zu geben. Denn Benn stellt die Wörter nicht immer unvermittelt nebeneinander wie in dem Vers »Fatum. Flamingohähne«. Er verbindet sie vielmehr nicht selten zu neuen Ausdrükken wie »Hippokratischer Schein« oder »Gonorrhoische Schwarten« und sogar zu neuen Wörtern wie »Leichenkolombine«, »Erweichungsparasit« oder »Modder-Modell«. Die Montage fragmentarisiert also nicht nur, sie kombiniert auch: sie verbindet Wörter, die normalerweise nicht miteinander verbunden wären.

Dies sind zunächst assoziative Verbindungen – wie etwa die erst einmal dunkle Passage: »Leichenkolombine,/Die Tauben fliegen ein« zeigt, deren Sinn sich ein wenig erhellt, wenn man bedenkt, daß ›colombina‹, wörtlich übersetzt, also nicht als Rollenbezeichnung genommen, ›Täubchen‹ heißt. Es sind dann im näheren sprachliche Assoziationen, die Benn zu bestimmten

22 Zur Montage in der Lyrik Benns vgl. besonders Michael Townson: The Montage-technique in Gottfried Benn's Lyric. In: Wolfgang Peitz (Hg.): Denken in Widersprüchen, S. 142–170.

Kombinationen anregen. Neben semantischen Äquivalenzen,[23] wie sie zwischen »Kolombine« und »Tauben« oder zwischen »Leichenwachs« und »Adipocir« bestehen, sind es insbesondere rhythmische und phonetische Formen, die Benn nutzt: Anaphern (»Keine Flucht. Kein Rauschen«), Alliterationen (»Zeiten und Zonen«), Assonanzen (»Kommt, erstickt ihn beim Kot«) und Reime (wie »Travertine« und »Leichenkolombine«). Neben diesen rhetorischen Figuren gibt es in dem Gedicht kein weiteres Organisationsprinzip der lyrischen Rede. Eine poetische Ordnung durch die Form tritt also an die Stelle einer grammatischen, syntaktischen und logischen Ordnung: »Die grammatische Beziehungslosigkeit wird«, wie Edgar Lohner bemerkt hat, »zum artistisch Beziehungsvollen«.[24]

Tatsächlich sind es vielfältige und vieldeutige Beziehungen, die durch die poetische Form hergestellt werden. Das läßt sich abermals an dem Wort »Leichenkolombine« verdeutlichen. Durch den Reim ist es mit dem Wort »Travertine« und durch dieses wiederum mit dem geologischen Motivkomplex der ersten Strophe verbunden; über den Wortteil »-kolombine« nicht nur mit dem Tauben-Motiv, sondern auch mit dem Schein-Motiv der ersten Strophe, also mit den Ausdrücken »Bluffende Mimikry« und »Hippokratischer Schein«; über den Wortteil »Leichen-« schließlich mit dem »Leichenwachs«-Motiv der zweiten und dem Motiv des Erstechens in der vierten Strophe. Einmal solcher Beziehungsfülle auf der Spur, findet man dann auch weniger offensichtliche Verbindungen – etwa wenn man berücksichtigt, daß »Leichenkolombine« mit einigen anderen, ebenfalls durch die Position am Versanfang hervorgehobenen Wörtern alliteriert, wie »lachhaft«, »Lobe«, »Leck«, »Leichenwachs« und »Leere«, wobei es zumindest in den letzten drei Fällen naheliegt, nicht nur eine phonetische Entsprechung zu sehen.

Diese Fülle von Verweisungen macht die Bedeutung der Metapher selbst allerdings kaum heller. Durch die vielen Beziehungen gerät sie vielmehr in das Dunkel der Vieldeutigkeit, in das immer nur ein Schimmer von Licht fällt. Solche fehlende Eindeutigkeit ist eine wesentliche Eigenschaft der Montage als lyrischer Rede-Weise bei Benn: sie suggeriert Zusammenhang und Zusammenhanglosigkeit, sie stellt Beziehungen her und läßt sie zugleich in der Schwebe.

Die Montage, wie Benn sie handhabt, ist allerdings nicht nur in dieser Hinsicht zweideutig, ja widersprüchlich. Sie ist zunächst ein Ordnungsprinzip, insofern sie mit Hilfe verschiedener Formen rhythmische und phonetische Muster bildet, in die die Wörter nicht nur durch ihren Klang, sondern auch durch ihren Sinn einbezogen scheinen. Zugleich zerstört die Montage

23 Solche Äquivalenzen sind nicht dasselbe wie das von Heinz Otto Burger entdeckte »equivoke Äquivalent«. Zu diesem Begriff vgl. Heinz Otto Burger: Von der Struktureinheit klassischer und moderner deutscher Lyrik, S. 268; ferner Hartmut Müller: Formen moderner deutscher Lyrik, S. 16–34.

24 Edgar Lohner: Passion und Intellekt, S. 150.

jedoch, mehr oder weniger gründlich, alle anderen Ordnungen, die zwischen Wörtern sonst noch bestehen können, vor allem solche der Grammatik, der Syntax und der Logik. Zum textematischen Prinzip der lyrischen Rede erhoben, setzt sie außerhalb der Poesie geltende sprachliche Normen ganz oder teilweise außer Kraft: so schafft sie nicht nur Ordnung, sondern durch die Ordnung auch Unordnung. Sie wird gleichermaßen ein Konstruktions- und ein Destruktionsprinzip.

Die Ordnung, die die Montage schafft, ist eine Ordnung durch Form, und sie ist ›absolut‹ in dem Sinn, daß sie nicht mimetisch ist. Sie realisiert sich ohne Bezug auf die reale Ordnung oder Unordnung der Welt als eine ästhetische Ordnung von Worten und Wörtern, deren Darstellungsfunktion von ihrer ästhetischen Funktion überlagert wird. Als eine solche poetische Ordnung transzendiert sie in der Kunst und mit den Mitteln der Kunst das empirische Chaos, das der Dichter konstatiert.

Die Ordnung durch die Form geht in der Montage nicht von Fall zu Fall, sondern in jedem Fall auf Kosten der gegenständlichen. Das absolut gesetzte ästhetische Arrangement der Wörter schließt jede Orientierung an der Eigenart eines Objekts aus: der Gegenstand, sofern von einem solchen noch im herkömmlichen Sinn zu sprechen ist, wird ausschließlich poetisch konstituiert. Der Lyriker erweist sich dadurch in der Tat als ein »Zersprenger/ mittels Gehirnprinzip«,[25] wie es in »Der Sänger« heißt, dessen sprengendes Prinzip, wie Benn an anderer Stelle gesagt hat, ein »Prinzip des Formalen, der reinen Form, des Formzwanges« ist, das die »Unwirklichmachung des Gegenstandes, seine Auslöschung«[26] notwendig nach sich zieht.

Die Zerstörung des empirischen Objekts durch die artistische Form ist für Benn allerdings weder Selbstzweck noch bloße Spielerei. Die ästhetisch verfahrende Montage soll lediglich den konventionellen, zumal den logischen Zusammenhang, in dem die Dinge üblicherweise gesehen werden, aufheben. Indem sie aber diesen Zusammenhang, wie Benn sagt, »durchstößt«, dringt sie, wenigstens seiner Intention nach, zu einem tieferen »Sein«[27] durch, das für den Benn der 20er Jahre mythisch, jedenfalls prälogisch ist. Das ästhetische Arrangement wird zu einem magischen Ritual, das eine »neue Ordnung«[28] suggeriert.

Dieser ›Durchstoß‹ zu einer neuen Ordnung ist bei Benn in jeder Hinsicht als rauschhaft gedacht: ein Rausch der Worte, ein Rausch der Einsicht und, zumindest zeitweise, auch ein Drogen-Rausch. Durch die Form wird der Rausch, in dem das Leben auf einmal »unkategorial« und »trunken cerebral«[29] erfahren wird, sowohl initiiert wie kontrolliert. Denn sie soll, parado-

25 Gottfried Benn: Gedichte, S. 180.
26 Gottfried Benn: Autobiographische und vermischte Schriften, S. 66.
27 Vgl. ebd., S. 68, auch S. 67, wo Benn von »Seinsgrund« spricht.
28 Gottfried Benn: Essays, Reden, Vorträge, S. 467.
29 Gottfried Benn: Gedichte, S. 165.

xerweise, neben der mythischen Versenkung auch die »Bewußtheit«:[30] das Bewußtsein des Konstruktiven, des »Zerebralen« fördern, das für Benn jeder Formung eigen ist. »Der abendländische Mensch unseres Zeitalters«, schreibt er mit großer Geste, »besiegt das Dämonische durch die Form, seine Dämonie ist die Form, seine Magie ist das Technisch-Konstruktive«.[31] So wird in den Montagegedichten des Dualisten Benn die Form zum Rauschmittel und der Rausch zum Formzwang.

Als ein ästhetisches Arrangement von Wörtern und Sätzen ist die Montage aber nicht nur zugleich ordnend und zerstörend, rauschhaft und kontrolliert, sondern auch offen und geschlossen: geschlossen als eine formale Konstruktion, die in sich geregelt und beziehungsvoll ist; offen jedoch als eine Kombination von Wörtern mit Bedeutungen, die zunächst nach nur äußerlichen, rhythmischen und phonetischen Gesichtspunkten gruppiert werden. Die Montage schafft sich dabei ihren eigenen Stil, der durch Assoziationen, Allusionen und Suggestionen gekennzeichnet ist – oder wie Benn es selbst ausgedrückt hat: »Nichts wird stofflich-psychologisch mehr verflochten, alles angeschlagen, nichts durchgeführt. Alles bleibt offen. Antisynthetik.«[32]

Zu den Widersprüchlichkeiten der Montagelyrik Benns gehört es schließlich auch, daß sie, obwohl im herkömmlichen Sinn nicht psychologisch, doch expressiv ist. In der Montage macht sich, wie in jeder menschlichen Selektion und Kombination von Wörtern, Subjektivität bemerkbar, doch ist dies, mit Gottfried Willems zu sprechen, eine »Subjektivität ohne Subjekt«.[33] Das ›lyrische Ich‹ Benns ist bloß funktional definiert: als eine Funktion des Formens und ansonsten eher konturenlos.

Benns Gedichte aus den 20er Jahren setzen offensichtlich mit den neuen Mitteln der Montage die anti-realistische Rede-Weise der modernen deutschen Lyrik der ersten Phase fort: das macht auf der Ebene der Rede ihre Modernität aus. Diese Modernität läßt sich jedoch nur schwer gegen die traditionelle Form der Gedichte ausspielen. Benns formaler Traditionalismus ist wohl eine deutliche Absage an die radikalen formalen Experimente der modernen deutschen Lyrik der ersten Phase: nicht zufällig hat er noch in seiner Marburger Rede gegen alle experimentelle avantgardistische Dichtung in der Nachfolge vor allem des Dadaismus geltend gemacht, daß das »abendländische Gedicht immer noch von einem Formgedanken zusammengehalten wird und sich durch Worte gestaltet, nicht durch Rülpsen und Husten«.[34] Benns Entscheidung für gebundene Formen ist daher nicht nur eine Entscheidung *für* die Tradition moderner lyrischer Rede-Weise; sie ist auch eine Entscheidung *gegen* die formal moderne Lyrik.

30 Gottfried Benn: Essays, Reden, Vorträge, S. 495.

31 Ebd., S. 473.

32 Gottfried Benn: Autobiographische und vermischte Schriften, S. 164.

33 So Gottfried Willems: Großstadt- und Bewußtseinspoesie, S. VI und 100ff.

34 Gottfried Benn: Essays, Reden, Vorträge, S. 499.

Trotzdem ist der formale Traditionalismus, den er seit den 20er Jahren gepflegt hat, von der Modernität montierter Rede nicht zu trennen. Denn die Montagetechnik ist ein Verfahren, die Wörter zunächst nicht nach logischen, sondern nach ästhetischen Gesichtspunkten miteinander zu verknüpfen – nämlich so, wie es die *Form* und besonders die rhythmische Form suggeriert.[35] Die anti-realistische Montage setzt sich also bei Benn nicht gegen die traditionelle oder traditionalistische Form durch – sie basiert vielmehr auf ihr. In dieser Abhängigkeit der modernen Rede-Weise von der traditionellen Form zeigt sich ein weiteres Mal die ästhetische Komplexität und Zweideutigkeit der Montagelyrik Benns.

Von der ästhetisch verfahrenden Montage her läßt sich der Ort zumindest des ›mittleren Benn‹ innerhalb der modernen deutschen Lyrik bestimmen, insbesondere sein Verhältnis zur modernen deutschen Lyrik der ersten Phase. Obgleich er sich selbst der »Phase II des *expressionistischen* Stils« (Hervorhebung von mir, D. L.) zurechnete, ist es kaum zu übersehen, daß er genauso an den *Ästhetizismus* Georges anknüpft, ihn aber, ähnlich wie den Expressionismus, in zweierlei Hinsicht weiterentwickelt, ja radikalisiert: *sein* Ästhetizismus ist durch den Expressionismus hindurchgegangen.

Zum einen hat sich Benn, anders als der junge George, nicht mehr ausschließlich an ästhetische, aus der unpoetischen Realität poetisch ausgegrenzte Gegenstände gehalten. Für ihn hat vielmehr die für George noch wesentliche Unterscheidung zwischen poetischen oder ästhetischen und unpoetischen oder unästhetischen Objekten jede praktische Bedeutung verloren – und darin ist er ganz Expressionist. Wenn er auch – von seinem Spätwerk einmal abgesehen – kaum Realist war, hat er sich doch ›mit Wirklichkeiten beladen‹,[36] was gerade einige in den 20er Jahren entstandene Gedichte wie »Bolschewik«, »Puff«, »Tripper« oder »Verlauste Schieber« bezeugen. Im Unterschied zu dem jungen George, der sich vor der häßlichen, schmutzigen Realität seiner Zeit kunstpriesterlich verschloß, ist der Benn der 20er Jahre ein Ästhetizist ohne ästhetischen Gegenstand – ja einer, auf den das ästhetisch Abstoßende eine besondere Anziehung ausübt.

Gleichwohl oder vielleicht gerade deswegen ist der ästhetizistische Anti-Realismus Benns radikaler als der Georges. Artistik ist für ihn nicht mehr bloß eine schön-befremdliche oder befremdlich-schöne Stilisierung, sondern eine »Zertrümmerung« der Wirklichkeit, eine »Überspannung des Seins, eine Schöpfung in sich und ohnegleichen«.[37] In einer so verstandenen

35 Zur suggestiven Kraft der Montage vgl. Wolfgang Iser: Image und Montage. Zur Bildkonzeption in der imagistischen Lyrik und in T. S. Eliots »Waste Land«. In: Ders. (Hg.): Immanente Ästhetik – Ästhetische Reflexion, S. 361–393, insbes. S. 390f.

36 Vgl. Gottfried Benn: Essays, Reden, Vorträge, S. 505.

37 Ebd., S. 466.

»absoluten« Dichtung[38] kommt vor allem der Montage die Aufgabe zu, »gegen den allgemeinen Nihilismus der Werte eine neue Transzendenz«[39] zu schaffen: die von Benn unermüdlich beschworene »Transzendenz der schöpferischen Lust«.[40] Sie besteht in nichts anderem als der Macht des Künstlers, sich in seinen Gebilden über die Verhältnisse der empirischen Realität selbstherrlich hinwegzusetzen und in der lyrischen Rede eine eigene, durch die poetische Form gestiftete Ordnung zu etablieren: Entformung durch Form also, die ›Zertrümmerung der Wirklichkeit‹ durch die Kunst.

3.

Benns Rückgriff auf traditionelle gebundene Formen ist nur die eine Reaktion auf die Extrempositionen der modernen deutschen Lyrik der ersten Phase. Die andere ist der neuartige Realismus, der im Umkreis der Neuen Sachlichkeit entsteht und von Brecht zunächst mit größter Konsequenz entwickelt wird. Ist der formale Traditionalismus Benns eine Gegenbewegung gegen die Versexperimente vor allem der Expressionisten und der Dadaisten, so ist der Realismus Brechts eine Gegenbewegung nicht nur gegen die abstrakte Lyrik der Expressionisten und der Dadaisten, sondern gegen die gesamte realitätsferne und realitätsfeindliche moderne deutsche Lyrik seit George.

Der lyrische Realismus Brechts findet seine strengste Ausprägung in den Großstadtgedichten, die er von 1926 bis 1930 geschrieben und, auszugsweise, erstmals 1930 unter dem Titel »Aus einem Lesebuch für Städtebewohner« im zweiten Heft der »Versuche« veröffentlicht hat.[41] Diese Gedichte sind strukturell verschiedenartig: zum Teil lyrisch, zum Teil dialogisch, zum Teil, vor allem im »Lesebuch« selbst, auch episch strukturiert; ihnen gemeinsam ist jedoch dieselbe realistische Rede-Weise, die sich besonders deutlich in einem Gedicht wie dem folgenden zeigt:

38 Zum Problem des absoluten Gedichts bei Benn vgl. Edgar Lohner: Passion und Intellekt, S. 145–164, und Klaus Gerth: *Absolute Dichtung?* Zu einem Begriff in der Poetik Gottfried Benns. In: Bruno Hillebrand (Hg.): Gottfried Benn, S. 240–260.

39 Gottfried Benn: Essays, Reden, Vorträge, S. 500.

40 Ebd., S. 416.

41 Ich zitiere im folgenden alle Gedichte Brechts nach der Werkausgabe, mit Ausnahme der Gedichte »Aus einem Lesebuch für Städtebewohner«, die dort unvollständig, nämlich ohne das zehnte Gedicht, abgedruckt sind, das sich wiederum im »Me-ti« findet. Vollständig sind sie nur im Neudruck der »Versuche« wiedergegeben.

Ich habe ihm gesagt, er soll ausziehen.
Er wohnte hier im Zimmer schon sieben Wochen
Und wollte nicht ausziehen.
Er lachte und meinte
Ich mache Scherze
Als er am Abend heimkam, stand
Sein Koffer an der Tür. Da
Wunderte er sich.[42]

Ein solches Gedicht unterscheidet sich schon als Rede eklatant von der semantisch modernen deutschen Lyrik der ersten Phase – allerdings weniger durch den Rede-Gegenstand als vielmehr durch die Rede-Weise: Brecht ist nicht der erste deutsche Lyriker der Moderne, der die Großstadt zum Thema macht, wohl aber der erste, der das Leben der Großstadtbewohner realistisch darstellt – und darin scheint er den Naturalisten zunächst näher zu stehen als den Expressionisten.

Gleichwohl hat sein Realismus mit dem der Naturalisten wenig gemein, und zwar schon deshalb, weil seine Großstadtgedichte keine Erlebnis-, sondern Rollengedichte sind: die Sprecher der Texte sind durchweg selbst fiktive »Städtebewohner«, die zu ihresgleichen oder von ihresgleichen reden – und vor allem *wie* ihresgleichen. Mit dem Autor sind sie jedenfalls nicht identisch, was in den »Lesebuch«-Gedichten besonders deutlich ist: sechs von ihnen enden mit einer distanzierten und distanzierenden, jeweils in Klammern gesetzten Schlußbemerkung des Verfassers, die die vorangegangene Rede als aus seiner Sicht fremde Rede kenntlich macht.

Der Realismus der Großstadtgedichte Brechts aus der zweiten Hälfte der 20er Jahre ist zunächst ein sprachlicher Realismus, eine Rede-Weise, die vor dem Hintergrund der modernen deutschen Lyrik der ersten Phase geradezu unpoetisch anmuten muß. Denn die Sprache in diesen Gedichten ist nicht preziös wie die Georges, nicht metaphorisch wie die Rilkes, nicht dämonisierend und nicht dynamisierend wie die Heyms oder van Hoddis', nicht abstrakt wie die Stramms, nicht dunkel wie die Trakls. Sie ist unkompliziert, leicht verständlich und klar. Sie geht völlig in der präzisen Darstellung eines Sachverhalts auf, den sie in einem nüchternen, betont gefühllosen Ton lakonisch mitteilt.

Spröde bis zur Kargheit, fehlt ihr fast jeder rhetorische Schmuck. Wenn sich in ihr überhaupt Metaphern finden, sind es meist konventionalisierte Bilder, also schon umgangssprachliche Redewendungen wie die vom »Plattkopf«[43] oder die vom »fünften Rad am Wagen«.[44] Nur selten weist sie kühnere, unkonventionellere Metaphern auf wie:

42 Bertolt Brecht: Gesammelte Werke, Bd. 8, S. 288.
43 Ebd., S. 283 f.
44 Bertolt Brecht: Versuche 1–12, S. 109 f.

An frischen Morgenden hängen
Aus den gleichen Fenstern Gesichter und Wäsche
Wie ehedem.[45]

Durch die schlichte Syntax, die gelegentlich fehlerhafte Grammatik und das betont unpoetische Vokabular ahmen die Großstadtgedichte Brechts die Sprache der Großstädter seiner Zeit nach – bis hin zu Slang und Jargon.

Die realistische Rede-Weise der Brechtschen Großstadtgedichte hat vor allem *eine* Funktion. In der Sprache der »Städtebewohner« soll nicht nur das Leben in den Städten beschrieben werden, die Sprache soll auch soziale Positionen und Verhaltensweisen kennzeichnen – also das darstellen, was Brecht später »gestisches Sprechen« genannt hat.[46] Wohl am deutlichsten ist diese Funktion in dem – allerdings dialogisch strukturierten – neunten »Lesebuch«-Gedicht: »Vier Aufforderungen an einen Mann von verschiedener Seite zu verschiedenen Zeiten«, in dem die gleiche Einladung, zu bleiben, von wechselnden Sprechern so an ein und denselben Adressaten gerichtet wird, daß dessen sich stetig verschlechternde soziale Stellung erkennbar wird.

Die Großstadtgedichte Brechts sind als realistische Lyrik voll von erschreckenden und abstoßenden Details aus dem Großstadtleben, wie besonders das erste[47] und das fünfte »Lesebuch«-Gedicht zeigen.[48] Das zumindest zu seiner Zeit Unerhörte an diesem Realismus sind aber nicht die vielen Beispiele von Hartherzigkeit, Zynismus, Brutalität, »Schwäche, Verrat und Verkommenheit«,[49] die angeführt werden; wirklich unerhört ist vielmehr das Fehlen eines moralischen Kommentars, ja jeglicher moralischer Sicht, wie sie noch von den Naturalisten gepflegt worden ist. Mag das auf der Sprecher-Ebene nicht weiter überraschen, denn es sind zum Beispiel (Vater-)Mörder und Prostituierte, die sich äußern, so ist es auf der Verfasser-Ebene umso erstaunlicher. Brecht stellt das Großstadtleben als einen Überlebenskampf dar, in dem, christlich gesprochen, die Werte der Menschlichkeit und der Nächstenliebe nicht mehr gelten und der, marxistisch gesprochen, den Einzelnen zu höchster Entfremdung verdammt, enthält sich aber jeglichen Urteils. Wo er einmal das Wort als Autor ergreift, wie in den Schlußbemerkungen der »Lesebuch«-Gedichte, da beschränkt er sich ganz auf Angaben wie »So habe ich Leute sich anstrengen sehen«[50] oder »Das habe ich schon Leute sagen hören«,[51] die nichts weiter als einen Gestus des Zeigens verraten.

45 Bertolt Brecht: Gesammelte Werke, Bd. 8, S. 279.

46 Vgl. dazu vor allem Jan Knopf: Brecht-Handbuch Lyrik, Prosa, Schriften, S. 475–476 und 488–490.

47 Bertolt Brecht: Versuche 1–12, S. 108.

48 Ebd., S. 112.

49 Ebd., S. 111.

50 Ebd.

51 Ebd., S. 113.

Tatsächlich scheint sich sein Ehrgeiz auch im Vor-Zeigen und Vor-Führen zu erschöpfen: zumindest legt das letzte, poetologisch die Einstellung des Verfassers reflektierende und legimitierende »Lesebuch«-Gedicht diese Interpretation nahe:

Wenn ich mit dir rede
Kalt und allgemein
Mit den trockensten Wörtern
Ohne dich anzublicken
(Ich erkenne dich scheinbar nicht
In deiner besonderen Artung und Schwierigkeit)
So rede ich doch nur
Wie die Wirklichkeit selber
(Die nüchterne, durch deine besondere Artung unbestechliche
Deiner Schwierigkeit überdrüssige)
Die du mir nicht zu erkennen scheinst.[52]

Insofern die Großstadtgedichte Brechts aus der zweiten Hälfte der 20er Jahre eine Sprache »wie die Wirklichkeit selber« sprechen, sind sie in erster Linie Demonstrationen. Noch radikaler als in seinen Gedichten aus der »Hauspostille«, für die schon eine hohe Interferenz von jeweils eigenem und fremdem Wort charakteristisch ist,[53] scheint Brecht in ihnen kein anderes Ziel zu verfolgen als das, zu zitieren (oder zu simulieren), was andere gesagt haben (oder gesagt haben könnten).

Solche Demonstrationen lassen sich schwerlich als Lehrgedichte bezeichnen – vielleicht nicht einmal als Lehrgedichte ohne (ausdrückliche) Lehren. Denn den Leser oder Hörer wollen sie allenfalls faktisch, aber nicht moralisch ›belehren‹: er soll lediglich zur Kenntnis nehmen, wie die Wirklichkeit ist. Wenn er aus dieser Erkenntnis einen Appell ableiten wollte, dann könnte es nur der sein, sich auf die widrige Wirklichkeit der Großstadt einzustellen, weil es ihm sonst kaum gelingen dürfte, »durchzukommen«.[54]

Die Großstadtgedichte Brechts aus dem Umkreis des »Lesebuchs« sind eher als ›Gebrauchslyrik‹ anzusehen – zunächst in dem »direkten handgreiflichen, meinetwegen ganz plumpen« Sinn, von dem Brecht im Rückblick auf sein Urteil über den Lyrik-Wettbewerb der »Literarischen Welt« von 1926/27 gesprochen hat: die »Mitteilung eines Gedankens oder einer auch für Fremde vorteilhaften Empfindung« verleiht ihnen den »Wert von Dokumenten«, den nach seiner Ansicht »alle großen Gedichte«[55] haben (sollten). Sie sind sodann Gebrauchslyrik im Sinn der Neuen Sachlichkeit: als betont

52 Ebd., S. 116.

53 Vgl. dazu Wolfgang Preisendanz: Die Pluralisierung des Mediums Lyrik beim frühen Brecht, insbes. S. 344ff.

54 Bertolt Brecht: Versuche 1–12, S. 114.

55 Bertolt Brecht: Über Lyrik, S. 11 und 8.

sachliche, an der Alltagssprache orientierte, auf Verständlichkeit zielende, an aktuellen politischen, ökonomischen und sozialen Problemen interessierte Lyrik, die Fakten objektiv konstatieren will, ohne zu moralisieren.[56]

Als Gebrauchslyrik sind die Großstadtgedichte Brechts aus der zweiten Hälfte der 20er Jahre durchaus »nützlich«,[57] ohne daß sie allerdings schon für politische oder gar sozialistische Lyrik gelten könnten. Denn »wie die Wirklichkeit selber« zu sprechen, das ist in diesem Fall weder sehr moralisch noch sehr aufklärerisch. Deshalb hat Jürgen Jacobs auch an den »Lesebuch«-Gedichten kritisiert, daß sich hinter ihrer »formalen Entsubjektivierung« eine »Abdankung des Subjekts« und eine nicht gerade kämpferische »Unterwerfung unter die vorgefundene Wirklichkeit«[58] verberge; und Klaus Schuhmann hat nicht weniger kritisch, wenngleich von einer anderen weltanschaulichen Position aus, angemerkt, daß in diesen Gedichten der »Versuch, den Weg zur Überwindung des Kapitalismus an der Seite der Arbeiterklasse zu finden«,[59] vorerst gescheitert sei – wobei noch das Erstaunlichste ist, daß Schuhmann dem jungen Brecht eine solche Bemühung überhaupt unterstellt.

Überzeugender scheint es da, in dessen Großstadtgedichten aus dieser Zeit weniger eine Annäherung an die Politik (der Kommunistischen Partei) als an die Wissenschaft zu sehen – wenn auch nicht unbedingt, wie oft behauptet worden ist, an die behavioristische Verhaltensforschung.[60] Brecht protokolliert die Sprech- und Verhaltensweisen der Großstädter eher mit der Kühle eines Feldforschung betreibenden Soziologen, der ohne revolutionäres Pathos einfach feststellt, was der Fall ist – wie schockierend es auch immer sein mag.

Doch ganz gleich, wie man diese Gedichte im näheren beurteilen will: in der Geschichte der modernen deutschen Lyrik stellen sie einen Einschnitt dar. Ihre Bedeutung liegt allerdings gerade in dem, was sie moralisch und politisch anstößig macht und was den Autor selbst »kalt« und unbeteiligt

56 Zum Programm der Neuen Sachlichkeit vgl. Klaus Petersen: »Neue Sachlichkeit«: Stilbegriff, Epochenbezeichnung oder Gruppenphänomen?, insbes. S. 469; ferner Horst Denkler: Die Literaturtheorie der Zwanziger Jahre: Zum Selbstverständnis des literarischen Nachexpressionismus in Deutschland – Ein Vortrag, und ders.: Sache und Stil. Die Theorie der »Neuen Sachlichkeit« und ihre Auswirkungen auf Kunst und Dichtung; außerdem Jost Hermand: Einheit in der Vielfalt? Zur Geschichte des Begriffs »Neue Sachlichkeit«. In: Ders.: Stile, Ismen, Etiketten, S. 80–93; sowie Reinhold Grimm und Jost Hermand (Hg.): Die sogenannten Zwanziger Jahre.

57 Von Nutzen und Nützlichkeit spricht Brecht in seinem »Weder nützlich noch schön« überschriebenen Rückblick auf den Wettbewerb der »Literarischen Welt«. In: Ders.: Über Lyrik, S. 11–13.

58 Jürgen Jacobs: Wie die Wirklichkeit selber, S. 87 und 85.

59 Klaus Schuhmann: Der Lyriker Bertolt Brecht 1913–1933, S. 224.

60 Zur sogenannten ›Behaviourismus-These‹ vgl. die kritische Auseinandersetzung von Jan Knopf: Brecht-Handbuch Lyrik, Prosa, Schriften, S. 56f.

erscheinen läßt. Die protokollartige, sich der Dokumentation nähernde Demonstration von Sprech- und Verhaltensweisen bedeutet einen in der modernen deutschen Lyrik bis dahin ungekannten sprachlichen (und sozialen) Realismus. Andere Großstadtdichter des 20. Jahrhunderts, allen voran die Expressionisten, mögen ein ähnlich schonungsloses und düsteres Bild der Großstadt gezeichnet haben – realistisch verfahren sind sie dabei jedoch nicht. Es ist vielmehr gerade die metaphorische Verfremdung, die ihre Gedichte besonders eindringlich machte. Brecht verzichtet dagegen fast völlig auf mythische und ästhetische Verfremdungen: er spricht in der Sprache der Großstadtbewohner über die Großstadt – eben »wie die Wirklichkeit selber«.

Mit der realistischen Rede-Weise seiner Großstadtgedichte ist es Brecht als erstem modernen deutschen Lyriker von Rang gelungen, auch sprachlich den Abstand zur zeitgenössischen sozialen Wirklichkeit aufzuheben, der die Moderne bis dahin gekennzeichnet hatte. Mit seinen Großstadtgedichten kassiert er gewissermaßen die Realitätsferne und Realitätsfeindlichkeit, die seit dem Ästhetizismus Georges die moderne deutsche Lyrik beherrscht und die in den abstrakten Lautgedichten der Dadaisten ihren kaum übersteigbaren Höhepunkt erreicht hatte. Deshalb erfüllt sich in den Großstadtgedichten Brechts aus dieser Zeit besonders das innovative Pathos der Neuen Sachlichkeit, deren Lyriker sich zwar allesamt, wie Erich Kästner, als »Gebrauchspoeten«[61] verstanden und »Gedichte vorwiegend sozialen, politischen, gesellschaftskritischen Charakters«[62] schreiben wollten, in ihrer Anlehnung an liedhafte Formen, zumal an Chanson und Couplet, jedoch nicht nur in der Form, sondern auch in ihrer Rede-Weise konventioneller blieben.

Trotzdem wäre es falsch, mit den Großstadtgedichten, die Brecht zwischen 1926 und 1930 verfaßt hat, eine neue Epoche in der Geschichte der deutschen Lyrik beginnen zu lassen. Ihrem neuartigen Realismus zum Trotz bleiben sie der modernen deutschen Dichtung verbunden – und nicht nur in der Negation, in ihrer Opposition gegen die »letzte Epoche des Im- und Expressionismus«, gegen die »Lyrik Rilkes (eines sonst wirklich guten Mannes), Stefan Georges und Werfels«, deren »Inhalt« für Brecht »aus hübschen Bildern und aromatischen Wörtern« bestand.[63] Brechts realistische Großstadtgedichte aus dieser Zeit bedienen sich vielmehr virtuos der wichtigsten formalen Errungenschaft der Moderne: des freien Verses.

Selbst wenn man Brechts 1938, auf dem Höhepunkt der Expressionismus-Debatte gegebene Beteuerung, er habe »das Formale eher gering« geschätzt,[64] grundsätzlich Glauben schenken will (was nicht leicht fällt): in

61 So etwa Erich Kästner: Gesammelte Schriften für Erwachsene, Bd. 1, S. 135.
62 Ebd., Bd. 8, S. 199.
63 Bertolt Brecht: Über Lyrik, S. 8.
64 Ebd., S. 14

seinen Großstadtgedichten ist es doch von alles anderer als geringer Bedeutung. Daß sie sein erster Zyklus von Gedichten in freien Versen sind, dürfte jedenfalls kein Zufall sein. Die Vermutung drängt sich vielmehr auf, daß Brecht die traditionellen Formen, derer er sich noch zuletzt in der »Hauspostille« mit großem Erfolg bedient hatte, auch diesmal aufgegeben hat, weil sie, wie er bei anderer Gelegenheit formulierte, »dem, was ich sagen wollte, im Weg standen«.[65] Jede gebundene Form hätte aufgrund ihrer immer mitschwingenden Künstlichkeit den Gedichten viel von ihrer Überzeugungskraft genommen. Deren harter Sprachrealismus verlangt nicht nur den Verzicht auf rhetorischen Schmuck, sondern auch den auf metrische Regulierung: er verlangt eine freie, auf sich selbst möglichst wenig aufmerksam machende Versform. Jedes Gleichmaß hätte hier eine Glättung bedeutet, eine künstliche Harmonisierung, die den angestrebten dokumentarischen Wert der Gedichte erheblich gemindert hätte. Allein der freie Vers scheint so biegsam zu sein, daß er sich noch dem vermeintlich ›unpoetischsten‹ Satz anzupassen vermag und eine für jeden Satz wieder individuelle Akzentuierung der sinnschweren Wörter zuläßt. Er ist damit eine wesentliche Voraussetzung für das gestische Sprechen, das Brecht in seinen Großstadtgedichten erprobt hat.

Wie sehr gerade freie Verse gestische Formulierungen, die »Disharmonien und Interferenzen« sichtbar machen sollen,[66] ermöglichen, zeigt sich beispielsweise an der letzten Versgruppe des zweiten »Lesebuch«-Gedichts:

Ich weiß, du hörst nicht mehr
Aber
Sage nicht laut, die Welt sei schlecht
Sage es leise.

Denn nicht die vier sind zuviel
Sondern das fünfte Rad
Und nicht schlecht ist die Welt
Sondern
Voll.[67]

Durch den Wechsel von längeren und kurzen Zeilen und die versweise Isolierung der sinnschweren adversativen Konjunktionen erhält die Rede auch rhythmisch die Härte, die ihren Inhalt in seiner Antithetik kennzeichnet. Sie in metrisch regulierte, womöglich gleichlange Verse zu setzen, liefe wohl tatsächlich darauf hinaus, die semantischen Brüche »formal zu neutralisieren«.[68]

65 Ebd.

66 Ebd., S. 80.

67 Bertolt Brecht: Versuche 1–12, S. 109f.

68 Bertolt Brecht: Über Lyrik, S. 80. Zur Brechts Theorie und Technik freier Versgestaltung vgl. im übrigen Klaus Birkenhauer: Die eigenrhythmische Lyrik Bertolt Brechts.

Wie für Holz so haben auch für Brecht die freien Verse zunächst eine semantische Funktion: sie sind aufgrund ihrer metrischen Ungebundenheit ein Mittel der je individuellen Akzentuierung einzelner Wörter und aufgrund ihrer Konnotationen ein Mittel der gestischen Charakterisierung einer Rede. In der einen wie in der anderen Hinsicht dienen sie ihm vor allem als ein Mittel der Entpoetisierung der lyrischen Rede, der Annäherung an die real gesprochene Sprache.

Als Gedichte in freien Versen der formal modernen deutschen Lyrik verbunden, sind Brechts Großstadtgedichte aus dem Umkreis des »Lesebuchs« zwar eine in ihrer realistischen Rede-Weise radikale, doch insgesamt immer noch moderne Reaktion auf die Moderne. Sie sind außerdem Gedichte des Übergangs, und ihre stilistische Radikalität ist eine des Experiments. Brechts Konversion zum Kommunismus, die sich 1926 ankündigt und 1930 abgeschlossen ist, führt zu einer Veränderung auch seiner Lyrik – unter anderem zu einer Aufgabe des dokumentarischen Realismus, ja sogar immer wieder zu einer Aufgabe des realistischen Stils überhaupt. Diese Behauptung mag überraschen, denn Brechts sozialistische Lyrik gilt zumindest seinen marxistischen Interpreten erst als wirklich realistisch. Klaus Schuhmann etwa will Brechts »politische Entscheidung« für den Kommunismus zugleich als eine »ästhetische« verstanden wissen: als eine Entscheidung »für den Realismus«: »Beide gehören zusammen. Eine ist ohne die andere nicht denkbar«.[69] Sie ist es sehr wohl.

Denn Brecht hat nicht nur schon *vor* seiner Hinwendung zum Kommunismus realistische Gedichte geschrieben – eben die Großstadtgedichte aus dem Umkreis des »Lesebuchs«. Er hat auch *nach* seiner Entscheidung für den Kommunismus noch Gedichte geschrieben, die *nicht* realistisch sind. Bis in sein Spätwerk hinein lassen sich zwar Gedichte finden, die durch ihre Rede-Weise in einem ähnlichen Sinn realistisch sind wie die »Lesebuch«-Gedichte. Vor allem die Gedichte aus dem Exil über das Exil sind mit ihren präzisen Orts- und Zeitangaben und in ihrem teils beschreibendem, teils berichtendem Gestus auf geradezu klassische Weise realistisch. Daß Brecht die meist zunächst ganz am Gegenständlichen orientierten Berichte und Beschreibungen dann jeweils am Ende um einen politischen Kommentar erweitert, unterscheidet den »zeitgeschichtlichen Realismus« dieser »Exilgedichte«[70] zwar von dem standpunktlosen sozialen Realismus der Großstadtgedichte, nimmt ihnen prinzipiell aber nichts von ihrer Wirklichkeitsnähe. Dennoch ist es unübersehbar, daß in der sozialistischen Lyrik Brechts insgesamt nicht das realistische, sondern das didaktische Moment dominiert – und zwar durchaus zuungunsten des realistischen.

69 Klaus Schuhmann: Der Lyriker Bertolt Brecht 1913–1933, S. 391f.
70 Vgl. dazu vor allem Peter Paul Schwarz: Lyrik und Zeitgeschichte, insbes. S. 50ff.

Die didaktische Ausrichtung seiner sozialistischen Lyrik läßt sich schon an den Genres ablesen, die Brecht ab 1930 bevorzugt. Da finden sich, neben den Liedern und Balladen, die er nach wie vor teils für seine Stücke, teils unabhängig von ihnen schreibt, vor allem *Gedankengedichte* wie das »Lob der Dialektik«, *Episteln* wie die »Briefe über Gelesenes«, *Fabeln* wie die »Tierverse«, *Parabeln* wie »Der Dieb schreit: ich bin bestohlen«, *Gleichnisse* wie »Der römische Kaiser Nero«, *emblematische Gedichte* wie das »Auf einen chinesischen Theewurzellöwen«, *Epigramme* wie das »Epitaph für M.«, *Sprüche* wie »Was an dir Berg war« oder *Satiren* wie die »Hitler-Choräle«. Auch wenn diese Gedichte allesamt auf die Wirklichkeit zielen, sind sie in ihrer Rede-Weise doch nicht unbedingt realistisch zu nennen. Ihre erste Absicht ist es nicht, darzustellen, zu berichten oder zu beschreiben, sondern zu belehren und zu beeinflussen, und dabei bedienen sie sich immer wieder Mittel sprachlicher Verfremdung.[71]

Da ist zunächst die Verfremdung durch *Metaphorik*, besonders effektvoll etwa in der berühmten Kontrafaktur »Deutschland«, die durchgängig von der Nation anthropomorphisierend als einer Mutter und von ihren Angehörigen als von deren Söhnen spricht. Da ist zweitens die Verfremdung durch *Symbolik*, die konstitutiv für späte Gedichte wie »Der Radwechsel« oder »Das Lied vom Glück« ist. Da ist zum dritten die Verfremdung durch *Vergleiche*, zumal durch kontrastive wie in dem kleinen Gedicht »Tannen«, in dem Brecht seine Sicht der Natur vor dem Ersten der nach dem Zweiten Weltkrieg gegenüberstellt. Da ist viertens die Verfremdung durch (logische) *Umkehrung*, auf der die Pointe seines Gedichts »Die Lösung« beruht. Da ist fünftens die Verfremdung durch *Emblematik*, für die sein Gedicht »Auf einen chinesischen Theewurzellöwen« wohl das bekannteste Beispiel darstellt. Da ist weiter die Verfremdung durch *Komik*, insbesondere durch aggressive Komik, wie sie die ironischen »Fragen eines lesenden Arbeiters« auszeichnet. Und da ist schließlich die Verfremdung durch *Historisierung*, die etwa das Gedicht »Der Schneider von Ulm« praktiziert.

Brecht hat sich dieser – und weiterer – Mittel der Verfremdung vor allem in seiner sozialistischen Lyrik bedient, also in den Gedichten, die nach 1930 entstanden sind – wie er seit dieser Zeit auch auf dem Theater eine eigene Technik der Verfremdung entwickelt hat.[72] In seiner sozialistischen Lyrik hat die Verfremdung eine gesellschaftskritische Funktion: sie ist ein Mittel,

71 Zur Technik der Verfremdung in der Lyrik Brechts vgl. Clemens Heselhaus: Brechts Verfremdung der Lyrik. In: Wolfgang Iser (Hg.): Immanente Ästhetik – Ästhetische Reflexion, S. 307–326, insbes. S. 317ff.

72 Vgl. dazu vor allem Reinhold Grimm: Verfremdung. Beiträge zu Wesen und Ursprung eines Begriffs. In: Hermann Helmers (Hg.): Verfremdung in der Literatur, S. 183–215; ferner die dort ebenfalls abgedruckten Aufsätze von Joachim Müller: Verfremdung im epischen Theater Brechts (S. 139–171), und Käthe Rülicke-Weiler: Verfremdung als Kunstmittel der materialistischen Dialektik: Parteilichkeit als Ausgangspunkt der Verfremdung (S. 302–320).

die antagonistischen Widersprüche der kapitalistischen Gesellschaft, wie sie sich dem Marxisten darstellen, zu enthüllen.

Durch ihre politische Funktionalisierung einerseits und ihre Tendenz zu Deutlichkeit, Anschaulichkeit, Pointiertheit andrerseits unterscheidet sich Brechts Technik der Verfremdung von der Art der Verfremdung, die die moderne deutsche Lyrik der ersten Phase charakterisiert: als politische und didaktische Dichtung ist die Lyrik Brechts, anders als die immer dunkler und düsterer werdende strukturell moderne deutsche Dichtung der ersten Phase, noch als verfremdende im doppelten Sinn eine Lyrik der Aufklärung.

Mit der strukturell modernen deutschen Dichtung der ersten Phase teilt sie jedoch als verfremdende Lyrik den Verzicht auf eine realistische Rede-Weise: auch in den Gedichten Brechts schließen Verfremdung und Realismus einander eher aus. Die politischen Gedichte, in denen er Mittel der Verfremdung einsetzt, mögen immer noch *von* der Wirklichkeit sprechen – *wie* die Wirklichkeit sprechen sie nicht mehr. Insofern besteht zwischen Brechts Großstadtgedichten aus der zweiten Hälfte der 20er Jahre und seiner sozialistischen Lyrik seit den 30er Jahren auf der Ebene der Rede ein qualitativer Unterschied.

Tatsächlich will Brecht in seiner politischen Dichtung die Wirklichkeit auch nicht einfach so beschreiben oder abbilden, wie sie sich einem Beobachter darbietet – er will die Wahrheit über sie sagen. Diese Wahrheit ist aber in der (sinnlichen) Erscheinung nicht unbedingt sichtbar, und deshalb braucht er sich auch nicht an diese Erscheinung zu halten: Um die Wahrheit zu enthüllen, muß er vielmehr in der Regel die Wirklichkeit verfremden und entstellen. Doch selbst eine wahrheitsgetreue Entstellung zur Kenntlichkeit ist immer noch – eine Entstellung.

Brecht hat dieses Problem wohl selbst gesehen und sich eben darum für eine »Weite und Vielfalt der realistischen Schreibweise«[73] ausgesprochen. »Realistisches Schreiben«, so definiert er es in seinem Aufsatz über Shelleys Ballade »Der Maskenzug der Anarchie«, »kann von nicht realistischem nur dadurch unterschieden werden, daß man es mit der Realität selber konfrontiert, die es behandelt«.[74] Nicht ein bestimmtes Verfahren oder eine bestimmte Rede-Weise ist für Brecht somit realistisch: »Es gibt da keine speziellen Formalitäten, die zu beachten wären«,[75] sondern die Wahrheit der Rede, ihre Übereinstimmung mit der Realität, und diese Wahrheit kann »auf viele Arten gesagt werden«.[76] In *Brechts* Sinn sind seine politischen Gedichte deshalb auch dann noch oder gerade dann realistisch, wenn sie die Wirklichkeit vorderhand völlig verfremdet darstellen: für ihn ist auch lyrischer Realismus

73 Bertolt Brecht: Über Lyrik, S. 33.
74 Ebd.
75 Ebd.
76 Ebd., S. 46.

durch eine Betrachtungsweise und damit letztlich durch eine Weltanschauung garantiert.[77]

Das ist allerdings eine ideologische und keine literaturwissenschaftliche Verwendung des Begriffs. Eine weltanschaulich ungebundene Literaturwissenschaft kann ›realistisch‹ nur ein Verfahren nennen, das sich in einer bestimmten Rede-Weise fassen läßt, nicht aber eine mit ihren Mitteln nicht zu prüfende Ideologie. Brechts mit Mitteln der Verfremdung arbeitende sozialistische Lyrik ist in *diesem* Sinn nicht realistisch. Ihre Orientierung an realen, politischen und sozialen Gegenständen berücksichtigend, könnte man allenfalls von einer ›Realistik ohne Realismus‹ sprechen.

Von dieser Einschätzung her ist aber nicht nur die These Klaus Schuhmanns einzuschränken, Brechts sozialistische Lyrik sei immer auch schon realistisch; es ist ebenso die These Michael Hamburgers zu differenzieren, Brecht sei die Aufhebung »der seit Baudelaire, ja seit der Romantik herrschenden Richtung in der Lyrik«[78] gelungen. Brechts sprachlicher und sozialer Realismus in den Großstadtgedichten aus der zweiten Hälfte der 20er Jahre bedeutet zwar tatsächlich ein Novum in der Geschichte der modernen deutschen Lyrik, insofern er mit deren anti-realistischer Rede-Weise bricht, ohne zum Realismus der vor-modernen Lyrik zurückzugehen. Doch ist Brecht diesem Realismus nicht lange treu geblieben. Die Realistik seiner sozialistischen Lyrik nimmt die radikale Neuerung, die der fast dokumentarische Realismus bedeutete, selbst wieder teilweise zurück. Denn Brechts sozialistische Lyrik bedient sich mit der Verfremdung der wichtigsten Technik der strukturell modernen deutschen Lyrik der ersten Phase. Das macht sie selbst modern, nimmt ihr aber weitgehend ihren Realismus. Gleichwohl unterscheidet sich auch Brechts sozialistische Lyrik immer noch deutlich von der modernen Lyrik der ersten Phase, und zwar sowohl durch die Mittel wie durch die Ziele der Verfremdung. Seit den 30er Jahren sind Brechts Gedichte ausdrücklich auf die zeitgenössische soziale und politische Realität bezogen: sie verstehen sich als aufklärerische Lyrik im Dienst des Kommunismus. Als solche – allerdings hochrangige – »Gebrauchslyrik« setzt sie sich durch ihre semantische Transparenz, ihre Realistik und ihr Engagement grundsätzlich gegen jede abstrakte, absolute oder autonome Dichtung ab. Mit ihr beginnt in Deutschland die politische Lyrik modern und die moderne Lyrik politisch zu werden.

77 Zu diesem Schluß kommt auch Karl Otto Conrady: Realismus bei Brecht. Eine Einführung für Studenten. In: Ders.: Literatur und Germanistik als Herausforderung, S. 186–214.

78 Michael Hamburger: Die Dialektik der modernen Lyrik, S. 255.

4.

Der Ästhetizismus Benns und der Realismus Brechts sind zwei extreme Reaktionen auf die Extreme der modernen deutschen Lyrik der ersten Phase. Als solche Extreme stehen sie auch zueinander in einem Verhältnis des Gegensatzes, der zunächst formal, strukturell und ideologisch unaufhebbar scheint. In diesem Gegensatz kehrt die innere Widersprüchlichkeit der modernen deutschen Lyrik der ersten Phase auf neue Weise wieder. Im Werk Benns und Brechts stehen sich nicht mehr, wie noch in George und Holz, eine nur durch ihre Rede-Weise und eine nur durch ihre Form moderne Lyrik gegenüber. Zumindest die verfremdenden Gedichte Brechts sind vielmehr als Gebrauchslyrik in freien Versen auf der Ebene sowohl der Rede wie der Form modern. Deshalb unterscheiden sie sich von den Montagegedichten Benns nicht nur als formal moderne von formal traditioneller Lyrik, sondern auch als auf eine Weise von einer auf andere Weise strukturell modernen Lyrik.

Zwischen den beiden Extremen des Bennschen Ästhetizismus und des Brechtschen Realismus ist als dritte, gemäßigtere Reaktion auf die moderne deutsche Lyrik der ersten Phase die magische Naturdichtung anzusiedeln, deren wichtigste, aber keineswegs einzige Vertreter Oskar Loerke und Wilhelm Lehmann sind. Die naturmagische Lyrik gehört zur modernen nachexpressionistischen Dichtung und stellt, zumindest in ihren Anfängen, die andere, mehr idyllische Richtung der Neuen Sachlichkeit dar.[79] Sie erreicht ihren Höhepunkt in den 30er und 40er, entsteht aber schon in den 20er Jahren: in Oskar Loerkes viertem Gedichtband »Der längste Tag« von 1926, dessen erster Teil programmatisch »Der magische Weg« überschrieben ist, findet sie ihre erste deutliche Ausprägung.

Diese naturmagische Lyrik ist fast durchweg metrisch gebunden – und darin zunächst dem formalen Traditionalismus Benns verwandt. Sowohl Loerke wie Lehmann meiden weitgehend freie Formen. Stattdessen bevorzugen sie Reimgedichte in alternierenden Versmaßen, ohne allerdings auf eine Form festgelegt zu sein. Bei Loerke beispielsweise finden sich in auffälliger Zahl sowohl zwei-, drei-, vier-, wie fünf-, ja sogar sechszeilige Strophen, sowohl kurze wie lange Gedichte.

Anders als die Montagelyrik Benns ist die naturmagische Lyrik Loerkes und Lehmanns jedoch bei allen Reminiszenzen an den (Früh-)Expressionismus in ihrer Rede-Weise realistisch – und darin wiederum Brecht grundsätzlich näher. Es ist allerdings kein sozialer oder gar sozialkritischer Realismus, um den sie sich bemüht. Obwohl vor allem Loerke auch eine ganze Reihe von Großstadtgedichten geschrieben hat, ist doch für ihn, wie

79 Vgl. Hans Dieter Schäfer: Naturdichtung und Neue Sachlichkeit. In: Wolfgang Rothe (Hg.): Die deutsche Literatur in der Weimarer Republik, S. 359–381, insbes. S. 362f.

für Lehmann, Wirklichkeit zuförderst natürliche Wirklichkeit. Seine Lieblingsmotive sind Bäume, Vögel, Fluß, Meer, Wolken, Nebel und Berge.[80] Die Titel seiner letzten drei Gedichtsammlungen »Atem der Erde«, »Der Silberdistelwald« und »Der Wald der Welt« bezeugen diese Neigung hinreichend.

Der Realismus Loerkes und Lehmanns ist darüber hinaus in der Rede-Weise wesentlich ein deskriptiver Detailrealismus, ein Realismus des Benennens und Beschreibens natürlicher Dinge und Vorgänge, mit einer unübersehbaren Vorliebe für kleine und abseitige Gegenstände, die selbst wiederum in kleinen Ausschnitten miniaturartig dargestellt werden. Typisch für solche realistische Rede sind Verse wie:

Auf Beeten schmilzt die weiße Flocke
Im Ginster-Immergrün und Buchs,
In welkem Farn hängt Haargelocke
Von einem Wolfshund oder Fuchs.[81]

oder:

Ein warmer Regenschauer fiel
Auf Buchsbaum, kugelig gestutzt,
Septemberapfel, wurmverhutzt;
Geruch von Dill und Petersil.[82]

Die unprätentiöse Genauigkeit der Benennungen fällt sofort auf: nicht von Kräutern wird gesprochen, sondern von Dill und Petersilie, nicht von Sträuchern, sondern von Ginster-Immergrün, nicht von einem Hund, sondern von einem Wolfshund. Die Aufmerksamkeit für das Unscheinbar-Alltägliche des Rede-Gegenstands, das alle Monumentalität ausschließt, und die terminologische Präzision und Konventionalität der Rede-Weise, die jegliches Pathos zurücknimmt, machen im wesentlichen die (Neue) Sachlichkeit dieser Naturgedichte aus.

Sie sind allerdings nicht *nur* sachlich – und vielleicht nicht einmal in erster Linie, wenngleich in der vordersten. Denn neben botanischen und zoologischen Begriffen stehen in der Naturlyrik Loerkes und Lehmanns Namen aus Mythos, Sage und Märchen. Da wird immer wieder von Gestalten wie Merlin, Adonis oder Sindbad oder von Orten wie Brozeliand und Atlantis gesprochen. Diese beiden Rede-Weisen, die biologisch-terminologische und die mythologische, sind nicht einmal streng voneinander geschieden. Lehmanns Gedicht »Sommergesicht« zum Beispiel beginnt ganz sachlich beschreibend und konventionell mit den Versen:

80 Vgl. dazu auch Silvio Vietta: Sprache und Sprachreflexion in der modernen Lyrik, S. 57–88.

81 Oskar Loerke: Gedichte und Prosa, Bd. 1, S. 395.

82 Wilhelm Lehmann: Gesammelte Werke, Bd. 1, S. 168.

Labkraut blüht und Mädesüß
Über grauen Nesselbüschen.

und fährt dann unvermittelt mythisch fort:

Aus den Brüsten einer Göttin
Schäumten sie als weiße Quellen
Die Verdorrten zu erfrischen.[83]

Es sind bezeichnenderweise die unterschiedlichsten mythischen Stoffe, die in den Naturgedichten Loerkes und Lehmanns aufgerufen werden: heidnische ebenso wie biblische, morgenländische ebenso wie abendländische. Mag auch Lehmann, wie das Beispiel zeigt, eine besondere Vorliebe für die griechische Mythologie gehabt haben, so ist es doch weniger *eine* bestimmte Mythologie als vielmehr *die* Mythologie, die er und Loerke unentwegt ins Spiel bringen.

Durch das mythische Vokabular erhält ihre lyrische Rede neben der beschreibenden eine deutende, neben der zeitgemäß-sachlichen eine poetisch-archaische Seite, die ihren Realismus als einen magischen Realismus kennzeichnet. Magie kennen Loerke und Lehmann in dreifacher Form: als Dingmagie, als Bildmagie und als Sprachmagie,[84] und sie bedeutet in jeder Hinsicht eine Verfremdung. Die Dinge, die Loerke und Lehmann in ihren Gedichten mit naturwissenschaftlicher Präzision benennen und beschreiben, sind gleichwohl geheimnisvoll und zauberhaft. Ihnen wohnen magische Kräfte inne, selbst wenn sie auf den ersten Blick unscheinbar und gewöhnlich anmuten. Das Ei der Elster zum Beispiel, vorderhand ein Vogelei wie jedes andere, verheißt bei Lehmann dem, der es austrinkt, Verzauberung:

Möchte das Nichts mich überfallen,
Suche ich nach dem Elsternei,
Trinke aus seiner Schale, damit ich
Der Sprache der Vögel kundig sei.[85]

Eine solche magische Sicht bedeutet über eine Poetisierung hinaus eine Mythisierung, und das heißt in der Moderne zugleich: eine Verfremdung der Natur. Wie im Märchen entfalten die Naturdinge Zauberkräfte, eine weiße Magie, die dem Menschen Beistand leistet, indem sie ihn in die Geheimnisse der Natur einweiht: erst durch die mythische Teilhabe wird er vor dem drohenden Nihilismus gerettet.

Für Lehmann – und ähnlich auch für Loerke – sind die Dinge aber nicht nur mit magischen Kräften ausgestattet, sie sind auch als Zeichen und Sinnbilder magisch. In ihnen scheinen mythische Figuren auf, die in einer Art Offenbarung den ›Urgrund der Welt‹ erhellen. So ist beispielsweise für Leh-

83 Ebd., S. 135.
84 Vgl. dazu im näheren Hans Dieter Schäfer: Wilhelm Lehmann, S. 125–211.
85 Wilhelm Lehmann: Gesammelte Werke, Bd. 1, S. 39.

mann ein Lehmweg nicht einfach ein Lehmweg, sondern auch der Weg Oberons:

Durch den warmen Lehm geschnitten
Zieht der Weg. Inmitten
Wachsen Lolch und Bibernell.
Oberon ist ihn geritten,
Heuschreckschnell.

Oberon ist längst die Sagenzeit hinabgeglitten.
Nur ein Klirren
wie von goldnen Reitgeschirren
Bleibt,
Wenn der Wind die Haferkörner reibt.[86]

Weit entfernt davon, sich in ihrer Dinglichkeit zu erschöpfen, wecken die Phänomene vielmehr mythische Vorstellungen. In der Vorstellung werden nicht nur räumliche Grenzen aufgehoben, insofern Nahes und Fernes zusammengedacht wird; in ihr verliert sich auch jede historische Individualität und damit die Geschichtlichkeit des Augenblicks. Die Natur wird zum zeitlosen Ort einer mythischen Wiederkehr, zum Zeichen einer metaphysischen Ordnung, die rational nicht mehr zu fassen ist: sie wird, im Sinn der Natursprachenlehre Jakob Böhmes,[87] »grüne Spur«,[88] der »Wesen Signatur«.[89]

Im Zusammenhang dieser Metaphysik der Natur ist Magie schließlich auch wesentlich Sprachmagie.[90] Die Natur wird zu einer Zeichensprache, die ihre zauberischen Geheimnisse dem Menschen in »Spuren« mitteilt. Die menschliche Sprache beschwört diese Geheimnisse durch magische Namen, die das Wesen der Naturdinge evozieren. In Loerkes Gedicht »Namen« heißt es von ihnen etwa:

Sprichst du sie an, die fern ist viele Leben,
So schwebt die Kugel unter deinen Schuh.
Den namenlosen unsre Namen geben,
Uns Kindern spielt es die Äonen zu.

Auch unter dir die nahen Dinge kamen,
Die stummen wie vor deinen Mund
Und bitten dich um neue Namen,
In ihnen machen sie dir selbst dich kund.[91]

Im Besitz der Namen wird der Dichter selbst zum Magier, der das Geheimnis der Natur – und seiner selbst – im richtigen Wort ausspricht. Sein Arche-

86 Ebd., S. 50.
87 Vgl. Hans Dieter Schäfer: Wilhelm Lehmann, S. 187ff.
88 Wilhelm Lehmann: Gesammelte Werke, Bd. 1, S. 86.
89 Ebd., S. 108.
90 Vgl. Hans Dieter Schäfer: Wilhelm Lehmann, S. 197ff.
91 Oskar Loerke: Gedichte und Prosa, Bd. 1, S. 369f.

typ ist, wenigstens für Lehmann, der Zauberer Merlin, der, selbst verzaubert, die Sprache der Natur versteht. Wie er ist der Spuren lesende, Namen gebende Dichter in der Natur »in anderm Land«:[92] in »Brozeliand«, wo er den »Gesang der Welt«[93] vernimmt.

Zu einer solchen magischen Kundgabe ist jedoch nicht jeder beliebige Name fähig. Neben den alten mythischen sind es vor allem die »neuen«, die botanischen und zoologischen Termini, in denen sich die Dinge »kund tun«: sie erfüllen für die Naturlyriker in besonderer Weise die mythische Vorstellung vom richtigen, das heißt: zutreffenden Nennen. Das mag, für den aufgeklärten Zeitgenossen, wunderlich genug sein: Terminologie als magisches Vokabular, die Sprache wissenschaftlicher Entzauberung der Natur als Mittel ihrer neuerlichen Verzauberung. Doch ist es gerade der nicht logische, sondern poetische Umschlag vom Benennen zum Besprechen, der die Eigenart des magischen Realismus ausmacht – sei dies nun in der Sache eine ›Modernisierung des Mythos‹ oder eine ›Mythisierung der Moderne‹.

Die naturmagische Lyrik Loerkes und Lehmanns ist mit der traditionellen Naturlyrik des 19. Jahrhunderts nicht recht zu vergleichen, als realistische Lyrik nicht und nicht als magische Lyrik. Ihr Verhältnis zur Natur ist zugleich objektiver und irrationaler als das der klassischen oder romantischen Erlebnisdichtung. Sofern sich in den naturmagischen Gedichten überhaupt ein lyrisches Ich zu Wort meldet, ist es nicht unbedingt ein empirisches, sich selber in der Natur inne werdendes, sich mit ihr in einer Stimmung eins fühlendes Subjekt. Es ist der Natur gegenüber vielmehr ein Neugieriger, der Wissen will – magisches Wissen, wie sich versteht – und durch dieses Wissen »Einlaß in das Element«, wie es in Lehmanns Gedicht »Berührung« heißt.[94] Das Ich will sich also nicht in der Natur als Subjekt finden oder wiederfinden, es will nur in ihr Geheimnis eingewiesen werden, und zwar weniger als ein fühlendes denn als ein aufmerksam beobachtendes, die Spuren lesendes Ich.

Die naturmagische Lyrik Loerkes und Lehmanns unterscheidet sich allerdings auch von der gleichzeitigen Lyrik Benns und Brechts. Von dem Realismus und der Realistik Brechts trennt sie, vom Vokabular einmal abgesehen, der grundsätzlich andere Gegenstand und vor allem das Verhältnis zu ihm: der Glaube an eine magische Wirklichkeit ist mit dem Rationalismus politischer Aufklärung nicht zu vereinbaren, ja muß aus dessen Sicht als rückständig und vor-aufklärerisch erscheinen.[95] Die tiefe philosophische und ideologische Kluft zwischen Brecht einerseits, Loerke und Lehmann andrerseits

92 Wilhelm Lehmann: Gesammelte Werke, Bd. 1, S. 86.
93 Ebd., S. 127.
94 Ebd., S. 278.
95 Vgl. dazu auch die Kritik von Alexander von Bormann: »Hin ins Ganze und Wahre«. Lyrischer Traditionalismus zwischen 1930 und 1960. In: Text und Kritik 9/9a: Politische Lyrik, S. 62–76, insbes. S. 68 ff.

zeigt sich vor allem in ihrem Verhältnis zu Natur und Geschichte. Brecht sieht als politischer Aufklärer, besonders deutlich in späten Gedichten wie »Tannen«, die Natur historisch, als Teil der Geschichte. Für Loerke und Lehmann ist die Natur hingegen eine Zuflucht vor der Geschichte, und wenn sie sich überhaupt einmal auf die Geschichte einlassen, dann nehmen sie sie in die Natur hinein – mit dem Ergebnis, daß die Geschichte wie die Natur mythisiert wird, was sich etwa an Lehmanns Gedicht »Sintflut« in aller Deutlichkeit zeigt.

Von dem magischen Ästhetizismus Benns wiederum unterscheidet sich die Naturlyrik Loerkes und Lehmanns durch eine geradezu religiöse Ehrfurcht vor der Wirklichkeit als Zeichen, die eine radikale Entstellung ebensowenig erlaubt wie eine ästhetisch motivierte »Zertrümmerung« des natürlichen Zusammenhangs der Dinge. Für sie ist die Natur Kosmos und die Welt auch nach den Grauen eines Weltkriegs noch als »heile Welt«[96] möglich.

Dieser gleichfalls ideologischen und philosophischen Differenz zum Trotz steht der magische Realismus Loerkes und Lehmanns poetisch dem Ästhetizismus Benns doch insofern näher als dem sozialen Realismus Brechts, als auch er wesentlich an den Symbolismus Georges anknüpft. Dem magischen Realismus ist die Wirklichkeit als Natur nicht nur immer wieder »Symbol« und »Gleichnis« (wie zwei Gedichte Loerkes schon im Titel verkünden[97]), sie ist ihnen auch ein allerdings zauberhaft schöner Bezirk, der, schon durch eine bestimmte magisch verfremdende Rede-Weise aus der prosaischen Alltäglichkeit modernen Lebens ausgegrenzt, allein poetisch zu ergründen ist. Ähnlich wie für George ist auch für sie der Dichter ein Eingeweihter, doch anders als George versuchen sie alles Pathos und alle Esoterik zu vermeiden: sie halten sich nicht an erhabene, exklusive Gegenstände, um die mythische Teilhabe des Dichters zu erweisen, sondern gerade an die kleine, unscheinbare, jedem zugängliche Natur. Die beabsichtigte Abgrenzung gegen die symbolistische Naturlyrik haben sie allerdings nicht immer durchgehalten: gerade durch die ständige Beschwörung von Archetypen schaffen Loerke und Lehmann sich ihr eigenes Pathos und ihre eigene Exklusivität, deren gemeinsamer Grund literarische Bildung ist.

Ist die naturmagische Lyrik in ihrem Dichtungsverständnis stark durch den symbolistischen Ästhetizismus geprägt, so ist sie durch ihre poetische Technik besonders der imagistischen Dichtung Englands und Amerikas verwandt, mit der zumindest Lehmann schon früh vertraut war.[98] Mit dem Imagismus teilt sie die Reduktion der Wirklichkeit auf ausschnittartige (Natur-)Bilder, die durch die Reduktion nicht nur eine neue Anschaulichkeit gewinnen, sondern sich auch als neu interpretierbar zeigen: von der sei es

96 Wilhelm Lehmann: Gesammelte Werke, Bd. 1, S. 134.
97 Oskar Loerke: Gedichte und Prosa, Bd. 1, S. 340 und 548.
98 Vgl. dazu Hans Dieter Schäfer: Naturdichtung und Neue Sachlichkeit, S. 373.

automatisierten, sei es teleologischen Wahrnehmung im alltäglichen Leben befreit, können sie ihre mythischen Qualitäten entfalten.

Mehr noch als die montierte Lyrik Benns ist die naturmagische Dichtung Loerkes und Lehmanns zweideutig: sie huldigt einem formalen Traditionalismus, dem das Bemühen um eine nicht-traditionelle Rede-Weise gegenübersteht. Diese Ambivalenz geht noch bis in die Rede-Weise hinein, die realistisch und durch die Magie zugleich verfremdend ist – und eben dadurch die innere Widersprüchlichkeit der modernen deutschen Lyrik der zweiten Phase fortsetzt. Diese Zweideutigkeit bestimmt die Position des magischen Realismus Loerkes und Lehmanns zwischen den Extremen einer anti-realistischen Montage in strengen Formen, die nach ästhetischen Prinzipien verfährt, und eines sozialen Realismus, der sich in freien Versen ausspricht. Sie deshalb schon zur »Klassischen Moderne« oder »Modernen Klassik« zu erklären, wie dies Hans Dieter Schäfer getan hat,[99] scheint kaum gerechtfertigt zu sein. Denn ›klassisch‹ ist die naturmagische Lyrik weder in dem Sinn, daß sie substantiell in ihrer Rede-Weise an die Lyrik der Goethe-Zeit anknüpfte, noch in dem Sinn, daß sie die Klassik, die höchste Stufe der Moderne darstellte, denn dazu ist sie formal, strukturell und thematisch zu begrenzt. Indem sie Elemente moderner lyrischer Rede mit traditionellen der Form verbindet, setzt sie die Moderne fort und nähert sie gleichzeitig der Tradition wieder an. So markiert sie eher den Mittelweg der modernen deutschen Lyrik der zweiten Phase als deren Gipfelpfad.

5.

Der Ästhetizismus Benns, die Realistik Brechts und die Naturmagie Loerkes und Lehmanns sind Reaktionen auf die Moderne innerhalb der Moderne. Die moderne deutsche Lyrik der ersten Phase hat aber nicht nur moderne, sondern auch ausgesprochen anti-moderne Reaktionen in der Lyrik der Zeit hervorgerufen. Dieser dezidierte Traditionalismus, der sich nicht nur in der nationalsozialistischen, sondern auch in der bürgerlichen, ja selbst in der sozialistischen Literatur findet, ist auf der Ebene der Rede wie der Form wesentlich ein Klassizismus, der sich in unterschiedlicher Weise vor allem auf das Vorbild der Goethe-Zeit und Goethes selbst berief, quer durch die extrem unterschiedlichen ideologischen Lager hindurch. Jeder modernen Reaktion auf die moderne Lyrik könnte man eine ihr teilweise verwandte und teilweise entgegengesetzte anti-moderne gegenüberstellen.

Der Ästhetizismus Benns ist von dem virtuosen Formtraditionalismus

99 Vgl. dazu Hans Dieter Schäfer: Zur Periodisierung der deutschen Literatur seit 1930. In: Ders.: Das gespaltene Bewußtsein, S. 69–90, hier S. 74ff. Kritisch äußert sich auch Alexander von Bormann: »Hin ins Ganze und Wahre«, S. 73.

vor allem Rudolf Alexander Schröders und Rudolf Borchardts zu unterscheiden, die beide wie er – allerdings schon früher – in ihren Oden, Elegien, Balladen und Sonetten demonstrativ auf strenge Formen zurückgriffen, mit den Formen jedoch, anders als er, häufig auch die pathetische Rede-Weise einer traditionellen Erlebnislyrik übernahmen und sich außerdem in ihrer konservativen Gedankenlyrik als unzeitgemäße Bewahrer einer humanistischen Kultur darstellten. So knüpfen etwa, um nur ein Beispiel zu nennen, die »Römischen Elegien«, die Schröder 1913 begann und 1940 vollendete, nicht nur im Titel an Goethes Italiendichtung an.

Die formal und strukturell moderne Realistik Brechts ist von dem Klassizismus Johannes R. Bechers zu unterscheiden, der seit den 30er Jahren eine sozialistische Erlebnislyrik in strengen Formen forcierte – zum Teil sogar gegen sein Talent.[100] In seinen Sonetten »Über das Sonett« und »Die Partei« schwor er, im Bann Lukács', nicht nur den »neuen Formen«,[101] sondern auch dem »Wutgeschrei«[102] seiner expressionistischen Gedichte demonstrativ ab. Sein Versuch, im Exil ein sozialistischer Klassiker zu werden, ging offensichtlich auf Kosten seines Zusammenhangs mit der modernen nach-expressionistischen Dichtung.

Die magischen Naturgedichte Loerkes und Lehmanns schließlich sind von der traditionellen Naturlyrik eines Hans Carossa zu unterscheiden, der bis in sein Spätwerk hinein formal, thematisch und stilistisch der Stimmungslyrik der Goethe-Zeit verpflichtet blieb – selbst noch in gelungeneren Gedichten wie »Stern über der Lichtung«.

Alles in allem ist die nach-expressionistische Lyrik in Deutschland erstaunlich vielfältig, uneinheitlich und gegensätzlich: moderne Lyrik steht gegen moderne Lyrik, nämlich moderne Lyrik der ersten Phase, wie das Spätwerk Georges und Rilkes, gegen moderne Lyrik der zweiten Phase, und moderne Lyrik gegen anti-moderne, wobei nicht nur die moderne, sondern auch die traditionalistische Lyrik jeweils noch in sich verschiedenartig bis zum Antagonismus sind.

Diese Unterschiede sind weitgehend unabhängig von politischen Konstellationen. Die Lyrik des Exils zum Beispiel ist keineswegs ausschließlich die Lyrik der Moderne – auch wenn unter den Exilanten moderne Lyriker unterschiedlicher Richtungen wie Karl Wolfskehl, Else Lasker-Schüler, Bert Brecht, Nelly Sachs oder Stephan Hermlin sind. Die Lyrik des Exils ist vielmehr auch traditionalistisch – was gerade das Spätwerk einiger vormals expressionistischer Lyriker wie Johannes R. Becher, Max Herrmann-Neiße oder Franz Werfel zeigt. Andrerseits ist die Lyrik der Inneren Emigration nicht durchweg die Lyrik des Traditionalismus – wenngleich ihr in jeder

100 Vgl. Hans Dieter Schäfer: Johannes R. Becher im Exil. In: Ders.: Das gespaltene Bewußtsein, S. 123–136.

101 Johannes R. Becher: Ausgewählte Dichtung, S. 97.

102 Ebd., S. 98.

Hinsicht konservative Lyriker wie Friedrich Georg Jünger, Rudolf Alexander Schröder oder Josef Weinheber angehören. Die Lyrik der Inneren Emigration ist vielmehr auch modern – was neben älteren Naturlyrikern wie Lehmann und jüngeren wie Peter Huchel, Günter Eich und Elisabeth Langgässer vor allem der allerdings zunehmend isolierte Montagelyriker Benn beweist. Nur die nationalsozialistische Lyrik der 30er und 40er Jahre hat an dieser Doppeldeutigkeit nicht teil: sie ist durch und durch anti-modern.[103]

103 Vgl. dazu etwa Christoph Eykman: Nationalsozialistische Lyrik als Beispiel affirmativer Literatur, und Eberhard Frey: Stiltendenzen der Lyrik des Dritten Reiches. In: Wolfgang Elfe, James Hardin und Günther Holst (Hg.): Deutsche Exilliteratur – Literatur im Dritten Reich, S. 170–183 und 158–169. Vgl. auch Albrecht Schöne: Über politische Lyrik im 20. Jahrhundert, insbes. S. 8ff.

5. Kapitel: Die moderne deutsche Lyrik der dritten Phase: Von Eich bis zur Neuen Subjektivität

1.

Die zweite Phase der modernen deutschen Lyrik dauert bis über das Ende des Zweiten Weltkriegs hinaus. Im Exil und in der Inneren Emigration produzieren ihre wichtigsten Vertreter weiter wie bisher – allerdings nun weitgehend ohne Publikum und in Distanz zur nationalsozialistischen Literatur (wenngleich nicht immer auch zur nationalsozialistischen *Politik*). Erst nach 1945 gelangen sie dann zu allgemeiner Anerkennung: zuerst Wilhelm Lehmann, dessen Gedicht-Sammlung »Entzückter Staub« schon 1946 erscheint und den Durchbruch der naturmagischen Lyrik einleitet; dann Gottfried Benn, der mit seinen 1949 (in zweiter Auflage) veröffentlichten »Statischen Gedichten« schnell zum tonangebenden Lyriker der 50er Jahre wird. Allein die Rezeption des Exilanten Brecht verzögert sich (wie die anderer Exilanten auch): sie setzt im Westen erst Ende der 50er Jahre ein, dann aber mit Vehemenz. Auch in der Geschichte der modernen deutschen Lyrik bedeutet also das Jahr 1945 keinen Einschnitt: es gibt eine Kontinuität der modernen deutschen Lyrik der zweiten Phase über das Kriegsende hinaus.[1]

Die moderne deutsche Lyrik der zweiten Phase ist allerdings in den ersten Jahren nach dem Krieg nicht mehr unbedingt auf der Höhe der Zeit und auch nicht mehr unbedingt auf der Höhe ihrer eigenen Möglichkeiten. Die Naturgedichte Lehmanns wirken nun durch ihren Rückzug in die »heile Welt« und die »alte Welt«[2] der Natur auf jüngere Autoren vollends eskapi-

1 Vgl. dazu auch Heinrich Vormweg: Deutsche Literatur 1945–1960: Keine Stunde Null. In: Manfred Durzak (Hg.): Die deutsche Literatur der Gegenwart, S. 13–30.

2 Wilhelm Lehmann: Gesammelte Werke, Bd. 1, S. 134 und 190.

stisch[3] – wohingegen die »Statischen Gedichte« Benns, trotz ihrer Herkunft aus der Inneren Emigration,[4] weniger anachronistisch als konventionell erscheinen. Zwar setzen Gedichte wie »Quartär«, »Petersburg – Mitte des Jahrhunderts« oder »Verlorenes Ich« die Montagelyrik der 20er Jahre fort. Doch sind in dem Band eher traditionelle lyrische Gedichte ungleich stärker vertreten – also Texte wie »Verse«, »Tag, der den Sommer endet«, »Dann«, »Astern«, »Alle die Gräber«, »Einsamer nie« oder »Ach, das Erhabene«, die mitunter mehr nach 19. als nach 20. Jahrhundert klingen. Außerdem gibt es in den ganzen »Statischen Gedichten« – einmalig bei Benn – nicht ein Großstadtgedicht, dafür aber eine Reihe von Naturgedichten, unter ihnen so zweifelhafte Gebilde wie »Welle der Nacht«, das ein Lieblingskind der Benn-Philologie wird. Gleichwohl – oder vielleicht gerade deshalb – werden die »Statischen Gedichte«, zum Verdruß Benns, sein größter Erfolg beim Publikum wie bei der Kritik und setzen eine Generation von Epigonen in Brot.[5]

Sieht man von dem Zwischenspiel der politisch engagierten ›Trümmerlyrik‹[6] ab, dann ist das Ende der modernen deutschen Lyrik der zweiten Phase erst Anfang der 50er Jahre mit dem Auftritt jüngerer Lyriker wie Günter Eich oder Paul Celan erreicht. Die dritte Phase der modernen deutschen Lyrik, die sich anschließt, ist allerdings weniger durch kühne Innovationen als durch behutsame, zum Teil skrupulöse Modifikationen und Synthesen gekennzeichnet. Sie ist insgesamt deutlich von dem Bemühen geprägt, nach einer Zeit staatlich geforderter und staatlich geförderter anti-moderner Literatur wieder Anschluß an die Moderne zu finden, und zwar sowohl an die moderne deutsche Lyrik der ersten und zweiten Phase wie an die moderne Lyrik außerhalb Deutschlands.[7]

3 Vgl. dazu vor allem die Polemik Peter Rühmkorfs: Das lyrische Weltbild der Nachkriegsdeutschen. In: Ders.: Strömungslehre 1, S. 11–43, insbes. S. 17f.

4 Vgl. Gottfried Willems: Großstadt- und Bewußtseinspoesie, S. 21ff. und 115ff.

5 Vgl. Peter Rühmkorf: Das lyrische Weltbild der Nachkriegsdeutschen, S. 20f. Die Kritik Rühmkorfs gilt allerdings nicht nur den Benn-, sondern auch den Rilke-Epigonen, ja dem gesamten Eklektizismus der ersten Nachkriegslyrik, auf den hier seiner geringen poetischen Bedeutung wegen nicht eingegangen wird.

6 Vgl. dazu Gustav Zürcher: ›Trümmerlyrik‹.

7 Vgl. dazu etwa Hans Dieter Schäfer: Zur Periodisierung der deutschen Literatur seit 1930, S. 79ff.

2.

Noch am sichtbarsten ist die Abwendung von den Quasi-Normen der modernen deutschen Lyrik der zweiten Phase im Formalen. Die moderne deutsche Lyrik der zweiten Phase ist, mit Ausnahme der Lyrik Brechts, die in Deutschland ohnehin zwischen 1933 und 1945 nicht rezipiert werden konnte (und nach 1945 zunächst nicht rezipiert wurde), durch formalen Traditionalismus charakterisiert, bei Benn nicht weniger als bei Loerke und Lehmann. Dieser Traditionalismus scheint zunächst, in den Gedichten jüngerer Autoren, etwa Rudolf Hagelstanges, Hans Egon Holthusens oder auch einer Marie Luise Kaschnitz, ungebrochen. Doch noch ehe sich der Einfluß Brechts geltend machen kann, beginnt schon die Vorherrschaft des freien Verses in der Gegenwartslyrik, die dann allerdings durch die Orientierung an der politischen Dichtung Brechts in den 60er Jahren gefestigt wird.

Geradezu paradigmatisch ist der Wechsel vom metrisch geregelten zum freien Vers in den Nachkriegsgedichten Günter Eichs zu sehen. Sein erster nach dem Krieg publizierter Gedichtband »Abgelegene Gehöfte« von 1948 enthält bei einer Gesamtzahl von 69 Texten bloß zwei in freien Versen; alle anderen Gedichte sind metrisch reguliert, gereimt und strophisch geordnet. In seiner nächsten Gedichtsammlung »Botschaften des Regens«, die 1955 erscheint, hat sich dann das Verhältnis fast ins Gegenteil verkehrt: von den 48 Gedichten des Bandes sind nur mehr neun gebunden.

Die Hinwendung zum freien Vers erhält dadurch ein besonderes Gewicht, daß sie im Lauf der 50er Jahre von den bedeutendsten Lyrikern der jüngeren Generation vollzogen wird – nicht nur von Eich, auch von Celan, Enzensberger und Ingeborg Bachmann, denen dann noch jüngere – und ältere folgen. Unter den wichtigsten Lyrikern der jüngeren Generation gibt es überhaupt bloß zwei, die nicht nur zeitweise gebundene Formen bevorzugen: Johannes Bobrowski, der mit antiken Odenformen und Feien Rhythmen in der Nachfolge Klopstocks arbeitet,[8] und Peter Rühmkorf, in dessen formal virtuosen Gedichten sich metrische Formen finden, die an Benn, Morgenstern oder Heine erinnern – von Anspielungen auf zeitentlegenere Autoren wie Hölderlin, Klopstock oder Claudius ganz zu schweigen.[9]

Der freie Vers hat sich allerdings seit den 50er Jahren nicht in der experimentellen Form des Holzschen »Phantasus« eingebürgert. Die Holzsche Anordung um eine unsichtbare Mittelachse kehrt zwar, bezeichnend für den

8 Vgl. dazu Alfred Kelletat: An Klopstock. Bemerkungen zu Johannes Bobrowskis Widmungsgedicht. In: Lothar Jordan, Axel Marquardt und Winfried Woesler (Hg.): Lyrik – von allen Seiten, S. 412–428, insbes. S. 415 (dort auch weitere Verweise).

9 Vgl. Jürgen H. Petersen: Das Spiel mit der Tradition. Über Peter Rühmkorf. In: Lothar Jordan, Axel Marquardt und Winfried Woesler (Hg.): Lyrik – Blick über die Grenzen, S. 306–328.

Pluralismus oder Eklektizismus der Gegenwartslyrik, noch in einigen Gedichten der 60er und 70er Jahre wieder, vor allem bei Peter Rühmkorf[10] und Walter Höllerer.[11] Reminiszenzen an sie verbergen sich sogar in manchen symmetrisch konstruierten Formen der Konkreten Poesie, etwa in Helmut Heißenbüttels »vokabulär«, Ernst Jandls »die zeit vergeht«, Kurt Martis »demokratisches Modell« oder Peter Handkes »Der Rand der Wörter 1«. Doch diese Beispiele, deren Reihe sich leicht erweitern ließe, zeigen lediglich, daß die graphische Anordnung um die Mittelachse in der modernen deutschen Lyrik noch immer *präsent* ist. *Dominant* als Form freier Versschreibung ist jedoch nicht sie, sondern die gewissermaßen traditionelle Form der linksbündigen Schreibweise.

Der freie Vers hat in der modernen deutschen Lyrik der dritten Phase vor allem zwei Modifikationen erfahren: die eine stellt die weitere Verkürzung der Zeilen und die andere die weitere Auflösung des traditionellen Schriftbildes dar. Kurze, im Extremfall einsilbige Verse sind schon bei Arno Holz ein wesentliches Kennzeichen freier Verse. Die Tendenz zur Verkürzung der Zeilen setzt sich in der Gegenwartslyrik auf verschiedene Weise fort:

– in der Verteilung eines Worts durch Silbentrennung auf zwei (und mehr) Zeilen, so etwa in Paul Celans Gedicht »Hafen«, dessen 12. und 13. Vers »wo-/hin« lauten;[12]

– in der versweisen Isolierung einzelner Phoneme, so etwa in Ernst Meisters Gedicht »Es ist«, dessen 4. Zeile einfach nur »O« heißt (»O/Öde immerdar«);[13]

– schließlich in der Füllung eines Verses bloß durch einen Buchstaben, so etwa in Ernst Jandls Gedicht »bericht über malmö«, das auf diesem Kunstgriff insgesamt aufbaut.[14]

Alle drei Techniken mögen, wenn man an Vorläufer wie Kurt Schwitters' »Cigarren«-Gedicht denkt, nicht gerade revolutionär erscheinen. Neu ist jedoch auf jeden Fall die *Häufigkeit* derart verkürzter Zeilen auch in formal nicht experimentellen Gedichten. Die Tendenz zu kurzzeiligen Gedichten in freien Versen zieht sich durch die gesamte Gegenwartslyrik seit den 50er Jahren – sei sie nun »konkret« wie Ernst Jandls Gedicht »stunden«:

10 Vgl. Peter Rühmkorf: Gesammelte Gedichte, S. 10f., 12ff., 16f., 20f., 32f., 37f., 40, 69f.
11 Vgl. Walter Höllerer: Gedichte, S. 158, 199, 215, 216, 225.
12 Paul Celan: Gesammelte Werke, Bd. 2, S. 51.
13 Ernst Meister: Ausgewählte Gedichte, S. 125.
14 Ernst Jandl: Laut und Luise, S. 63–66.

st
und
en
und
st
und
en
und
st
und
en
und
st
und
en[15]

oder »abstrakt« wie Celans »Anabasis« mit Zeilen wie

Dann:
Bojen-,
Kummerbojen-Spalier
mit den
sekundenschön hüpfenden
Atemreflexen- : Leucht-
glockentöne (dum-,
dun-, un-,
unde suspirat
cor),
aus-
gelöst, ein-
gelöst, unser.[16]

Solche kurzen Verse entfernen sich in ihrem kunstvoll-künstlichen staccato gleichermaßen von der Musikalität gebundener Verse wie von dem natürlichen Rhythmus einer Prosarede. Sie sind gewollt spröde und gewollt hart gefügte Verse, die die Aufmerksamkeit des Lesers auf jedes einzelne Wort in seiner besonderen rhythmischen und graphischen Präsentation lenken.

Die andere Modifikation freier Versgestaltung ist graphischer Art und besteht in der Auflösung des gewohnten Schriftbildes linksbündig gesetzter (Vers-)Texte. Sie beginnt – typologisch, nicht chronologisch gesehen – mit der graphischen Auf- oder Unterteilung der Verse in zwei oder mehr Segmente, die entweder durch größeren Zwischenraum oder durch die Versetzung in die nächste Druckzeile kenntlich gemacht werden. Jürgen Becker zum Beispiel segmentiert einen Vers in seinem Gedicht »Takes« so:

15 Eugen Gomringer (Hg.): Konkrete Poesie, S. 82.
16 Paul Celan: Gesammelte Werke, Bd. 1, S. 256.

dieses Wort
/
unten
ist
etwas.[17]

Die Tendenz zur Auflösung des gewohnten Schriftbildes endet – abermals: typologisch gesehen – mit der Aufgabe jeder Achse, sei es nun die Links-, die Mittel- oder die Rechtsachse. Besonders deutlich ist das in einigen Gedichten Walter Höllerers aus der zweiten Hälfte der 60er Jahre, zumal in »Politisches Gedicht« oder in »Partikel«, dessen letzte Versgruppe[18] so aussieht:

Rumoren am Morgen: bin
ich im Grab? muß
ich mich regen? verfängt
mein Denken? es hängt
abgeschleudert von unserm Planeten an
Aristarchus McDonald
Naumann
Gruithuisen
Chladni
Schneckenberg

Solche Auflockerungen und Auflösungen des gewohnten Schriftbildes auch moderner Gedichte in freien Versen, die auf Mallarmés »Un coup de dés« zurückgehen, stellen schon einen Übergang zu den graphischen Experimenten der Konkreten Poesie der 50er und 60er Jahre dar, die gleichfalls im Spannungsfeld von Tradition und Innovation stehen. Sie führen, erklärtermaßen, eine moderne Tradition weiter, insofern sie an die avantgardistische Literatur der 20er Jahre, vor allem an die Arbeiten von Kurt Schwitters, anschließen. Damit verbunden ist nicht nur die Übernahme bestimmter »Verfahren der Repräsentation von konkret behandeltem Sprachmaterial«,[19] etwa der »Präsentation eines Worts allein auf einem Blatt« oder der willkürlichen oder systematischen »Auflösung von Wörtern in Elemente (Silben, Phoneme, Grapheme) oder Zusammenfügung von Wörtern aus Elementen«;[20] damit ist auch die Abkehr von jeglicher Versschreibung verbunden.

Eugen Gomringer verkündete schon in seinem programmatischen Aufsatz »vom vers zur konstellation« apodiktisch: »verwandtschaft (mit der »heutigen sprache« und somit auch der »neuen dichtung« der Konkreten Poesie, D. L.) besteht aber weder formal noch substantiell, wo verse geschrieben werden, das gedicht in versform ist entweder eine historische

17 Jürgen Becker: Gedichte, S. 36.
18 Walter Höllerer: Gedichte, S. 183.
19 Siegfried J. Schmidt: Zur Poetik der konkreten Dichtung. In: Thomas Kopfermann (Hg.): Theoretische Positionen zur Konkreten Poesie, S. 76–88, hier S. 83.
20 Ebd.

größe oder, wenn heutig, eine kunstgewerbliche reminiszenz«.[21] Das klang 1954, als die Lyrik Benns ihre größte Wirkung entfaltete, wie eine unerhörte Neuigkeit. Doch die Trennung der Konkreten Poesie von der Versdichtung, die Gomringer forderte, hatte Kurt Schwitters bereits 30 Jahre vorher vollzogen. Die Aufgabe der Versschreibung zugunsten anderer, die Linearität der Zeichenfolge aufhebender, die Fläche ausnutzender graphischer Arrangements von ›Sprachmaterial‹ gehört daher nicht zu den Innovationen der Konkreten Poesie, sondern zur Tradition der Visuellen Poesie dieses Jahrhunderts.

Gleichwohl gibt es auch in der Konkreten Poesie seit den 50er Jahren eine Reihe von Modifikationen und Innovationen – etwa die Hinwendung zur »konzeptionellen Dichtung«, die Siegfried J. Schmidt zuerst 1971 (und zuletzt noch 1979) verkündet hat, allerdings unter geringer Anteilnahme der literarischen Öffentlichkeit. Auch wenn, nach Schmidts selbstkritischem Eingeständnis, der »Begriff ›Konzept‹ ähnlich umstritten und unscharf ist wie der Begriff ›konkret‹«,[22] dürfte doch eines unumstritten sein: daß die Konzeptliteratur sich von der Konkreten Poesie der 50er und 60er Jahre *nicht* durch die Rückkehr zur Versschreibung unterscheidet. Ihr geht es, in dem Sinn, in dem Schmidt sie fordert (und betreibt), mehr um »elementare möglichkeiten der reflexion«,[23] um größere *semantische* Komplexität und somit letztlich um Veränderungen der Rede-Weise.

Wie sehr sich die Konkrete Poesie gerade in ihren formalen, und das heißt insbesondere: graphischen Innovationen weiter von der Versdichtung entfernt hat, zeigen die »Text-Bilder«[24] zum Beispiel Ferdinand Kriwets, Reinhard Döhls oder Klaus Peter Denckers, die längst keine Gedichte mehr sind, nicht einmal mehr Literatur, sondern Graphik, die mit ›Sprachmaterial‹ experimentiert: Kunst also jenseits der Verskunst.

3.

Dieselbe Bemühung um Fortführung der Moderne, die die Gegenwartslyrik formal charakterisiert, kennzeichnet sie auch strukturell. Die neuen Rede-Weisen, durch die sie sich von der modernen deutschen Lyrik der zweiten Phase unterscheidet, sind eher Synthesen und maßvolle Modifikationen als tiefgehende Innovationen. Das sei im folgenden an den drei wichtigsten Ausprägungen lyrischer Rede der 50er und 60er Jahre demonstriert: an der

21 Eugen Gomringer: Vom Vers zur Konstellation. In: Ders. (Hg.): Konkrete Poesie, S. 153–158, hier S. 154.

22 Siegfried J. Schmidt: Das Phänomen Konkrete Dichtung. In: Lothar Jordan, Axel Marquardt und Winfried Woesler (Hg.): Lyrik – von allen Seiten, S. 99–116, hier S. 109.

23 Ebd., S. 111.

24 Vgl. dazu die gleichnamige Anthologie von Klaus Peter Dencker (Hg.): Text-Bilder.

hermetischen Lyrik, an der Konkreten Lyrik und an der politischen Lyrik, die hier jeweils nur durch ihre gewichtigsten Vertreter repräsentiert sind: durch Günter Eich und Paul Celan, durch Helmut Heißenbüttel und schließlich durch Hans Magnus Enzensberger.

Die moderne deutsche Lyrik der dritten Phase beginnt strukturell mit der hermetischen Lyrik, die bezeichnenderweise als Fortführung jeweils vor allem einer Tradition der Moderne entsteht: als Fortführung der magischen Naturlyrik Loerkes und Lehmanns bei Eich und als Fortführung der metaphorischen Lyrik vor allem Rilkes und Trakls bei Celan. Noch in seinem ersten nach dem Krieg veröffentlichten Gedichtband »Abgelegene Gehöfte« ist *Günter Eich* ganz der naturmagischen Lyrik verbunden. Typisch für dieses Buch, das auch eine beträchtliche Anzahl von Texten aus den 30er und frühen 40er Jahren enthält, sind weniger zeitbezogene Gedichte wie »Inventur«, das formal und strukturell eher die Ausnahme darstellt, als vielmehr Naturgedichte wie »Märzmorgen«, »Niederschönhausen« oder eben das Titelgedicht »Abgelegene Gehöfte« mit Versen wie:

> Der Talgrund zeichnet Mäander
> in seine Wiesen hinein.
> Die Weide birgt Alexander,
> Cäsarn der Brennesselstein.[25]

Das hätte so oder ähnlich auch Wilhelm Lehmann schreiben können.[26] Die Verwandlung eines in der ersten Strophe noch detailliert beschriebenen Stücks alltäglicher (Natur-)Wirklichkeit in ein magisches Bild, das historische Assoziationen weckt, ist magischer Realismus, der die Natur als Signatur versteht: als »geisternah«, »Gesang« und »Gedicht«.[27]

Das Ende dieser »weißen« Naturmagie[28] kündigt sich allerdings in »Abgelegene Gehöfte« schon in Gedichten wie »Frühlingsbeginn«, »Winterliche Miniatur« und »Weg durch die Dünen« an und ist dann in Eichs nächster Gedichtsammlung »Botschaften des Regens« von 1955 vollzogen. Die »Botschaften des Regens« sind kein bestrickender »Gesang der Welt« mehr, sie sind nicht bezaubernd, sondern bestürzend. So heißt es im Titelgedicht des Bandes von den »Nachrichten«, die »weitergetrommelt« werden »von Regen zu Regen«:

25 Günter Eich: Gesammelte Werke, Bd. 1, S. 24.

26 Vgl. dazu Hans Dieter Schäfer: Wilhelm Lehmann, S. 244ff., der allerdings der Meinung ist, Eichs »willkürliche Assoziation« (S. 249) gerade in dem Gedicht »Abgelegene Gehöfte« sei, verglichen mit Lehmann, nicht überzeugend durchgeführt.

27 Günter Eich: Gesammelte Werke, Bd. 1, S. 22, 23, 24.

28 Vgl. zum Begriff und zur Sache Hans Dieter Schäfer: Zur Spätphase des hermetischen Gedichts. In: Manfred Durzak (Hg.): Die Deutsche Literatur der Gegenwart, S. 148–169, insbes. S. 150.

Bestürzt vernehme ich
die Botschaften der Verzweiflung,
die Botschaften der Armut
und die Botschaften des Vorwurfs.[29]

Aber nicht nur von Botschaften der Verzweiflung, der Armut und des Vorwurfs ist jetzt die Rede, sondern auch von Botschaften der »Schwermut«, des »Unbehagens« und, immer wieder, der »Vergänglichkeit«.[30]

Der »Vergänglichkeitsschock«[31] Eichs verweist auf den Einbruch der Geschichte in die Natur. Sie hört auf, ein zeitenthobener Bezirk zu sein, und verliert ihren idyllischen Charakter. Sie bleibt magisch – auch wenn gelegentlich der Wunsch aufkommt, »daß sie nichts bedeute«[32] –, doch die weiße Magie verwandelt sich in schwarze: die Natur ist nicht mehr Zeichen einer heilen, sondern einer unheilen, ja unheilvollen Welt und als solches im magischen Denken selbst unheilvoll.

In den nächsten Gedichtbänden Eichs, in »Zu den Akten« von 1964 und »Anlässe und Steingärten« von 1966, werden die Zeichen der Natur dann zu Hieroglyphen. Die Offenbarungen bleiben aus, die Schrift der Dinge wird unverständlich, die geistige Ordnung der Welt ist nicht mehr einsehbar. Die Natur zerfällt nun in ein teils komisches, teils trauriges Nebeneinander von Dingen. Sie werden von Eich vorzugsweise mit Substantiven beschworen (mit »Dingworten«,[33] wie er selbst sagt), die oft nur aneinandergereiht, syntaktisch locker, logisch oft gar nicht mehr verbunden sind. Die Sprache ist weniger metaphorisch als chiffriert, und ihre Fragmentarisierung wird zum Symbol einer Welt ohne erkennbaren Zusammenhang:

Und viele Vokabeln mit und,
und alle
verräterisch herzzerreißend,[34]

heißt es in »Ryoanji«; und weiter:

wir lehren unsere Töchter und Söhne die Igelwörter
und halten auf Unordnung,
unseren Freunden mißlingt die Welt.[35]

Die neuen Wörter Eichs sind nun in der Tat »Igelwörter«, die sich gegen jede Aufschlüsselung sperren, und die Sätze voll (poetischer) Unordnung. In

29 Günter Eich: Gesammelte Werke, Bd. 1, S. 84.

30 Ebd., S. 90, 100, 98.

31 Hans Dieter Schäfer: Zur Spätphase des hermetischen Gedichts, S. 151. Eine ähnliche Entwicklung ist im Ansatz schon bei Loerke festzustellen. Vgl. dazu Silvio Vietta: Sprache und Sprachreflexion in der modernen Lyrik, S. 71ff.

32 Günter Eich: Gesammelte Werke, Bd. 1, S. 59.

33 Ebd., Bd. 4, S. 442.

34 Ebd., Bd. 1, S. 170.

35 Ebd., S. 172.

ihrer Art, zu fragmentarisieren und zu kombinieren, mögen die Gedichte Eichs an die Montagelyrik Benns erinnern. Doch Verse wie etwa:

Kulissen vor meiner Trunksucht
und Rauch in den Etüden für Julia,
keine Erbschaft,
die mich anziehend machte,
und meine Freunde
sind mir noch nicht begegnet[36]

sind schon als freie Verse, die auch jede formale Ordnung auflösen, nicht mehr, wie bei Benn, dem Prinzip der ästhetisch verfahrenden Montage verpflichtet, sondern nur noch dem Prinzip der Assoziation. Sie suggeriert einen geheimen Zusammenhang der Dinge, ohne ihn fixieren zu können. Die Worte, die diese Dinge jeweils bezeichnen, verbindet daher auch bloß ein dürftiges »und«:

Und
macht die Welt begreiflich:

heißt es ironisch in einem Gedicht aus »Anlässe und Steingärten«:

Der Schlieffenplan
und
eine Klingelanlage für Scheintote[37]:

die Reihung als Zeichen einer poetisch nicht mehr überformbaren Unordnung der Welt. Zwar erweitert Eich in seinen letzten Gedichtbänden über das Vokabular hinaus auch den Gegenstandsbereich seiner Lyrik: nicht mehr allein von der Natur ist jetzt die Rede, sondern ebenso von der Geschichte, zumal der Zeitgeschichte und der eigenen Lebensgeschichte, und statt von »Wachholder«, »Lerche« und »Harzgeruch«[38] sprechen sie nun von »Rauchbier«, »Stadtrand« und »Steuererklärung«.[39] Doch ist mit diesem Zuwachs an Wörtern und Gegenständen kein Gewinn an Einsicht und Verständnis verknüpft: auch das eigene Leben bleibt ein Rätsel[40] und die Gesellschaft eine »Hieroglyphe«.[41]

Die assoziative Rede-Weise markiert im Werk Eichs das Ende des magischen Realismus der Naturlyrik. An seine Stelle tritt ein hermetischer Anti-Realismus, dessen eigensinnige (Wort-)Kombinatorik empirische und logi-

36 Ebd., S. 124 (»Aussicht vom Spezial-Keller«).
37 Vgl. ebd., S. 142 (»Und«).
38 Vgl. ebd., S. 28, 37, 38.
39 Vgl. ebd., S. 143, 173, 175.
40 Vgl. dazu auch Hans Dieter Schäfer: Zusammenhänge der deutschen Gegenwartslyrik. In: Lothar Jordan, Axel Marquardt und Winfried Woesler (Hg.): Lyrik – von allen Seiten, S. 32–78, insbes., S. 43 ff.
41 Günter Eich: Gesammelte Werke, Bd. 1, S. 166.

sche Beziehungen zwischen den Dingen mißachtet, andere aber höchstens anzudeuten vermag. In den späten Gedichten Eichs ist der Glaube der naturmagischen Lyriker an die signatura rerum umgedeutet und ad absurdum geführt: die magische Schrift der Dinge – und zwar aller Dinge, nicht nur der natürlichen – ist unentzifferbar geworden, das Geheimnis der Welt ist nicht mehr zu entsiegeln. Äußerlich immer kürzer, lakonischer und rätselhafter, umkreisen die späten Gedichte Eichs meditativ hermetische Bezirke in einer allerdings heiter-gelassenen, nicht selten launigen Resignation, die zwischen Metaphysik und Nonsense schwankt.[42]

Die hermetische Lyrik *Paul Celans* ist von anderer Art als die Eichs. Sie steht in einem anderen Traditionszusammenhang der Moderne und bevorzugt andere Rede-Weisen und -Gegenstände. Sie teilt zwar mit der Lyrik Eichs die Vorliebe für den freien Vers, für äußere Kürze und lakonische Sprache. Sie ist jedoch als Rede in ihrer Hermetik radikaler und führt auch radikaler in die Aporie.

Die Eigenart der Celanschen Gedichte zeigt sich schon in ihrem Realitätsbezug, der offensichtlich zweideutig ist. Einerseits beziehen sie sich auf Dinge, Menschen und Ereignisse der Wirklichkeit, die sie schon mit Titeln wie »Assisi« oder »In Prag« avisieren; und sie beziehen sich nicht nur auf Privates, sondern ebenso auf Zeitgeschichtliches: eines der großen Themen Celans ist bis zum Schluß die Vernichtung des jüdischen Volks, und der Hinwendung zu diesem politischen Thema in Gedichten wie der »Todesfuge«[43] verdankt er seinen ersten Ruhm.

Andrerseits sind die Gedichte Celans in ihrer Rede-Weise alles andere als realistisch. Ihnen fehlt, trotz der häufig gebrauchten Ich-Form und trotz der häufigen Bezugnahme auf die eigene Biographie, der Charakter der Erlebnislyrik – selbst wenn sie, wie Peter Szondi für das Berlin-Gedicht »Du liegst im großen Gelausche« aus »Schneepart« nachgewiesen hat, immer wieder auf »reale Erfahrungen«[44] zurückgehen. Szondi hat denn auch zu bedenken gegeben, ob sogar in einem solchen Gedicht »der Fremdbestimmung, den realen Bezügen, nicht eine Selbstbestimmung die Waage hält«.[45] Diese »Selbstbestimmung« besteht wesentlich in der Aufhebung realer durch poetische Bezüge. In diesem Sinn poetisch ist etwa die kühne Motivverknüpfung, die das Doppelmotiv der Ermordung Rosa Luxemburgs und Karl Liebknechts und der Hinrichtung der Verschwörer des 20. Juli mit dem

42 Vgl. dazu auch Peter Horst Neumann: Die Rettung der Poesie im Unsinn.

43 Vgl. dazu vor allem die Interpretation von Peter Horst Neumann: Schönheit des Grauens oder Greuel der Schönheit? In: Walter Hinck (Hg.): Geschichte im Gedicht, S. 229–237.

44 Peter Szondi: Eden, S. 115. Zu dem Gedicht vgl. außerdem Klaus Manger: Wir müssen's wohl leiden. Zu Paul Celans, Gedicht »Du liegst im großen Gelausche«.

45 Peter Szondi: Eden, S. 120/121.

Weihnachtsmotiv zusammenbringt.[46] Diese Motive werden nicht, wie es bei einem Erlebnisgedicht wohl der Fall wäre, chronologisch, sondern assoziativ verknüpft. Das Gedicht beginnt mit einem Gegensatz, dem zwischen der Ruhe des Liegens in der ersten und der Bewegung des Gehens in der zweiten Versgruppe. Es folgt dann, schon in der zweiten Versgruppe, den verborgenen Doppeldeutigkeiten einiger Wörter. Das sind zum einen Wörter, die sich auf den ersten Blick als semantisch konträr darstellen, wie »Fleischerhaken« und »Äppelstaken«,[47] aber bei näherem Hinsehen geheime Entsprechungen aufweisen – wenn man nämlich bedenkt, daß die »Äppelstaken« auch Pfähle sind.[48] Und das sind zum andern Wörter, die zunächst verwandt erscheinen, wie (Weihnachts-)»Gaben« und »Eden«, dann jedoch ihre Gegensätzlichkeit zeigen – wenn man nämlich mit »Eden« nicht den Paradiesgarten, sondern das Hotel meint, in das Rosa Luxemburg und Karl Liebknecht vor ihrer Ermordung gebracht wurden. Indem die Assoziationen immer mehr den Wortbedeutungen folgen und zwischen ihnen Verbindungen herstellen, lassen sie, bei allem Realitätsbezug, eine realistische Rede-Weise gar nicht erst entstehen. Sie wird vollends unmöglich angesichts kühner Metaphern wie »Du liegst im großen Gelausche« oder »Es kommt der Tisch mit den Gaben,/er biegt um ein Eden –«.[49]

Dieser Anti-Realismus geht in den späten Gedichten so weit, daß der wohl noch immer intendierte Realitätsbezug – ohne gezielte Hinweise durch den Autor – kaum noch zu entschlüsseln ist. Denn Celan stilisiert die Wirklichkeit nicht nur unablässig mit Hilfe mythischer, biblischer oder poetischer Zitate und Anspielungen,[50] er interpretiert sie nicht nur Mal um Mal auf verblüffende Weise theologisch[51] – er transzendiert sie auch zusehends. Selbst wenn er von Wirklichkeit spricht, meint er nicht unbedingt Fakten, sondern die »Wahrheit«.[52] Wahrheit ist aber für Celan kein logischer oder empirischer, sondern ein (sprach-)mystischer Begriff.[53]

Die Suche nach der Wahrheit führt seine Gedichte, je länger, umso mehr, an die Grenzen der Sprache – weniger (wenngleich *auch*) in dem Sinn, daß sie sie zum Verstummen brächte, zum Verstummen vor allem vor dem Grauen der Judenvernichtung oder angesichts der Aporien poetischen Sprechens über diese Katastrophe.[54] Die Suche nach der Wahrheit führt die lyri-

46 Vgl. ebd., S. 121.
47 Paul Celan: Gesammelte Werke, Bd. 2, S. 334.
48 Vgl. dazu Peter Szondi: Eden, S. 124f.
49 Paul Celan: Gesammelte Werke, Bd. 2, S. 334.
50 Vgl. dazu vor allem Georg Michael Schulz: »fort aus Kannitverstan«. Bemerkungen zum Zitat in der Lyrik Paul Celans. In: Text und Kritik 53/54: Paul Celan, S. 26–41.
51 Vgl. dazu etwa Peter Horst Neumann: Zur Lyrik Paul Celans, insbes. S. 44–55 und 71–92.
52 Vgl. dazu Paul Celan: Gesammelte Werke, Bd. 2, S. 138.
53 Vgl. dazu Winfried Menninghaus: Paul Celan, insbes. S. 22–53.
54 Vgl. dazu Hartmut Engelhardt und Dieter Mettler: Tendenzen der Lyrik. In: Thomas Koebner (Hg.): Tendenzen der deutschen Gegenwartsliteratur, S. 136–162, insbes. S. 136ff.

sche Rede Celans vielmehr an ein utopisch-messianisches Sprechen heran, das ihm Ziel, Erfüllung und möglicherweise sogar Ende allen Sprechens ist.[55] Diesem Sprechen nähert sich Celan poetisch vor allem im »Namen«-Geben, das ihm als ein Nennen jenseits des »Gesagten«[56] gilt.

Zu diesem »Namen«-Geben gehört das Lallen, Stammeln oder Stottern, das er schon in seinem Hölderlin-Gedicht »Tübingen, Jänner« nicht nur postuliert, sondern auch praktiziert hat: »Käme,/käme ein Mensch«, heißt es da am Ende,

> käme ein Mensch zur Welt, heute, mit
> dem Lichtbart der
> Patriarchen: er dürfte,
> spräch er von dieser
> Zeit, er
> dürfte
> nur lallen und lallen,
> immer-, immer-
> zuzu.
>
> (»Pallaksch. Pallaksch.«)[57]

Dieses Stammeln und Stottern ist nur vorderhand ein defizientes Sprechen. Tatsächlich ist es Glossolalie, Rede eines Erleuchteten, der die Wahrheit, auch die Wahrheit über die Wirklichkeit »dieser Zeit«, auf konventionelle Weise nicht mehr ausdrücken kann.[58]

Zum »Namen«-Geben gehört weiter, als seine vielleicht wichtigste Form, das metaphorische Sprechen, zumal das Sprechen in kühnen Metaphern.[59] Kennzeichnend für sie sind, neben der Dominanz bestimmter Bildbereiche – etwa geologischer, mineralischer, botanischer, anatomischer, optischer und astrologischer wie Schnee, Stein, Blume, Herz, Auge, Stern[60] – einerseits die Verschränkung konkreter und abstrakter Lexeme, oft in zwei- oder dreigliedrigen Komposita wie »Lichtton«, »Wortmond«, »Zeitenschrunde«, »Lebensgehöft«, »Engholztag« oder »Beilschwärme«,[61] und andrerseits Negationen wie »Niemandsrose«, »Niemandes Wurzel« oder »Nimmermenschtag«.[62]

55 Vgl. dazu Winfried Menninghaus: Paul Celan, insbes. S. 53 ff.

56 Paul Celan: Gesammelte Werke, Bd. 2, S. 385.

57 Paul Celan: Gesammelte Werke, Bd. 1, S. 226. Vgl. dazu die grundlegende Interpretation von Bernhard Böschenstein: Paul Celan »Tübingen, Jänner«. In: Dietlind Meinecke (Hg.): Über Paul Celan, S. 101–105.

58 Vgl. etwa Paul Celan: Gesammelte Werke, Bd. 2, S. 323.

59 Vgl. dazu vor allem Gerhard Neumann: Die ›absolute‹ Metapher.

60 Vgl. Harald Weinrich: Paul Celan. In: Dietrich Weber (Hg.): Deutsche Literatur der Gegenwart in Einzeldarstellungen, Band 1, S. 277–292.

61 Paul Celan: Gesammelte Werke, Bd. 2, S. 26, 29, 31, 42, 46, 250.

62 Paul Celan: Gesammelte Werke, Bd. 1, S. 225, 239, 275.

Solche Ausdrücke mögen immer wieder an die Metaphern Rilkes erinnern.[63] Nicht ohne Grund hat Hilde Domin behauptet, daß Celan, »wenn irgendwer, ein Nachfolger Rilkes«[64] sei. Vor allem an das Spätwerk Rilkes hat Celan tatsächlich auf mannigfache, doch stets eigenständige Weise angeknüpft – etwa in der Anlehnung an die pathetische Rede-Weise der »Elegien«, der er jedoch die hymnischen Obertöne nahm, oder thematisch in der Reflexion Rilkescher Gedanken wie zum Beispiel in dem nicht vollendeten Zyklus »Eingedunkelt«, der sich auf die fünfte »Duineser Elegie« bezieht. Die Nähe der Bildersprache Celans zu der Rilkes zeigt sich nicht nur in der Übernahme einiger zentraler Motive wie des Atem-, des Rosen- oder des Herzmotivs; sie zeigt sich noch deutlicher in einer Verknüpfung dieser Motive, die nicht selten schon fast wörtlich bei Rilke vorgeprägt ist. So gehen beispielsweise Celansche Verse wie

> Schlüsselgeräusche oben,
> im Atem-
> Baum über euch:
> das letzte
> Wort, das euch ansah,
> soll jetzt bei sich sein und bleiben[65]

offensichtlich auf die Metapher vom Atem als »Rinde,/Rundung und Blatt meiner Worte« aus dem ersten »Sonett an Orpheus« des zweiten Teils zurück, und Celans berühmtes Bild der »Niemandsrose« hat ihren Vorläufer unübersehbar in Rilkes Wort von der Rose als »Niemandes Schlaf«.[66]

Die kühnen Bilder mögen bei Celan, ähnlich wie bei Rilke, ein Mittel sein, das Gerade-noch-Sagbare zu sagen. Anders aber als Rilke, der noch in der neunten »Duineser Elegie« programmatisch das Sagbare preist, drängt Celan in seiner Lyrik über das Noch-Sagbare hinaus. Schon bei Ausdrücken wie »Lichtton« oder »Niemandsrose«, denen die veranschaulichende Funktion auch der kühnen Metaphern Rilkes gänzlich fehlt, mag es zweifelhaft sein, ob und wieweit sie überhaupt noch referenzialisierbar – und metaphorisch sind. Ähnlich wie die Bilder Trakls kennen die Ausdrücke Celans nur mehr einen semantischen Bezug auf »die in Wörtern vertretenen Vorstellungskomplexe, aber nicht auf die sonst den Vorstellungskomplexen zuzuordnenden Dinge und Sachverhalte«.[67]

Mehr aber noch als die Sprache Trakls wird die Celans immer esoterischer – am deutlichsten wohl in den beiden posthum veröffentlichten Gedichtbän-

63 Vgl. dazu im näheren vor allem Ulrich Fülleborn: Rilke und Celan.

64 Hilde Domin: Dank bei der Entgegennahme des Rilke-Preises 1976. In: Ulrich Fülleborn und Manfred Engel (Hg.): Rilkes Duineser Elegien, Bd. 3, S. 291–294, hier S. 293.

65 Paul Celan: Gesammelte Werke, Bd. 1, S. 245.

66 Rainer Maria Rilke: Sämtliche Werke, Bd. 3, S. 185.

67 Wolfgang Preisendanz: Auflösung und Verdinglichung in den Gedichten Georg Trakls, S. 251.

den »Lichtzwang« und »Schneepart«. In ihnen verwendet Celan die Wörter vollends unkonventionell, ja anti-konventionell, als eine »Sprache gegen die Sprache«,[68] die die herkömmlichen Wortbedeutungen negiert. Typisch für diese späte Lyrik ist ein Gedicht wie das folgende aus »Lichtzwang«, das allgemein als programmatisch gilt:

FAHLSTIMMIG, aus
der Tiefe geschunden:
kein Wort, kein Ding,
und beider einziger Name,

fallgerecht in dir,
fluggerecht in dir,
wunder Gewinn
einer Welt.[69]

Solche Verse sind rätselhaft in fast jeder Hinsicht. Was sie meinen, ist ebensowenig präzise zu explizieren wie das, was sie sagen, weil es so, *wie* sie es sagen, in keine andere Sprache mehr zu übersetzen ist. Zwar mag es um »Sprache« und im näheren um eine Sprache der »Namen« in diesen Zeilen gehen; zwar mag es auch semantische Beziehungen und Verweisungen zwischen einzelnen Wörtern geben: etwa zwischen »fahlstimmig«, »Wort«, »Ding« und »Name«, zwischen »Tiefe«, »fallgerecht« und »fluggerecht« – doch ist weder die Bedeutung noch der Sinn der Ausdrücke definitiv zu bestimmen. Das Gedicht benutzt zum Teil noch konventionelle Wörter, aber es benutzt sie nicht mehr auf konventionelle Weise. Es hat offensichtlich seine eigene Semantik und seine eigene Syntax, was sich etwa an dem »und« der vierten Zeile zeigt. Deshalb muß auch unentschieden bleiben, was hier logisch und was unlogisch, was metaphorisch und was nicht-metaphorisch ist. Nicht nur die Bedeutung, auch der Sinn solcher Rede scheint unaufhellbar dunkel.

Bernhard Böschenstein hat, ausgehend von diesem Gedicht, festgestellt, daß im Spätwerk Celans kein Bezug mehr zwischen der Sprache der Gedichte und den Gegenständen der empirischen Welt besteht: die Wörter der Gedichte nennen keine Dinge mehr, und für die Dinge gibt es keine Wörter mehr in den Gedichten. »An beider Stelle tritt«, so Böschenstein, »der Name, der diesen Bezug gerade ausschließt: aus dem Namen läßt sich ds Wesen des Benannten gerade nicht herauslesen«.[70] Diese Feststellung gilt jedoch allenfalls in der Negation. Allein was die Namen, von denen Celan zuletzt spricht, *nicht* leisten, scheint klar zu sein: sie sollen keine Gegenstände der empiri-

68 Bernhard Böschenstein: Erste Notizen zu Celans letzten Gedichten. Zur zweiten Abteilung von »Zeitgehöft«. In: Text und Kritik 53/54: Paul Celan, S. 62–68, hier S. 63.

69 Paul Celan: Gesammelte Werke, Bd. 2, S. 307.

70 Bernhard Böschenstein: Der späte Celan. Dichtung und Übersetzung. In: Lothar Jordan, Axel Marquardt und Winfried Woesler (Hg.): Lyrik – von allen Seiten, S. 399–411, hier S. 400.

schen Realität mehr bezeichnen. Was sie hingegen positiv leisten, ob sie nicht etwa doch etwas über das Wesen des Benannten verraten, muß offen bleiben. Denn es macht gerade die Eigenart der Namen aus, daß sie zu einer Rede-Weise gehören, die mit den Konventionen unseres Sprechens und Denkens gebrochen hat. In die hermetische Welt Celans führt offensichtlich kein logischer Weg.

Gleichwohl enden seine Gedichte, im Unterschied zu denen Eichs, nicht unbedingt im Nonsense – auch wenn es manchmal so aussieht.[71] Ihre Sprache ist vielmehr in ihrem Verzicht auf jede empirische Referenzialisierbarkeit als äußerster Vorgriff auf das utopische Sprechen gemeint, dessen Ort in den Nachlaß-Gedichten »Jerusalem« heißt.[72] Als Vorgriff auf dieses utopische Sprechen sind die Gedichte Celans im konventionellen Sinn notwendig unverständlich, hermetisch. Ihre Sprache ist in der Tat ›absolut‹ – so ›absolut‹ wenigstens, wie Rede überhaupt nur sein kann: ohne Bezug auf die uns bekannte Welt, ohne Bezug auch auf die üblicherweise in den Wörtern repräsentierten Vorstellungen. Was sie sagt und wie sie es sagt, ist für den Außenstehenden, der der Interpret ist, kaum zu bestimmen. Ihre Rede ist metaphysisch, doch ob sie von dem ›ganz Anderen‹ oder vom ›Nichts‹ spricht, weiß wohl nur der Myste – und für den verlieren im Moment mystischer Teilhabe diese Begriffe ihren Sinn. So ist die späte Lyrik Celans auch kaum noch wissenschaftlich zu interpretieren, allenfalls zu kommentieren: als lyrische Rede am äußersten Rand ihrer Möglichkeiten.

4.

Der Anti-Realismus der hermetischen Lyrik mag, zumal bei Celan, extrem erscheinen; gleichwohl ist er durchaus typisch für die moderne deutsche Lyrik der dritten Phase. Das zeigt sich auch an der Konkreten Lyrik,[73] die vorderhand wenig mit der hermetischen Lyrik gemein zu haben scheint. Wie diese entsteht sie zwar in der Mitte der 50er Jahre, als lyrische Variante der Konkreten Poesie, die in einer eigenen Tradition der Moderne steht. Wie die hermetische Lyrik ist auch sie anti-realistisch, doch ist sie es auf eine andere Weise, wenngleich kaum weniger radikal. Das sei im folgendem kurz an den Gedichten des alles in allem bedeutendsten Konkreten Lyrikers erläutert: an den Gedichten Helmut Heißenbüttels.

71 Vgl. dazu etwa Hans-Peter Bayerdörfer: Poetischer Sarkasmus. »Fadensonnen« und die Wende zum Spätwerk. In: Text und Kritik 53/54: Paul Celan, S. 42–54.

72 Vgl. dazu Bernhard Böschenstein: Erste Notizen zu Celans letzten Gedichten, S. 62 f.

73 Vgl. dazu vor allem Reinhard Döhl: Konkrete Literatur. In: Manfred Durzak (Hg.): Die deutsche Literatur der Gegenwart, S. 257–284; ferner Werner Eggers: Sprachtheorie und Sprachwandel. In: Thomas Koebner (Hg.): Tendenzen der deutschen Gegenwartsliteratur, S. 107–136; und Otto Knörrich: Die deutsche Lyrik seit 1945, S. 288–319.

Anti-realistisch ist dessen Lyrik schon als linguistische Poesie, die nicht die außersprachliche Welt, sondern die Sprache zu ihrem Gegenstand macht, die also wesentlich nicht eine referentielle, sondern eine metalinguale Lyrik ist. Die »sprachliche Weltverdoppelung«,[74] die Heißenbüttel selbst als Ziel seiner Arbeit genannt hat, ist das Gegenteil von Mimesis – nämlich, mit den Worten Ulrich Fülleborns, die »Erfahrung des vollständigen Sichablösens der Sprache von der außersprachlichen, empirischen Realität«,[75] für die Heißenbüttel auch den schillernden Begriff der »Halluzination«[76] verwendet hat.

Konkret ist diese Lyrik allein in dem Sinn, daß sie Sprache in ihrer bloßen Materialität präsentiert:[77] als ein Zeichensystem, das nur auf sich selbst verweist. Indem sie aber Sprache bloß präsentiert, ist sie ausdrücklich nicht-repräsentativ und nicht-symbolisch: sie verweist kaum auf Gegenstände, die außerhalb der Sprache als von ihr bezeichnete existieren.

Sieht man von dieser Art ›Konkretheit‹ ab, so ist zumindest die Konkrete Lyrik Heißenbüttels in ihrer Rede-Weise insgesamt eher durch Abstraktion gekennzeichnet – durch die Abstraktion vor allem, mit der sie Sprache weniger als parole denn als langue reflektiert. Sie arbeitet, wie Christian Wagenknecht generell von der Konkreten Poesie gesagt hat, allenfalls »mit den lexikalischen und grammatischen Mustern der parole«, nicht hingegen »mit der hier und jetzt, in dieser oder jener geschichtlichen und gesellschaftlichen Situation verlautbaren Rede« – kurz: »Ihren Gegenstand bilden nicht Worte, sondern Vokabeln, nicht Sätze, sondern Pläne von Sätzen«.[78]

Das besondere Interesse der Konkreten Gedichte Heißenbüttels gilt der Semantik; darin unterscheiden sie sich, innerhalb der Konkreten Poesie, einerseits von den »Konstellationen« Eugen Gomringers, die mehr die visuelle Seite sprachlicher Zeichen zum Thema haben, und andrerseits von den Lautgedichten Ernst Jandls, die mehr phonetisch interessiert sind.[79] Ihrer Intention nach sind die Konkreten Gedichte Heißenbüttels sowohl sprachkritisch wie sprachexperimentell. Sie sind sprachkritisch, insofern sie sprachliche Normen demonstrieren wollen, um Grenzen der Sprache bewußt zu machen, und sprachexperimentell, insofern sie sprachliche Normen durchbrechen, um neue Möglichkeiten der Verwendung von Sprache zu erproben. In der einen wie in der anderen Hinsicht wird die Sprache jedoch für sich genommen – weitgehend ohne Bezug auf außerhalb der Sprache gegebene und durch sie bezeichnete Gegenstände.

74 Helmut Heißenbüttel: Über Literatur, S. 187.

75 Ulrich Fülleborn: Helmut Heißenbüttel, S. 292/293.

76 Helmut Heißenbüttel: Über Literatur, S. 183ff.

77 Zu den zahlreichen Auslegungsmöglichkeiten des Begriffs ›konkret‹ vgl. Christina Weiss: Seh-Texte, S. 116ff.

78 Christian Johannes Wagenknecht: »Konkrete Poesie«, S. 117.

79 Vgl. dazu Peter Demetz: Eugen Gomringer und die Entwicklung der konkreten Poesie, und Albert Berger: Ernst Jandl. In: Klaus Weissenberger (Hg.): Die deutsche Lyrik 1945–1975, S. 277–286 und 301–308.

Stark ausgeprägt ist die anti-realistische Rede-Weise dieser linguistischen Poesie[80] in den »Einfachen grammatischen Meditationen« Heißenbüttels, die gewisse grammatische und semantische Typen durchspielen – in »a« etwa Tautologien, in »f« Partizipialkonstruktionen und in »c« Konjunktivisches:

c (konjunktivisch)
bis zur Mitte der Hälfte
weniger als zu wenig
am wenigsten
als ob als ob
wahrscheinlich wahrscheinlich
auf sich genommen nicht auf sich genommen
unentschieden
vorläufig vorläufig.[81]

Konjunktivisch ist diese »einfache grammatische Meditation« offenbar vor allem in einem metaphorischen Sinn: also weniger von ihrem Vokabular her – denn sie enthält nicht nur semantische Modalitäten, sondern auch Relationen (nämlich Komparative) und Negationen – als vielmehr von ihrer Technik her. Insofern sie Wörter und Satzteile weitgehend ohne syntaktische Verknüpfung aneinanderreiht, stellt sie selbst eine neue Möglichkeit lyrischen Sprechens dar. Sie ist dabei sowohl Demonstration wie Experiment, denn sie zitiert konventionelle Sprache oder Sprachteile (»am wenigsten«) und konstruiert zugleich eine neue Verwendungsweise von Worten (»bis zur Mitte der Hälfte«), die wenigstens tendenziell anti-grammatisch und anti-syntaktisch ist.

Von jedem Realismus ist eine solche Rede-Weise weit entfernt; zum einen dadurch, daß sie überwiegend aus rein funktionalen Wörtern besteht, die weder für sich noch in Verbindung mit den anderen Wörtern des Textes einen Sachverhalt darstellen können; zum andern dadurch, daß selbst Lexeme wie »wahrscheinlich«, »unentschieden« oder »vorläufig« aus jedem Zusammenhang gelöst sind. So haben die Wörter des Textes wohl, isoliert gesehen, einen Sinn, aber weil sie isoliert sind, keine Bedeutung: sie sind ohne Referenz.

Der Leser ist denn auch nicht aufgerufen, einen Realitätsbezug der Rede zu konstruieren, sondern über Semantik und Grammatik zu »meditieren« – etwa über die verzwickte Logik eines grammatisch korrekten Ausdrucks wie »weniger als zu wenig«. Ob alle Wörter und Ausdrücke gleichermaßen anregend sind, ob die Assoziationen des Lesers tatsächlich ein gemeinsames meditatives Zentrum finden oder ob sie sich nicht eher beliebig zerstreuen, sei freilich dahingestellt.

80 Vgl. dazu generell Harald Weinrich: Linguistische Bemerkungen zur modernen Lyrik. In: Ders.: Literatur für Leser, S. 109–123.

81 Helmut Heißenbüttel: Das Textbuch, S. 185.

Anti-realistisch ist die lyrische Rede Heißenbüttels jedoch nicht nur in solchen Texten, die sich ausdrücklich schon im Titel als sprachliche Demonstrationen und Exerzitien ausweisen – heißen sie nun »Einfache grammatische Meditationen«, »Sprechwörter« oder »vokabulär«. Auch Gedichte, die im Titel scheinbar auf Reales verweisen, wie »Bremen wodu«, »die Zukunft des Sozialismus« oder »Zeitgenossen« handeln in erster Linie von Sprache – und von Welt allenfalls, insofern sie in Sprache gespeichert ist. So zitiert »die Zukunft des Sozialismus« zwar Formeln sozialistischer Weltanschauung, aber nur, um sie sprachlich und logisch durchzuspielen: als Negation (»niemand besitzt was«) und doppelte Verneinung (»niemand besitzt nichts«), als Negation der doppelten Verneinung (»alle besitzen alles«) und als Negation der Negation (»alle besitzen nichts«). Die Einsichten, die ein solches Gedicht über die Wirklichkeit sei es der Sprache, sei es des Sozialismus oder auch der Sprache des Sozialismus erlaubt, gehen über Gemeinplätze nicht hinaus. Diese Dürftigkeit ist allerdings nur die Folge der besonderen Art von Abstraktion, mit der die Konkrete Lyrik Heißenbüttels Sprache reflektiert. Wirklichkeitsbezüge sind ihr eher Anlaß als Gegenstand der Reflexion: ihr höchstes Interesse gilt dem Bewußtmachen von Sprache, das Erkenntnisse über die Realität vermitteln kann, aber nicht muß.

Als linguistische Poesie stellt die Konkrete Lyrik eine Neuheit in der Geschichte der modernen deutschen Lyrik dar, umso mehr, als sie auch spezielle Techniken wie die Addition oder die Permutation pflegt, um Regeln und Mechanismen der Sprache zu demonstrieren. Gleichwohl markiert sie allein noch keinen epochalen Einschnitt in der Geschichte der modernen deutschen Lyrik – oder etwa gar deren Ende. Denn auch die Konkrete Lyrik führt bestimmte Traditionen der Moderne fort, vor allem den Anti-Realismus der sprachexperimentellen Literatur vom Expressionismus über den Dadaismus bis zu Schwitters. Und wie diese geht sie als visuelle und als akustische Lyrik wesentlich auf die futuristische Bemühung um die »parole in libertà« zurück.[82]

Ihre dennoch irritierende Neuartigkeit liegt, außer in der Ausschließlichkeit, mit der sie Sprache und nichts als Sprache thematisiert, in ihrem radikalen Reduktionismus. Sie reduziert die Sprache immer wieder quantitativ auf ihre kleinsten Einheiten, das Wort, die Silbe, das Phonem, und qualitativ auf ein referenzloses System von Zeichen. Die Unverständlichkeit und Fremdheit, die sie besonders durch ihre anti-grammatische Rede-Weise erhält, rückt sie dabei in die Nähe der hermetischen Lyrik, von der sie sich jedoch durch ihre Absage an alles symbolische Sprechen wieder grundlegend unterscheidet.

Ihre Radikalität führt die Konkrete Lyrik allerdings auch bald in die Aporie. Insofern sie ausschließlich Sprache zu ihrem Gegenstand macht, begibt

82 Vgl. dazu Reinhard Döhl: Konkrete Literatur, S. 269ff.

sie sich von vornherein in eine Konkurrenz zur Linguistik, auf deren Erkenntnisse sie sich im übrigen gern beruft. Diese Konkurrenz scheint für sie auf die Dauer ruinös geworden zu sein – schon weil sie sich, anders als die Linguistik, auf die Demonstration sprachimmanenter Strukturen und Prozesse beschränkt. Indem sie von der Darstellungsfunktion der Sprache abstrahiert, vermindert sie die semantische Komplexität lyrischer Rede, die eine wesentliche Voraussetzung für die Ergiebigkeit jeglicher Reflexion von Sprache ist. Diesen beträchtlichen Nachteil kann sie durch ihre speziellen Verfahren nicht unbedingt wettmachen: als echte Techniken, die ohne viel poetisches Ingenium zu handhaben sind, behalten sie vielmehr meist etwas Mechanisches – auch bei Heißenbüttel. So ist die Radikalität der Konkreten Poesie unter anderem durch Simplizität und Sterilität erkauft. Ihre Stagnation scheint daher, wenigstens nachträglich, unvermeidlich, und um 1970 herum wird sie auch offensichtlich. Die Anthologien,[83] die um diese Zeit erscheinen, lassen den Eindruck aufkommen, daß die Konkrete Lyrik, ja die Konkrete Poesie insgesamt museal geworden ist.

Tatsächlich hat zumindest die Konkrete Lyrik ihre Krise bis heute nicht überwinden können. Die beiden, neben der Ausrufung einer »Konzept-Kunst«[84] wichtigsten Versuche, das Dilemma der Konkreten Poesie zu lösen:[85] die Hinwendung zu größeren Formen, etwa zu Zyklen, und die Hinwendung zur politischen Dichtung, haben die Konkrete Lyrik nicht retten können. Die Erprobung größerer Formen nicht, weil sie, als bloß quantitative Erweiterung, eher der Prosa als der Lyrik zugute kam, was gerade das weitere Werk Heißenbüttels zeigt; und die Hinwendung zur politischen Dichtung nicht, weil sie konsequenterweise die Grenzen der Konkreten Lyrik sprengt: ein politisches Gedicht, das nicht nur die Sprache der Politik ausstellt, sonden sich auf politische Realität bezieht, mag noch mit Mitteln Konkreter Lyrik arbeiten – Konkrete Lyrik ist es jedoch selbst nicht mehr.

83 Vgl. Eugen Gomringer (Hg.): Konkrete Poesie, der in seinem Vorwort von der Konkreten Poesie als historisch »ruhendem material« (S. 4) spricht. Neben der Anthologie Gomringers, die ausschließlich deutschsprachige Autoren erfaßt, ist noch zu nennen die Sammlung internationaler Konkreter Poesie von Emmett Williams: An Anthology of Concrete Poetry.

84 Vgl. dazu Siegfried J. Schmidt: Das Phänomen Konkrete Dichtung, S. 111ff. (»konzeptionelle dichtung: manifest 1« und »Von der Konkreten Poesie zur Konzeptionellen Dichtung: 11 Thesen«).

85 Vgl. Jürgen Theobaldy und Gustav Zürcher: Veränderung der Lyrik, S. 42–75.

5.

Die Konkrete Lyrik mag in den 60er Jahren, aus Gründen des Überlebens, der politischen Lyrik bedürfen – die politische Lyrik bedarf ihrer zu dieser Zeit nicht. Sie hat längst nicht nur eigene Verfahren ausgebildet, sie hat auch eine Komplexität erreicht, vor der politisch gemeinte Permutationen wie Hansjörg Mayers

s a u
a u s
u s a[86]

nicht bestehen können. Ihre Komplexität – und Popularität – verdankt die politische Lyrik der Nachkriegszeit nicht zuletzt der Virtuosität ihres wichtigsten Vertreters, Hans Magnus Enzensbergers, der wie kein anderer Lyriker der Gegenwart sich die verschiedensten poetischen Techniken der Moderne zu seinen ganz eigenen Zwecken anzueignen weiß. So hat er sich auch, vor der Politisierung der Konkreten Poesie, in Gedichten wie »Weiterung«, »Unterschrift« oder »Einführung in die Handelskorrespondenz« schon einiger ihrer Verfahren bedient – und durchweg effektvoller als die Konkreten Lyriker.

Mit Enzensbergers erstem Gedichtband »Verteidigung der Wölfe« von 1957 beginnt erst eigentlich in der deutschen Gegenwartsliteratur die politische Lyrik – bezeichnenderweise nach der hermetischen und nach der Konkreten Lyrik. In ihrer deutlichen Absage an alle Autonomieästhetik wirken die Gedichte Enzensbergers jedoch zunächst innovativer, als sie tatsächlich sind: auch sie knüpfen an Traditionen der Moderne an (die in ihm einen ihrer beredtsten Propagandisten findet[87]), spielen aber diese Traditionen geschickt gegen andere Traditionen der modernen Lyrik aus. Dabei gelingt Enzensberger das dialektische Kunststück, sich sowohl gegen bloß zweckbestimmte politische[88] wie gegen ästhetizistisch oder experimentell selbstgenügsame Dichtung abzugrenzen.[89] Dieses Kunststück erklärt sich nicht nur aus der philosophischen, sondern auch aus der poetischen Tradition, in die der Lyriker Enzensberger einzuordnen ist.

In seinen Gedichten verstecken sich zahllose Anspielungen auf Dichter der Weltliteratur von Vergil (»Gewimmer und Firmament«) über Dante

86 Eugen Gomringer (Hg.): Konkrete Poesie, S. 96.

87 Vgl. dazu Hans Magnus Enzensberger (Hg.): Museum der modernen Poesie, zumal den einleitenden Essay, der auch unter dem Titel »Weltsprache der modernen Poesie« erschienen ist (in: Ders.: Einzelheiten II, S. 7–28).

88 Hans Magnus Enzensberger: Poesie und Politik. In: Ders.: Einzelheiten II, S. 113–137.

89 Vgl. Hans Magnus Enzensberger: Die Aporien der Avantgarde. In: Ders.: Einzelheiten II, S. 50–80.

(»Der Untergang der Titanic«) und Góngora (»Schaum«) bis zu Paul van Ostajien (»Poetry Festival«). Am nachhaltigsten aber dürften ihn nicht diese, sondern zwei moderne deutsche Lyriker beeinflußt haben: Brecht und Benn. Daß Enzensberger an Brechts politische Dichtung anknüpfte, ist schon 1958 von Alfred Andersch anläßlich der »Verteidigung der Wölfe« bemerkt worden.[90] Die Anklänge an Brecht sind auch in den frühen Gedichten Enzensbergers kaum zu überhören. Wie Brecht so hat sich auch der junge Enzensberger zum ›Gebrauchswert‹ der Lyrik bekannt – programmatisch etwa in seinen Noten zu »Landessprache«, deren erste lakonisch feststellt: »Diese Gedichte sind Gebrauchsgegenstände«;[91] praktisch in einigen Gedichten mit ausgesprochen didaktischem Gestus wie »Anweisung an Sisyphos«, »Lehrgedicht über den Mord«, »Ins Lesebuch für die Oberstufe«, »Vorschlag zur Strafrechtsreform« oder »Gemeinschaftskunde«.

Wie Brecht hat auch Enzensberger von Anfang an »heiße Gegenstände«[92] bevorzugt, aktuelle politische Themen also, am unerhörtesten – verglichen mit anderen, sei es hermetischen, sei es Konkreten Verstexten der Zeit – in den Gedichten der »Verteidigung der Wölfe«, die er »Böse Gedichte« genannt hat. Zu ihnen zählen Texte wie »Lehrgedicht über den Mord«, »Sozialpartner in der Rüstungsindustrie«, »Bildzeitung« oder »Goldener Schnittmusterbogen zur poetischen Wiederaufrüstung«, die sich geradezu demonstrativ in die Tagespolitik einmischen.

Wie Brecht so hat auch Enzensberger in seiner politischen Lyrik vorzugsweise mit Mitteln der Verfremdung gearbeitet: mit *Abstraktionen* wie in »Geburtsanzeige« oder mit *Metaphorisierungen* wie in »Ratschlag auf höchster Ebene«, und er hat sie besonders in solchen Textsorten eingesetzt, die eine verfremdende Rede-Weise geradezu erzwingen: in *Parabeln* wie der »Anweisung an Sisyphos«; in *Fabeln* wie der »Verteidigung der Wölfe gegen die Lämmer« und, immer wieder, in *Satiren* wie »Aussicht auf Amortisation«. Und wie Brecht hat auch Enzensberger schließlich die Verfremdung als eine Entstellung zur Kenntlichkeit begriffen, als aufklärerisch gemeinte Entstellung einer verstellten Wirklichkeit.

Trotzdem läßt sich Enzensberger kaum zum (lange Zeit einzigen) westdeutschen Erben Brechts stilisieren – schon wegen der deutlichen Anklänge an Benn in seinen Gedichten nicht. Zwar hat er sich des öfteren kritisch zu Benn geäußert.[93] Dennoch dürfte er von ihm zumindest in einer Hinsicht

90 Vgl. Alfred Andersch: 1 (in Worten: ein) zorniger junger Mann. In: Joachim Schickel (Hg.): Über Hans Magnus Enzensberger, S. 9–13.

91 Hans Magnus Enzensberger: Die Gedichte, S. 411.

92 So Enzensberger in seinem poetologischen Aufsatz: Scherenschleifer und Poeten. In: Hans Bender (Hg.): Mein Gedicht ist mein Messer, S. 144–148, hier S. 145.

93 Vgl. dazu außer dem Aufsatz: Scherenschleifer und Poeten, Enzensbergers Rezension: Gottfried Benn: »Autobiographische und vermischte Schriften«. In: Peter Uwe Hohendahl (Hg.): Gottfried Benn: Wirkung wider Willen, S. 375–377.

reichlich profitiert haben: in seiner Montage-Technik nämlich. Die Montage, die Enzensberger schon in einem frühen Gedicht wie »Bildzeitung« virtuos zu handhaben wußte, ist als wesentliches Verfahren auch seiner politischen Lyrik ebenfalls schon bei Erscheinen der »Verteidung der Wölfe« aufgefallen.[94] Wie sehr Enzensberger dieser Rede-Weise über die Jahre treu geblieben ist, zeigt etwa sein Gedichtband »Mausoleum« von 1975, der »37 Balladen aus der Geschichte des Fortschritts« (so der Untertitel)[95] präsentiert, deren Vorbild, dem Thema zum Trotz, nicht bei Brecht, sondern bei Benn zu finden ist: in dessen Porträtgedicht »Chopin«. Die Montage hat allerdings in den Gedichten Enzensbergers keine ästhetizistische Funktion – kann sie auch schon deshalb kaum haben, weil er freie Verse entschieden bevorzugt. Selbst wo Enzensberger sich, wie in seinen späteren Gedichten, der Alliteration oder des Stabreims bedient, um Wörter zu montieren, benutzt er die traditionellen Formelemente nicht dazu, eine poetische oder ästhetische Ordnung durch die Form zu beschwören, sondern um die Unordnung der Dinge durch eine poetische Form zu enthüllen – die Montage also als Mittel der Verfremdung und Entstellung.

Es ist allerdings mehr als die Montage-Technik, die Enzensberger von Brecht, und mehr als die Verfremdung, die ihn von Benn trennt. Von dem Artisten Benn unterscheidet ihn die grundsätzlich politische Intention seiner Gedichte, ihr radikaldemokratisch-aufklärerischer Impetus. Von dem Aufklärer Brecht unterscheidet ihn, zumindest anfangs, mehr noch als der an Benn erinnernde rhetorische Aufwand, der so etwas wie Lakonie und Schlichtheit gar nicht aufkommen läßt, die ganz unweise und unfreundliche, politisch und ideologisch perspektivenlose Haltung des Zorns, der nicht zuletzt das von Brecht geachtete Proletariat trifft, auf das Enzensberger seine politischen Hoffnungen nie gesetzt hat. Er ist eher – darin wieder Benn näher – ein Anwalt des Kleinbürgertums, dem alles Elitäre genauso fremd ist wie alles Volkstümliche und der im Zweifelsfall das Raffinierte vorzieht. Seine Grundhaltung ist, wie schon seine spannungsreiche Orientierung an Brecht wie an Benn erkennen läßt, das teils dialektische, teils ironisch-ambivalente Sowohl-Als-Auch,[96] das ihn als engagierten Skeptiker und desillusionierten Aufklärer ausweist.

Diese Zweideutigkeit zeigt sich schon in der Art, wie Enzensberger bestimmte »heiße« (oder auch schon kalte) Gegenstände behandelt – etwa die Idee der Apokalypse, die er in »Der Untergang der Titanic« als eine »negati-

94 Vgl. dazu Reinhold Grimm: Montierte Lyrik. In: Joachim Schickel (Hg.): Über Hans Magnus Enzensberger, S. 19–39.

95 Vgl. dazu auch Michael Franz: Hans Magnus Enzensberger: »Mausoleum«. In: Reinhold Grimm (Hg.): Hans Magnus Enzensberger, S. 294–311.

96 Vgl. dazu Hans Egon Holthusen: Utopie und Katastrophe. Der Lyriker Hans Magnus Enzensberger 1957–1978. In: Ders.: Sartre in Stammheim, S. 5–97.

ve Utopie«[97] ernst nimmt und zugleich als eine »Komödie« (wie der Untertitel lautet) ironisch belächelt. Am irritierendsten aber ist die Ironie Enzensbergers dann, wenn sie Personen und Positionen gilt, denen offensichtlich seine Sympathien gehören. Dies ist zum Beispiel in dem Bakunin-Gedicht aus »Mausoleum« der Fall, in dem es an zentraler Stelle von einer gescheiterten »Insurrektion« heißt:

> Das ist jetzt schon lange her. Es war damals wohl zu
> früh, wie immer,
> oder zu spät. Nichts hat dich widerlegt, nichts hast du
> bewiesen,
> und darum bleib, bleib wo du bist, oder, meinetwegen,
> kehr wieder.[98]

Zweifel und Hoffnung, Zustimmung und Enttäuschung heben sich in solchen kunstvoll ausbalancierten Versen gegenseitig zugunsten einer ironischen Rede-Weise auf, die die Gedichte Enzensbergers gegen jede einfache und einsinnige politische Indienstnahme schützt.

Die ironische Aufhebung aller Eindeutigkeit auch im Politischen ist jedoch nicht als Gegen-Aufklärung, sondern eher als Aufklärung über die Aufklärung gemeint. Sie bedeutet dem geneigten Leser, daß die Helden der Revolution keine Helden sind (wie es noch deutlicher das Schlußgedicht von »Mausoleum« am Beispiel Che Guevaras demonstriert) und daß die Revolutionen, auch wenn sie gelingen, scheitern (was im »Untergang der Titanic« für Kuba gezeigt wird) – und daß weder das eine noch das andere ein Grund ist, die Seiten zu wechseln.

Eine ironische Rede-Weise voll literarischer Bezugnahmen in die politische Lyrik eingeführt zu haben, ist das große Verdienst Enzensbergers, dessen Gedichte dadurch eine ästhetische und literarische Komplexität erhalten haben, die der ausschließlich an Brecht geschulten politischen Lyrik der 60er Jahre[99] selbst bei anspruchsvolleren Autoren wie Erich Fried fehlt. Der Enzensbergerschen Mischung aus Realistik und Artistik ist allenfalls die – gleichfalls von Benn beeinflußte – frühe Lyrik Peter Rühmkorfs ebenbürtig, die mit Hilfe der poetischen Interferenzen einer vor allem parodistischen Rede-Weise existentielle und politische Zwielichtigkeiten auszuleuchten versucht.

97 Hans Magnus Enzensberger: Zwei Randbemerkungen zum Weltuntergang. In: Ders.: Politische Brosamen, S. 225–236, hier S. 225.

98 Hans Magnus Enzensberger: Mausoleum, S. 87.

99 Vgl. dazu Alexander von Bormann: Politische Lyrik in den sechziger Jahren. In: Manfred Durzak (Hg.): Die deutsche Literatur der Gegenwart, S. 170–191.

6.

Die moderne deutsche Gegenwartslyrik stellt so etwas wie eine Summe der Moderne dar. Alles, was formal oder strukturell zur modernen deutschen Lyrik gehört, findet sich in ihr, zum Teil modifiziert, zum Teil radikalisiert, zum Teil synthetisiert, wieder: freie Verse; verfremdende, im Extremfall referenzlose Metaphorik; sprachliche Abstraktion; Montage; Realistik und Hermetik. Sie ist insgesamt sowohl autonome wie engagierte Lyrik, sowohl auf empirische Wirklichkeit bezogen wie von ihr abgewandt. Eine Einheit erhält sie allenfalls durch die – je verschieden realisierte – Bindung an moderne anti-realistische Rede-Weisen.

Bezeichnenderweise geraten ihre drei wichtigsten Richtungen, die hermetische Lyrik, die Konkrete Lyrik und die politische Lyrik, um dieselbe Zeit, nämlich Ende der 60er Jahre, in eine Krise. Vor allem die hermetische Lyrik ist um 1970 offenkundig mit den letzten Gedichten Eichs und Celans, die von einer nicht mehr verständlichen oder noch nicht verständlichen Welt in einer mehr oder weniger unverständlichen Sprache reden, auch poetisch am Ende ihrer Möglichkeiten angelangt. Zur gleichen Zeit zeigt sich die Stagnation der Konkreten Lyrik, die zumindest bei Heißenbüttel nachhaltig wirkt: erst 1981 meldet er sich in der Textsammlung »Ödipuskomplex made in Germany« mit »Gelegenheitsgedichten« als Lyriker zurück. Hans Magnus Enzensberger schließlich erlegt sich als politischer Lyriker, von Zweifeln an der Wirksamkeit von Literatur wohl nicht gerade geplagt, aber doch gehemmt, eine Publikationspause auf, die allerdings, wie schon 1971 mit Erscheinen seiner »Gedichte. 1955–1970« klar wird, keine Schreibpause ist.

Die Krise der modernen deutschen Lyrik der dritten Phase hängt mit der Krise der Literatur am Ende der 60er Jahre zusammen, ohne allerdings ganz in ihr aufzugehen. Die Politisierung der Literatur, die wenigstens vorübergehend eine grundsätzliche Verdächtigung jeglicher ›Dichtung‹, erst recht aber hermetisch verschlüsselter oder sprachexperimenteller, einschließt, trifft paradoxerweise auch die politische Lyrik – zumindest die ästhetisch komplexe, poetisch selbstbewußte Lyrik Enzensbergers, die die zeitweise auch von ihm selber geforderte Nützlichkeit nicht bieten kann. Sie wird deshalb zunächst von mehr agitatorischer, auf jedes poetische Raffinement zugunsten gelegentlich fast parolenhafter Deutlichkeit verzichtende Lyrik ersetzt – doch nicht für lange. Denn schon bald zeigen sich die nicht nur künstlerischen Beschränktheiten auch der neuen Lehrdichtung, die, mit einem Wort Peter Rühmkorfs, »weniger den Sozialismus (...) als die Epigrammaticitis« ausbreiten half.[100]

100 Peter Rühmkorf: Kein Apolloprogramm für Lyrik. In: Ders.: Strömungslehre 1, S. 83–92, hier S. 88.

Die Krise der Lyrik am Ende der 60er Jahre ist zugleich eine Krise der modernen anti-realistischen Lyrik. Dieser Eindruck drängt sich jedenfalls angesichts der ganz anderen Lyrik auf, die schnell die Lücke füllt, die durch die Krise der modernen Gegenwartslyrik entsteht. Diese Lyrik, die vor allem eine neue Rede-Weise ausbildet, hat, bezeichnend für ihre Vielgestaltigkeit, viele Namen bekommen.[101] Sie wird im folgenden nach einem ihrer ältesten und treffendsten die Lyrik der ›Neuen Subjektivität‹ genannt. Durch Walter Höllerers »Thesen vom langen Gedicht« gewissermaßen schon vorab legitimiert,[102] entsteht sie in der Mitte der 60er Jahre, beherrscht aber erst im folgenden Jahrzehnt die Szene. Von Anfang an versucht sie sich, implizit und explizit,[103] gegen die drei wichtigsten Richtungen der modernen Gegenwartslyrik abzugrenzen. Gegen die Unverständlichkeit der hermetischen Lyrik stellt sie eine auf Symbole, Chiffren und Metaphern weitgehend verzichtende Einfachheit, Direktheit und Durchsichtigkeit der Rede; gegen die abstrakten Demonstrationen der Konkreten Lyrik die Konzentration auf sinnlich erfaßte Details realen Lebens; gegen das intellektuelle Pathos der politischen Lyrik die Beglaubigung durch alltägliche Erfahrungen. Diese Unterschiede im einzelnen sind Symptome des grundlegenden Unterschieds zwischen der Lyrik der Neuen Subjektivität und der Lyrik der Nachkriegszeit: anders als diese ist sie in ihrer Rede-Weise realistisch.

Ihr Realismus ist zunächst Detailrealismus. Kennzeichnend für die Lyrik der Neuen Subjektivität ist die Darstellung des Gewöhnlichen und Alltäglichen, die Hinwendung zur »Einzelheit«, zum besonderen »Fall«, zum »Kleinen Malheur«, wie es bezeichnenderweise schon in den Titeln einiger Gedichte von Nicolas Born heißt.[104] Ihr Realismus ist dann im weiteren ein Oberflächenrealismus, der vor allem registriert, jede symbolische, mythische oder ideologische Interpretation aber nach Möglichkeit vermeidet; darin meist ein visueller Realismus, der vor allem Sichtbares festzuhalten versucht; schließlich nicht selten sogar ein Fotorealismus, der auf scharf eingestellte Momentaufnahmen, auf »snapshots« und »Standfotos«[105] aus ist.

Die größte Annäherung an das Ideal des Fotorealismus ist wohl Rolf Dieter Brinkmann gelungen, und zwar in seinem späten Gedicht »Trauer auf dem Wäschedraht im Januar«:

101 Vgl. dazu Gottfried Willems: Großstadt- und Bewußtseinspoesie, S. 56, der selbst dem Begriff »Neue Lyrik« den Vorzug gibt.

102 Walter Höllerer: Thesen zum langen Gedicht. In: Hans Bender und Michael Krüger (Hg.): Was alles hat Platz in einem Gedicht?, S. 7–9.

103 Vgl. dazu auch Jürgen Theobaldy und Gustav Zürcher: Veränderung der Lyrik – ein Buch, das die Geschichte der westdeutschen Lyrik seit 1965 aus der Sicht zweier Vertreter der Neuen Subjektivität darstellt.

104 Nicolas Born: Gedichte, S. 31, 50, 71.

105 Mit diesen Begriffen arbeitete vor allem Rolf Dieter Brinkmann; vgl. Hans Dieter Schäfer: Rolf Dieter Brinkmann. In: Klaus Weissenberger (Hg.): Die deutschen Lyrik 1945–1975, S. 391–403.

Ein Stück Draht, krumm
ausgespannt, zwischen zwei
kahlen Bäumen, die

bald wieder Blätter
treiben, früh am Morgen
hängt daran eine

frisch gewaschene
schwarze Strumpfhose
aus den verwickelten

langen Beinen tropft
das Wasser in dem hellen,
frühen Licht auf die Steine.[106]

Ein solcher objektiver, noch ein Gefühl (»Trauer«) gewissermaßen vergegenständlichender, jedes Detail kommentarlos registrierender und durch die anti-syntaktische Versgliederung akzentuierender Beschreibungsrealismus ist allerdings auch in der Lyrik der Neuen Subjektivität die Ausnahme. Typisch für sie ist eher ein subjektiver Realismus, dessen Subjektivität[107] jedoch nicht unbedingt schon grammatisch durch die Ich-Form der Rede konstituiert wird.

Subjektiv ist dieser Realismus vielmehr in dem Sinn, daß ein Stück Wirklichkeit aus der Perspektive eines Sprechers dargestellt wird, der sich nicht selten unumwunden als der Verfasser zu erkennen gibt – in einem Gedicht Nicolas Borns etwa als »Ich, Born, Sohn des Born«.[108] Einen solchen subjektiven Realismus hat Nicolas Born in seinen beiden ersten Gedichtbänden »Marktlage« (1967) und »Wo mir der Kopf steht« (1970) entwickelt, besonders eindrucksvoll etwa in einem seiner »Nachrufe«:

Mein Gott habe ich gedacht etwas Mut
mein Gott als sie zu sehen war
auf dem Höhepunkt der Fahrbahn
(dahinter ging es bergab durch zwei
Kurven ins Dorf).
Man hatte sie zugedeckt. Zugedeckt
sah sie flacher aus als ich sie kannte.
Dem Kleinwagen fehlte die Windschutzscheibe.
Er umschloß etwas Dunkelheit
an diesem späten Nachmittag.
Sie hoben die Decke ab vom Gesicht.
Meine Antwort war: Sie ist es.[109]

106 Rolf Dieter Brinkmann: Westwärts 1&2, S. 28.

107 Zur Debatte um die Subjektivität der Neuen Subjektivität vgl. vor allem Hiltrud Gnüg: Entstehung und Krise lyrischer Subjektivität, S. 249ff.

108 Nicolas Born: Gedichte, S. 42.

109 Ebd., S. 40.

Eine solche realistische Rede-Weise kennzeichnet durch die Identität von Sprecher und Verfasser und dem Bezug auf eine konkrete, in diesem Fall vergangene Lebenssituation die Lyrik der Neuen Subjektivität als eine – neuartige – Erlebnislyrik.

Sie ist Erlebnislyrik nicht nur in dem unspezifischen Sinn, daß ihr, wie etwa auch der hermetischen Lyrik Celans, reale Erfahrungen des Autors zugrundeliegen. Sie ist vielmehr Erlebnislyrik auch in dem strengen Sinn, daß sie solche Erfahrungen so realistisch darstellt, daß sie für den Leser mühelos rekonstruierbar sind. Die Erlebnislyrik der Neuen Subjektivität ist durchweg in einer konventionellen Weise illusionistisch, oft in einem schlichten Ton erzählend oder beschreibend und dabei um eine exakte Situierung des Erlebnisses bemüht. Bezeichnend für ihre realistischen Ambitionen sind Ort und Zeit des Erlebnisses genau nennende Titel wie »Bahnhof Lüneburg, 30. April 1976« (Born), »Selbstporträt auf dem Stuttgarter Schloßplatz« (Delius), »25.11.74« (Becker) oder »Notizen zu einer Landschaft bei Vechta i. O. für H. P.« (Brinkmann).

Die Lyrik der Neuen Subjektivität ist allerdings nicht in derselben Weise Erlebnislyrik wie etwa die Dornburger Gedichte Goethes – nicht nur, weil zwischen ihnen 130 Jahre liegen und die Gedichte der Neuen Subjektivität, auch ohne ausdrücklich politisch zu sein, entschieden zeitbezogen und aktuell sind. Sie unterscheidet sich vielmehr grundsätzlich vor allem in dreierlei Hinsicht von der klassischen Erlebnisdichtung. Zum ersten verzichtet sie auf die pathetische Rede-Weise klassischer Erlebnislyrik. Sie ist vielmehr, zumal im Vokabular, der Alltagssprache nahe, nicht selten schon Jargon. Die oberflächlich unpoetische und anspruchslose Sprache ist allerdings in der Lyrik der Neuen Subjektivität ein wichtiges Mittel der Beglaubigung: sie bürgt für die Authentizität der Erfahrung. Zum zweiten sind die Gegenstände, die in dieser neuen Erlebnisdichtung dargestellt werden, in aller Regel nicht exorbitant. Sie sind weder moralisch noch ästhetisch ausgezeichnet, allenfalls (auto-)biographisch bedeutsam, meist aber nur alltäglich und ansonsten ohne besondere Merkmale: sie sind real und nichts als real. Zum dritten begegnen diese Gegenstände dem Ich auch nicht unbedingt so unmittelbar wie die Natur in der klassischen Erlebnisdichtung. Die Dinge sind vielmehr oft schon vermittelt, zumal wenn sie keine natürlichen Objekte sind, vermittelt vor allem durch die neuen Medien und hier wiederum besonders durch den Film und die populäre Musik und ihre »Trivialmythen«.[110]

Der Verlust an Pathos, an Exorbitanz und Unmittelbarkeit erklärt sich von einem veränderten Erlebnisbegriff her. Die Lyrik der Neuen Subjektivität ist keine Lyrik des potenzierten, sondern des reduzierten, des gefährdeten Erlebens. Sie stellt den Versuch dar, die subjektive Erlebnisfähigkeit ange-

110 Vgl. dazu Hans Dieter Schäfer: Rolf Dieter Brinkmann, S. 398; ferner Gottfried Willems: Großstadt- und Bewußtseinspoesie, S. 68.

sichts einer erdrückenden »Erlebnisarmut«[111] zu erhalten oder allererst zu erlangen – und darin hat sie auch krisenhafte Züge.

Es ist bezeichnend für die Lyrik der Neuen Subjektivität, daß sich die Erlebnisse plötzlich einstellen: ausgelöst durch momentane Schocks des Erkennens oder Wiedererkennens von Wirklichkeit,[112] die ein mitunter fast erstarrtes Innehalten bewirken – seien sie nun schrecklich wie die Identifizierung in dem »Nachruf« Borns oder wunderbar wie in dem Tango-Gedicht Brinkmanns. Das Schockartige der Wahrnehmungen ist auch in der Haltung des Subjekts begründet: in einer oft erlebnissüchtigen, schutzlosen Offenheit der Apperzeption. Der Satz, mit dem Brinkmanns Tango-Gedicht endet, ist dafür typisch:

> (...) Ich
> schrieb das schnell auf, bevor
> der Moment in der verfluchten
>
> dunstigen Abgestorbenheit Kölns
> wieder erlosch.[113]

Eine solche nicht nur zeitlich zu verstehende Distanzlosigkeit, hinter der das Ideal einer durch die Spontaneität authentischen Wahrnehmung steht, beschwört Anfechtungen und Gefährdungen des Subjekts in seiner Subjektivität geradezu herauf.

Brinkmann hat diese Gefährdungen schon in einem Gedicht wie »Selbstbildnis im Supermarkt« aus dem Band »Die Piloten« von 1968 als Gefahr der Verdinglichung in einer Warenwelt reflektiert, erst recht aber in den langen Gedichten seiner letzten Gedichtsammlung »Westwärts 1 & 2« von 1975 – ähnlich wie Nicolas Born in seinen Gedichtbänden seit »Das Auge des Entdeckers« von 1972. Die langen Gedichte, die in assoziativer, logisch und syntaktisch oft ungeordneter Rede Wahrnehmungen und Gedanken, Bewußtseinsprozesse aller Art und jeden Inhalts aneinanderreihen, bei Brinkmann nicht selten in zwei oder drei (Vers-)Blöcken *nebeneinander*, zeigen das Subjekt an den Grenzen seiner apperzeptiven Möglichkeiten: von einer nicht endenden Flut von unterschiedlichsten Reizen bedrängt, dennoch um eine authentische Wahrnehmung und Verarbeitung des Wahrgenommenen bemüht.

Es mag dahingestellt bleiben, ob die Lyrik der Neuen Subjektivität eine echte oder nur eine »vermeintliche« *Subjektivität* aufbaut, wie etwa Hiltrud Gnüg meint, die, im Zusammenhang ihrer links-hegelianisch fundierten Geschichte lyrischer Subjektivität, bei Born, Brinkmann und anderen den Ent-

111 Gottfried Willems: Großstadt- und Bewußtseinspoesie, S. 89.

112 Vgl. dazu Susanne Ledanff: Die Augenblicksmetapher, S. 162 ff., die sich wesentlich mit der Lyrik der Neuen Subjektivität beschäftigt.

113 Rolf Dieter Brinkmann: Westwärts 1 & 2, S. 25.

wurf eines mit sich identischen, autonomen Subjekts und damit »Freiheit als ästhetische und politische Idee«[114] vermißt. Es mag weiter dahingestellt bleiben, ob die Neue Subjektivität tatsächlich eine geistesgeschichtlich *neue* Subjektivität ist. Ein teils reaktiv, teils assoziativ arbeitendes, in seiner Ich-Identität diffuses Subjekt haben schon die Expressionisten mit ihrer »Ich-Dissoziation«[115] in die moderne deutsche Lyrik eingeführt. Auch die Hinwendung zur Alltagssprache und zur Alltagswirklichkeit ist nicht unbedingt eine Erfindung der 60er und 70er Jahre. Es gibt sie – vom »Phantasus« einmal abgesehen – schon in den Großstadtgedichten Brechts aus den 20er Jahren, mit Einschränkung auch in den Naturgedichten Loerkes und Lehmanns, ja sogar in den späten Gedichten Gottfried Benns.[116]

Was die Lyrik der Neuen Subjektivität jedoch von den mehr oder weniger realistischen Strömungen der modernen deutschen Lyrik der ersten und zweiten Phase unterscheidet, ist ihre konsequent realistische Rede-Weise. Sinnlich und distanzlos, zuvörderst an der genauen Darstellung persönlicher Erfahrungen interessiert, ist dieser subjektive Realismus, bei allem politischen Engagement der Verfasser, bei all ihrer Lust an Trivialmythen und Witzen, weder sozialkritisch wie der Brechts noch magisch wie der Loerkes und Lehmanns noch ironisch wie der des späten Benn. Er ist in seiner alle Tiefsinnigkeit meidenden Oberflächlichkeit noch am ehesten mit der modernen realistischen Lyrik Amerikas zu vergleichen, zumal mit den ›glimpses‹ eines William Carlos Williams und den Bewußtseinsgedichten eines Frank O'Hara. Als realistische Erlebnislyrik ist die Lyrik der Neuen Subjektivität nicht mehr in der Weise modern, wie es noch die frühen Gedichte Enzensbergers, Heißenbüttels oder Celans waren: sie weicht von der anti-realistischen Rede-Weise nicht nur der Gegenwartslyrik, sondern der ganzen modernen deutschen Lyrik ab. Insofern scheint sie eine ›post-moderne‹ Dichtung nicht nur zu projektieren, sondern auch schon zu realisieren.

Es bleibt jedoch die Frage, ob die realistische Erlebnislyrik der Neuen Subjektivität tatsächlich den Beginn einer neuen Epoche in der Geschichte der modernen deutschen Lyrik oder nur eine Phase innerhalb der Moderne markiert – ähnlich wie die realistischen Großstadtgedichte Brechts aus den 20er Jahren. Denn die Indizien sind nicht eindeutig. Daß die Lyrik der Neuen Subjektivität im Sinn des hier zugrundegelegten Modells der Literaturgeschichtsschreibung möglicherweise einen tieferen Einschnitt in der Geschichte der deutschen Lyrik markiert, könnte man aus der Tatsache schließen, daß sie nicht nur von der strukturellen, sondern auch von der formalen Quasi-Norm der modernen deutschen Lyrik abweicht: neben einer Rückkehr zur Erlebnislyrik ist in ihr – nicht durchweg, aber doch häufig –

114 Hiltrud Gnüg: Entstehung und Krise lyrischer Subjektivität, S. 287.
115 Hans-Georg Kemper und Silvio Vietta: Expressionismus, S. 30ff.
116 Vgl. Gottfried Willems: Großstadt- und Bewußtseinspoesie, S. 130ff.

eine Rückkehr zu metrisch regulierten Gedichten zu beobachten. Bedienten sich die wichtigsten Lyriker der Neuen Subjektivität anfangs noch fast ausschließlich für ihr oft betont kunstloses Parlando freier Verse, so erprobten sie schon bald strengere, nicht selten völlig traditionelle Formen – von Rolf Dieter Brinkmann, der vor allem seine späten Gedichte immer wieder in Gruppen zu drei oder vier Zeilen einteilte, über Jürgen Theobaldy, der seine »Gedichte aus Rom« in Oden- und Elegienmaße setzte, bis zu Wolf Wondratschek, der die »Einsamkeit der Männer« in Sonetten nach dem Vorbild der »Neuen Gedichte« Rilkes schilderte. Doch gerade dieser formale Traditionalismus[117] ist kaum eindeutig: er kann genausogut ein Zeichen für einen radikalen Bruch mit der modernen Lyrik wie eines für eine frühe Krise der neuen Lyrik sein.

Auf jeden Fall spricht es für die Bedeutung der Neuen Subjektivität, daß sie Spuren auch in dem Werk von Lyrikern hinterlassen hat, die insgesamt eher der modernen Gegenwartslyrik zuzurechnen sind. Hier ist besonders an Gedichte aus dem bislang letzten Gedichtband Enzensbergers, »Die Furie des Verschwindens«, zu denken, an Gedichte wie »Die Dreiunddreißigjährige«, »Der Angestellte«, »Rhein-Main«, »Nach dem Totalschaden«, »Der Urlaub« und »Ein Treppenhaus«. Ja, paradoxerweise hat die Neue Subjektivität ihre wohl eindrucksvollste Ausbildung gerade im Werk eines anderen Exponenten der modernen deutschen Gegenwartslyrik (und gelegentlichen Kritikers der Neuen Subjektivität) gefunden: in Peter Rühmkorfs Gedichten aus den 70er Jahren, vor allem in seiner Gedichtsammlung »Haltbar bis Ende 1999«, die 1979 erschien. Gedichte dieses Bandes wie »Selbstporträt«, »Tagebuch«, »Zum Jahreswechsel«, »Im Fahrtwind« oder »0-1.-Klasse-Einsamkeit« bemühen sich durch die meist zitierende Aufnahme von »präfabrizierten Versatzstücken«[118] aus Umgangssprache, Jargon und Slang, die in lyrischen »Momentaufnahmen«[119] assoziativ aneinander gefügt werden, schon sprachlich um eine Annäherung an eine als vielschichtig und widersprüchlich erfahrene Wirklichkeit. Dabei entstehen im Sinn Bachtins dialogische Gedichte, die »in Zungen«[120] reden und denen es dennoch immer wieder gelingt, »Durchlauf-Zusammenhänge«[121] anzudeuten – nicht nur durch die unverkennbar eigene, stilistisch vielfach in sich gebrochene und reflektierte Rede-Weise des Verfassers, sondern auch durch traditionelle, oft bis zum äußersten gespannte oder gelockerte Formen.

Gerade an der sowohl strukturellen wie formalen Komplexität der neuen Gedichte Rühmkorfs, die erklärtermaßen die »spontanen Wahrnehmungs-

117 Vgl. Harald Hartung: Deutsche Lyrik seit 1965, S. 83–97.
118 Peter Rühmkorf: Haltbar bis Ende 1999, S. 106.
119 Ebd., S. 105.
120 Ebd., S. 113.
121 Ebd., S. 119.

und Erkundungsweisen«[122] eines gleichzeitig gefaßten und gelösten lyrischen Ichs wiedergeben wollen, zeigt sich paradigmatisch die für die Neue Subjektivität charakteristische Mischung aus Neuartigkeit und Traditionsverbundenheit. Nicht zufällig hat Rühmkorf selbst die neue Richtung als ein Produkt aus »neu-naturalistischem Sekundenstil« und »beinah barocken Vanitas-Bedrängungen«[123] charakterisiert.

Für eine verläßliche Einschätzung der Neuen Subjektivität scheint es allerdings zu früh zu sein – einfach deshalb, weil sie selbst noch nicht Geschichte geworden ist. Gleichwohl muß gegenwärtig mit ihr eine Darstellung der Moderne in der deutschen Lyrik enden, und diese Darstellung endet sinnigerweise mit der neuen subjektiven Erlebnislyrik als der aktuellen Realisierung des Typs lyrischer Gedichte, gegen den sich die Moderne in ihren Anfängen gewendet hatte – fast so, als ob die Lyrik wie alle »Kunst keinen Fortschritt kenne«,[124] sondern nur (dialektische) Bewegung.

122 Ebd., S. 104.

123 Peter Rühmkorf: Leidensmut und Überlebenskunst. Gedichte vor und nach 1968 – Jürgen Theobaldys Anthologie. In Ders.: Strömungslehre 1, S. 110–115, hier S. 113.

124 Peter Rühmkorf: Einige Aussichten für Lyrik. In: Ders.: Strömungslehre 1, S. 44–60, hier S. 48.

Schlußbemerkung

Im Zentrum der vorliegenden Arbeit stand die Definition des lyrischen Gedichts als einer systematischen Gattung. Diese Definition ist einer doppelten Bewährungsprobe ausgesetzt worden: es ist nicht nur ihre Fruchtbarkeit bei der Lösung gattungstheoretischer Probleme wie etwa der Bestimmung des Verhältnisses von Lyrik und Subjektivität einerseits, von Lyrik und Mimesis andererseits, es ist auch, anhand der skizzenhaften Darstellung der modernen deutschen Lyrik, ihre Nützlichkeit für die Lösung spezifisch gattungsgeschichtlicher Probleme erprobt worden. Es mag daher sinnvoll sein, abschließend wenigstens knapp festzuhalten, welche Aufschlüsse die historische Anwendung der Definition erbracht hat.

Die Darstellung der modernen deutschen Lyrik hat zunächst einmal, gewissermaßen nebenbei, gezeigt, daß die hier vorgeschlagene Definition des lyrischen Gedichts nicht nur einzelne moderne Gedichte, sondern die moderne Lyrik insgesamt zu erfassen vermag. Insofern ist sie auch in historischer Hinsicht grundsätzlich als *angemessen* weit gefaßt zu betrachten. Darüber hinaus hat die Darstellung der modernen deutschen Lyrik deutlich gemacht, daß die hier vorgeschlagene Definition des lyrischen Gedichts grundsätzlich *nützlich* für die historische Forschung sein kann. Der Nutzen, den sie verspricht, liegt außer in der konkreten Bestimmung des Gegenstandsbereichs einer historischen Untersuchung vor allem im engeren Bereich der Epochendarstellung. In ihrer dynamisierten Form stellt sie strukturelle und formale Kriterien bereit, die eine präzise Klassifikation von Epochen und eine detaillierte Beschreibung ihrer Verläufe gestatten. Diese Kriterien ermöglichten hier im näheren eine literaturwissenschaftliche Beschreibung der Moderne als einer Epoche in der Geschichte der deutschen Lyrik, die sich wesentlich auf eine in dieser Form neue Unterscheidung zwischen zwei Typen und drei Phasen moderner deutscher Lyrik gründete.

Die moderne deutsche Lyrik ist allerdings nicht der einzige Gegenstand, der für eine empirische Erprobung der Definition des lyrischen Gedichts in Frage kommt. Wegen der Vielzahl und der Vielfalt der Probleme, die bei ihrer Beschreibung zu lösen waren, erschien sie jedoch für eine solche Anwendung besonders geeignet. Die Ergebnisse der Fallstudie lassen den Schluß zu, daß die Definition des lyrischen Gedichts auch für die Lösung anderer Schwierigkeiten der historischen Lyrik-Forschung brauchbar sein kann. Zumindest hat die Darstellung der modernen deutschen Lyrik mit dem Nachweis, daß die Definition für die Beschreibung *dieses* historischen Gegenstands nützlich ist, zugleich den Nachweis erbracht, daß sie *grundsätzlich* für die Lyrik-Geschichtsschreibung von Nutzen sein kann.

Die Anwendung der Definition ist allerdings nicht auf solche Epochen beschränkt, in denen in der Sache vergleichbare Schwierigkeiten auftreten wie in der Moderne. Die Darstellung der modernen deutschen Lyrik hat die Theorie der Lyrik, wie sie hier auf der Grundlage der strukturellen Definition des lyrischen Gedichts entwickelt wurde, material keineswegs ausgeschöpft. Sie hatte es wesentlich mit Problemen referentieller und im näheren realistischer und anti-realistischer Lyrik zu tun; Probleme etwa stärker konativer, emotiver oder poetologischer Lyrik oder etwa Probleme fiktiver und fiktionaler Lyrik haben in ihr nur eine untergeordnete Rolle gespielt.

Mit solchen Problemen ist in früheren Epochen wohl mehr zu rechnen als in der Moderne. Die Lyrik-Geschichte mag immer wieder, vielleicht sogar ständig referentielle Lyrik hervorbringen, doch erschöpft sie sich nicht in ihr. Die Darstellung der modernen deutschen Lyrik vermag daher im besten Fall auch nur methodisch, keinesfalls aber sachlich umfassenden Aufschluß über die Anwendbarkeit der Definition des lyrischen Gedichts zu geben: sie ist nicht mehr als ein – freilich komplexes – Beispiel für deren Instrumentalisierung.

Grundsätzlich ist eine über die Moderne hinausgehende Geschichte der (deutschen) Lyrik auf der Basis der hier vorgeschlagenen Definition des lyrischen Gedichts in ihrer dynamisierten Form durchaus denkbar. Dies wäre allerdings, methodisch gesehen, eine Lyrik-Geschichte besonderer Art: nicht eine – sei es mehr narrative, sei es mehr deskriptive – »Ereignisgeschichte«, sondern eine »Strukturgeschichte«,[1] die sich schwerpunktmäßig nicht an Ereignissen des literarischen Lebens, sondern an den Veränderungen der lyrischen Texte zu orientieren hätte.

Über den Möglichkeiten sollen allerdings die Grenzen einer historischen Anwendung der Definition nicht verschwiegen werden. Die strukturelle Definition des lyrischen Gedichts ist so angelegt, daß sie vor allem für die

1 Michael Titzmann: Probleme des Epochenbegriffs in der Literaturgeschichtsschreibung, S. 125.

Beschreibung spezifisch poetischer, also literaturimmanenter Phänomene tauglich ist – weshalb auch etwa bei der Darstellung der modernen deutschen Lyrik nur solche Veränderungen berücksichtigt werden konnten, die als literarische Fakten im engeren Sinn anzusehen sind. Das mag unproblematisch sein, solange eine skizzenhafte Epochendarstellung, wie die hier versuchte, sich ausdrücklich damit begnügt (und begnügen kann), die literaturwissenschaftlich elementare Aufgabe der *Beschreibung* literarhistorischer Phänomene zu erfüllen.

Zwar könnte das hier zugrundegelegte Beschreibungsmodell um eine Erklärungsfunktion erweitert werden, doch wäre dies, ohne logischen und methodischen Bruch, wohl nur in der Weise formalistischer Theorien möglich, die die Entstehung *von* Literatur *aus* Literatur und *gegen* Literatur erklären. Ein solches literaturimmanentes Erklärungsmodell wird jedoch der Komplexität literarhistorischen Wandels nicht unbedingt gerecht. Denn bei der Erklärung literarischer Phänomene ist grundsätzlich nicht nur zu berücksichtigen, daß sich Literatur aus Literatur und gegen Literatur entwickelt; es ist immer auch zu bedenken, daß Literatur – aus Literatur und gegen Literatur – als Reflexion von *Leben* und als Reflex *auf* Leben entsteht.[2]

Eine zweite Begrenztheit der Definition des lyrischen Gedichts mag ebenfalls im Zusammenhang mit der Darstellung der modernen deutschen Lyrik sichtbar geworden sein. Die hier vorgeschlagene Definition ist ein Instrument der Klassifikation und Beschreibung, sie ist kein Instrument der Wertung von lyrischen Gedichten. Wegen des kategorialen Unterschieds zwischen Literaturwissenschaft und Literaturkritik ist zwar von einem literaturwissenschaftlichen Modell nicht unbedingt zu fordern, daß es für die Lösung von Wertungsproblemen nützlich sein sollte. Doch dürfte dies eine weitverbreitete, durchaus übliche Erwartung auch an eine Theorie der Lyrik sein – und eine Erwartung, die von der Tradition der normativen Poetiken her ebenso verständlich ist wie von dem Anti-Traditionalismus der modernen Lyrik. Denn die Unsicherheit, die allenthalben der modernen Lyrik gegenüber zu beobachten ist, basiert nicht nur auf dem Fehlen klar definierter Begriffe für ihre Beschreibung, sondern auch auf einem Mangel an kritischen Maßstäben für ihre Beurteilung. Diesem Mangel kann hier nicht grundsätzlich abgeholfen werden.

Die Definition des lyrischen Gedichts ist im übrigen ebensowenig ein literaturkritisches wie ein hermeneutisches Instrument. Sie kann als eine materiale Definition keine neuen hermeneutischen Grundsätze für die Interpretation von lyrischen Gedichten liefern,[3] und daher ist wohl manche Text-

2 Vgl. dazu vor allem Theodor Verweyen: »Die Tragödie des Coriolanus« bei Brecht und Grass, S. 265 f. und 275.

3 Zu Problemen der Lyrik-Interpretationen vgl. grundsätzlich vor allem Herbert Lehnert: Struktur und Sprachmagie; Hilde Domin: Wozu Lyrik heute, S. 147 ff.; Leo Pollmann: Lyrikinterpretation heute. In: Erich Köhler (Hg.): Sprachen der Lyrik, S. 668–682; neuerdings auch Jens Ihwe: Konversationen über Literatur, S. 121 ff.

interpretation auch ohne diese Definition zu bewerkstelligen. Diese relative Eigenständigkeit der Interpretation mag bei einer umfangreichen Beschreibung wie der der modernen deutschen Lyrik gelegentlich den Eindruck aufkommen lassen, die historische Darstellung bedürfe im einzelnen nicht immer – und sicher nicht *nur* – der Begriffsbestimmung. Doch ist die hier vorgeschlagene Definition auch der Interpretation wenigstens soweit dienlich, als sie Begriffe und Gesichtspunkte für die angemessene Einordnung und Beschreibung lyrischer Gedichte zur Verfügung stellt, ohne die eine wissenschaftliche Interpretation von Lyrik nicht gut möglich ist. Insofern sind auch alle Einzelinterpretationen, die bei der Darstellung der modernen deutschen Lyrik vorzunehmen waren, als Interpretationen *im Rahmen* der historischen Erprobung der Definition zu verstehen.

Bei der Erklärung literarhistorischer Veränderungen, der literarischen Wertung und der Interpretation stößt die hier vorgeschlagene Definition des lyrischen Gedichts an eine Grenze, die wohl den meisten wissenschaftlichen Lyrik-Theorien gesetzt ist. Eine letzte Begrenztheit teilt sie mit aller nichtnormativen systematischen Literaturtheorie. Als eine Definition, die auf der Basis des jeweils vorliegenden historischen Materials allgemeine Sätze zu formulieren versucht, kann sie grundsätzlich nur heuristischen Charakter haben. Über ihre Angemessenheit und ihre Zweckmäßigkeit ist aufgrund neuen Materials und neuer Erkenntnisse immer wieder neu zu befinden. Auch in diesem Sinn ist das hier vorgeschlagene Modell schließlich offen: offen für die Entwicklung der Literatur wie der Literaturwissenschaft.

Zitierte Literatur

Die Abkürzungen von Zeitschriften-Titeln folgen denen der »Germanistik«

1. Textausgaben

Arnfrid *Astel*: Kläranlage. 100 neue Epigramme, München 1970.
Ingeborg *Bachmann*: Gedichte, Erzählungen, Hörspiel, Essays, München 1964.
Hugo *Ball*: Gesammelte Gedichte. Mit Photos und Faksimiles. Hg. von Annemarie Schütt-Hennings, Zürich 1963.
Elizabeth *Barrett-Browning*: The Complete Works. Edited with introduction und notes by Charlotte Porter and Helen A. Clarke. 6 Bände, New York 1973 (Repr.).
Charles *Baudelaire*: Die Blumen des Bösen. Deutsch und Französisch. Übertr. von Carl Fischer. Nachw. von Herbert Cysarz, Neuwied a. Rh./Berlin-Spandau ^{4}1962.
Johannes R. *Becher*: Ausgewählte Dichtung aus der Zeit der Verbannung 1933–1945, Berlin o. J.
Jürgen *Becker*: Gedichte 1965–1980, Frankfurt a. M. 1981.
Hans *Bender* (Hg.): Mein Gedicht ist mein Messer. Lyriker zu ihren Gedichten, München 1961.
– und Michael *Krüger* (Hg.): Was alles hat Platz in einem Gedicht? Aufsätze zur deutschen Lyrik seit 1965, München 1977.
Gottfried *Benn*: Gesammelte Werke in vier Bänden. Hg. von Dieter Wellershoff. 1. Band: Essays, Reden, Vorträge, Wiesbaden ^{3}1965. 4. Band: Autobiographische und vermischte Schriften, Wiesbaden ^{2}1966.
–: Gedichte. In der Fassung der Erstdrucke. Mit einer Einf. hg. von Bruno Hillebrand, Frankfurt a. M. 1982.
Wolf *Biermann*: Nachlaß 1, Köln 1977.
Nicolas *Born*: Gedichte 1967–1978, Reinbek b. Hamburg 1983.
Bertolt *Brecht*: Gesammelte Werke in 20 Bänden. Werkausgabe edition suhrkamp. Hg. vom Suhrkamp Verlag in Zus.arb. mit Elisabeth Hauptmann, Frankfurt a. M. 1973.
–: Versuche 1–12. Reprint, Frankfurt a. M. 1977.
–: Über Lyrik. Zusammenst. und Red.: Elisabeth Hauptmann und Rosemarie Hill, Frankfurt a. M. ^{3}1968.
Rolf Dieter *Brinkmann*: Westwärts 1 & 2. Gedichte. Mit Fotos des Autors, Reinbek b. Hamburg 1975.
Robert *Browning*: Poetical Works 1833–1864. Edited by Ian Jack, London/New York/Toronto 1970.

E. E. *Cummings*: Poems – Gedichte. Deutsch, mit einem Nachw. von Eva Hesse, Ebenhausen b. München ^{2}1982.
Paul *Celan*: Gesammelte Werke in fünf Bänden. Hg. von Beda Allemann und Stefan Reichert unter Mitwirk. von Rudolf Bücher, Frankfurt a. M. 1983.
Matthias *Claudius*: Werke. Asmus omnia sua secum portans oder Sämtliche Werke des Wandsbecker Boten. Hg. von Urban Roedl, Stuttgart ^{7}1966.
Richard *Dehmel*: Gesammelte Werke in 10 Bänden, Berlin 1906–1909.
Klaus Peter *Dencker* (Hg.): Text-Bilder. Visuelle Poesie international. Von der Antike bis zur Gegenwart, Köln 1972.
Johann Peter *Eckermann*: Gespräche mit Goethe in den letzten Jahren seines Lebens, München ^{2}1984.
Günter *Eich*: Gesammelte Werke. Hg. vom Suhrkamp Verlag in Verb. mit Ilse Aichinger und unter Mitwirk. von Susanne Müller-Hanpft, Horst Ohde, Heinz F. Schafroth und Heinz Schwitzke, Frankfurt a. M. 1973.
Hans Magnus *Enzensberger*: Einzelheiten II. Poesie und Politik, Frankfurt a. M. ^{3}1970.
–: Mausoleum. 37 Balladen aus der Geschichte des Fortschritts, Frankfurt a. M. 1975.
–: Die Gedichte, Frankfurt a. M. 1983.
– (Hg.): Museum der modernen Poesie, Frankfurt a. M. 1960.
– (Hg.): Allerleirauh. Viele schöne Kinderreime, Frankfurt a. M. 1969.
Willi *Erzgräber* in Zus.arb. mit Ute Knoedgen (Hg.): Moderne englische Lyrik. Mit einer Einl. von Willi Erzgräber, Stuttgart 1976.
Ulrich *Fülleborn* in Zus.arb. mit Klaus Peter Dencker (Hg.): Deutsche Prosagedichte des 20. Jahrhunderts. Eine Textsammlung, München 1976.
Stefan *George*: Werke. Ausgabe in vier Bänden, München 1983.
Johann Wolfgang von *Goethe*: Werke. Kommentare und Register. Hamburger Ausgabe in 14 Bänden, München 1981.
–: Schriften zu Literatur und Theater. Hg. von Walther Rehm. Stuttgart o. J. (Ges.ausg. der Werke und Schriften, Band 15).
Eugen *Gomringer* (Hg.): Konkrete Poesie. Deutschsprachige Autoren, Stuttgart 1980.
Griechisches Theater. Aischylos, Sophokles, Aristophanes, Menander. Deutsch von Wolfgang Schadewaldt, Frankfurt a. M. 1983.
Jorge *Guillén*: Berufung zum Sein. Ausgewählte Gedichte. Ins Deutsche übertr. von Hildegard Baumgardt, München 1979.
Peter *Handke*: Die Innenwelt der Außenwelt der Innenwelt, Frankfurt a. M. ^{9}1979.
Helmut *Heißenbüttel*: Das Textbuch, Neuwied/Berlin 1970.
–: Über Literatur. Aufsätze und Frankfurter Vorlesungen, München ^{2}1972.
Zbigniew *Herbert*: Herr Cogito. Gedichte. Ed., Übers. und Nachw. von Karl Dedecius, Frankfurt a. M. 1974.
Georg *Heym*: Dichtungen und Schriften. Band 1: Lyrik. Bearb. von Karl Ludwig Schneider und Gunter Martens, unter Mitarb. von Klaus Hurlebusch und Dieter Knoth, Hamburg/ München 1964.
Jakob van *Hoddis*: Weltende. Gesammelte Dichtungen. Hg. von Paul Pörtner, Zürich 1958.
Horaz: Sämtliche Werke. Lateinisch und Deutsch. Teil 1: Oden und Epoden. Nach Kayser, Nordenflycht und Burger hg. von Hans Färber, München 1970.
Walter *Höllerer*: Gedichte 1942–1982, Frankfurt a. M. 1982.
Arno *Holz*: Das Werk. Erste Ausgabe mit Einführungen von Dr. Hans W. Fischer. 10 Bände, Berlin 1924/25.
–: Phantasus. Verkleinerter Faksimiliedruck der Erstfassung. Hg. von Gerhard Schulz, Stuttgart 1968.
Ernst *Jandl*: Laut und Luise. Mit einem Nachw. von Helmut Heißenbüttel, Stuttgart 1976.
Jean Paul (Friedrich Richter): Sämtliche Werke. Hist.-krit. Ausgabe. Hg. von Eduard Berend, Weimar 1927ff.
Uwe *Johnson*: Jahrestage 4. Aus dem Leben von Gesine Cresspahl, Frankfurt a. M. 1983.
Friedrich Georg *Jünger*: Gedichte, Frankfurt a. M. 1949.

Erich *Kästner*: Gesammelte Schriften für Erwachsene. 8 Bände, München, Zürich 1969.
Milton *Klonsky* (Hg.): Shake the Kaleidoscope. A New Anthology of Modern Poetry, New York 1973.
Friedrich Gottlieb *Klopstock*: Ausgewählte Werke. Hg. von Karl August Schleiden. Nachw. Friedrich Georg Jünger. München ³1969.
Karl *Kraus*: Die Sprache. 2. Band der Werke von Karl Kraus. Mit einem Nachw. hg. von Heinrich Fischer, München ³1956.
Reiner *Kunze*: Auf eigene Hoffnung. Gedichte, Frankfurt a. M. 1981.
Else *Lasker-Schüler*: Sämtliche Gedichte. Hg. von Friedhelm Kemp, München 1966.
Wilhelm *Lehmann*: Gesammelte Werke in 8 Bänden. Hg.... von Agathe Weigel-Lehmann, Hans Dieter Schäfer und Bernhard Zeller, Stuttgart 1982.
Oskar *Loerke*: Gedichte und Prosa. Hg. von Peter Suhrkamp. 2 Bände, Frankfurt a. M. 1958.
Georg Christoph *Lichtenberg*: Schriften und Briefe. Hg. von Wolfgang Promies, München 1967ff.
Lyrik des expressionistischen Jahrzehnts. Von den Wegbereitern bis zum Dada. Eingel. von Gottfried Benn, Wiesbaden ⁵1974.
Ludwig *Marcuse*: Mein zwanzigstes Jahrhundert. Auf dem Weg zu einer Autobiographie, Zürich 1975.
Ernst *Meister*: Ausgewählte Gedichte 1932–1979. Erw. Neuausg. Nachw. von Beda Allemann, Darmstadt/Neuwied 1979.
Conrad Ferdinand *Meyer*: Sämtliche Werke in zwei Bänden. Vollst. Texte nach der Ausg. letzter Hand. Mit e. Nachw. von Erwin Laaths, München 1976.
Cesław *Miłosz*: Gedichte 1933–1981. In der Übertr. von Karl Dedecius und Jeannine Łuczak-Wild. Mit e. Nachw. von Aleksander Fiut, Frankfurt a. M. 1982.
Eduard *Mörike*: Werke in einem Band. Hg. von Herbert G. Göpfert, München 1977.
Christian *Morgenstern*: Alle Galgenlieder. Galgenlieder, Palmström, Palma Kunkel, Gingganz, Berlin/Darmstadt/Wien 1966.
Eugenio *Montale*: Satura/Diario. Aus den späten Zyklen. Italienisch/Deutsch. Übertr. und Nachw. von Michael Marschall von Bieberstein, München/Zürich 1976.
Robert *Musil*: Essays und Reden, Kritik. Neu durchges. und verb. Ausgabe 1978. Hg. von Adolf Frisé, Reinbek b. Hamburg 1983.
Friedrich *Nietzsche*: Werke in 6 Bänden. Hg. von Karl Schlechta, München 1980.
Novalis: Schriften. 1. Band: Das dichterische Werk. Hg. von Paul Kluckhohn und Richard Samuel unter Mitarb. von Heinz Ritter und Gerhard Schulz. Rev. von Richard Samuel, Stuttgart ³1977.
Rainer Maria *Rilke*: Sämtliche Werke in 12 Bänden. Hg. vom Rilke-Archiv. In Verb. mit Ruth Sieber-Rilke bes. durch Ernst Zinn, Frankfurt a. M. ²1976.
Arthur *Rimbaud*: Sämtliche Dichtungen. Französisch, mit deutscher Übertr. von Walther Küchler, Heidelberg 1965.
Friedrich *Rückert*: Werke. Auswahl in 8 Teilen. Hg. und mit Einl. vers. von Edgar Groß und Elsa Hertzer, Berlin/Leipzig/Wien/Stuttgart o. J.
Peter *Rühmkorf*: Gesammelte Gedichte, Reinbek b. Hamburg 1976.
–: Strömungslehre 1. Poesie, Reinbek b. Hamburg 1978.
–: Haltbar bis Ende 1999. Gedichte, Reinbek b. Hamburg 1979.
–: Der Reim und seine Wirkung. Bausteine zu einer Poetologie des Alltagslebens. In: Akzente 27 (1980), S. 385–404.
–: Agar agar – zaurzaurim. Zur Naturgeschichte des Reims und der menschlichen Anklangsnerven, Reinbek b. Hamburg 1981.
Friedrich *Schiller*: Sämmtliche Werke in 12 Bänden, Stuttgart/Tübingen 1857.
—: Der Briefwechsel zwischen Schiller und Goethe. 3 Bände, München 1984.
August Wilhelm von *Schlegel*: Sämmtliche Werke. Hg. von Eduard Böcking. Band 2, 1. Theil, Hildesheim/New York 1971 (Repr.).
Jürgen *Schutte* (Hg.): Lyrik des Naturalismus, Stuttgart 1982.
Kurt *Schwitters*: Das literarische Werk. Band 1: Lyrik. Hg. von Friedhelm Lach, Köln 1973.

William *Shakespeare*: The Complete Works. A new edition, edited with an introduction and glossary by Peter Alexander, London/Glasgow 1971.
Sophokles: Die Tragödien. Übertr. der Tragödien von K. W. F. Solger (Berlin 1808). Mit e. Nachw. von Wolfgang Schadewaldt u. Anm. von Klaus Ries, München 1977.
August *Stramm*: Das Werk. Hg. von René Radrizzani, Wiesbaden 1963.
Georg *Trakl*: Dichtungen und Briefe. Hg. von Walther Killy und Hans Szklenar, Salzburg ^{3}1974.
Guiseppe *Ungaretti*: Vita d'un uomo. Tutte le poesie. A cura di Leone Piccioní, Milano ^{10}1982.
Theodor *Verweyen* und Gunther Witting (Hg.): Deutsche Lyrik-Parodien aus drei Jahrhunderten, Stuttgart 1983.
Voltaire: Oeuvres Completes. 52 Bände, Naudeln 1967 (Repr.).
Christoph Martin *Wieland*: Sämtliche Werke. Hg. von der »Hamburger Stiftung zur Förderung von Wissenschaft und Kultur« in Zus.arb. mit dem »Wieland-Archiv«, Biberach/Riß, und Dr. Hans Radspieler, Neu-Ulm, Hamburg 1984.
Rudolf Otto *Wiemer* (Hg.): Bundesdeutsch. Lyrik zur Sache Grammatik. Wuppertal 1974.
Emmett *Williams* (Hg.): An Anthology of Concrete Poetry, New York 1967.
William Carlos *Williams*: Die Worte, die Worte, die Worte. Gedichte. Amerikanisch und deutsch. Übertr., das Gedicht »Envoi« und Nachw. von Hans Magnus Enzensberger, Frankfurt a. M. ^{2}1973.
William *Wordsworth*: The Poetical Works. With introduction and notes edited by Thomas Hutchinson, revised by Ernest de Selincourt, London/New York/Toronto ^{16}1971.
Ralph-Rainer *Wuthenow* (Hg.): Gedichte 1830–1900. Nach den Erstdrucken in zeitlicher Folge, München 1970 (Epochen der deutschen Lyrik, Band 8).

2. Forschungsliteratur

Jeremy *Adler* und Ulrich Ernst: Text als Figur. Visuelle Poesie von der Antike bis zur Moderne, Weinheim 1987.
– und John J. White (Hg.): August Stramm. Kritische Essays und unveröffentlichtes Quellenmaterial aus dem Nachlaß des Dichters, Berlin 1979.
Theodor W. *Adorno*: Noten zur Literatur. Hg. von Rolf Tiedemann, Frankfurt a. M. 1981.
Leif Ludwig *Albertsen*: Neuere deutsche Metrik, Bern/Frankfurt a. M./Nancy/New York 1984.
Richard *Alewyn*: Probleme und Gestalten. Essays, Frankfurt a. M. 1974.
Johannes *Anderegg*: Fiktion und Kommunikation. Ein Beitrag zur Theorie der Prosa, Göttingen ^{2}1977.
–: Sprache und Verwandlung. Zur literarischen Ästhetik, Göttingen 1985.
Mario *Andreotti*: Die Struktur der modernen Literatur. Neue Wege in der Textanalyse. Einführung Epik und Lyrik, Bern/Stuttgart 1983.
Aristoteles: Poetik. Übers., Einl. und Anm. von Olof Gigon, Stuttgart 1961.
Bernhard *Asmuth*: Aspekte der Lyrik. Mit einer Einführung in die Verslehre, Düsseldorf ^{3}1974. S. 10.
–: Gedichte. In: Heinz Ludwig Arnold und Volker Sinemus (Hg.): Grundzüge der Literatur- und Sprachwissenschaft. Band 1: Literaturwissenschaft, München ^{3}1975, S. 274–284. S. 22.
Elke *Austermühl*: Poetische Sprache und lyrisches Verstehen. Studien zum Begriff der Lyrik, Heidelberg 1981.
Michail M. *Bachtin*: Die Ästhetik des Wortes. Hg. und eingel. von Rainer Grübel. Aus dem Russ. übers. von Rainer Grübel und Sabine Reese, Frankfurt a. M. 1979.
Irene *Behrens*: Die Lehre von der Einteilung der Dichtkunst, vornehmlich vom 16. bis 19. Jahrhundert. Studien zur Geschichte der poetischen Gattungen, Halle a. d. S. 1940.
Alfred *Behrmann*: Variationen einer Form: das Sonett. In: DVjs 59 (1985), S. 1–28.
Suzanne *Bernard*: Le poème en prose. De Baudelaire jusqu'a nos jours, Paris 1978 (Repr.).
Klaus *Birkenhauer*: Die eigenrhythmische Lyrik Bertolt Brechts. Theorie eines kommunikativen Sprachstils, Tübingen 1971.

Eduard *Boas*: Schiller und Goethe im Xenienkampf. 2 Bände, Stuttgart 1851.
Paul *Böckmann*: Der Strukturwandel der modernen Lyrik in Rilkes »Neuen Gedichten«. In: WirkWort 12 (1962), S. 336–354.
Bernhard *Böschenstein*: Die Dunkelheit der deutschen Lyrik des 20. Jahrhunderts. In: DU 21 (1969), 3, S. 51–66.
Alexander von *Bormann*: »Wer heut Sonette schreibt...«. Hinweise zur historischen Semantik einer lyrischen Form. In: Helmut Arntzen u. a. (Hg.): Literaturwissenschaft und Geschichtsphilosophie. Festschrift für Wilhelm Emrich, Berlin/New York 1975, S. 146–159.
Dieter *Breuer*: Deutsche Metrik und Versgeschichte, München 1981.
Richard *Brinkmann*: Expressionismus. Forschungs-Probleme 1952–1960, Stuttgart 1961.
–: Zur Wortkunst des »Sturm«-Kreises. Anmerkungen über Möglichkeiten und Grenzen abstrakter Dichtung. In: Klaus Lazarowicz und Wolfgang Kron (Hg.): Unterscheidung und Bewahrung. Festschrift für Hermann Kunisch zum 60. Geburtstag 27. Oktober 1961, Berlin 1961, S. 63–78.
–: »Abstrakte« Lyrik im Expressionismus und die Möglichkeit symbolischer Aussage. In: Hans Steffen (Hg.): Der deutsche Expressionismus. Formen und Gestalten, Göttingen 1965, S. 88–114.
–: Expressionismus. Internationale Forschung zu einem internationalen Problem, Stuttgart 1980.
– (Hg.): Begriffsbestimmung des literarischen Realismus, Darmstadt 1969.
Cleanth *Brooks*: The Well Wrought Urn. Studies in the Structure of Poetry, London ³1969.
Christa *Bürger*, Peter Bürger und Jochen Schulte-Sasse (Hg.): Naturalismus/Ästhetizismus, Frankfurt a.M. 1979.
Peter *Bürger*: Theorie der Avantgarde, Frankfurt a.M. 1974.
Theo *Bungarten* (Hg.): Wissenschaftssprache. Beiträge zur Methodologie, theoretischen Fundierung und Deskription, München 1981.
Rudolf *Carnap*: Der logische Aufbau der Welt, Hamburg ²1961.
Ulrich *Charpa*: Künstlerische und wissenschaftliche Wahrheit. Zur Frage der Ausgrenzung des ästhetischen Wahrheitsbegriffs. In: Poetica 13 (1982), S. 327–344.
Karl Otto *Conrady*: Lateinische Dichtungstradtition und deutsche Lyrik des 17. Jahrhunderts, Bonn 1962.
–: Literatur und Germanistik als Herausforderung. Skizzen und Stellungnahmen, Frankfurt a.M. 1974.
–: Von Schwierigkeiten, über Gedichte zu reden. In: Jutta Kolkenbrock-Netz u. a. (Hg.): Wege der Literaturwissenschaft, Bonn 1985, S. 26–44.
Ernst Robert *Curtius*: Europäische Literatur und lateinisches Mittelalter, Bern ⁴1963.
Claude *David*: Stefan George. Sein dichterisches Werk. München 1967.
–: Stefan George und der Jugendstil. In: Ders.: Ordnung des Kunstwerks. Aufsätze zur deutschsprachigen Literatur zwischen Goethe und Kafka. Hg. von Theo Buck und Etienne Mazingue, Göttingen 1983, S. 117–134.
Horst *Denkler*: Die Literaturtheorie der Zwanziger Jahre: Zum Selbstverständnis des literarischen Nachexpressionismus in Deutschland – Ein Vortrag. In: Monatshefte (Wisconsin) 59 (1967), S. 305–319.
–: Sache und Stil. Die Theorie der »Neuen Sachlichkeit« und ihre Auswirkungen auf Kunst und Dichtung. In: WirkWort 18 (1968), S. 167–185.
– (Hg.): Gedichte der »Menschheitsdämmerung«. Interpretationen expressionistischer Lyrik. Mit e. Einl. von Kurt Pinthus, München 1971.
Wilhelm *Dilthey*: Das Erlebnis und die Dichtung. Lessing, Goethe, Novalis, Hölderlin, Göttingen ¹⁵1970.
Hilde *Domin*: Wozu Lyrik heute. Dichtung und Leser in der gesteuerten Gesellschaft, München ³1975.
Alfred *Doppler*: Wie lyrisch ist die moderne Lyrik? In: Literatur und Kritik 92 (1975), S. 100–114.
Jörg *Drews* (Hg.): Das Tempo dieser Zeit ist keine Kleinigkeit. Zur Literatur um 1918, München 1981.

Raimund *Drommel*: Die Sprechpause als Grenzsignal im Text, Göppingen 1974.
Manfred *Durzak* (Hg.): Die deutsche Literatur der Gegenwart. Aspekte und Tendenzen, Stuttgart 1971.
Umberto *Eco*: Einführung in die Semiotik. Aut. deutsche Ausg. von Jürgen Trabant, München 1972.
Karl *Eibl*: Kritisch-rationale Literaturwissenschaft. Grundlagen zur erklärenden Literaturgeschichte, München 1976.
Boris *Eichenbaum*: Aufsätze zur Theorie und Geschichte der Literatur. Ausgew. und aus dem Russ. übers. von Alexander Kaempfe, Frankfurt a.M. 1965.
Wolfgang *Elfe*, James Hardin und Günther Holst (Hg.): Deutsche Exilliteratur – Literatur im Dritten Reich. Akten des 2. Exilliteratur-Symposiums der University of South Carolina, Bern/Frankfurt a.M./Las Vegas 1979.
Theo *Elm* und Gerd Hemmerich (Hg.): Zur Geschichtlichkeit der Moderne. Der Begriff der literarischen Moderne in Theorie und Deutung. Ulrich Fülleborn zum 60. Geburtstag, München 1982.
Manfred *Engel*: Rainer Maria Rilkes »Duineser Elegien« und die moderne deutsche Lyrik. Zwischen Jahrhundertwende und Avantgarde, Stuttgart 1986.
Lothar *Ern*: Freivers und Metrik. Zur Problematik der englischen Verswissenschaft. Diss., Freiburg i.Br. 1968.
Hartmut *Engelhardt*: Der Versuch, wirklich zu sein. Zu Rilkes sachlichem Sagen, Frankfurt a.M. 1973.
Ulrich *Ernst*: Die Entwicklung der optischen Poesie in Antike, Mittelalter und Neuzeit. Ein literarhistorisches Forschungsdesiderat. In: GRM N.F. 26 (1976), S. 379–385.
–: Europäische Figurengedichte in Pyramidenform aus dem 16. und 17. Jahrhundert. Konstruktionsmodelle und Sinnbildfunktionen. Ansätze zu einer Typologie. In: Euphorion 76 (1982), S. 295–360.
–: Kontinuität und Transformation der mittelalterlichen Zahlensymbolik in der Renaissance. Die »Numerorum mysteria« des Petrus Bungus. In: Euphorion 77 (1983), S. 247–325.
–: Zahl und Maß in den Figurengedichten der Antike und des Frühmittelalters. Beobachtungen zur Entwicklung tektonischer Bauformen. In: Miscellanea Mediaevalia 16/2, S. 310–332.
–: Lesen als Rezeptionsakt. Textpräsentation und Textverständnis in der manieristischen Barocklyrik. In: LiLi 57/58 (1985), S. 67–94.
Rudolf *Eppelsheimer*: Mimesis und Imitatio Christi bei Loerke, Däubler, Morgenstern, Hölderlin, Bern/München 1968.
Christoph *Eykman*: Die Funktion des Häßlichen in der Lyrik Georg Heyms, Georg Trakls und Gottfried Benns. Zur Krise der Wirklichkeitserfahrung im deutschen Expressionismus, Bonn 1965.
–: Denk- und Stilformen des Expressionismus, München 1974.
Hans *Färber*: Die Lyrik in der Kunsttheorie der Antike, München 1936.
Jörg-Ulrich *Fechner*: Der Antipetrarkismus. Studien zur Liebessatire in barocker Lyrik, Heidelberg 1966.
– (Hg.): Das deutsche Sonett. Dichtungen, Gattungspoetik, Dokumente, München 1969.
I(van) *Fónagy*: Die Redepausen in der Dichtung. In: Phonetica 5 (1960), S. 169–203.
Leonard *Forster*: Dichten in fremden Sprachen. Vielsprachigkeit in der Literatur. Übers. von Jörg-Ulrich Fechner, München 1974.
Gottlob *Frege*: Über Sinn und Bedeutung. In: Ders.: Funktion, Begriff, Bedeutung. Fünf logische Studien. Hg. und eingel. von Günther Patzig, Göttingen [4]1975, S. 40–65.
Harald *Fricke*: Die Sprache der Literaturwissenschaft. Textanalytische und philosophische Untersuchungen, München 1977.
–: Norm und Abweichung. Eine Philosophie der Literatur, München 1981.
–: Semantics or Pragmatics of Fictionality? A Modest Proposal. In: Poetics 11 (1982), S. 439–452.
Hermann *Friedmann* und Otto Mann (Hg.): Expressionismus. Gestalten einer literarischen Bewegung, Heidelberg 1956.

Hugo *Friedrich*: Die Struktur der modernen Lyrik. Von der Mitte des 19. bis zur Mitte des 20. Jahrhunderts. Erw. Neuausg. Reinbek b. Hamburg ⁵1973.
Wilhelm *Füger*: Das englische Prosagedicht. Grundlagen, Vorgeschichte, Hauptphasen, Heidelberg 1973.
Ulrich *Fülleborn*: Das deutsche Prosagedicht. Zu Theorie und Geschichte einer Gattung. München 1970.
– und Manfred Engel (Hg.): Rilkes Duineser Elegien. 3 Bände, Frankfurt a. M. 1982.
Manfred *Fuhrmann*: Einführung in die antike Dichtungstheorie, Darmstadt 1973.
Gottfried *Gabriel*: Definitionen und Interessen. Über die praktischen Grundlagen der Definitionslehre, Stuttgart-Bad Cannstatt 1972.
–: Fiktion und Wahrheit. Eine semantische Theorie der Literatur, Stuttgart-Bad Cannstatt 1975.
–: Fiktion, Wahrheit und Erkenntnis in literarischen Texten. In: DU 27 (1975), S. 5–17.
–: Fiction – A Semantic Approach. In: Poetics 8 (1979), S. 245–255.
–: Über Bedeutung in der Literatur. Zur Möglichkeit ästhetischer Erkenntnis. In: Allg. Zschr. f. Philosophie 2 (1983), S. 7–21.
Hans-Georg *Gadamer*: Wahrheit und Methode. Grundzüge einer philosophischen Hermeneutik, Tübingen ³1972.
Gerda *Gemmill*: Die deutsche und englische literaturwissenschaftliche Terminologie. Ein Beitrag zur kontrastiv-lexikalischen Analyse. Diss., Köln 1976.
Ingrid *Girschner-Woldt*: Theorie der modernen politischen Lyrik, Berlin 1971.
Hiltrud *Gnüg*: Entstehung und Krise lyrischer Subjektivität. Vom klassischen lyrischen Ich zur modernen Erfahrungswirklichkeit, Stuttgart 1983.
Jutta *Goheen*: Erinnerung als Geste mhd. Lyrik. Zu einem ›lyrischen‹ Präteritum. In: Heinz Rupp und Hans-Gert Roloff (Hg.): Akten des VI. Internationalen Germanisten-Kongresses Basel 1980, Teil 2, Bern/Frankfurt a. M./Las Vegas 1981, S. 249–256.
Jacob und Wilhelm *Grimm*: Deutsches Wörterbuch. 4. Band, 1. Abt., 1. Hälfte: Forschel-Gefolgsmann. Bearb. von J. Grimm, Karl Weigand u. Rudolf Hildebrand, Leipzig 1878.
Reinhold *Grimm* (Hg.): Zur Lyrik-Diskussion, Darmstadt 1966 (erw. Ausg. ²1974).
– (Hg.): Hans Magnus Enzensberger, Frankfurt a. M. 1984.
– und Jost Hermand (Hg.): Die sogenannten Zwanziger Jahre. 1st Wisconsin Workshop, Bad Homburg/Berlin/Zürich 1970.
– und Jost Hermand (Hg.): Exil und Innere Emigration. 3rd Wisconsin Workshop, Frankfurt a. M. 1972.
Friedrich *Gundolf*: Goethe, Berlin ⁵1918.
Rudolf *Haas*: Die moderne englische Lyrik. In: Karl Heinz Göller (Hg.): Epochen der englischen Lyrik, Düsseldorf 1970, S. 209–235.
Rudolf *Haller*: Geschichte der deutschen Lyrik. Vom Ausgang des Mittelalters bis zu Goethes Tod, Bern/München 1967.
Käte *Hamburger*: Die Logik der Dichtung, Frankfurt a. M./Berlin/Wien ⁴1980.
–: Rilke. Eine Einführung, Stuttgart 1976.
–: Wahrheit und ästhetische Wahrheit, Stuttgart 1979.
– (Hg.): Rilke in neuer Sicht, Stuttgart/Berlin/Köln/Mainz 1971.
Michael *Hamburger*: Die Dialektik der modernen Lyrik. Von Baudelaire bis zur Konkreten Poesie. Übers. von Hermann Fischer, München 1972.
Harald *Hartung*: Deutsche Lyrik seit 1965. Tendenzen, Beispiele, Porträts, München 1985.
Georg Friedrich Wilhelm *Hegel*: Vorlesungen über die Ästhetik. 3 Bände, Frankfurt a. M. 1970 (Werke, Band 13–15).
Erich *Heller*: Nirgends wird Welt sein als innen. Versuche über Rilke, Frankfurt a. M. 1975.
Hermann *Helmers*: Lyrischer Humor. Strukturanalyse und Didaktik der komischen Versliteratur, Stuttgart ²1978.
– (Hg.): Verfremdung in der Literatur, Darmstadt 1984.
Arthur *Henkel*: Goethe-Erfahrungen. Studien und Vorträge, Stuttgart 1982.
Dieter *Henrich* und Wolfgang Iser (Hg.): Funktionen des Fiktiven, München 1983.

Klaus W. *Hempfer*: Gattungstheorie. Information und Synthese, München 1973.
Jost *Hermand*: Der Schein des schönen Lebens. Studien zur Jahrhundertwende, Frankfurt a. M. 1972.
–: Stile, Ismen, Etiketten. Zur Periodisierung der modernen Kunst, Wiesbaden 1978.
Clemens *Heselhaus*: Deutsche Lyrik der Moderne von Nietzsche bis Yvan Goll. Die Rückkehr zur Bildlichkeit der Sprache, Düsseldorf ^{2}1962.
Eva *Hesse*: T. S. Eliot und »Das wüste Land«. Eine Analyse. Frankfurt a. M. 1973.
Bruno *Hillebrand*: Expressionismus als Anspruch. Zur Theorie der expressionistischen Lyrik. In: ZfdPh 96 (1977), S. 234–269.
– (Hg.): Gottfried Benn, Darmstadt 1979.
Walter *Hinck*: Von Heine zu Brecht. Lyrik im Geschichtsprozeß, Frankfurt a. M. 1978.
– (Hg.): Geschichte im Gedicht. Texte und Interpretationen. Protestlied, Bänkelsong, Ballade, Chronik, Frankfurt a. M. 1979.
Walter *Hinderer*: Probleme politischer Lyrik heute. In: Wolfgang Kuttenkeuler (Hg.): Poesie und Politik. Zur Situation der Literatur in Deutschland, Bonn 1973, S. 91–136.
– (Hg.): Geschichte der politischen Lyrik in Deutschland, Stuttgart 1978.
– (Hg.): Geschichte der deutschen Lyrik vom Mittelalter bis zur Gegenwart, Stuttgart 1983.
Hans *Hinterhäuser*: Moderne italienische Lyrik, Göttingen 1964.
Gustav René *Hocke*: Manierismus in der Literatur, Reinbek b. Hamburg ^{4}1967.
Paul *Hoffmann*: Zum Begriff des literarischen Symbolismus. In: Jürgen Brummack u. a. (Hg.): Literaturwissenschaft und Geistesgeschichte. Festschrift für Richard Brinkmann, Tübingen 1981, S. 489–509.
–: Symbolismus, München 1987.
Peter Uwe *Hohendahl* (Hg.): Benn – Wirkung wider Willen. Dokumente zur Wirkungsgeschichte Benns, Frankfurt a. M. 1971.
Hans Egon *Holthusen*: Ja und Nein. Neue kritische Versuche, München 1954.
–: Sartre in Stammheim. Zwei Themen aus den Jahren der großen Turbulenz, Stuttgart 1982.
–: Opus 19. Reden und Widerreden aus 25 Jahren, München/Zürich 1983.
Wiklef *Hoops*: Fiktionalität als pragmatische Kategorie. In: Poetica 11 (1979), S. 281–317.
András *Horn*: Ästhetische Funktionen der Sprachmischung in der Literatur. In: Arcadia 16 (1981), S. 225–241.
Jens *Ihwe*: Konversationen über Literatur. Literatur und Wissenschaft aus nominalistischer Sicht. Unter Mitarb. von Eric Vos, Braunschweig/Wiesbaden 1985.
Wolfgang *Iser* (Hg.): Immanente Ästhetik – Ästhetische Reflexion. Lyrik als Paradigma der Moderne, München ^{2}1983.
Jürgen *Jacobs*: Wie die Wirklichkeit selber. Zu Brechts »Lesebuch für Städtebewohner«. In: Brecht-Jahrbuch 1974, S. 77–91.
Roman *Jakobson*: Poetik. Ausgewählte Aufsätze 1921–1971. Hg. von Elmar Holenstein und Tarcisius Schelbert, Frankfurt a. M. 1979.
Uwe *Japp*: Literatur und Modernität, Frankfurt a. M. 1986.
Hans Robert *Jauß*: Literaturgeschichte als Provokation, Frankfurt a. M. ^{5}1974.
Lothar *Jordan*, Axel Marquardt und Winfried Woesler (Hg.): Lyrik – von allen Seiten. Gedichte und Aufsätze des ersten Lyrikertreffens in Münster, Frankfurt a. M. 1981.
–: Lyrik – Blick über die Grenzen. Gedichte und Aufsätze des zweiten Lyrikertreffens in Münster, Frankfurt a. M. 1984.
Klaus Günther *Just*: Von der Gründerzeit bis zur Gegenwart. Geschichte der deutschen Literatur seit 1871, Bern/München 1973.
Erich *Kahler*: Was ist ein Gedicht? In: Neue Rundschau 61 (1950), S. 520–544.
Wolfgang *Kayser*: Kleine deutsche Versschule, Bern/München ^{20}1980.
Henricus *Keil* (Hg.): Grammatici Latini. Band 1. Flavii Sosipatri Charisii Artis Grammaticae Libri V, Diomedis Artis Grammaticae Libri III, Hildesheim/New York 1981 (Repr.).
Hans-Georg *Kemper*: Vom Expressionismus zum Dadaismus. Eine Einführung in die dadaistische Literatur, Kronberg/Ts. 1974.
– und Silvio Vietta: Expressionismus, München 1975.

Walther *Killy*: Wandlungen des lyrischen Bildes, Göttingen [6]1971.
–: Über Georg Trakl, Göttingen [3]1967.
–: Lyrik. In: Wolf-Hartmut Friedrich und Walther Killy (Hg.): Fischer Lexikon Literatur, Band 2,1, Frankfurt a. M. [7]1974, S. 333–347.
–: Elemente der Lyrik, München 1972.
Johannes *Klein*: Geschichte der deutschen Lyrik von Luther bis zum Ausgang des 2. Weltkrieges, Wiesbaden [2]1960.
Ulrich *Klein*: Lyrik. In: Diether Krywalski (Hg.): Handlexikon zur Literaturwissenschaft, München [2]1974, S. 292–299.
Ulrich *Knoche*: Erlebnis und dichterischer Ausdruck in der lateinischen Poesie. In: Gymnasium 65 (1958), S. 146–165.
Gerhard *Köpf* (Hg.): Neun Kapitel Lyrik, Paderborn 1984.
Otto *Knörrich*: Die deutsche Lyrik seit 1945, Stuttgart [2]1978.
Jan *Knopf*: Brecht-Handbuch Lyrik, Prosa, Schriften. Eine Ästhetik der Widersprüche. Mit einem Anhang: Film, Stuttgart 1984.
Thomas *Koebner*: Der Garten als literarisches Motiv: Ausblick auf die Jahrhundertwende. In: Park und Garten im 18. Jahrhundert. Colloquium der Arbeitsstelle 18. Jahrhundert Gesamthochschule Wuppertal, Heidelberg 1978, S. 141–192.
– (Hg.): Tendenzen der deutschen Literatur seit 1945, Stuttgart 1971.
–: Tendenzen der deutschen Gegenwartsliteratur, Stuttgart 1984.
Erich *Köhler* (Hg.): Sprachen der Lyrik. Festschrift für Hugo Friedrich zum 70. Geburtstag, Frankfurt a. M. 1975.
Stephan *Kohl*: Realismus: Theorie und Geschichte, München 1977.
H. *Koller*: Die Mimesis in der Antike, Bern 1954.
Max *Kommerell*: Gedanken über Gedichte, Frankfurt a. M. [3]1956.
Thomas *Kopfermann* (Hg.): Theoretische Positionen zur Konkreten Poesie. Texte und Bibliographie, Tübingen 1974.
Herbert *Kraft*: Strukturen der Lyrik. In: Joachim Krause u. a. (Hg.): Sammeln und Sichten. Festschrift für Oskar Fambach zum 80. Geburtstag, Bonn 1982, S. 324–341.
Helmut *Kreuzer*: Veränderungen des Literaturbegriffs. Fünf Beiträge zu aktuellen Problemen der Literaturwissenschaft, Göttingen 1975.
Elisabeth *Kuhs*: Buchstabendichtung. Zur gattungskonstituierenden Funktion von Buchstabenformationen in der französischen Literatur vom Mittelalter bis zum Ende des 19. Jahrhunderts, Heidelberg 1982.
Hans-Henrik *Krummacher*: Das »als ob« in der Lyrik. Erscheinungsformen und Wandlungen einer Sprachfigur der Metaphorik von der Romantik bis zu Rilke, Köln/Graz 1965.
Renate *Lachmann* (Hg.): Dialogizität, München 1982.
Dieter *Lamping*: Probleme der Reimpoetik im 20. Jahrhundert. In: WirkWort 35 (1985), S. 283–293.
Jürgen *Landwehr*: »Schlechtes Allgemeines« und der Aufstand der Lyrik. Über ein produktives Mißverständnis der Ästhetik. In: Textsorten und literarische Gattungen. Dokumentation des Germanistentages in Hamburg vom 1. bis 4. April 1979. Hg. vom Vorstand der Vereinigung der deutschen Hochschulgermanisten, Berlin 1983, S. 235–249.
August *Langen*: Dialogisches Spiel. Formen und Wandlungen des Wechselgesangs in der deutschen Dichtung (1600–1900), Heidelberg 1966.
Hartmut *Laufhütte*: Die deutsche Kunstballade. Grundlegung einer Gattungsgeschichte, Heidelberg 1979.
–: Die deutsche Kunstballade. Gattungsbegriff und Gattungsgeschichte. In: Textsorten und literarische Gattungen. Dokumentation des Germanistentages in Hamburg vom 1. bis 4. April 1979. Hg. vom Vorstand der Vereinigung der deutschen Hochschulgermanisten, Berlin 1983, S. 335–347.
Susanne *Ledanff*: Die Augenblicksmetapher. Über Bildlichkeit und Spontaneität in der Lyrik, München 1981.

Herbert *Lehnert*: Struktur und Sprachmagie. Zur Methode der Lyrik-Interpretation, Stuttgart/Berlin/Köln/Mainz 1966.
–: Geschichte der deutschen Literatur vom Jugendstil zum Expressionismus, Stuttgart 1978.
Kurt *Leonhard*: Moderne Lyrik. Monolog und Manifest. Ein Leitfaden, Bremen 1963.
Jürgen *Link*: Literaturwissenschaftliche Grundbegriffe. Eine programmierte Einführung auf strukturalistischer Basis, München 1974.
–: Das lyrische Gedicht als Paradigma des überstrukturierten Textes. In: Helmut Brackert und Eberhard Lämmert (Hg.): Funkkolleg Literatur. Studienbegleitbrief 4, Wiesbaden/Basel 1976, S. 36–68.
Fritz *Lockemann*: Gedanken über das lyrische Du. In: Volk, Sprache, Dichtung. Festgabe für Karl Wagner, Gießen 1960, S. 79–106.
Wolfgang *Lockemann*: Lyrik, Epik, Dramatik oder die totgesagte Trinität, Meisenheim a. Glan 1973.
Edgar *Lohner*: Passion und Intellekt. Die Lyrik Gottfried Benns, Neuwied 1961.
–: Schiller und die moderne Lyrik, Göttingen 1964.
Jurij M. *Lotman*: Die Struktur des künstlerischen Textes. Hg. mit e. Nachw. und e. Reg. von Rainer Grübel, Frankfurt a. M. 1973.
Hans-Joachim *Mähl*: Die Mystik der Worte – Zum Sprachproblem in der modernen deutschen Dichtung. In: WirkWort 13 (1963), S. 289–303.
Klaus *Manger*: Wir müssen's wohl leiden. Zu Paul Celans Gedicht »Du liegst im großen Gelausche«. In: Euphorion 73 (1979), S. 237–244.
Gunter *Martens*: Vitalismus und Expressionismus. Ein Beitrag zur Genese und Deutung expressionistischer Stilstrukturen und Motive, Stuttgart 1971.
Karl *Maurer*: Der Liebende im Präteritum. In: Poetica 5 (1972), S. 1–34.
Thomas *McFarland*: Poetry and the Poem: The Structure of Poetic Content. In: Frank Brady u. a. (Hg.): Literary Theory and Structure. Essays in Honor of William K. Wimsatt, New Haven/London 1973, S. 81–113.
Christel *Meier*: Grundzüge der mittelalterlichen Enzyklopädik. Zu Inhalten, Formen und Funktionen einer problematischen Gattung. In: Ludger Grenzmann und Karl Stackmann (Hg.): Literatur und Laienbildung im Spätmittelalter und in der Reformationszeit, Stuttgart 1984, S. 467–500.
Dietlind *Meinecke* (Hg.): Über Paul Celan, Frankfurt a. M. 1970.
Horst *Meixner*: Die ›Dunkelheit‹ der modernen Lyrik. In: DU 17 (1965), 4, S. 41–53.
Winfried *Menninghaus*: Paul Celan. Magie der Form, Frankfurt a. M. 1980.
Herman *Meyer*: Zarte Empirie. Studien zur Literaturgeschichte, Stuttgart 1968.
Peter *Michelsen*: Zur Sprachform des Frühexpressionismus bei August Stramm. In: Euphorion 58 (1964), S. 276–302.
Jakob *Minor*: Neuhochdeutsche Metrik. Ein Handbuch, Straßburg ²1902.
Hartmut *Müller*: Formen moderner deutscher Lyrik, Paderborn ³1978
Wolfgang G. *Müller*: Der Weg vom Symbolismus zum deutschen und anglo-amerikanischen Dinggedicht des beginnenden zwanzigsten Jahrhunderts. Die Beziehung zwischen Rilke und Baudelaire als Paradigma. In: Neophilologus 58 (1974), S. 157–179.
–: Das lyrische Ich. Erscheinungsformen gattungseigentümlicher Autor-Subjektivität in der englischen Lyrik, Heidelberg 1979.
Walter *Müller-Seidel* (Hg.): Balladenforschung, Königstein/Ts. 1980.
Jan *Mukařovský*: Kapitel aus der Poetik. Aus dem Tschechischen übers. von Walter Schamschula, Frankfurt a. M. 1967.
Max *Nänny*: Iconic Dimensions in Poetry. In: Richard Waswo (Hg.): On Poetry and Poetics, Tübingen 1985, S. 111–136.
Bernd Helmut *Neumann*: Die kleinste poetische Einheit. Semantisch-poetologische Untersuchungen an Hand der Lyrik von Conrad Ferdinand Meyer, Arno Holz, August Stramm und Helmut Heißenbüttel, Köln/Wien 1977.
Gerhard *Neumann*: Die ›absolute‹ Metapher. Ein Abgrenzungsversuch am Beispiel Stéphane Mallarmés und Paul Celans. In: Poetica 3 (1970), S. 188–225.

Peter Horst *Neumann*: Streckvers und poetische Enklave. Zu Entstehungsgeschichte und Form der Prosagedichte Jean Pauls. In: Jahrbuch der Jean-Paul-Gesellschaft 2 (1967), S. 13–36.
–: Zur Lyrik Paul Celans, Göttingen 1968.
–: »Text« und »Gedicht«. Versuch einer terminologischen Unterscheidung. In: GRM N.F. 23 (1973), S. 1–11.
–: Die Rettung der Poesie im Unsinn. Der Anarchist Günter Eich, Stuttgart 1981.
Horst *Oppel* (Hg.): Die moderne englische Lyrik. Interpretationen, Berlin 1967.
Hans *Oppermann* (Hg.): Wege zu Horaz, Darmstadt 1972.
Wolfgang *Paulsen*: Deutsche Literatur des Expressionismus, Bern/Frankfurt a. M./New York 1983.
Wolfgang *Peitz* (Hg.): Denken in Widersprüchen. Korrelarien zur Gottfried-Benn-Forschung, Freiburg i. Br. o. J.
Jürgen *Peper*: Transzendentale Struktur und lyrisches Ich. In: DVjs 46 (1972), S. 381–434.
Karl *Pestalozzi*: Die Entstehung des lyrischen Ich. Studien zum Motiv der Erhebung in der Lyrik, Berlin 1970.
Klaus *Petersen*: »Neue Sachlichkeit«: Stilbegriff, Epochenbezeichnung oder Gruppenphänomen? In: DVjs 56 (1982), S. 463–477.
Robert *Petsch*: Die Aufbauformen des lyrischen Gedichts. In: DVjs 15 (1937), S. 51–68.
Heinz *Peyer*: Herders Theorie der Lyrik. Diss., Zürich 1955.
Manfred *Pfister*: Das Drama. Theorie und Analyse, München [3]1982.
Gerhard *Pfohl* (Hg.): Das Epigramm. Zur Geschichte einer inschriftlichen und literarischen Gattung. Darmstadt 1969.
Platon: Sämtliche Werke, Band 3: Phaidon, Politeia. In der Übers. von Friedrich Schleiermacher mit der Stephanus-Numerierung hg. von Walter F. Otto, Ernesto Grassi und Gert Plamböck, Reinbek b. Hamburg [20]1977.
Heinrich F. *Plett*: Textwissenschaft und Textanalyse. Semiotik, Linguistik, Rhetorik, Heidelberg 1975.
Wolfgang *Preisendanz*: Heinrich Heine. Werkstrukturen und Epochenbezüge, München 1973.
–: Wege des Realismus. Zur Poetik und Erzählkunst im 19. Jahrhundert, München 1977.
Manfred *Pütz*: Formen moderner Gedichte. In: Literatur in Wissenschaft und Unterricht 5 (1972), 3, S. 177–196.
Udo *Reiter*: Zur Entwicklung einer simultanen Gedichtstruktur bei Jakob van Hoddis. In: Albrecht Goetze und Günther Pflaum (Hg.): Vergleichen und Verändern. Festschrift für Helmut Motekat, München 1970, S. 208–215.
William H. *Rey*: Poesie der Antipoesie. Moderne deutsche Lyrik. Genesis, Theorie, Struktur, Heidelberg 1978.
Karl *Riha*: Deutsche Großstadtlyrik. Eine Einführung, München/Zürich 1983.
Guenther C. *Rimbach*: Illusionsperspektiven in der modernen Lyrik. In: GRM N.F. 14 (1964), S. 371–384.
Erwin *Rotermund*: Die Parodie in der modernen deutschen Lyrik, München 1963.
Heinz *Rölleke*: Die Stadt bei Stadler, Heym und Trakl, Berlin 1966.
Gerda *Rössler*: Konnotationen. Untersuchungen zum Problem der Mit- und Nebenbedeutung, Wiesbaden 1979.
Wolfgang *Rothe* (Hg.): Expressionismus als Literatur. Gesammelte Studien, Bern/München 1969.
–: Deutsche Großstadtlyrik vom Naturalismus bis zur Gegenwart, Stuttgart 1973.
–: Die deutsche Literatur in der Weimarer Republik, Stuttgart 1974.
Annely *Rothkegel* und Barbara Sandig (Hg.): Text – Textsorten – Semantik, Hamburg 1984.
Gerhard *Rückert*: Die Epistel als literarische Gattung. Horaz-Mörike-Brecht. In: WirkWort 22 (1972), S. 58–70.
Dorothea *Ruprecht*: Untersuchungen zum Lyrikverständnis in Kunsttheorie, Literarhistorie und Literaturkritik zwischen 1830 und 1860, Göttingen 1987.
Günter *Saße*: Faktizität und Fiktionalität. Literaturtheoretische Überlegungen am Beispiel des Dokumentartheaters. In: WirkWort 36 (1986), S. 15–26.

Hans Dieter *Schäfer*: Wilhelm Lehmann: Studien zu seinem Leben und Werk, Bonn 1969.
–: Das gespaltene Bewußtsein. Deutsche Kultur und Lebenswirklichkeit 1933–1945, Frankfurt a. M./Berlin/Wien 1981.
Wilhelm *Scherer*: Poetik. Mit einer Einleitung und Materialien zur Rezeptionsanalyse. Hg. von Gunther Reiss, München/Tübingen 1977.
Klaus R. *Scherpe*: Gattungspoetik im 18. Jahrhundert. Historische Entwicklung von Gottsched bis Herder. Stuttgart 1968.
–: Analogon Actionis und lyrisches System. Aspekte normativer Lyriktheorie in der deutschen Poetik des 18. Jahrhunderts. In: Poetica 4 (1971), S. 32–59.
Helmut *Scheuer* (Hg.): Naturalismus. Bürgerliche Dichtung und soziales Engagement, Stuttgart/Berlin/Köln/Mainz 1974.
Joachim *Schickel* (Hg.): Über Hans Magnus Enzensberger, Frankfurt a. M. ³1979.
Heinz *Schlaffer*: Lyrik im Realismus. Studien über Raum und Zeit in den Gedichten Mörikes, der Droste und Liliencrons, Bonn ³1984.
Jochen *Schmidt*: Die Geschichte des Genie-Gedankens in der deutschen Literatur, Philosophie und Politik 1750–1945. 2 Bände, Darmstadt 1985.
Siegfried J. *Schmidt*: Alltagssprache und Gedichtsprache. Versuch einer Bestimmung von Differenzqualitäten. In: Poetica 2 (1968), S. 285–303.
–: Literaturwissenschaft als argumentierende Wissenschaft. Zur Grundlegung einer rationalen Literaturwissenschaft, München 1975.
–: Towards A Pragmatic Interpretation of »Fictionality«. In: T. A. van Dijk (Hg.): Pragmatics of Language and Literature, Amsterdam 1976, S. 161–178.
Karl Ludwig *Schneider*: Der bildhafte Ausdruck in den Dichtungen Georg Heyms, Georg Trakls und Ernst Stadlers. Studien zum lyrischen Sprachstil des deutschen Expressionismus, Heidelberg ³1968.
Albrecht *Schöne*: Über politische Lyrik im 20. Jahrhundert, Göttingen 1969.
–: Götterzeichen, Liebeszauber, Satanskult. Neue Einblicke in alte Goethetexte, München ²1982.
– (Hg.): Kontroversen, alte und neue. Akten des VII. Internationalen Germanisten-Kongresses Göttingen 1985. 11 Bände, Tübingen 1986.
Klaus *Schuhmann*: Der Lyriker Bertolt Brecht 1913–1933, München 1971.
Gerhard *Schulz*: Arno Holz. Dilemma eines bürgerlichen Dichterlebens, München 1974.
Hartwig *Schultz*: Vom Rhythmus der modernen Lyrik. Parallele Versstrukturen bei Holz, George, Rilke, Brecht und den Expressionisten, München 1970.
–: Aspekte der Form-Inhalt-Dialektik in der Lyrik. In: Helmut Arntzen u. a. (Hg.): Literaturwissenschaft und Geschichtsphilosophie, a. a. O., S. 134–145.
–: Form als Inhalt. Vers- und Sinnstrukturen bei Joseph von Eichendorff und Annette von Droste-Hülshoff, Bonn 1981.
Peter Paul *Schwarz*: Lyrik und Zeitgeschichte. Brecht: Gedichte über das Exil und späte Lyrik, Heidelberg 1978.
David W. *Seaman*: Concrete Poetry in France. Ann Arbor, Michigan 1981.
Wulf *Segebrecht*: Das Gelegenheitsgedicht. Ein Beitrag zur Geschichte und Poetik der deutschen Lyrik, Stuttgart 1977.
Gustav *Siebenmann*: Die moderne Lyrik in Spanien, Stuttgart 1965.
Zdenko *Škreb*: Zur Theorie der Antithese als Stilfigur. In: STZ 25 (1968), S. 49–59.
Gerhart *Söhn*: Literaten hinter Masken. Eine Betrachtung über das Pseudonym in der Literatur, Berlin 1974.
Jürgen *Söring*: »Die Apriorität des Individuellen über das Ganze«. Von der Schwierigkeit, ein Prinzip der Lyrik zu finden. In: Schiller Jb. 24 (1980), S. 205–246.
Ingeborg *Solbrig* und Joachim W. Storck (Hg.): Rilke heute. Beziehungen und Wirkungen, Bd. 1, Frankfurt a. M. 1975.
Bernhard *Sorg*: Abgesänge. Die Wiener Gruppe als Paradigma. In: Sprachkunst 7 (1976), S. 279–293.
–: Das lyrische Ich. Untersuchungen zu deutschen Gedichten von Gryphius bis Benn, Tübingen 1984.

Bernhard *Sowinski*: Textlinguistik. Eine Einführung, Stuttgart/Berlin/Köln/Mainz 1983.
Kaspar H. *Spinner*: Die Struktur des lyrischen Ich, Frankfurt a.M. 1975.
Leo *Spitzer*: Stilstudien. 2. Teil: Stilsprachen, München ²1961.
August *Stahl*: Rilke-Kommentar zum lyrischen Werk. Unter Mitarb. von Werner Jost und Reiner Marx, München 1978.
Emil *Staiger*: Grundbegriffe der Poetik. München 1971.
–: Andeutung einer Musterpoetik. In: Klaus Lazarowicz und Wolfgang Kron (Hg.): Unterscheidung und Bewahrung, a.a.O., S. 354–362.
Ewald *Standop*: Die Bezeichnung der poetischen Gattungen im Englischen und Deutschen. In: GRM N.F. 6 (1956), S. 382–394.
Jacob *Steiner*: Das Dinggedicht. In: Ders.: Rilke. Vorträge und Aufsätze, Karlsruhe 1986, S. 167–190.
Charles L. *Stevenson*: On »What Is A Poem?« In: The Philosophical Review 66 (1957), S. 329–362.
Karlheinz *Stierle*: Die Identität des Gedichts – Hölderlin als Paradigma. In: Odo Marquard und Karlheinz Stierle (Hg): Identität, München 1979, S. 505–552.
Johann Georg *Sulzer*: Allgemeine Theorie der schönen Künste, im einzelnen, nach alphabetischer Ordnung der Kunstwörter aufeinanderfolgenden, Artikeln abgehandelt. 3 Bände, Hildesheim 1967 (Repr.).
Margarete *Susman*: Das Wesen der modernen deutschen Lyrik, Stuttgart 1910.
Peter *Szondi*: Celan-Studien, Frankfurt a.M. 1972.
Hubert Paul Hans *Teesing*: Das Problem der Periodisierung in der deutschen Literaturgeschichte, Groningen 1948.
Text und Kritik 9/9a: Politische Lyrik (³1984).
– 53/54: Paul Celan (²1984).
Jürgen *Theobaldy* und Gustav Zürcher: Veränderung der Lyrik. Über westdeutsche Gedichte seit 1965, München 1976.
Michael *Titzmann*: Probleme des Epochenbegriffs in der Literaturgeschichtsschreibung. In: Karl Richter und Jörg Schönert (Hg.): Klassik und Moderne. Die Weimarer Klassik als historisches Ereignis und Herausforderung im kulturgeschichtlichen Prozeß. Walter Müller-Seidel zum 65. Geburtstag, Stuttgart 1983, S. 98–131.
Jurij *Tynjanov*: Die literarischen Kunstmittel und die Evolution in der Literatur. Ausgew. und aus dem Russ. übers. von Alexander Kaempfe, Frankfurt a.M. 1967.
–: Das Problem der Verssprache. Zur Semantik des poetischen Textes. Aus dem Russ. übers. und eingel. und mit e. Reg. vers. von Inge Paulmann, München 1977.
H. *Uyttersprot*: R.M. Rilke: Die Gazelle. In: DU 14 (1962), S. 20–29.
Theodor *Verweyen*: »Die Tragödie des Coriolanus« bei Brecht und Grass oder Über die Verarbeitung literarischer Modelle. In: Poetica 16 (1984), S. 246–275.
– und Gunther Witting: Die Parodie in der neueren deutschen Literatur. Eine systematische Einführung, Darmstadt 1979.
Silvio *Vietta*: Sprache und Sprachreflexion in der modernen Lyrik, Bad Homburg v.d.H./Berlin/Zürich 1970.
–: Großstadtwahrnehmung und ihre literarische Darstellung. Expressionistischer Reihenstil und Collage. In: DVjs 48 (1974), S. 354–373.
Friedrich Theodor *Vischer*: Aesthetik oder Wissenschaft des Schönen. Hg. von Robert Vischer, 6 Bände, ²München 1922/23.
Felix *Vodička*: Die Struktur der literarischen Evolution. Hg. von der Forschungsgruppe für strukturale Methoden in der Sprach- und Literaturwissenschaft an der Universität Konstanz. Mit e. einl. Abh. von Jurij Striedter. Red. und Reg.: Frank Boldt, München 1976.
Ernst *Voege*: Mittelbarkeit und Unmittelbarkeit in der Lyrik. Untersuchungen an lyrischen Gedichten des Altertums und der Neuzeit im Hinblick auf die herrschende deutsche Lyrik-Theorie, Darmstadt 1968 (Repr.).
Christian Johannes *Wagenknecht*: »Konkrete Poesie«. In: K.H. Borck und R. Heuss (Hg.): Der Berliner Germanistentag 1968. Vorträge und Berichte, Heidelberg 1970, S. 100–118.

–: Deutsche Metrik. Eine historische Einführung, München 1981.
Oskar *Walzel*: Gehalt und Gestalt im Kunstwerk des Dichters, Berlin-Neubabelsberg 1923.
–: Das Wortkunstwerk. Mittel seiner Erforschung, Darmstadt 1973 (Repr.).
Peter *Wapnewski*: Gedichte sind genaue Form. In: Ders.: Zumutungen. Essays zur Literatur des 20. Jahrhunderts, München 1982, S. 26–42.
Rainer *Warning* und Winfried Wehle (Hg.): Lyrik und Malerei der Avantgarde, München 1982.
Dietrich *Weber*: ›Gesetze des Standpunkts‹ in Heines Lyrik. In: JbFDT Hochst. 1965, S. 369–399.
–: Theorie der analytischen Erzählung, München 1975.
– (Hg.): Deutsche Literatur der Gegenwart in Einzeldarstellungen, Band 1, Stuttgart [3]1976.
Harald *Weinrich*: Linguistische Bemerkungen zur modernen Lyrik. In: Ders.: Literatur für Leser. Essays und Aufsätze zur Literaturwissenschaft, Stuttgart/Berlin/Köln/Mainz 1971, S. 109–123.
–: Sprache in Texten, Stuttgart 1978.
Klaus *Weissenberger* (Hg.): Die deutsche Lyrik 1945–1975. Zwischen Botschaft und Spiel, Düsseldorf 1981.
René *Wellek*: Grenzziehungen. Beiträge zur Literaturkritik, Stuttgart/Berlin/Köln/Mainz 1972.
Heinz *Werner*: Die Ursprünge der Lyrik. Eine entwicklungspsychologische Untersuchung, München 1924.
Richard Maria *Werner*: Lyrik und Lyriker. Eine Untersuchung, Hamburg und Leipzig 1890.
Julius *Wiegand*: Abriß der lyrischen Technik, Fulda 1951.
Hermann *Wiegmann*: Der implizite Autor des Gedichts. Untersuchungen zum Verhältnis von Sprecher- und textimmanenter Autorposition. In: Archiv 133 (1981), S. 37–46.
Gottfried *Willems*: Großstadt- und Bewußtseinspoesie. Über Realismus in der modernen Lyrik, insbesondere im lyrischen Spätwerk Gottfried Benns und in der deutschen Lyrik seit 1965, Tübingen 1981.
–: Das Konzept der literarischen Gattung. Untersuchungen zur klassischen deutschen Gattungstheorie, insbesondere zur Ästhetik F. Th. Vischers, Tübingen 1981.
William K. *Wimsatt* (Hg.): Versification. Major Language Types. 16 Essays, New York 1972.
Friedrich Wilhelm *Wodtke*: Lyrisches Drama. In: Paul Merker und Wolfgang Stammler (Hg.): Reallexikon der deutschen Literaturgeschichte, Band 2, Berlin 1965, S. 252–258.
Hans J. *Wulff* und Ludger Kaczmarek: Zur Textsemiotik des Titels, Münster [2]1983.
Gotthart *Wunberg*: Der frühe Hofmannsthal. Schizophrenie als dichterische Struktur, Stuttgart/Berlin/Köln/Mainz 1965.
Ralph-Rainer *Wuthenow*: Muse, Maske, Meduse. Europäischer Ästhetizismus, Frankfurt a. M. 1978.
Michael *Zeller*: Gedichte haben Zeit. Aufriß einer zeitgenössischen Poetik, Stuttgart 1982.
Victor *Žmegač* (Hg.): Deutsche Literatur der Jahrhundertwende, Königstein/Ts. 1981.
Gustav *Zürcher*: ›Trümmerlyrik‹. Politische Lyrik 1945–1950, Kronberg/Ts. 1977.

Namenregister

Das Register berücksichtigt in erster Linie im Text behandelte Autoren.
Wissenschaftler oder Philosophen sind nur aufgeführt,
soweit sie Gegenstand der Auseinandersetzung sind.

Aufklärungssymbolik 56 f., 80 f., *
(mit Metaphern)
Bilder 69, 132
Dunkelheit 72 f.
spontan 84
(= Variation an Absurdität, Dunkelheit)
produktionsästhetisch)
Krise 87
Fiktion 103 ff.
„Traditionsbruch" 135
([illegible])
~~Bildlichkeit 132~~
Sachlichkeit 155 + 231, vgl. 215
Einfalt 156

monologische Rede 63 f. 66
Der Unterschied zu Monolog verschwindet
nicht völlig [illegible]